德列斯图依墓地

[俄罗斯] 谢尔盖·斯杰帕诺维奇·米尼亚耶夫 著

潘 玲 林铃梅 译

ДЫРЕСТУЙСКИЙ
МОГИЛЬНИК

上海古籍出版社

图书在版编目（CIP）数据

德列斯图依墓地 /（俄罗斯）谢尔盖·斯杰帕诺维奇·米尼亚耶夫著；潘玲，林铃梅译. -- 上海：上海古籍出版社，2024.11. --（丝绸之路考古与文化遗产译丛）. ISBN 978-7-5732-1432-4

Ⅰ. K885.128.84

中国国家版本馆CIP数据核字第202427QM67号

Утверждено к печати Ученым советом ИИМК РАН
俄罗斯科学院物质文化史研究所学术委员会授权出版

丝绸之路考古与文化遗产译丛
德列斯图依墓地
（俄罗斯）谢尔盖·斯杰帕诺维奇·米尼亚耶夫　著
潘　玲　林铃梅　译
上海古籍出版社出版发行
（上海市闵行区号景路159弄1-5号A座5F　邮政编码201101）
（1）网址：www.guji.com.cn
（2）E-mail：guji1@guji.com.cn
（3）易文网网址：www.ewen.co
苏州市越洋印刷有限公司印刷
开本 787×1092　1/16　印张 19.75　插页 4　字数 386,000
2024年11月第1版　2024年11月第1次印刷
ISBN 978-7-5732-1432-4
K·3758　定价：118.00元
如有质量问题，请与承印公司联系

丝绸之路考古与文化遗产译丛
编委会

主　任： 赵　荣

副主任： 王建新　史　翔

成　员：（按姓氏笔画排序）

马　健　王建新　王莺莺　史　翔　冯　健　孙周勇

张卫星　邵会秋　赵　荣

主　编： 王建新

副主编： 邵会秋　王莺莺

成　员：（按姓氏笔画排序）

万　翔　付增祺　牧金山　宫佳男　徐　弛　唐云鹏

谢尔盖·斯杰帕诺维奇·米尼亚耶夫先生

历史学家、考古学家、俄罗斯科学院物质文化史研究所高级研究员谢尔盖·斯杰帕诺维奇·米尼亚耶夫先生（1948~2020年），是俄罗斯匈奴时代历史研究领域的著名专家，曾担任俄罗斯科学院物质文化史研究所外贝加尔考察队的领队及国立艾尔米塔什博物馆中央亚洲考古考察队的科学顾问。

S.S. 米尼亚耶夫先生发掘了杜列尼2号遗址和德列斯图依墓地等匈奴考古的代表性遗存，用数年时间指导发掘了查拉姆谷地的著名匈奴贵族墓群。S.S. 米尼亚耶夫先生的研究成果丰富了匈奴考古研究的内容，他在匈奴的文化、传统和社会组织等方面也提出了诸多新认识。S.S. 米尼亚耶夫先生发掘上述遗存所采用的技术和方法得到普遍推广。

S.S. 米尼亚耶夫先生的著作有《杜列尼村的遗址群》（圣彼得堡，2003年，与A.V.达维多娃合作）、《德列斯图依墓地》（圣彼得堡，1998年第一版、2007年第二版）、《俄罗斯境内新发现的匈奴青铜艺术品》（圣彼得堡，2008年，与A.V.达维多娃合作，是匈奴考古研究的重要著作之一）。

目 录

翻译说明 ··· 1

前言 ··· 5
 一、研究简史 ·· 5
 二、地理环境 ·· 12
 三、墓地地形 ·· 14

第一章　墓葬结构 ··· 18
 一、墓上石堆 ·· 18
 二、墓坑的形状和墓内堆积 ·· 22
 三、葬具 ·· 22
 四、墓葬结构 ·· 27

第二章　随葬器物 ··· 29
 一、容器 ·· 29
 二、武器 ·· 32
 三、马具 ·· 37
 四、手工工具和日常用具 ··· 40
 五、服饰 ·· 41
 六、装饰品 ·· 49

第三章　葬俗和布局特征 ··· 53
 一、墓向和葬式 ·· 53
 二、祭肉和殉牲 ·· 54
 三、墓地的平面布局 ··· 54

1

第四章　德列斯图依墓地及匈奴考古的主要问题 ……………………… 93
　一、墓地布局 ……………………………………………………………… 93
　二、匈奴遗存的年代和分期 ……………………………………………… 94
　三、匈奴社会结构的分析 ……………………………………………… 102
　四、匈奴早期历史阶段的问题 ………………………………………… 106
　五、结语 ………………………………………………………………… 114

附录　墓葬详述 …………………………………………………………… 115
附表　古人类学和古动物学材料鉴定表 ………………………………… 165

参考文献 …………………………………………………………………… 171
文后插图 …………………………………………………………………… 181
专有名词对译表 …………………………………………………………… 303
后记 ………………………………………………………………………… 310

翻译说明

本中译本译自1998年出版的《德列斯图依墓地》，即该发掘报告的第一版。原著的扉页标注该书为"匈奴考古遗存"丛书的第3卷，出版单位为俄罗斯科学院物质文化史研究所、圣彼得堡"亚洲人"基金会，出版商为圣彼得堡的"欧洲人之家"（ЕВРОПЕЙСКИЙ ДОМ），扉页的下一页标注该书的版权人为S. S. 米尼亚耶夫先生。2007年《德列斯图依墓地》再版，出版单位发生变化，版权也变为S. S. 米尼亚耶夫先生与其他单位和个人共有，但是只增订了很少的内容，其中关于德列斯图依墓地本身的内容没有任何变化。除了参考文献添加一篇2002年发表的论文以外，其余增加的内容均出现在第四章：在第一小节的第一自然段之后增加了查拉姆墓地7号墓及相关陪葬墓的内容，共三个自然段和一个文中插图，总篇幅约为一页；在第二小节"匈奴遗存的年代和分期"部分的诺音乌拉墓地年代分析内容中增加了近500字关于诺音乌拉6号匈奴墓出土漆耳杯年代的讨论，还将对伊沃尔加城址和墓地年代的分析从第一版排在最后的位置提前到第一的位置。总之，《德列斯图依墓地》第一版和第二版关于墓地本身的内容完全相同，第二版只在分析匈奴遗存年代部分增加了少量其他匈奴墓地的内容，增加篇幅仅约一页半。

中译本在原著的基础上增加了译者注、专有名词对译表，增加了目录内容，对遗迹编号、文中和文后的插图等作了一定程度的修改，在版心外标注了原著文字部分的页码。具体情况如下。

一、增补目录每章各小结的标题，将原著中可直译为"目录"的墓葬详述部分，改为"附录 墓葬详述"。

二、新增以脚注形式出现的译者注，包括对原著内容的说明、需强调的中译名的说明、原著对个别中国历史或考古材料理解的说明等。

三、增加专有名词对译表，内容包括人名、地名、族名、国家名、机构名、年号、官衔等。

四、增改遗迹代码。根据墓上遗存特征、中国考古界对墓葬编号的惯例，将图及图注文字中的"курган"简写成"ZM","погребение"简写成"M"。"M"即墓葬的代码;"Z"是"冢"的汉语拼音第一个字母大写;"ZM"表示地表有石封堆的墓葬,即"冢墓"的汉语拼音简写。正文和附录中出现的后面跟随墓葬阿拉伯数字编号的"курган""погребение",也均译成"ZM""M"。如"курган 30"译成"ZM30"。将代表灰坑的俄文字母代码"я."改为中国考古报告惯用的灰坑代码"H"。

五、修改文后和文中的插图,包括以下5个方面。

1. 插图编号的翻译、图名的增补。将原著文中插图编号(рис.+阿拉伯数字)翻译成中文的"插图+汉字数字",如文中的"рис.4"译成"插图四"。将原著文后插图编号(таблица+阿拉伯数字)翻译成"图+汉字数字",如"таблица 4"译成"图四"。根据中国考古报告的惯例,将原著中少数没有图名的插图,根据图的内容加上图名。

2. 根据中国考古报告常用英文大写字母作为编号的习惯,将原著图上代表前后顺序的俄文大写字母编号А、Б、В、Г、Д、Е、Ж、З、И等相应改为英文大写字母А、B、C、D、E、F、G、H、I等。

3. 在图注中的陶容器器物名称后面,用括号标注按照中国陶器命名习惯得出的器物名称,如罐、壶、盆、钵等。这些括号内的陶器器物名称与正文中的陶器形制名称没有对应关系。

4. 在保持原著器物图原始特征的同时,普遍重新加工了插图。包括以下7个方面。

(1)调整器物排列间距。部分器物图中器物排列过密,中译本的插图适当拉开器物之间的间距。

(2)替换图中的文字和字母。为使插图画面更清晰,将图上的所有阿拉伯数字、字母重新输入。

(3)清绘指示性线段。重新清绘遗迹图上所有指示性直线。

(4)将遗迹图中的曲尺形剖点指示线,改为中国考古报告惯用的直线。删除墓葬平面图上没有对应剖面图的剖点指示短线。

(5)将遗迹图上的指北针,改为中国考古报告常用的十字交叉、北向带"N"字的指北针。

(6)清绘比例尺。将图上的比例尺改为带长度数字、刻度不超过3个的比例尺。将个别的一幅器物图上相同或非常接近的比例尺合并成一个,同时调整相应器物图的尺寸。

(7)清绘部分器物图、遗迹图的轮廓线,修改器物图线条疵点,将部分倾斜的器物图调整到水平位置。器物图剖面的填充内容保持原状,未作修改。

5. 除了以上7项插图中普遍修改的内容以外,还修改了部分文中和文后插图,调整部分遗迹图中墓葬编号的位置,具体如下。

（1）图八一中图5、6的器物正面图和背面图尺寸不一、不对称，将尺寸调整为相同，将图5的背面图下半部、图6的背面图作水平翻转；根据器物图的先后顺序，调换图1～3和图4～6的位置。

（2）将图八四中图8的器物图逆时针方向旋转90度。

（3）图一一四中图15、16的器物正面图和侧面图不对称，将图15、16的右侧正面图水平翻转，形成与左侧正面图对称的布局；按照从上到下、从左到右的顺序，将图15、16与图14调换位置。

（4）图一一五的ZM124平面图指北针方向有误，根据正文描述，将指北针修改为正确方向；将该图中图1、2和图3、4的两个完全相同的比例尺合并为一个比例尺。

（5）插图七遗迹边线的线条不清晰，重新清绘图A的石块和墓坑口轮廓线；将图C、D分别用图一三和图一一六中更清晰的对应遗迹图替换；将图B的石块用图二二中相应遗迹中的石块替换，重新清绘墓坑线。

（6）插图一二的器物图不清晰，将图1～7替换成文后图中对应的更清晰的器物图。

（7）插图一四的器物图不清晰，将图2～7替换成每件器物所在墓葬出土遗物图中对应的更清晰的器物图。

（8）插图一六的器物图不清晰，将图2、4、6、7替换成每件器物所在墓葬出土遗物图中对应的更清晰的器物图，将图5的一部分也替换成所在墓葬出土遗物图中对应的更清晰的器物图。

（9）插图一七器物图不清晰，将图9以外的其他11件器物图替换成每件器物所在墓葬出土遗物图中对应的更清晰的器物图。

（10）插图一八器物图不清晰，将图12、16、30以外的其他31件器物图替换成每件器物所在墓葬出土遗物图中对应的更清晰的器物图。

（11）插图一九器物图不清晰，将图6～9、18、19、21、31、33～36、46以外的其他器物图替换成每件器物所在墓葬出土遗物图中对应的更清晰的器物图。

（12）插图二一、二三、二四、二七、二九、三〇、三二、三三、三六等9幅遗迹分布图中，有的墓葬编号与墓葬轮廓线距离较远，将这些墓葬编号或移动到与相应墓葬轮廓线较近的位置，或移动到墓葬轮廓线以内。

（13）根据插图三六和正文，将插图二二中墓群ⅥM118左侧的"т-г？"改成"28？"。

（14）插图二二、二六、二七、三二、三三、三五、三六的墓葬轮廓线线条不清晰，重新作了清绘。插图二四中单元44的墓葬轮廓线线条不清晰，用图二二、二三的相应墓葬平面图进行替换，并清绘、修改了墓葬轮廓线。插图三〇中单元65的墓葬轮廓线线条非常

3

不清晰,用插图二一中同一位置的单元65平面图进行替换,并清绘了墓葬轮廓线。

(15)插图二九(墓群Ⅲ平面图)有少量墓葬和灰坑没有标注编号,根据正文对相应遗迹的描述,在图上补充了墓号和灰坑号。

六、增补表格的表名和表号。

七、在版心之外标注原著文字部分的页码。因排版需要,正文中插图的位置有所调整;为避免原著页码颠倒混乱,文中插图部分未标注原著页码。原著文后插图部分一图一页,图号与页码顺序相同,对应关系明确,因此中译本的文后插图亦未标注原著页码。

前　言

一、研究简史

1900年，恰克图市的医生Yu. D. 塔里克-格林采维奇在当地居民的指引下，在吉达河下游发现了一大批多个时代的考古遗迹。Yu. D. 塔里克-格林采维奇也是人类学家和地方志专家（后来在波兰克拉科夫的大学担任教授），热心于研究外贝加尔地区古代遗存。他在距德列斯图依村的吉达河湾上游8千米处（插图一）调查了很多不同结构的墓葬，采集到大量遗物，这些遗物显然是出自被破坏遗存的地层。Yu. D. 塔里克-格林采维奇是这样描述这些遗存的（插图二～插图四）：

1900年夏天，我们与Ya. S. 斯莫列夫在吉达河沿岸的乌斯季-恰克图[1]定居点西边的俄、蒙边界地区开展了考古调查。我们的工作包括发掘墓葬，主要是在地图上标出墓葬，并尽可能根据其外部形态和埋葬方式来区分类型……。

据当地人讲，吉达河……两岸"悬崖"对面的德列斯图依从石器时代开始就有很多人居住，我们在这里发现了一种新的墓葬形制。位于吉达河左岸库尔图克的墓葬有些已经被破坏，仅能看到散落在地面上的石头（其中有的被盗掘）；墓坑很深；葬具是落叶松木制成的木棺；随葬品有很多陶罐、铁器、光玉髓和碧玉的珠子，有少量骨器和中国的铜币……。根据残存的人骨可以判断，死者身体非常健壮，中等身高，有非常明显的长颅特征。

这些墓葬可分为两个墓群，位于吉达河左岸、商队驿道的德列斯图依邮驿站（或新吉达邮驿站）南3千米、距离吉达河1千米处的风积沙滩上。这个地方的布里亚特语地名是库尔图克[2]。这些墓葬与在吉达河右岸的哈拉乌苏发现的墓葬有明显差别。有的墓葬已被发掘，其他墓葬被发现的时候已遭破坏，地表散布石块，如果不是偶然发现被风吹

---

[1] 乌斯季-恰克图即恰克图河口。
[2] 为"河湾"的意思。

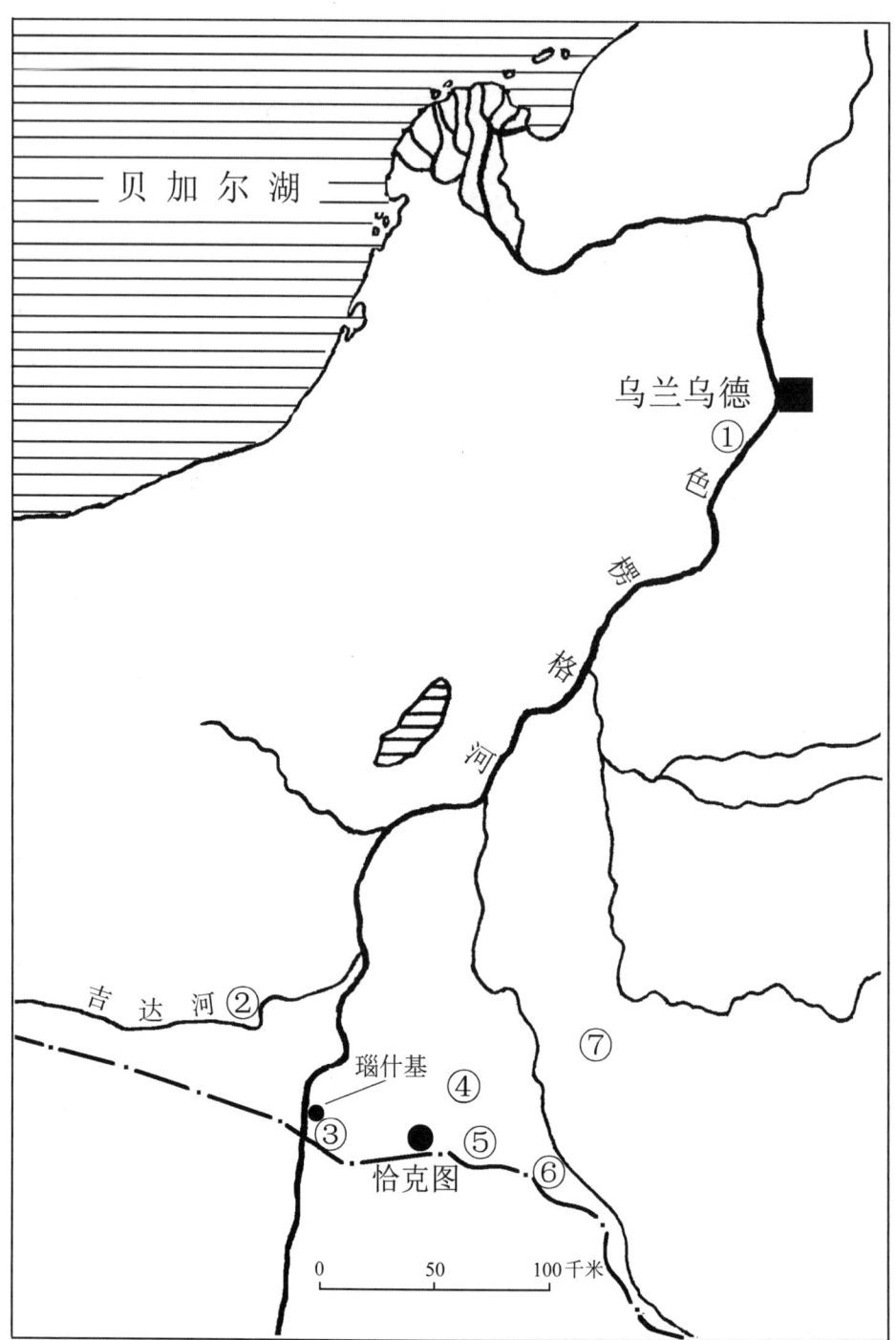

插图一 外贝加尔的主要匈奴遗存

1. 伊沃尔加城址和墓地 2. 德列斯图依墓地 3. 查拉姆墓地
4. 切列姆霍夫山谷墓地和伊里莫瓦山谷墓地 5. 布尔敦墓地
6. 杜列尼遗址 7. 埃杜伊墓地

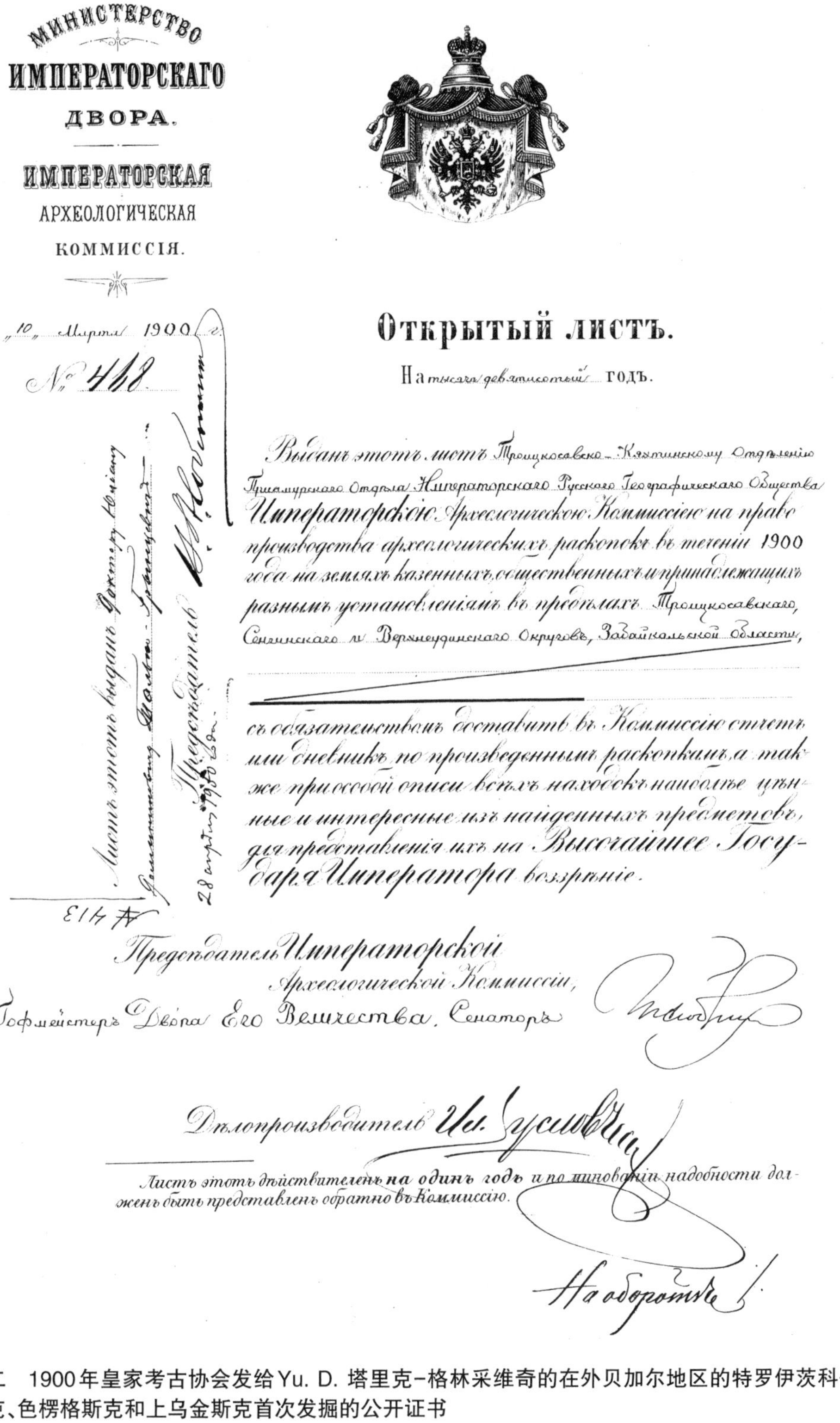

МИНИСТЕРСТВО
ИМПЕРАТОРСКАГО
ДВОРА.
ИМПЕРАТОРСКАЯ
АРХЕОЛОГИЧЕСКАЯ
КОММИССІЯ.

„10" Марта 1900 г.

№ 448

Листъ этотъ выданъ Доктору Юлію Дмитріевичу Талько-Грынцевичу
Председатель
28 апреля 1900 г.

Открытый листъ.

На тысяча девятисотый годъ.

Выданъ этотъ листъ Троицкосавско-Кяхтинскому Отдѣленію Приамурскаго Отдѣла Императорскаго Русскаго Географическаго Общества Императорскою Археологическою Коммиссіею на право производства археологическихъ раскопокъ въ теченіи 1900 года на земляхъ казенныхъ, общественныхъ и принадлежащихъ разнымъ установленіямъ въ предѣлахъ Троицкосавскаго, Селенгинскаго и Верхнеудинскаго Округовъ, Забайкальской области,

съ обязательствомъ доставить въ Коммиссію отчетъ или дневникъ по произведеннымъ раскопкамъ, а также при особой описи всѣхъ находокъ наиболѣе цѣнные и интересные изъ найденныхъ предметовъ, для представленія ихъ на Высочайшее Государя Императора воззрѣніе.

Председатель Императорской Археологической Коммиссіи,
Гофмейстеръ Двора Его Величества, Сенаторъ

Дѣлопроизводитель

Листъ этотъ дѣйствителенъ на одинъ годъ и по минованіи надобности долженъ быть представленъ обратно въ Коммиссію.

На оборотѣ!

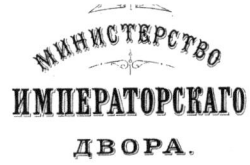

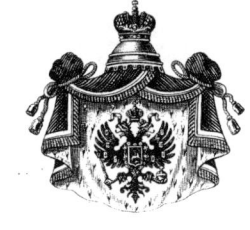

插图二　1900年皇家考古协会发给Yu. D. 塔里克-格林采维奇的在外贝加尔地区的特罗伊茨科-萨夫斯克、色楞格斯克和上乌金斯克首次发掘的公开证书

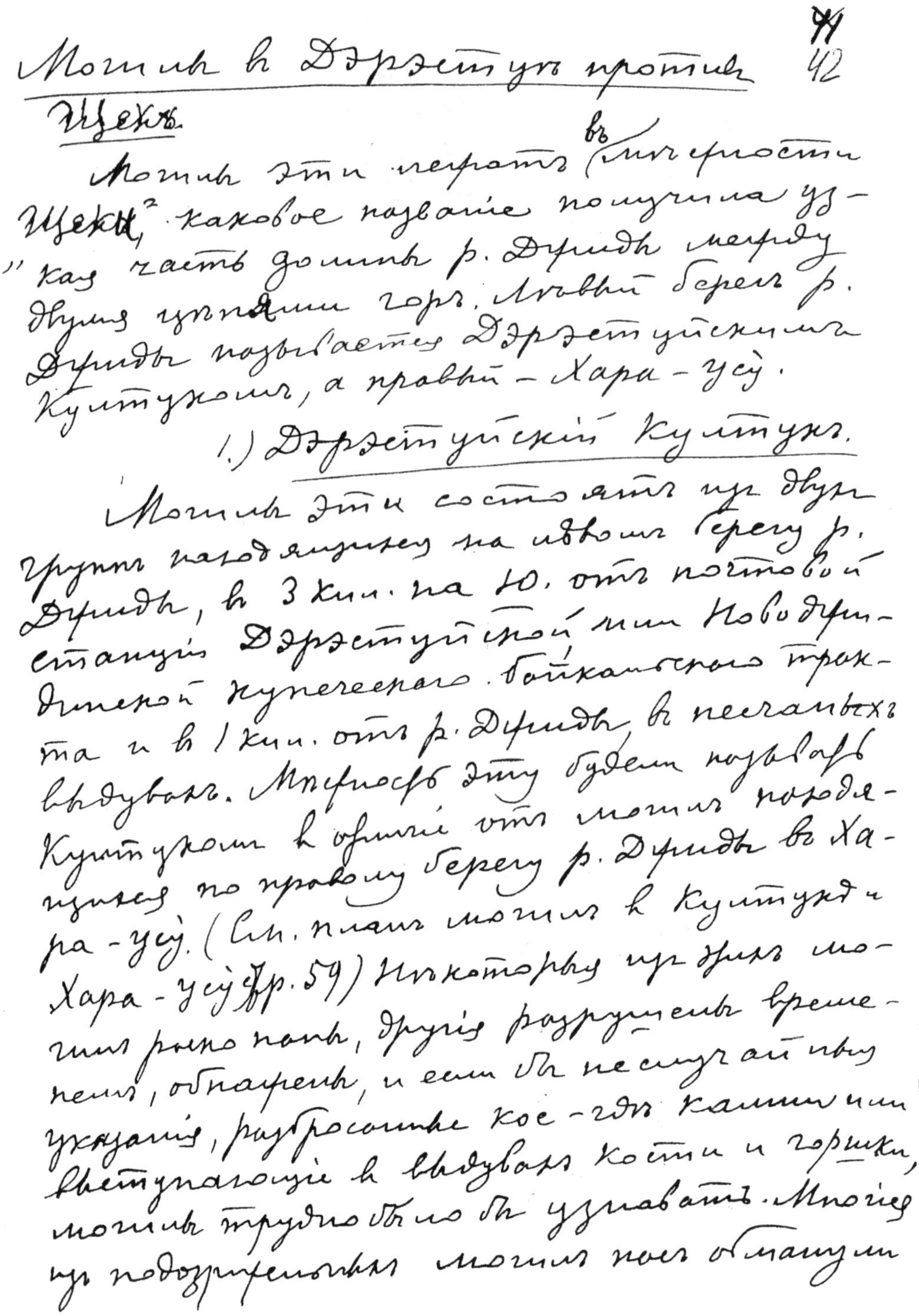

Могилы в Дэрэстуяхъ противъ Ицекъ. 41 42

Могилы эти лежатъ въ местности Ицекн², каковое название получила уз-кая часть долины р. Джиды между двумя цепями горъ. Левый берегъ р. Джиды называется Дэрэстуйскимъ Култукомъ, а правый — Хара-усу.

1.) Дэрэстуйскій Култукъ.

Могилы эти состоятъ изъ двухъ группъ находящихся на левомъ берегу р. Джиды, в 3 км. на 10. отъ почтовой станціи Дэрэстуйской или Новоджи-динской купеческаго байкальского трак-та и в 1 км. отъ р. Джиды, в песчаныхъ выдувахъ. Местность эту будемъ называть Култукомъ в отличіе отъ могилъ находя-щихся по правому берегу р. Джиды въ Ха-ра-усу. (См. планъ могилъ в Култуке и Хара-усу Фр. 59) Некоторыя изъ этихъ мо-гилъ раскопаны, другія разрушены време-немъ, обнажены, и если бы не случайныя находки, разбросанные кое-где камни или выступающія в выдувахъ кости и горшки, могилы трудно было бы узнавать. Многія изъ подозрительныхъ могилъ после ...

插图三　Yu. D. 塔里克-格林采维奇的日记中描述德列斯图依的库尔图克的页面

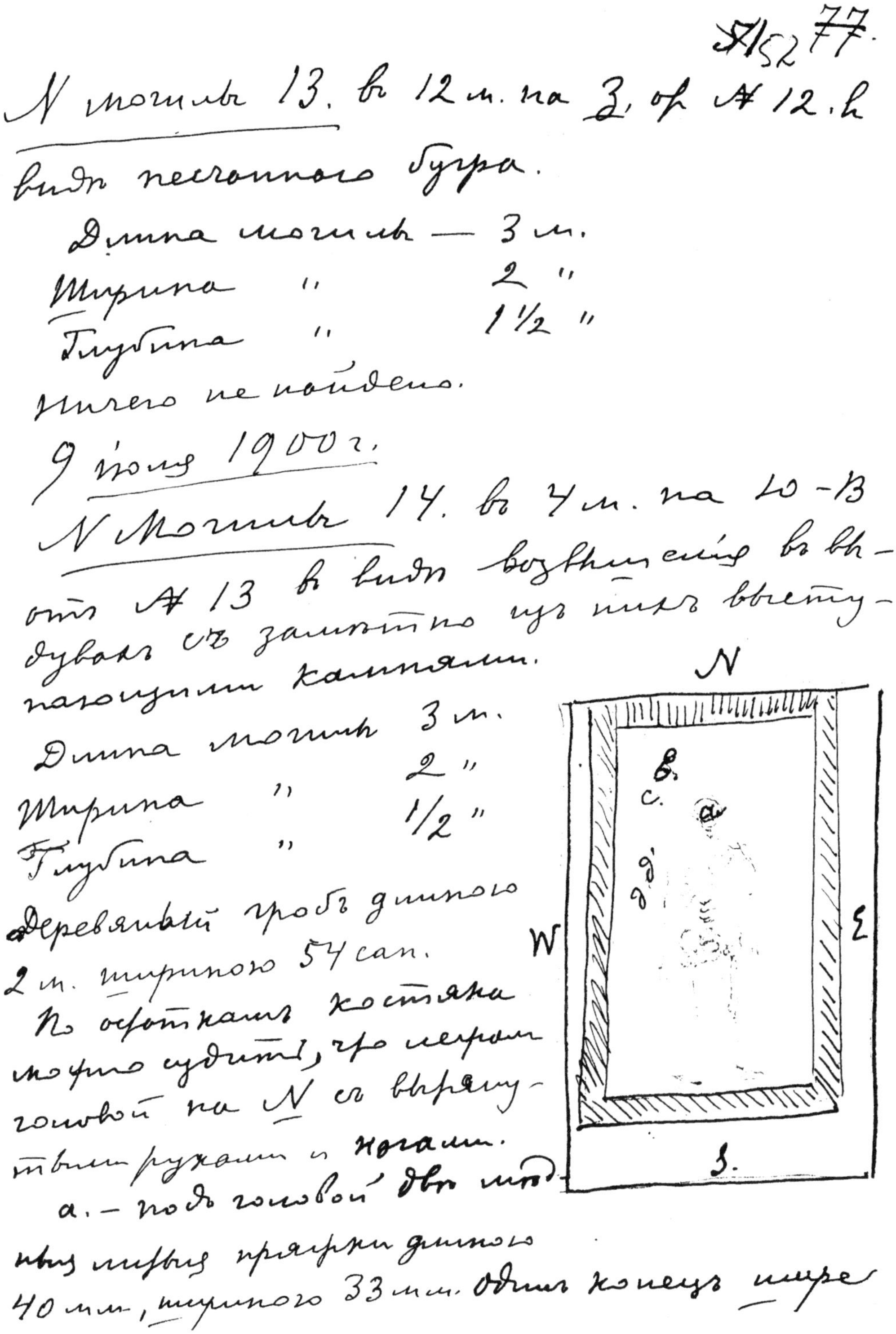

插图四　Yu. D. 塔里克-格林采维奇的日记中描述M13和M14的页面

德列斯图依墓地

蚀处露出的人骨和陶罐,很难辨认墓葬的位置。我们最初认定为墓葬的地点,很多只是疑似墓葬,有些是空墓。再过一段时间,所有墓葬痕迹都将消失。这里的土质是多砂的冲积土,土壤中的砾石露出。墓葬发掘时间是6月20日和21日。墓地面积很大,全长1.5千米,墓葬属于不同时代和文化阶段,有被多次破坏过的,也有首次发现的。墓地有相当于石器时代的器物,采集的石器时代器物有:燧石刮削器、小石刀、未加工完的石核、石镞。附近有很多陶罐残片、铸铁容器、青铜牌饰、人骨、铁制品……铁刀、铁环和铁渣……所有的发现表明,这里曾经存在不同种类的文化遗存(塔里克-格林采维奇,1902:9、11、21)。

Yu. D. 塔里克-格林采维奇1900年在库尔图克发掘了1天,1901年发掘了2天。他采用方坑式的发掘方法发掘了26座墓葬,其中大多数(24座)分布在河左岸距离河边500米处,形成分布非常紧凑的墓群,他将这些墓葬归类为"用棺埋葬的墓葬"。这是对德列斯图依墓地最早的研究。如今德列斯图依墓地已经成为著名的匈奴遗存。

实际上,Yu. D. 塔里克-格林采维奇几乎立刻将自己对外贝加尔考古遗址的研究成果引入了学术界,先后发表了一系列文章,并在第12届考古学大会[1]上作了详细的汇报(塔里克-格林采维奇,1905)。对这些发掘成果的研究是针对外贝加尔地区墓葬的首次分类研究,他将这些墓葬分为"落叶松木椁墓"和"落叶松木棺墓"两类。Yu. D. 塔里克-格林采维奇直观而准确地将第一类墓葬与中国古代文献中的"匈奴"(сюнну或者亚洲的гунну)联系在一起,后者在公元前3世纪末占据了中央亚洲的大片土地,建立起强大的牧人部落联盟。他认为第二类墓葬(主要是德列斯图依墓地)年代为公元5~6世纪,断代依据是在这些墓葬中发现的"五铢钱"的最晚流行年代(塔里克-格林采维奇,1906:68)。

P. K. 科兹洛夫的探险队在蒙古北部诺音乌拉发现匈奴王公的墓葬,引起了人们对匈奴考古的极大兴趣。通过对比诺音乌拉和外贝加尔的材料,S. A. 捷普劳霍夫首次将德列斯图依墓地认定为匈奴时期遗存(捷普劳霍夫,1925:21、22)。G. P. 索斯诺夫斯基率领的布里亚特-蒙古考察队在外贝加尔开展了一系列新的发掘工作,这些工作极大地丰富了考古材料的储备。G. P. 索斯诺夫斯基对考古成果作了总结,整理并补充了Yu. D. 塔里克-格林采维奇的分类,用详细的材料证实并发展了S. A. 捷普劳霍夫的观点。以伊里莫瓦谷地和诺音乌拉墓葬表现出的一致性为基础,他证明了S. A. 捷普劳霍夫关于这些墓葬的主要器类与德列斯图依墓地基本相似的观点是正确的。G. P. 索斯诺夫斯基指出,这些遗存的年代为汉代(公元前2世纪至公元2世纪),考古材料表现出汉代遗存的特征。G. P. 索斯诺夫斯基最终确定"落叶松木棺墓"是匈奴墓,将"德列斯图依类

---

[1] 1902年在哈尔科夫举行的第12届考古学大会。

型"认定为匈奴的考古遗存,年代在公元前1世纪下半叶(索斯诺夫斯基,1935:173)。

在G. P. 索斯诺夫斯基的工作之后(除了补充其他材料,还再版了Yu. D.塔里克-格林采维奇的系列发现),德列斯图依墓地的材料受到学界的重视,影响较大的是墓地出土的艺术品,其中"鄂尔多斯式"青铜带具最受关注,也多次在考古文献上发表。此后几年,在G. P. 索斯诺夫斯基的年代学研究基础上,有学者提出德列斯图依阶段的概念,认为它是匈奴文化的一个特定时间段(克兹拉索夫,1969:115)。

虽然德列斯图依墓地在学界影响很大,但是几乎没有开展实质性的考古发掘。Yu. D. 塔里克-格林采维奇采用竖井式的垂直下挖方法发掘墓葬,没有分析地面上的积石,没有绘制墓地平面图。他发表的根据目测绘出的墓葬平面图不仅非常不准确,而且和日志的描述有较多矛盾。这说明此时仍然没有搞清楚匈奴墓葬墓内结构和墓上建筑的特征,而这两者均为匈奴考古遗存的重要内容。1968年和1977年,P. B. 克诺瓦洛夫在德列斯图依墓地发掘了几座墓葬(克诺瓦洛夫,1976;克诺瓦洛夫、齐毕克塔洛夫,1988),未被盗墓葬中发掘出土的器物补充了很多新的有趣的实例,但是他发表的墓葬信息仍然不充分。

随着匈奴考古研究的深入,近年我们有了全新的发现。学者们揭示出匈奴社会有复杂的社会结构和不同的等级,考古材料也非常突出地表现出这种等级差别(达维多娃,1982;米尼亚耶夫,1985a)。但是只在伊沃尔加墓地开展了对匈奴遗存的系统研究(达维多娃,1996),根据随葬品组合和墓葬结构可知,伊沃尔加墓地埋葬的是社会下层居民。其他不同类型的墓葬只做了选择性发掘,这些墓葬大多被盗,墓主人主要属于与下层居民相对立的阶层——贵族和有军事特权的人。

可见,关于匈奴社会平民的信息几乎没有,这是匈奴考古研究的空白。普通平民在匈奴帝国时代很少受到社会分化的影响,他们很大程度上保留了自身的文化传统和葬俗。我们非常有必要系统地研究这些普通居民的遗存。无论在墓葬数量方面,还是在学术价值方面,德列斯图依墓地都是最重要的匈奴平民墓地。G. P. 索斯诺夫斯基正是以德列斯图依墓地的材料为基础,将匈奴墓葬分为德列斯图依类型和苏吉类型,这也成为后来匈奴遗存分期研究的基础(克兹拉索夫,1969:115)。

和其他匈奴遗存一样,可以依靠文献资料对德列斯图依类型墓葬作非常可靠的断代。首先,我们要将德列斯图依墓地的断代与西伯利亚其他匈奴时期遗存的断代联系起来,因为在西伯利亚地区也经常见到与德列斯图依类型相似的遗物。在我们对西伯利亚早期铁器时代考古遗存的断代有一定怀疑的背景下,发掘材料与抽象的匈奴遗存分期图表(详见米尼亚耶夫,1988)之间出现了一系列矛盾。

要解决匈奴的考古学基本问题,必须对德列斯图依墓地开展详细的研究。

1984~1996年,俄罗斯科学院物质文化史研究所外贝加尔考察队继续在德列斯图依墓地开展考古发掘。从1992年开始，该研究所与布里亚特共和国文化部历史与文化遗存保护科学发展中心联合组成考察队，开展了大量田野工作，同时开展了出土材料的拍照和遗物修复工作（中心主任N. A. 佩图诺娃，中心专家P. Ya. 埃杰里曼、E. V. 塔沙克；发掘现场遗物整理工作大多数由中心专家L. M. 萨哈罗夫斯卡娅负责）。恰克图地方志博物馆也给予考察队诸多帮助（博物馆馆长F. I. 日季希，资产经理G. A. 奥布霍娃，司机I. L. 菲里波夫）。A. V. 达维多娃负责发掘现场大多数墓葬的统计、遗物的保护修复及发掘报告插图的绘制（M100、M107、M108、M114、M118、M128的青铜片状带扣[1]的插图由G. A. 库兹涅措娃完成）。墓地的人骨材料由I. I. 戈赫曼鉴定，兽骨材料由N. M. 叶尔莫洛娃（M38~M85）和A. V. 卡斯帕罗夫（M86~M130）鉴定。国立艾尔米塔什博物馆的修复师O. L. 戈利茨曼和E. A. 切霍娃负责青铜艺术品和其他器物的实验室修复。圣彼得堡的大学生和圣彼得堡、恰克图的中学生参加了田野发掘。

笔者在此对所有参与田野发掘的人员，以及协助开展出土材料鉴定、整理和发掘报告编写的专家，表达真诚的感谢。

墓地的材料收藏在恰克图地方志博物馆和位于乌兰乌德市的布里亚特共和国文化部历史与文化遗存保护科学发展中心。

二、地理环境

德列斯图依墓地位于色楞格河左侧支流吉达河的左岸，在德列斯图依村的上游8千米处，距离吉达河口18千米（现行政区划属于布里亚特共和国的吉达地区，插图一）。该地属于典型的南西伯利亚山前森林草原中海拔稍高的地带，在宽阔的河谷之间有一连串覆盖着森林的低矮丘陵，具有草原植被的特点。

墓地所在地很久以前就被称为德列斯图依谷地（插图五）。吉达河自西向东从河谷中流过，河谷在临近墓地处急剧变窄，河流从峭壁中流过后向西北急转，然后绕过山谷，再折向东流。吉达河从狭窄的峭壁（本地居民称之为"河岸陡岩"）流向宽阔的河谷后形成主河道并有一些支流注入，支流间的小岛上通常覆盖着杨树，这里因而被称为"乌里亚尔"，即"杨树之地"的意思。当地的方言将河岸边、悬崖下及沼泽中丛生的小灌木称为德列斯。该地由"德列斯"得名，然后又成为村庄名和河谷名，我们在文献中也能查到"杰列斯图依""德列斯图依"等名称。德列斯河湾（弯处、转弯）字面意思为"长满德列斯的（河流）转弯处"（梅利赫耶夫，1969）。

---

[1]"片状带扣"的俄文原文为"пластина-пряжка"，直译为"牌饰-带扣"，中国考古文献常将其称为"牌饰"或"饰牌"。中译本统一译成"片状带扣"。

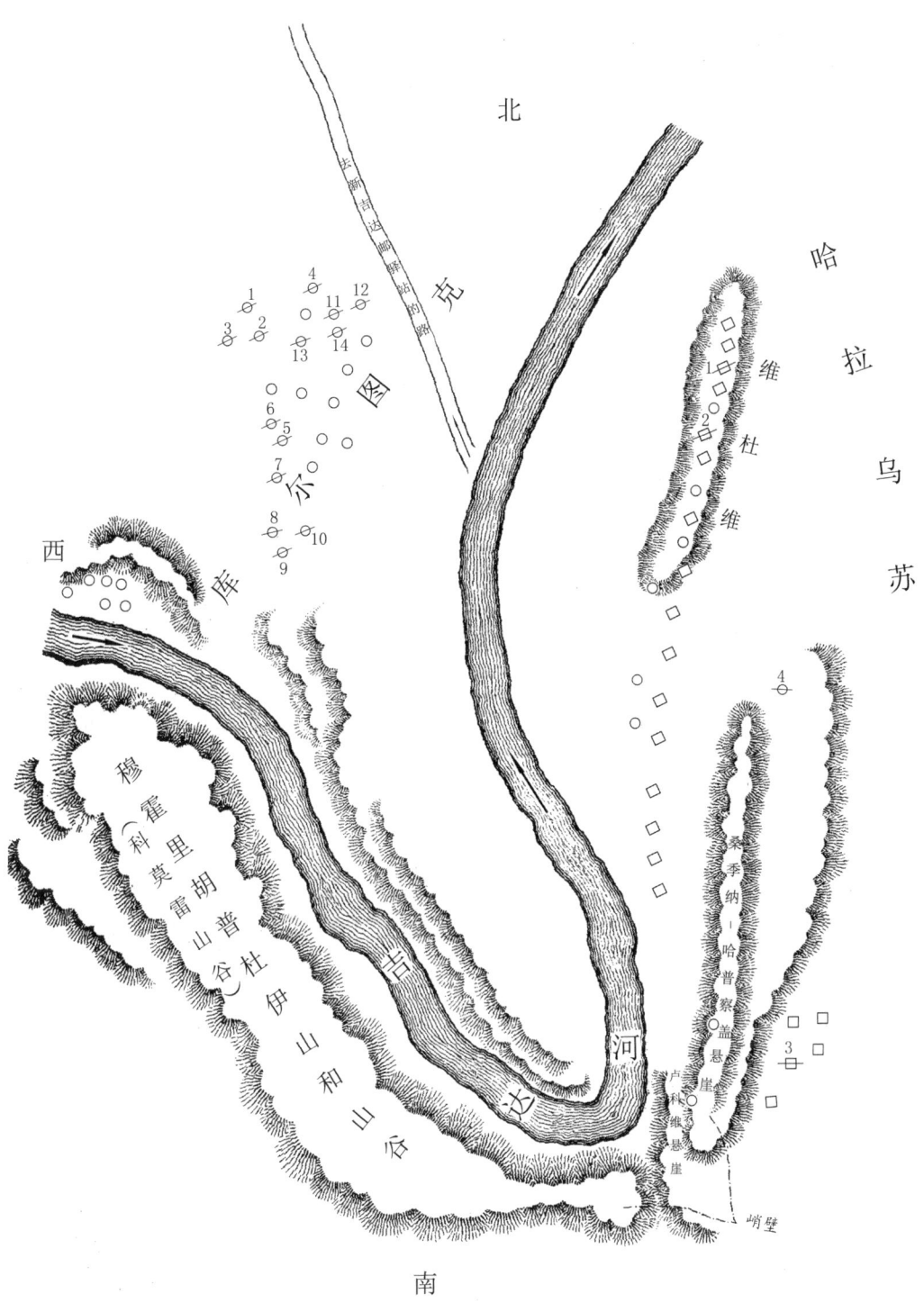

插图五　Yu. D. 塔里克-格林采维奇目测绘制的德列斯图依的库尔图克的地图
（位于吉达河两岸的德列斯图依的库尔图克和哈拉乌苏的墓葬平面图，1900年夏绘制）

德列斯图依墓地

  德列斯图依河谷风景如画,植被茂盛,动物种类多样,其自然环境明显有别于附近其他地区。该地在远古时期就引起了人们的关注,且不仅仅将其视为环境适宜的居住地。德列斯图依谷地显然与外贝加尔古代居民的某种祭祀仪式和宗教观念相关。在吉达河两岸聚集了不同时期的墓葬并非偶然。在吉达河的左岸除了发现匈奴时期墓葬,还有突厥时期和蒙元时期墓葬,这些墓葬零星或成小群分布在山坡上,或者分布在匈奴墓葬西北面的山谷中。

  在匈奴墓地南1.5千米和东南2.5千米处也发现个别由3～5座墓葬组成的小型墓群,登上大漂砾石堆的顶部即可看到这些墓群,它们有外贝加尔地区中世纪时代墓葬的特点。1901年,Yu. D. 塔里克-格林采维奇发掘了其中2座位于匈奴墓地东南2.5千米处的墓葬(M25和M26),它们分布于不大的峡谷的坡上,均被盗,没有发现任何遗物,因此很难断代。1968年,P. B. 克诺瓦洛夫在德列斯图依匈奴墓地以南500米处的山坡上发掘了1座墓葬,根据随葬品将其断代为突厥时期(克诺瓦洛夫,1976:135,注释21)。在德列斯图依谷地上游3千米处发现的巴彦温代尔(戈雷-奥奇)城址,为匈奴时期的小型城堡,地表明显可见两重城墙。

  外贝加尔考察队在匈奴墓地东侧和北侧的河岸边台地上发现了居住遗迹,有暴露出的文化层,有烧焦的斑点[1]和灰烬,也采集到陶片,这些陶片不见于外贝加尔以南的文化遗存。Yu. D. 塔里克-格林采维奇当年曾在此采集到新石器时代的器物(塔里克-格林采维奇,1902:22)。

  在吉达河右岸与匈奴墓地相对的地方耸立着秀丽的卢科维悬崖(桑季纳-哈普察盖悬崖),站在大漂砾石堆的顶部可见在悬崖下和不远处分布着"石板墓"群和其他墓葬,目前还不清楚墓葬的年代。这个地方叫"哈拉乌苏",是"黑水"的意思。在吉达河下游右岸,有延伸几千米的风积地带"古吉尔-梅格",Yu. D. 塔里克-格林采维奇在这里发现了匈奴墓葬和中世纪墓葬(塔里克-格林采维奇,1902a:41～47)。值得注意的是,至今当地居民仍然认为德列斯图依谷地与宗教(祭祀)有关,在河的两岸经常见到布里亚特人传统的"敖包",即用石头堆成不大的圆锥体,或在树木上装饰彩带和带藏文吉语的布块。

三、墓地地形

  匈奴墓葬位于吉达河左岸的山坡上,墓地地表受到强烈的风和水侵蚀。墓地西面和南面的地表略高,出现一些丘陵,东面和北面朝向河谷(插图六)。墓地地表是浅褐

---

[1] 烧焦的斑点,可能就是红烧土碎块。

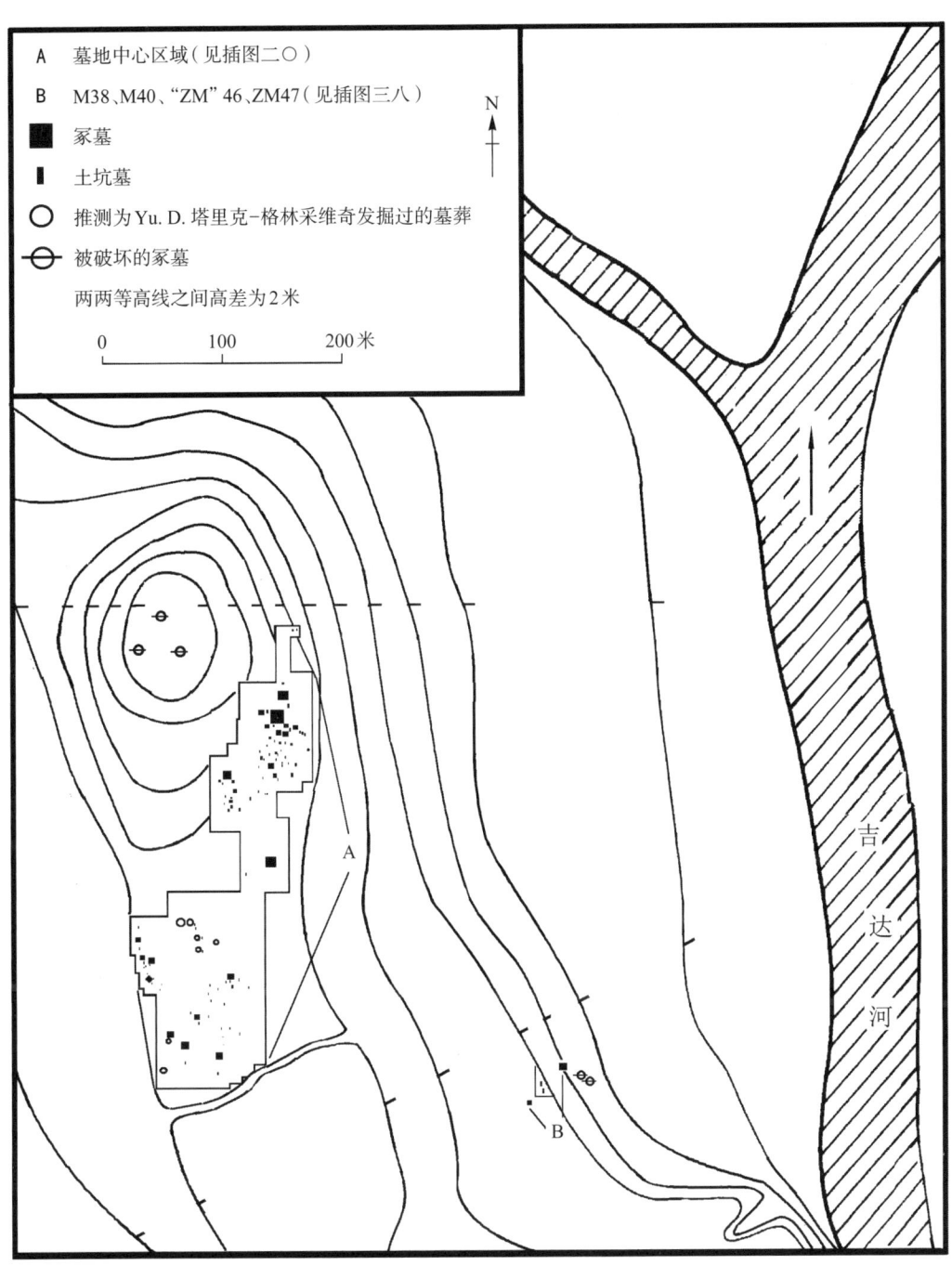

插图六　德列斯图依墓地平面图

德列斯图依墓地

色腐殖土,原始厚度为30～40厘米;腐殖土上覆盖着沙土层,这层土在盆地中部厚5厘米,到盆地边缘处厚达2米。

根据地面踏查可知墓葬集中分布在几个区域,其中最大的一个区域位于一个较大的风蚀盆地内(500米×200米),海拔500米(插图六;插图二〇)。在该区域东南200米处的坡面上发现几个交错分布的石头堆,应该是吉达河河岸滑坡后滚到这里的。在河岸边的发掘探方(插图三八)中清理出2座完整的土坑墓(M38和M40),以及1个不大的中部有用火痕迹的46号石堆(图二六),目前还不清楚它是否为匈奴时期遗存。通过分析坡地上的一个石堆(47号)可知,墓地地表可见的墓葬普遍被盗,因为石头直接被堆放在生土上,没有发现墓葬迹象(图二六)。在墓地中央西北80～100米的一处风蚀高地的底部,也分布着几个已被破坏的石堆(插图六),对其中一个石堆的研究表明,这里年代较早的墓葬已经完全被破坏。

首次研究德列斯图依墓地的Yu. D. 塔里克-格林采维奇还发现了一处匈奴墓葬群,根据他的记录,墓葬分布在上述地段南约250米的山脚下,他在那里发掘了4座墓葬(塔里克-格林采维奇,1902a:38)。但是像1901年发掘的那些墓葬一样,他发掘的这些墓葬没有标注在目测图上。我们在这里没有发现任何墓葬痕迹,估计墓葬已经完全被侵蚀破坏。

风蚀的盆地和冲沟切割了墓地及其周边的地表,也破坏了部分墓葬和所有的墓上石堆。同时,很多有墓上石堆的冢墓和基本无墓上石堆的土坑墓的地表都被沙土掩埋[1]。由于盗掘和水土流失,很多墓葬的地表原始形状已经不存。墓葬的地表在发掘前呈现出不同的形状(常常为环形封堆),但是可以看出所有封堆的中部均有凹陷。

在发掘之前,墓地地表可见近15处石堆,它们相距一定距离地成群分布。在石堆旁边发现少量脱离石堆的石块和残留的致密的土壤,这说明在有墓上石堆的墓葬旁边也有遗存,只不过在现代的地表已经观察不到墓上石堆[2]。因此,为了完整发掘墓地所有遗迹,包括没有墓上石堆的土坑墓,外贝加尔考察队决定对墓地做整体性的发掘,而不是仅限于了解肉眼可见的墓上石堆之间的关系。结果,除了发掘出有墓上石堆的冢墓以外,还发现了几十座墓上没有石堆的墓葬。这样我们就能够理清现存墓葬的分布情

---

[1] 俄罗斯考古文献将地表有石堆或封土且规模较大的墓葬称为"курган";将地表无石堆或虽有少量积石但葬具尺寸较小的墓葬称为"грунтвые погребение",或直接称为"погребение"。但是中国考古文献中的墓葬名称没有作这类区分。原著中"курган"和"грунтвые погребение"的墓葬编号为同一序列,但在编号前分别加"курган"或"погребение"以示区分。中译本将"курган"译成"冢墓"(简写符号为"ZM");将"грунтвые погребение"译成"土坑墓",或直接译成"墓"(简写符号为"M")。

[2] 这里的"墓上石堆",直译为"墓上建筑",其作用与中国墓葬的封土类似。中译本根据原著内容和中国考古文献常用词汇译成"墓上石堆"。

况（详见第三章），绘制出墓地实际存在墓葬的平面图。当然，可能在墓地外围还有没有墓上石堆的墓葬未被发现，但可以肯定的是，我们完整揭露了所有保存到1984年的墓葬。

对于有墓上石堆的冢墓及其附近区域的发掘，采用的是"转运"的方法：最初发掘阶段清理出的土倾倒在沟里或者已经发掘的墓坑里，揭露到遗迹部分时将土倾倒在下一个发掘区，以此类推。

墓葬编号从以往选择性发掘墓葬的编号向后顺延。在外贝加尔考察队发掘之前，德列斯图依墓地已发掘的墓葬有37座，其中24座墓葬是Yu. D. 塔里克-格林采维奇在墓地范围内发掘的，还有2座（M25和M26）是在墓地东南2.5千米的一处不大的峡谷旁边的山坡上发掘的（塔里克-格林采维奇，1902、1902a）。P. B. 克诺瓦洛夫在德列斯图依墓地发掘了9座匈奴墓（M28~M36；克诺瓦洛夫，1976：134~149）和1座突厥时期墓葬（M27），在墓地的东南方从被盗的37号匈奴墓葬中清理出器物（克诺瓦洛夫，1980：263~268）。外贝加尔考察队发掘了95座匈奴墓葬（M38~M45、M47~M84、M86~M130）和2座没有发现人骨的石堆（M46和M85），目前不能确定后两座墓葬是否与匈奴墓地有关。

第一章　墓葬结构

一、墓上石堆[1]

德列斯图依墓地的墓上建筑是各种尺寸和结构的石堆,是在古代地表砌筑的几层石头。大部分石堆不仅受到自然界的破坏,而且还被盗墓者破坏,所以我们无法确定有些墓葬原本是否有墓上石堆,特别是墓地北部的墓葬。大型冢墓被破坏的墓上石堆,覆盖了其附近规模较小墓葬的地表。尽管如此,现代田野发掘方法(完整清理石堆,清除已经离开原始位置的石块,记录保留原始位置的石块,计算石堆石块的总体积)提供了科学的发掘资料,据此可复原并区分出以下几种主要类型的墓上石堆。

1. "铠甲状"方形石堆(插图七,A)。石堆尺寸差别较大,从12米×12米到4米×4米不等。石堆由1~3层石板组成,石板平均尺寸为60厘米×50厘米,石堆高近0.5米。有相当数量的石块在墓葬被盗时移位,但在未被盗的婴儿墓M39-a的墓上仍然保留了未被扰动的完整石堆(插图七,C;图一三),这种墓上石堆是小型石堆,一般砌在婴儿和儿童墓上,其大小与墓坑尺寸成正比。据此我们可以推测"铠甲状"石堆的形状。

2. 近方形石堆。由数量很少的石块组成,只铺一层(插图七,B)。石堆内的空间没有完全铺满石块,可能这些石堆的石块本身就不充足(即使考虑到一部分石块已经缺失)。石堆平均尺寸为4米×4米,高度由石堆的尺寸来确定,平均高0.2~0.3米。墓坑位于石堆的中部,坑口尺寸很小。

以上两种类型的石堆通常是正方向[2],个别稍偏东或偏西。

---

[1] 标题编号为译者加。原著大多数章以下的标题没有编号,不方便阅读,中译本中大多数章以下的标题编号为译者添加。

[2] 这里的"正方向",俄文原文为"Ориентирована сторонами по странам света",直译为"根据地理方位来定方向",可以理解为朝向正的东、西、南、北方向,即中国考古文献中常用的"正方向"。

第一章 墓葬结构

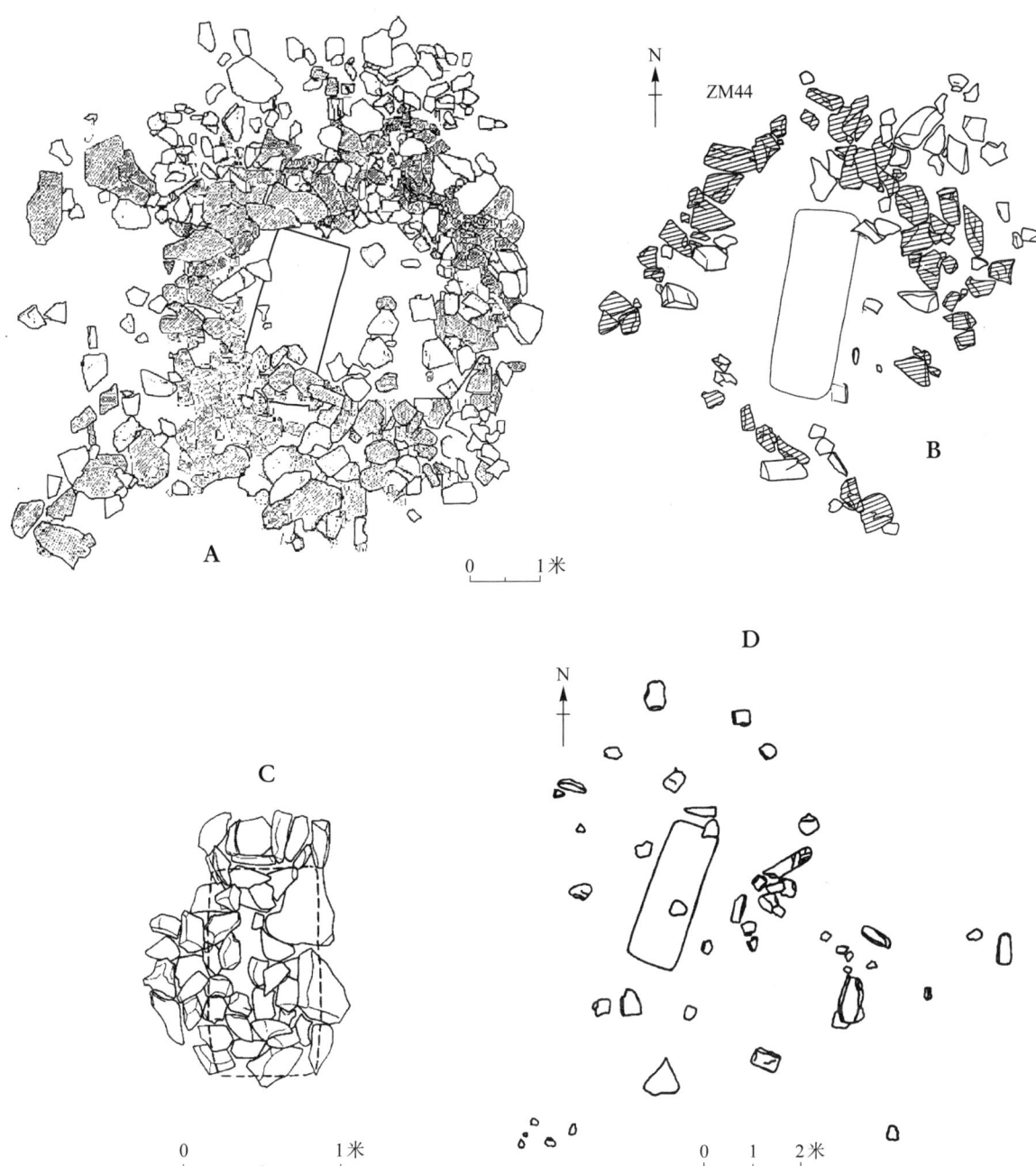

插图七 墓上石堆的类型
A. 铠甲状的成片的石堆（中部因盗墓被破坏） B. 有铺成一排的石块的方形石堆
C. 儿童墓葬上面的成片的铠甲状石堆 D. 无定形的石堆
（内填斜线的为推测保持原始位置的石块）

3. 无固定形状的石块稀疏的石堆。由几块石块组成，仅标示墓葬的位置（插图七，D）。石块围绕墓坑分布，距墓坑口1~2米。与前两种类型一样，石堆没有充分覆盖墓上的地表（也可能部分石块已经遗失）。这类石堆较小，尺寸约4米×4米。

通过清理和仔细研究墓上石堆、详细记录保留原始位置的石块，能够复原德列斯图依墓地大多数墓葬的墓上石堆原始形状，它们一般近方形，大小与墓坑尺寸成正比。唯一例外的是最后一类无固定形状的面积不大的石堆。

复原这些石堆依据的是其他匈奴墓地的材料。前两种类型的石堆广泛分布于伊里莫瓦和切列姆霍夫谷地的匈奴墓地（克诺瓦洛夫，1976：图14、图96等），第三种类型石堆的特征与伊里莫瓦谷地未被盗的M54-b相同（克诺瓦洛夫，1976：图39）。

在德列斯图依墓地没有发掘出保留原始位置的平面为圆环形的墓上石堆。发掘前见到的这种圆环形墓上石堆，是盗墓者将墓坑内的石块扔出，盗坑处的石块下陷后形成的。

有的墓上石堆内立石柱。在清理冢墓ZM39和ZM45时发现这样的石柱，在发掘前的现代地表能很清楚地看到ZM45的墓上石柱。

这两座墓的石柱由平整的石板组成，立在石堆的北面。石柱的尺寸相似，冢墓ZM39的石柱高120厘米、宽50~70厘米、厚15厘米（插图八，A；也见于米尼亚耶夫，1986：49、1989：图2），冢墓ZM45的石柱高165厘米、宽30厘米、厚15厘米（插图八，D）。ZM39的石柱近三角形，石柱顶部和宽面的方向为东西向，石柱东侧底部放置平整的石板，应为祭台，在该石板的下面放置少量大型有角家畜的骨骼（其中包括牛的肩胛骨）和陶片，但是陶片不是匈奴时期的（图一一，4~7）。ZM45的石柱放置在北部由石板砌成的平整"平台"上，"平台"的中央石板下有较小的灰坑，坑内未发现遗物（插图八，D）。立这种石柱的墓葬墓主人均为男性。

还有几种情况也可推测为石柱。例如在ZM77和ZM98墓上石堆的北面（图五八；图七七）和ZM125墓上石堆的东面（图一一六），有与石柱尺寸相似的窄长石板。

根据德列斯图依墓地发现的石柱可以推测，其他匈奴墓地的冢墓上应该也有石柱，只是这些墓葬的墓上石堆在发掘时没有完全清理。

墓上石堆的角上也可能有平整的竖立的石板。ZM39石堆的西北角有顶部为三角形的石板，形状接近该墓墓上石堆中央的石柱，但尺寸略小（图八）。在清理ZM43西侧的墓上石堆时也发现了类似形状的上部经过加工的石板（图一七）。

还应当注意的是，完全揭露墓葬之间的地表后，经常会发现墓葬的外围有直径8~10厘米的木柱的残迹。我们还不能确定这些柱洞的分布规律，但是完全有可能是在墓葬的旁边或墓葬之间立木杆，或者建其他的建筑，不过我们目前还无法复原这些建筑。

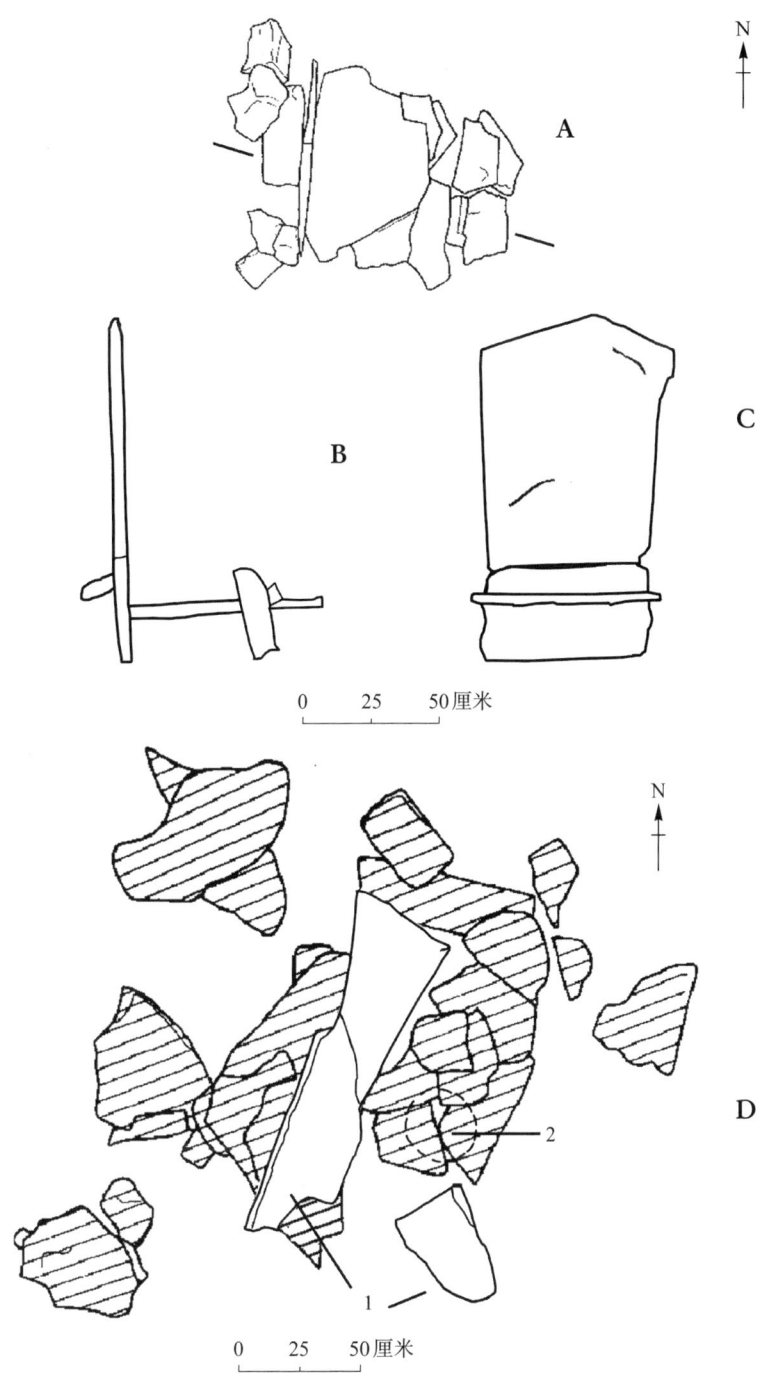

插图八　石堆中的石柱

冢墓ZM39：A．石堆北部有石柱基部的平台的平面图

B、C．石柱剖面图和石柱东侧的正视图（上部为复原图）

冢墓ZM45：D．石堆北部有倾倒石柱的平台的平面图（平台上的石头内填斜线）

1．石柱残块　2．平台下面的灰坑

二、墓坑的形状和墓内堆积

德列斯图依墓地的墓坑平面为圆角长方形,墓壁垂直。墓坑的尺寸与葬具和墓上石堆的尺寸成正比。通常墓坑长度、深度和宽度的比例为1∶1∶0.5。通过发掘未被盗的匈奴墓葬可以看出,在下葬后,墓坑内填充经过挑选的生土、掺杂生土的砾石或夹杂碎石的土壤。

很多墓葬在墓坑内铺石块。这些石块一般连成片,有5～6层,填满墓坑下半部约1米的深度(克诺瓦洛夫,1976:图106、图109)。或者一层或几层由石板组成的填石层与填土层交替填埋,这在ZM43表现得非常清楚,在清理该冢墓填土时,发现墓坑南部的填土曾被盗洞破坏(图二〇,C)。有时也直接在葬具上面铺石板(图一〇七,A)。

三、葬　具

葬具主要为木质,传统的术语称之为"棺"。在德列斯图依墓地既有单独使用的棺,也有和其他葬具搭配使用的棺,后者一般放在木椁或石箱内。

1. 棺

木棺有几种形制,不同形制的木棺,其构成要素的数量和尺寸、组合技术的复杂程度均有差别。棺的尺寸与死者年龄有关,成人墓葬的棺平均尺寸是长200厘米、宽50厘米、高30～40厘米。棺的四壁由宽25～30厘米、平均厚4～5厘米的立板组成,侧板和端板在棺的四角用榫卯结构连接:棺的前、后端板两端各有2个榫头,插入侧板的长方形卯槽内(插图九)。M127木棺的结构是个例外,为侧板上的榫头插入端板两端的卯槽内(图一一七)。卯槽距离侧板的边缘有一定距离,这使木棺的侧板两端往往凸出于端板之外。

根据现有发掘材料,可以分出以下三类棺。

(1)木质棺壁,放在由2～3块纵向长木板拼成的棺底板上,不见棺盖板,但在棺的上面经常发现有机物痕迹,可能在棺上盖毡子或皮革。

(2)棺壁与第一类相似,有底板和盖板。发现不同结构的盖板:有用几块纵向木板拼成的单层盖板(插图一〇,A);也有双层盖板,上层由宽的横搭木板组成,下层由纵向木板拼成(克诺瓦洛夫,1976:图100);还发现三层盖板,在下层的纵向木板和上层的横向木板之间,沿着西边放置平整的石板(克诺瓦洛夫,1976:图109)。组成底板或盖板的纵向木板之间用专用的"蝴蝶结"形镶嵌物[1]来连接加固(插图一〇)。

---

[1] "蝴蝶结"形镶嵌物以及下文出现的"蝴蝶结"形榫在中国考古文献中被称为"细腰榫"。

第一章 墓葬结构

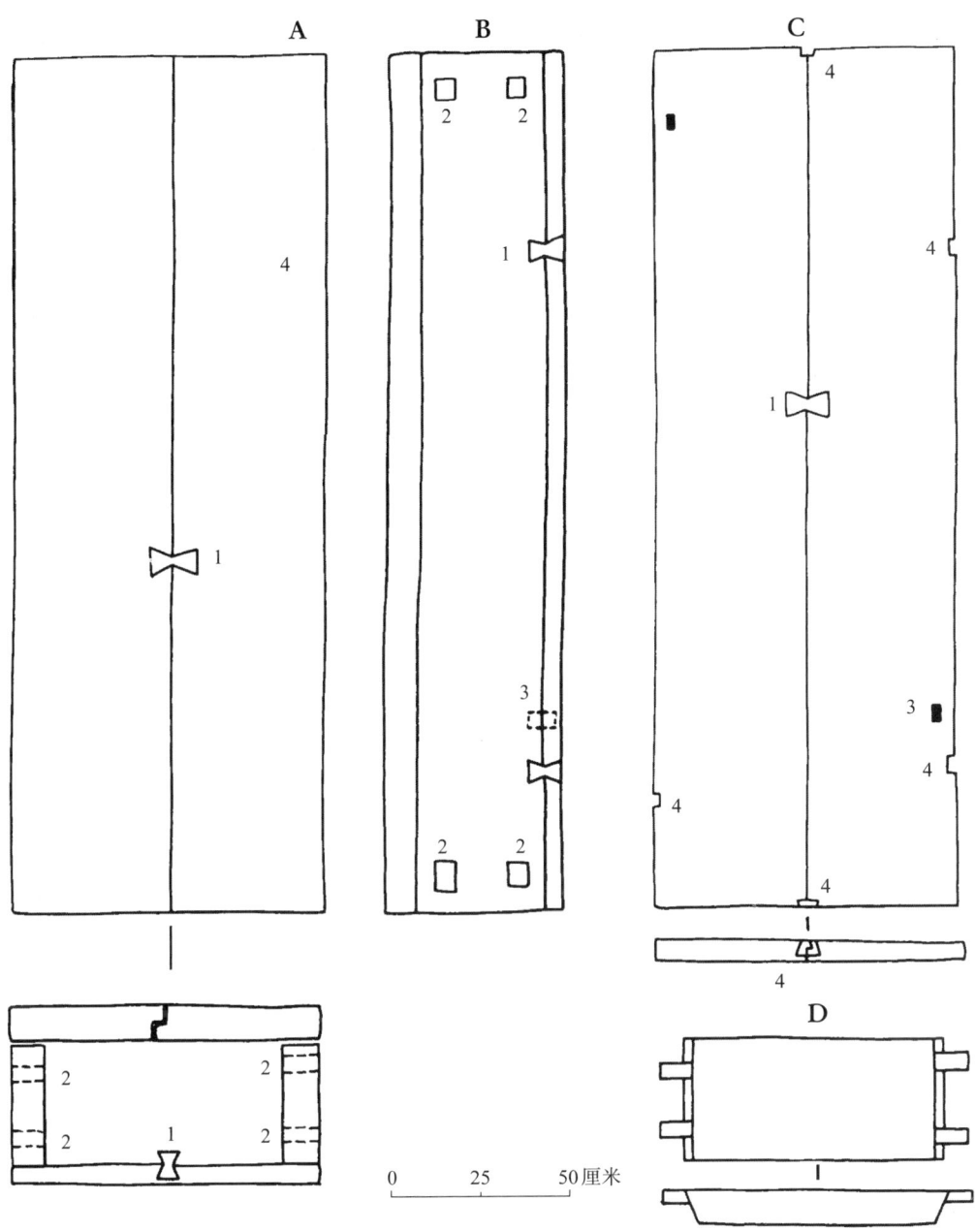

插图九　ZM39木棺详细结构复原图
A. 棺的顶部及其南面正视图　B. 棺东面正视图
C. 棺的底部及其南面正视图　D. 棺南壁的正视图和俯视图
1. "蝴蝶结"形榫　2. 棺壁端部插榫用的卯槽
3. 插暗榫用的卯槽　4. 插"蝴蝶结"形榫用的卯槽

23

德列斯图依墓地

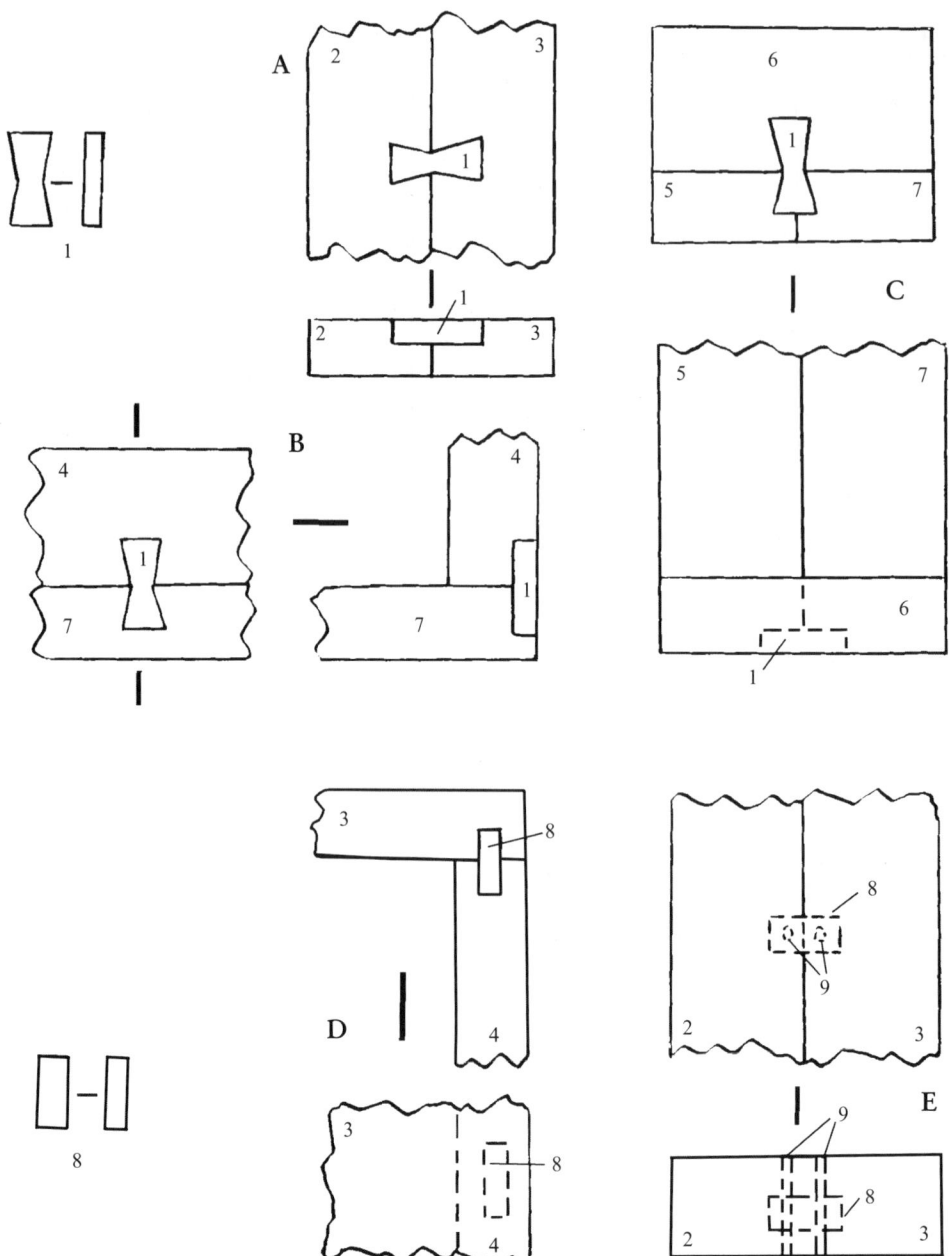

插图一〇 借助"蝴蝶结"形榫(1)和暗榫(8)组合在一起的木棺细部复原图
A. 组装在一起的盖板　B. 组装在一起的侧壁板和底板　C. 组装在一起的两端壁板和底板
D. 盖板和组装在一起的侧壁板　E. 组装在一起的底板或盖板
1. "蝴蝶结"形榫　2、3. 盖板　4. 侧壁板　5、7. 底板　6. 端壁板　8. 暗榫　9. 圆形的榫-卡销

24

（3）结构最复杂的是放在椁内的棺。这类棺的壁由较厚的枋木组成（厚近10厘米），在侧板和端板上沿着拼合线或在棺壁的榫卯处加三角形镶嵌物。有的在棺板之间用"蝴蝶结"形榫和暗榫加固，这些榫有的位于相对接的木板之间；有的也用横的木柱加固。上述加固方法有时单独使用，有时也混合使用。纵向木板要么拼接在一起，要么通过相当于壁板四分之一厚度的榫口连接。

结合榫——"蝴蝶结"形榫和暗榫也用来加固棺的底板和盖板。通常棺的底板和盖板两侧边有专用的卯槽来连接侧壁。"蝴蝶结"形榫和暗榫的数量与棺的尺寸和木板的厚度有关。木棺四壁的位置通常经过精心设计，将木棺各部分横、竖方向的木板都准确地安装在一起（插图一〇）。

有的木棺在距离端板30~40厘米处放置一个横向的隔板，形成放置随葬食物的隔厢。

木棺通常直接放在墓底的生土上，在14座墓葬的木棺下发现1根或2根垫木，垫木距离棺的两端30~50厘米（图五二的M67、图六〇的ZM78等）。

棺的木材为松木或云杉。考古文献中也提到落叶松制成的木棺（塔里克-格林采维奇，1928：5），不排除有这种可能，但是需要具体实证来分析。

2. 木椁

德列斯图依墓地的木椁由3~4层枋木组成，枋木由直径20~25厘米的原木加工制成。椁的平均尺寸为长350厘米、宽150厘米、高50~70厘米。可以明显看出，相邻的枋木之间没有专门加固。转角处为对接而成，在椁的端壁枋木做出与侧壁枋木宽度相当的凹槽，然后将两侧壁的枋木和端壁的枋木牢固地组装在一起。椁和墓坑壁之间用填土压实。椁的盖板通常由14~16块宽18~20厘米的半剖原木横搭而成。椁底板或为与盖板相似的横铺的半剖原木，或由纵向木板组成（插图一一，A~E）。可能没有专门用于固定横铺半剖原木或纵向木板的部件。

3. 石箱[1]

石箱由厚5~10厘米的大石板制成，侧壁为一排2~3块侧立的石板，南、北两端壁通常由1块石板组成。石箱外壁和墓坑壁之间，有时侧立1~2排较小的石板。石箱侧壁的石板或直接放在墓底生土上（图二五，B），或放在用平整的石板铺成的石箱底板

---

[1] "石箱"的俄文原文为"каменный ящик"，直译为"石箱"。根据原著图文可知，"каменный ящик"主要相当于中国考古文献中的石椁和石棺，以及少数在木质棺椁外由石板或石块围成的类似石椁的葬具。原著中多数каменный ящик的结构相当于石椁，用轮廓为自然状态的石板围砌在木质棺、椁的外面。少数каменный ящик非常狭小，仅能容下一具人骨架和少量随葬品，内部无其他葬具，其结构应与中国考古文献通称的"石棺"类似。还有少数каменный ящик是在木质棺、椁外不完全地围砌石块，无底，壁也不完整，只能算不完整的石椁或象征性的石椁。因为каменный ящик所指的葬具对应不止一个中文的葬具名称，所以中译本只直译成"石箱"，读者可根据具体墓葬结构描述和插图去判断相当于哪一种石质葬具。

德列斯图依墓地

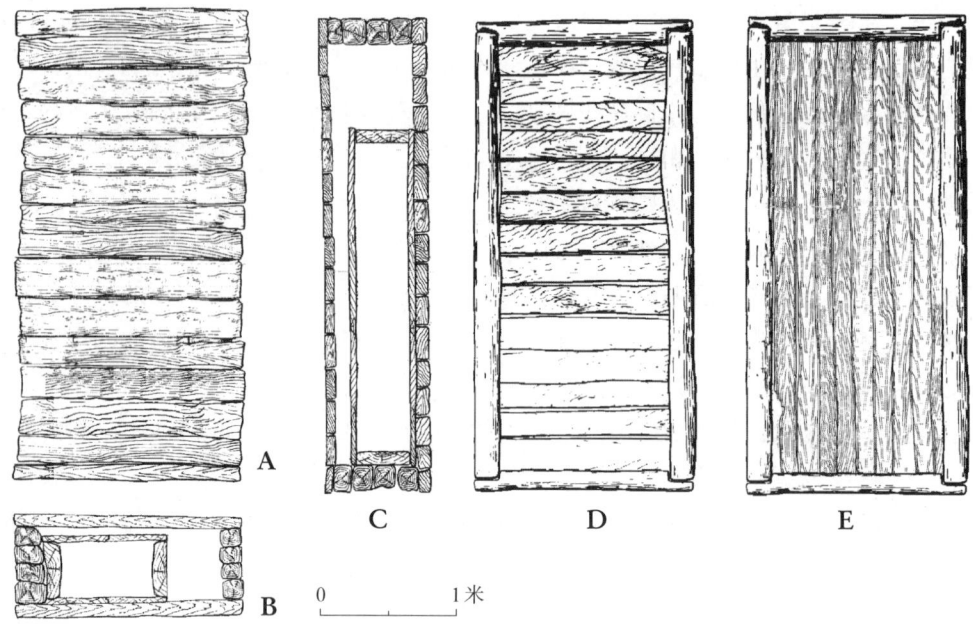

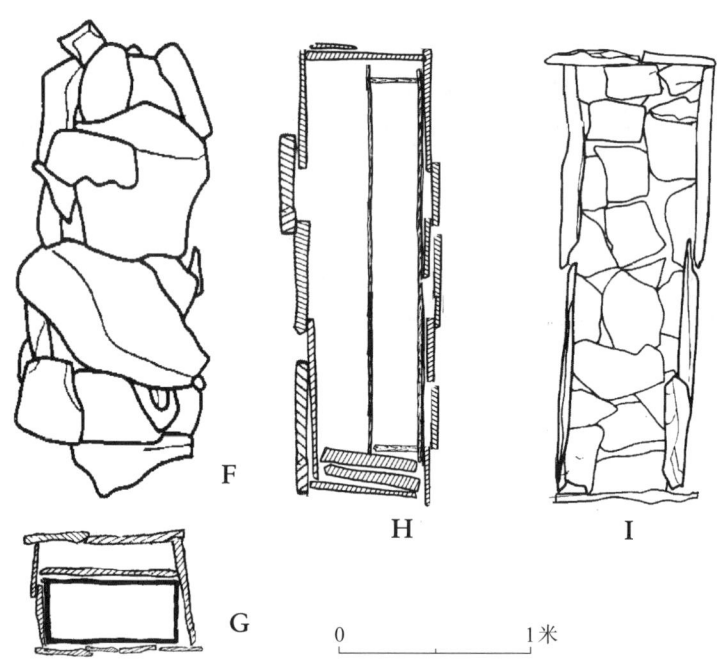

插图一一 木椁和石箱结构复原图

A. 椁盖板层面的木椁平面图　　B、C. 木椁的横剖面图、纵剖面图
D. 横向的半剖原木制成的椁底板　　E. 纵向的半剖原木制成的椁底板
F. 盖板层面的石箱平面图　　G、H. 石箱的横剖面图、纵剖面图
I. 底板层面的石箱平面图

上，相邻的石板之间交错连接（图四一）。组成侧壁的最大侧板插入生土20～30厘米（图二〇，C）。石箱的盖板由石板组成，铺在侧立的壁上（插图一一，F～I）。石箱的平均尺寸为长200厘米、宽80厘米、高40～50厘米。

四、墓葬结构

通过分析墓上石堆和墓内葬具的特定组合，可以将德列斯图依墓地的墓葬分为以下几类。

1. 有铠甲状方形墓上石堆的冢墓（在石堆的北面立石柱），墓坑较深，墓壁较直，通常用石块和土填塞墓坑。有双层的葬具（棺和椁），一般在椁的外侧围砌石板形成石箱（图九；图七〇；图七八）。在ZM39的中央发现散落的炭化椁板（图九）。

2. 有近方形墓上石堆的冢墓（有时在石堆的北面立石柱），墓坑为长方形，直壁，葬具为石箱内放木棺（图二四）。

3. 有近方形墓上石堆的冢墓，葬具为木棺或石箱内放木棺（图二二）。

4. 墓上石堆形状不规则的冢墓，石堆由几块石块组成，墓坑不深，墓壁垂直，葬具为木棺或石箱内放木棺（图一一六）。

5. 没有墓上石堆的土坑墓，葬具为木棺或石箱内放木棺（图七二，M93）。

以下为两种特殊形制的墓葬。

6. 没有墓上石堆的土坑墓，无葬具。墓内可见腐烂的有机物痕迹，可能是皮革、毯子或树皮（图三五，M51）。

7. 只有石箱的墓葬，石箱内无木棺（图六八）。

德列斯图依墓地各类墓葬结构的情况可归纳为下表（不包括由于破坏严重而无法复原其结构的墓葬）。

表一 德列斯图依墓地墓葬结构统计表

结构分类	有墓上石堆					无墓上石堆					合计
	墓内结构					墓内结构					
	木棺1木椁1		只有木棺		木棺1木椁1		只有木棺		无木棺		
	有石箱	无石箱	有石箱	无石箱	有石箱	无石箱	有石箱	无石箱	有石箱	无石箱	
数量	7	2	16	7	0	0	11	59	3	2	107
百分比	6.54	1.87	14.95	6.54	0	0	10.28	55.14	2.81	1.87	100

如表所示，一半以上的墓葬是没有墓上石堆的土坑墓。另外一类数量较多的墓葬（占总数的三分之一）是有石箱的墓葬，或在石箱内放木棺，或在石箱内放木椁和木棺。其他形制的墓葬均较少见。

这是首次发现匈奴墓葬广泛使用石箱和木棺或在木椁内放木棺，虽然我们曾在个别匈奴墓葬或更早的墓葬中发现过用石板围砌葬具的现象。

以上几类墓葬结构在德列斯图依墓地的墓群和墓葬组合内有确定的组合关系，其分布情况详见第三章。

第二章　随葬器物

德列斯图依墓地的随葬品有6个大群[1]：容器、武器、马具、服饰、手工工具及日常生活用具、装饰品。

一、容　　器

可分为陶容器、金属容器、矿物容器3个群。

（一）陶容器

根据容器的主要参数（底径和口径、颈和口的直径、最大径和器高的比值）可分为2个主要的类，每类可再分出几个型。此外，根据有器足这一特征可以分出第三类陶容器——三足器。

1. 罐

包含4个型。

（1）Ⅰ型[2]（插图一二，1）。容器在绝对尺寸上可以有相当大的变化，但它们的比例保持不变：最大径位于器身约三分之二高度处，最大径与口径的比是1∶1，最大径与底径的比是1∶0.6~0.7。器表通常为灰色或灰褐色，装饰条状研光暗纹，或在未干的器壁上用小木铲刮出带棱的小条带纹。肩部通常有水平刻线或波浪形刻线（1周、2周或3周），波浪线上、下通常各有1周刻线。

---

[1] 原著的器物分类没有统一的符号，中译本根据各级分类名称翻译如下："категория"为"大群"，"класс"为"群"，"подкласс"为"亚群"，"группа"为"类"，"подгруппа"为"亚类"，"тип"为"型"，"подтип"为"亚型"，"вариант"为"变体"，"подвариант"为"亚变体"。原著多数情况下遵循从大群、群到类再到型、变体这一从大到小的分类级别，但有时会越过一个或两个分类级别，有的分类中"类"的级别大于"群"。所以，原著的分类级别不适用于所有器物。

[2] Ⅰ型罐的形制特征为大口深腹罐。原著用阿拉伯数字作为型的代码，很容易与表示数量的数字混淆。中译本改成罗马数字，以下均同。

（2）Ⅱ型（插图一二，2）。壶形容器，束颈，颈的直径略小于底径。斜弧肩，最大径一般位于器身中部，最大径与底径的比为2∶1。口外侈，形成不高的口沿。器表为灰色，器表在陶胎未干时刮平，几乎所有器表都覆盖纵向条状的砑光暗纹。肩部有纹饰，为在未干的胎上磨光而成。

（3）Ⅲ型[1]（插图一二，3）。形体较大的容器，细颈，口径小于底径。斜肩，器身近菱形，最大径位于器身中部，最大径与底径的比为2∶1。侈口。器表为浅灰色，器表在陶胎未干时压平，器表覆盖与Ⅱ型罐类似的纵向砑光暗纹。陶器的中部有2周附加堆纹。

（4）Ⅳ型（插图一二，4）。大的陶盆[2]，最大径在口部，口径（最大径）和底径的平均比为2.5∶1。口沿呈直角向外折4～5厘米。器表在陶胎未干时压平或装饰带折棱的纵向条带，这些纹饰是陶器烧制前加工器表时留下的痕迹。

以上4个型的陶器明显可见是用泥条盘筑的，腹部和上半部分别制作，然后在陶轮上将两者连接在一起。在陶器底部完好地保留了陶轮的支钉痕迹，陶器内侧也保留了器身上、下两部分结合在一起的痕迹。

2. 钵

根据形状和尺寸分为2个型。

（1）Ⅰ型（插图一二，5）。口径为最大径，底径是口径的1/2～2/5。器表为灰色，素面。

（2）Ⅱ型（插图一二，6）。高5～6厘米的较小的钵，直壁，口径和底径相当。器表仔细磨平，素面。

3. 三足器

三足器的器足只见于被盗的ZM58，无法划分型。残存的器足长4～5厘米。在该墓中也发现了不典型的匈奴陶器残片，为饰长方形附加堆纹的黑褐陶，可能是三足器的器壁（图四二，3～8）。

（二）金属容器

只有1个亚群。

青铜容器。只有1个类。

镬。只有1个型。

高圈足镬（插图一二，7）。器身为上部截取一部分的卵形，圈足为截断的锥状体，口沿略外侈，口沿上有一对弧形立耳。

---

[1] Ⅲ型罐的形制特征为矮体壶。
[2] 原著这里直译为"大的缸"。中译本根据陶器形制译成"大的陶盆"。

第二章　随葬器物

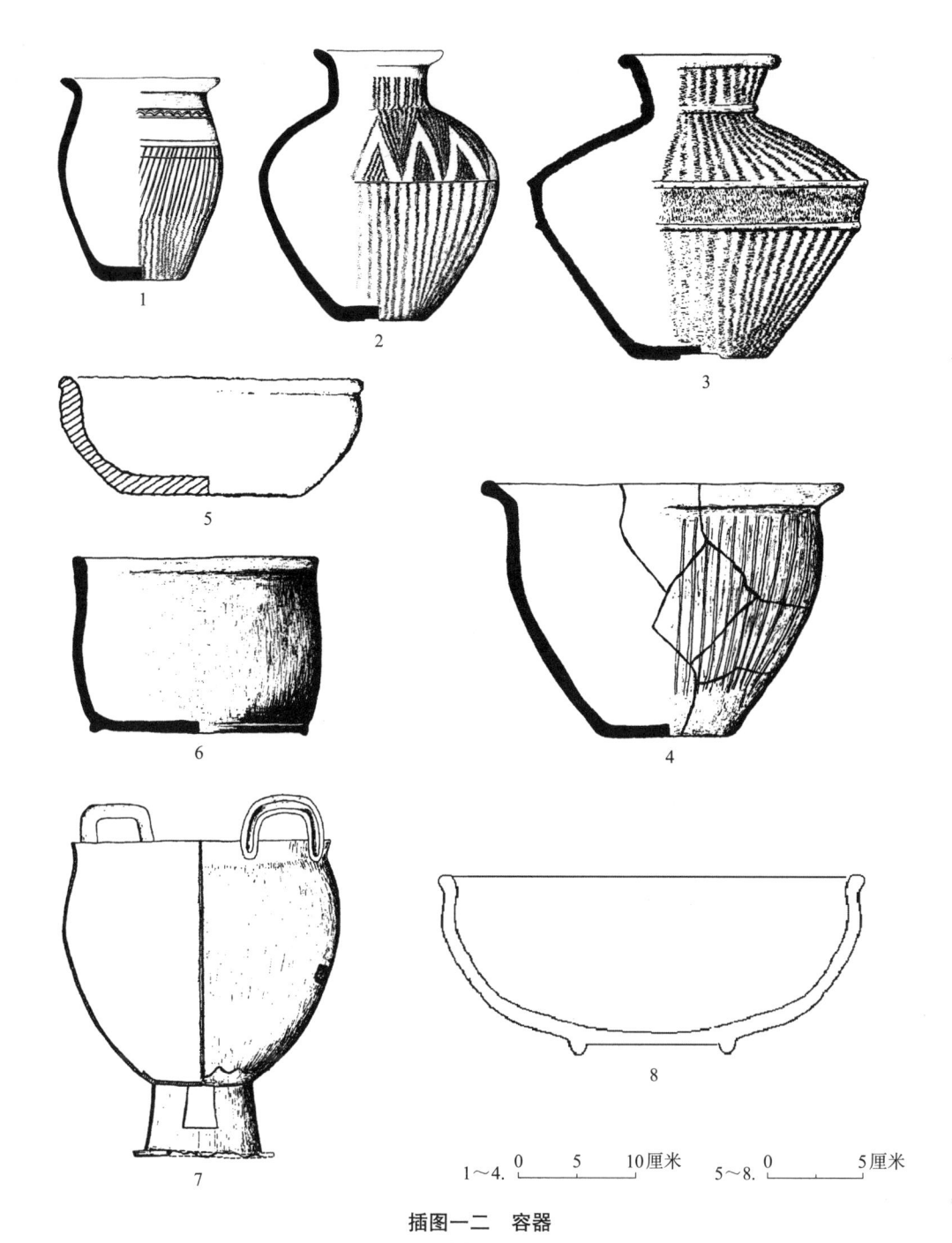

插图一二　容器

1. Ⅰ型罐　2. Ⅱ型罐　3. Ⅲ型罐　4. Ⅳ型罐[1]　5. Ⅰ型钵　6. Ⅱ型钵　7. 鍑　8. 泥质石灰岩钵
（1～6. 陶　7. 青铜　8. 矿物）

---

[1] 正文与该图对应的器物名是"Ⅳ型罐"，但原著这里的图注为"缸（或坛）"。中译本为与正文统一，将原著图注中的器物名改为"Ⅳ型罐"。该器物相当于中国考古文献中的"盆"。

此外，Yu. D. 塔里克-格林采维奇曾在未被盗的M21发现带大块青铜补丁的铁镞残片，镞的形状无法复原。

（三）矿物容器

有2个亚群。

1. 泥质石灰岩质地的。用泥质石灰岩制成的钵，呈半球形，口略侈，底部有不高的圈足（插图一二，8）。

2. 煤精质地的。出土于M129的杯残片（图一二〇，15），形状和尺寸无法确定。

此外，属于容器类的还有汉式漆耳杯，发现于ZM43，杯的主体已经完全腐烂，形状和尺寸不详。

二、武　器

可分为3个类，分别为远射武器、近距离刺杀武器、防御性武器。

（一）远射武器

可分为3个亚类，分别为镞、弓的配件、弓箭辅助用具。

1. 镞[1]

根据质地可分为金属镞和骨、角镞2个群。

（1）金属镞

可分为2个亚群，分别为铁镞和青铜镞。

1）铁镞

只有带铤镞1个型，可以分为2个主要的亚型。

① 三翼镞。翼长4～5厘米，铤长4～5厘米。根据镞身侧面形状可分为2个变体。

A. 菱形镞身（插图一三，1）。镞身最宽处略高于镞身底部。

B. 三角形镞身。镞身最宽处位于底部，翼有倒刺（克诺瓦洛夫，1976：图版Ⅰ，8、9）。

② 扁平的镞。根据镞身侧面形状可以划分出1个变体。

镞身为菱形，长5～6厘米，最宽处（4厘米）位于镞的中部（克诺瓦洛夫，1976：图版Ⅰ，7）。

---

[1] 中译本对镞形制的描述，参考了中国考古文献对同类镞的通用描述文字，没有完全按照俄文原文直译。

2）青铜镞

有2个型。

① 有铤镞

只有1个亚型。三角形镞身,有铁铤(插图一三,2)。镞身长2.5～3厘米,底部宽0.7厘米,有的镞身上有不太深的凹坑。镞身底部有多边形的銎孔,内置铁铤。

② 有銎镞

只有1个亚型。三翼,带环状銎口。根据镞身侧面形状可分为3个变体。

A.三角形镞身(插图一三,3)。侧面为不规整的菱形,最宽处位于翼近底部的三分之一处。

B.五边形镞身(插图一三,4)。翼的上半部为三角形,下半部为长方形,翼的下缘与銎孔相接。

C.菱形镞身(插图一三,5)。翼的侧面为三角形,翼的下缘与銎孔相接。

在有銎镞下半部的三翼结合处,有长方形或三角形镂孔,这种镂孔把环形的銎与镞身底部分隔开。有时在镞身中部也有直径3～4毫米的小穿孔。

无论是铁质还是青铜质的三翼镞,通常都有一个带孔的空心球形附件,固定在箭铤上,和镞底部连接,即所谓的"鸣镝"(插图一三,1)。借助小球,箭在飞射的过程中发出声音,作为一种信号,也是为了在心理上压制敌人。

（2）骨、角镞

可分为有铤的和有銎的2个型。

1）有铤镞

只有1个亚型。分尾式镞。根据镞身侧面形状可分为3个变体。

① 镞身侧面为锥形。镞身与铤部没有明显分界线。镞身横截面有2个亚变体：菱形(插图一三,6)、圆形(插图一三,7)。长度为5～12厘米,根据其重量较轻推测,它们是在短弓上发射的镞。

② 镞身侧面为菱形(插图一三,8)。镞身上半部为三角形,下半部与铤部平缓地连为一体。镞身横截面为菱形。

③ 镞身侧面为三角形(插图一三,9)。铤部与镞身分界明显。镞身横截面为菱形。镞长5～10厘米,这一长度说明它们既可以用在长弓上,也可以用在短弓上。

2）有銎镞

只有1个亚型。銎位于镞身内的镞。镞身侧面形状只有1个变体,即近三角形的侧面(插图一三,10)。

2. 弓的配件

有2个型的角质弓贴片。

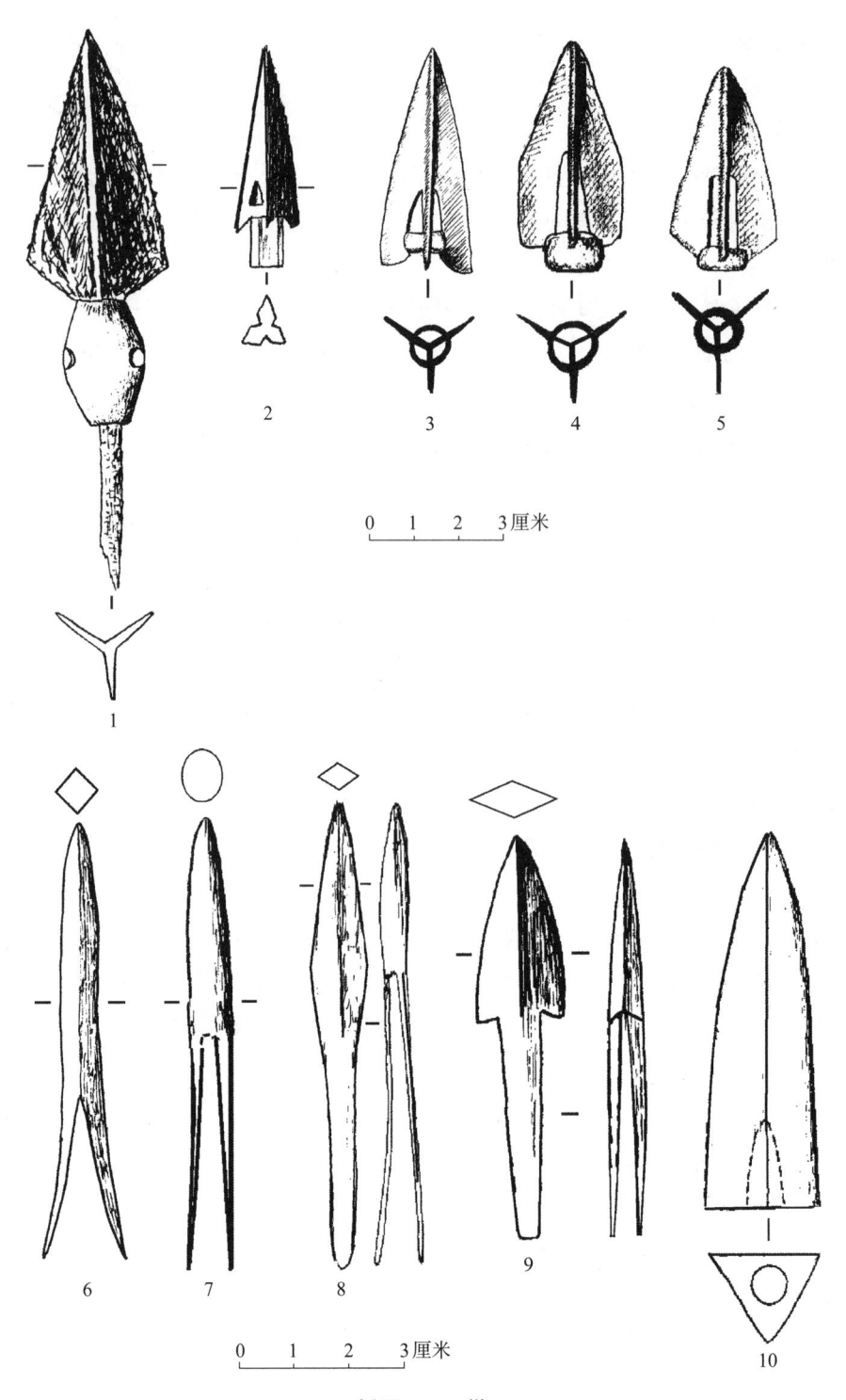

德列斯图依墓地

插图一三 镞
1.三翼镞 2.带铁铤的三棱镞 3～5.三翼銎孔镞 6～9.分尾式镞 10.銎孔镞
（1.铁 2.青铜、铁 3～5.青铜 6～10.角）

（1）Ⅰ型。弓中部前面的贴片（插图一四,1）。贴片中部较窄,两端稍加宽,外表面经过斜切,横截面为弧形。贴片正面长30～40厘米,中部宽1.5～2厘米,两端宽2～3厘米。

（2）Ⅱ型。弓弭（插图一四,2）。长条形,略弯曲,横截面为弧形。长30～40厘米,一端宽2.5～3厘米,有系弦用的豁口。器身从较宽的一端向另一端逐渐变窄。系弦的豁口附近有时有1～2个穿孔,用来补充系弦的功能（图五七,1）。

还有一种弓弭的变体是楔形的贴片,横向略弯曲,长10～12厘米,宽的一端（1.5～2厘米）的正面削成斜坡,相对的一端逐渐变窄。文献中常把这种形状的贴片视为弓侧面的贴片（胡佳科夫,1986：26）。但是,在M123处于原始位置的发现说明,实际上它们是用来增加弓弭的长度（插图一四,2a）。利用楔形贴片来加长弓弭,显然是在加工弓弭用的角料长度不够的情况下采用的办法。

需要强调的是,因为随葬武器的大部分墓葬都被盗,在德列斯图依墓地原本可能还有其他形制的弓贴片,特别是位于弓正面中部和侧面中部的贴片。

弓弭的背面常常有交叉的刻线,这是为了将角质的弓弭与弓的木质骨架更牢固地结合在一起。有的弓弭正面（M120和M123）刻有形状相同的记号,可能是中国的象形文字——"日"（图一〇八,18；图一一二,2）。

在M123发现的处于原始位置的复合弓表明,弓弦松开时长近150厘米（图一一二）,但是不排除也有使用斯基泰式短弓的情况。前文已经提到,在墓葬中发现较小的青铜和角质的镞,可以证明存在这种短弓,因为这种尺寸和重量的镞不能用在大弓发射的箭上。

在未被盗的M120发现的弓弭应当引起注意。该墓的弓弭放在死者的头骨上,一个盖在眼睛上,另一个与其平行放置在额头上。弓弭被折成几段,其残片掉入头骨的眼眶内（图一〇七,B）。弓弭的这种用法说明它们可能在下葬前被故意折断,有一定的祭祀作用。

3. 弓箭辅助用具

包括2个型的器物。

（1）箭囊

在德列斯图依墓地发现挂箭囊的钩子,在未被盗的墓中也发现分布密集的带箭杆的镞,这证明德列斯图依墓地存在箭囊（图一〇七,B）。不排除墓中随葬桦树皮或皮革制成的箭囊,它们在发掘时都已腐烂掉了。

M120的箭囊内有6件青铜三翼镞,镞的侧面形状有几种。M123共有11件箭镞：1件青铜镞、2件铁镞和8件角质的镞（图一〇八,4～9；图一一四,1～11）。

（2）箭囊钩

德列斯图依墓地只发现1件箭囊钩（M48）,只能复原一部分形状（图三〇,7）。钩

插图一四　武器

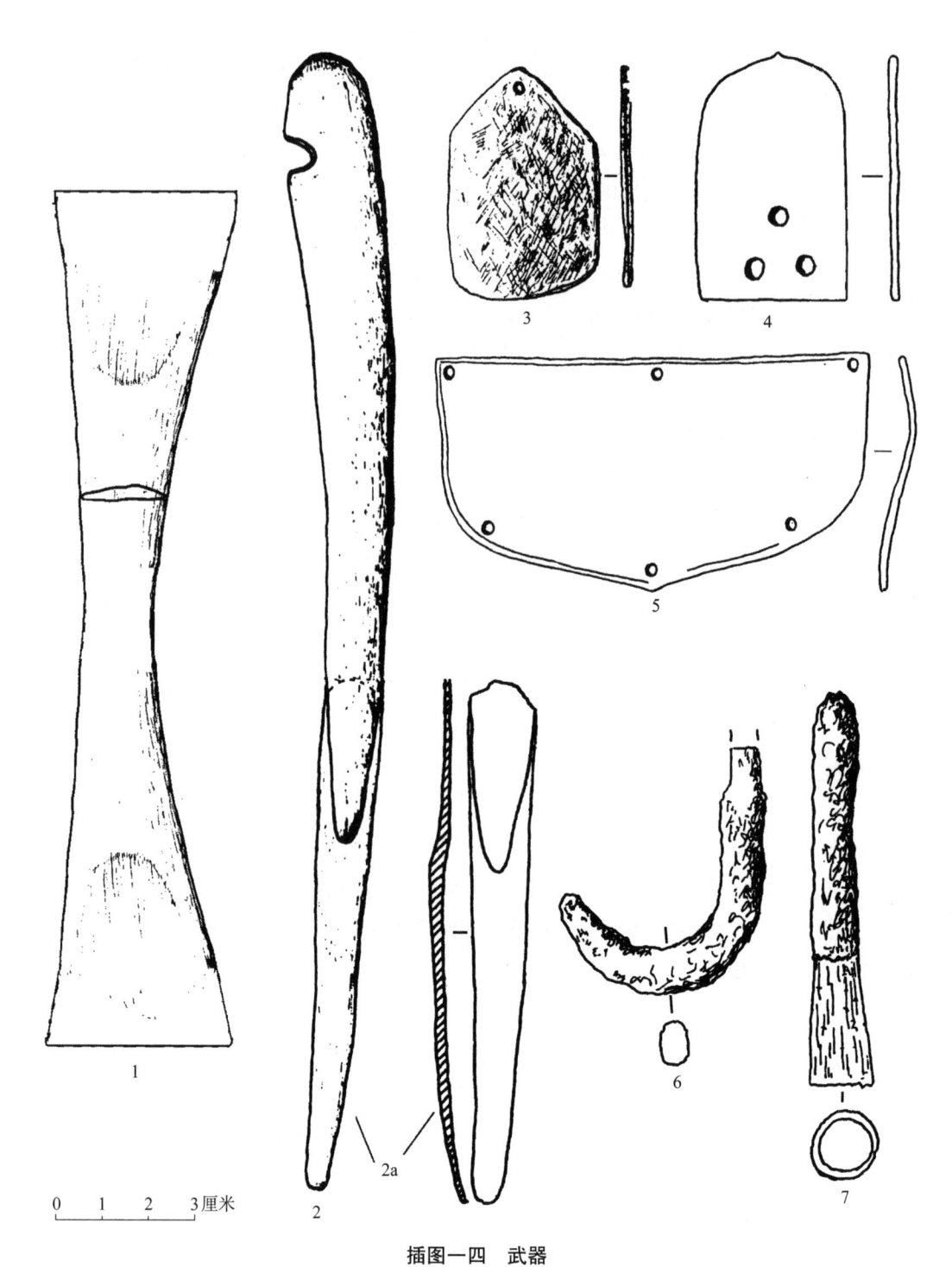

1、2.弓上的贴片（1.弓中部正面的贴片　2.弓弭　2a.弓弭接长的部分）
3～5.铠甲片　6.箭囊钩　7.矛头（？）
（1、2、4、5.角　3、6、7.铁）

的底部长7厘米,由一根横截面为圆形的铁丝制成,器物的上半部没有保存下来(插图一四,6)。

(二)近距离刺杀武器

包括短剑和矛2个亚类。

1. 短剑

保存状况较差,很难了解细部形制。推测应为有柄的双刃短剑,剑身横截面为菱形(图三〇,13、14)。推测剑身长近30厘米。短剑放在挂在腰带上的木鞘里,有时也能发现剑鞘的痕迹。

2. 矛

在ZM48发现矛的残段,但因保存状况较差不能完全复原其形状。推测矛身的侧面为锥形(插图一四,7),骹部横截面为圆形,长17厘米。

(三)防御性武器

此类只有铠甲,根据原料质地可分为铁质和骨角质2种。

1. 铁质甲片只有1个型,为五角形,长4厘米、宽3厘米、厚1~2毫米,转角处稍圆(插图一四,3)。甲片的边缘分布固定用的小孔。甲片连接形成密实的铠甲,用来保护上身。

2. 角和骨质的甲片。推测应为防御性武器,但目前仍缺乏可靠的证据。有2个型。

(1)近长方形轮廓的甲片(插图一四,4)。一个短边为圆弧形,另一个短边平直。在平直的短边附近有固定甲片用的穿孔。

(2)曲线形轮廓的甲片(插图一四,5)。甲片轮廓近五边形,一个短边平直,另一个短边近三角形。甲片边缘处有几个固定甲片用的穿孔。

三、马 具

这个大类包括2个类。

(一)驭马用具

可分为2个亚类。

1. 马衔

只有1个群,即铁质的。其中只有1个型。

两节衔（插图一五，1）。长近25厘米（每节长10～12厘米），内环直径2～3厘米，外环直径3～4厘米。

2. 镳

可分为铁质、角质和骨质、复合质地3个群。

（1）铁镳

只有螺旋桨形镳1个型。侧面为"S"形，长近25厘米，中部宽1.5厘米，横截面为长方形，镳的两端平缓地变宽并略向相反方向弯曲（插图一五，2）。

（2）角质和骨质镳

有2个型。

1）角镳。侧面为长方形，两端稍变细，中部横截面为圆形，两端横截面近长方形。长18～20厘米，中部直径1.5～2厘米（插图一五，3）。

2）骨镳。用小型有角家畜的肱骨稍经加工制成，长15～20厘米（插图一五，4）。

（3）复合质地的镳

主体为铁质，两端为铜质。器身较直，两端略弧，横截面为圆形（插图一五，5）。

（二）马具配件

根据功能差别，可分为节约和带具上的装饰物2个亚类。

1. 节约

根据质地差别，可分为铁质、青铜、角质3个群。

（1）铁节约

有2个型。

1）环形节约（插图一五，6）。有多重功能，其中包括当节约用。环直径7～10厘米，厚0.5厘米。

2）有背钮的圆形泡状节约（插图一五，7）。直径5～6厘米，背钮尺寸为3厘米×2厘米。

（2）青铜节约

有3个型。

1）环形节约（插图一五，8）。和铁节约一样，有多重功能。直径4～6厘米，见于马具组合（克诺瓦洛夫，1976：图版Ⅶ，10、11）。

2）十字形节约（插图一五，9）。长、宽均为3厘米，形成十字交叉的板条宽1.5厘米。十字交叉处正面有直径1.5厘米的圆形凹槽用来镶嵌装饰物，背面有较窄的穿皮带用的绳圈。

3）正面有动物造型的节约（插图一五，10）。平均长、宽为3厘米，背钮高2厘米。

第二章　随葬器物

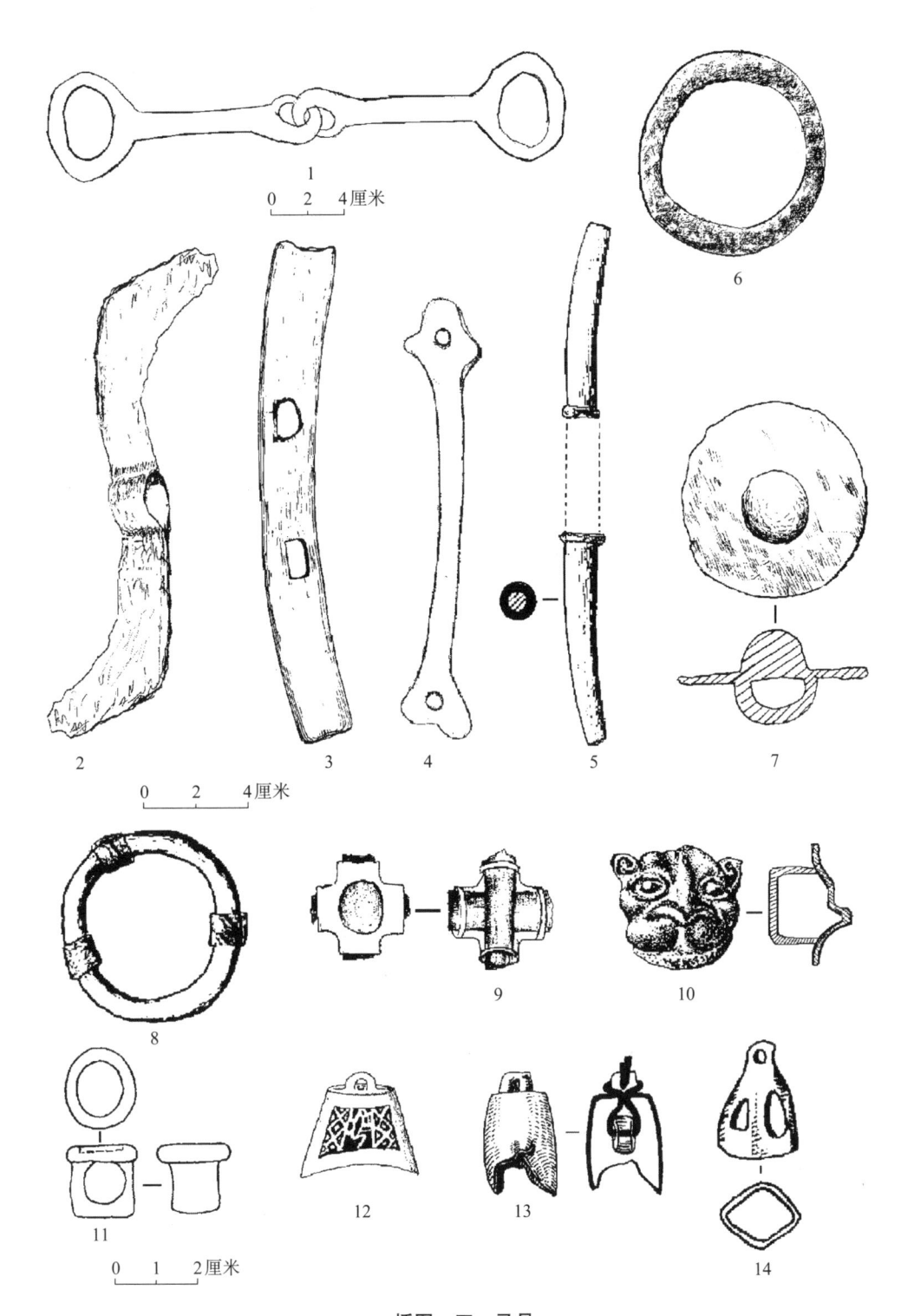

插图一五　马具

1. 衔　2~5. 镳　6~11. 交叉皮带用的节约　12~14. 铃
（1、2、6、7. 铁　3、11. 角　4. 骨　5. 青铜、铁　8~10、12~14. 青铜）

（3）角质节约

只有1个型。有圆形的顶部和圆形穿孔，顶部有镶嵌用的圆形凹槽，背面有较宽的长方形背钮（插图一五，11）。

2. 装饰性马具

只有青铜铃1个型。可分为2个亚型。

（1）器身规整，器表光滑或有纹饰（插图一五，12、13）。

（2）有镂孔的铃（插图一五，14）。铃宽2～4厘米，高2.5～5厘米。顶部有悬挂用的不大的穿孔钮，通常能保留下来铁质或石质的铃舌（有时也用珠子或矿物质地装饰物的残片），通过穿孔钮固定在皮带上。

有些墓葬中还发现与马笼头放在一起的成堆的有机物残留（克诺瓦洛夫，1976：148），推测可能是毡子做成的马鞍。

四、手工工具和日常用具

可分为4个类。

（一）刀

只有铁质的，包括2个型。

1. 有柄刀（插图一六，1）。刀刃长约30厘米，插入木柄或角柄中的刀柄部长4～5厘米，横截面为楔形。

2. 环首刀（插图一六，2）。长约20厘米，横截面为楔形，柄端为环形。

（二）锥

只有铁质的，包括2个型。

1. 直柄锥（插图一六，3）。锥身长6～8厘米，柄长4～5厘米。

2. 环首锥（插图一六，4）。长约15厘米，末端变尖，顶部为圆环形。

有柄的刀和锥通常有木质或角质的柄套（插图一六，5）。

（三）管[1]

用截断的管状骨制成，一端稍宽。用途不明确，发掘报告认为是皮囊上的口（插图

---

[1] "管"的俄文原文为"мундштук"，直译为"烟袋嘴、喷嘴"。但是对应的器物与中国长城地带和东北地区战国秦汉时期北方居民用的骨管形制基本相同，为装针用的管，因此中译本将其翻译成"管"。

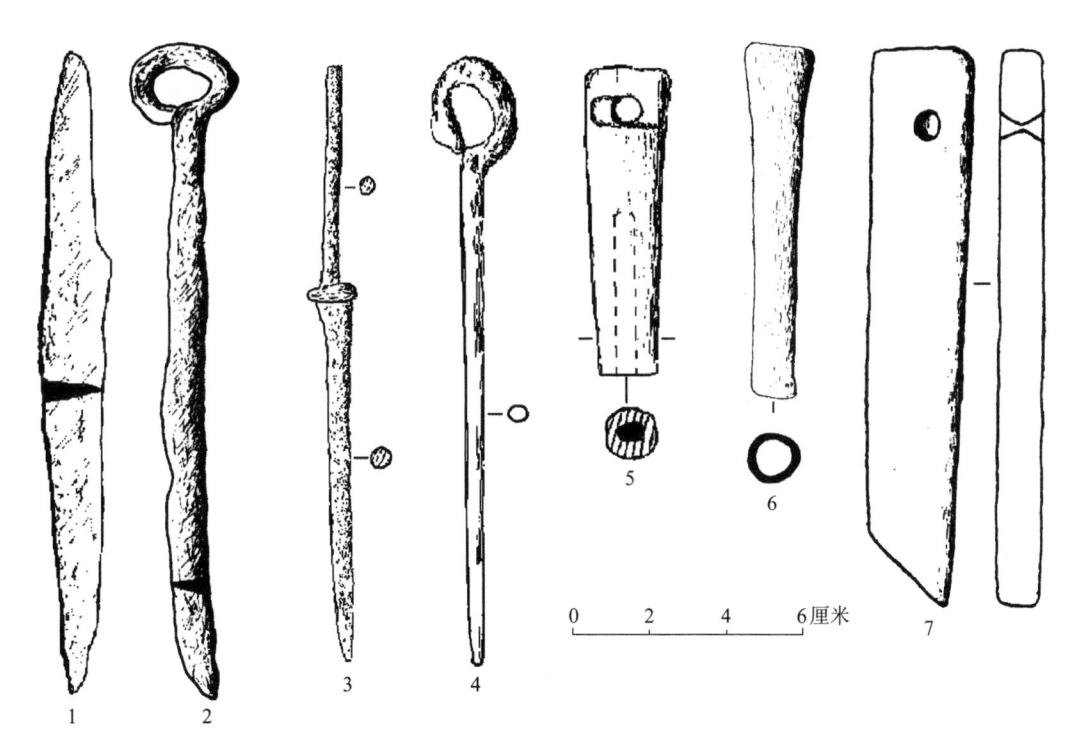

插图一六　手工工具和日常用具
1、2.刀　3、4.锥　5.柄　6.管　7.砺石
（1～4.铁　5.角　6.骨　7.石）

一六,6）。

（四）砺石

用坚硬的石头制成,侧面呈长方形,一端有穿挂用的穿孔（插图一六,7）。

另外值得注意的是,在M62的壁上也发现铁锛,应该是挖墓坑时使用的工具,因此没有将其列入随葬品。锛侧面为长方形,纵剖面为楔形,长、宽均为7厘米（图四七,8）。

五、服　饰

可分为固定在腰带带身上的带具、固定在腰带两端的带具2个类。

（一）腰带带身上的带具

有6个亚类,分别为带扣、带饰、环、坠饰、串管、念珠。

1.带扣

有3种质地,可分为金属、有机物、复合质地3个群。

（1）金属带扣

有青铜和铁质2个亚群。

1）青铜带扣

根据形状差别可分为片状带扣、几何形带扣2个型。

① 片状带扣

有长方形、不规则形2个亚型。

A. 长方形（插图一七，1、2）。平均尺寸为12厘米×6厘米，厚0.2～0.5厘米。通过带扣上的穿孔或镂孔固定在腰带上。有的背面有背钮，近一侧短边处常有与带扣平面垂直的小凸钮。纹饰有各种组合，大多数为动物形象，有静态动物和动物互相搏斗的图案。

B. 不规则形（插图一七，3～5）。带扣形状根据纹饰主题的内容而变化。

从德列斯图依墓地未被盗墓葬发现的青铜片状带扣可以看出，它们都有与其形状对应的木质底座，这在其他墓地也发现了。Yu. D. 塔里克-格林采维奇也发现过类似的木质底座，他当时认为是木棺壁外的碎屑（塔里克-格林采维奇，1902：23）。

② 几何形带扣[1]

只有阶梯形1个亚型（插图一七，10、11）。底部较宽，上半部较窄，两侧为曲折的阶梯状。

2）铁带扣

有2个型。

① 有长方形外凸部位的带扣（插图一七，8）。带扣有长方形边框，一面有用于固定皮带的长方形凸出部位。平均尺寸为10厘米×4厘米。是外层腰带上的带具，在未被盗墓葬中它们所在的位置证明了这一点（M99）[2]。

② 带横向扣针的圆形带扣（插图一七，9）。带扣有直径10～12厘米的圆形边框和横向扣针。是外层腰带上的带具，在未被盗墓葬中它们所在的位置证明了这一点（图八〇，18、19；图九三，4、6）。

（2）有机物带扣

有矿物和角质2个亚群。

1）矿物带扣

根据形状差别可分为2个型。

---

[1] 俄罗斯学者划分的带扣（пряжка）范围很宽泛，既有中国考古文献中的牌饰、带扣，也有坠在腰带下没有系结功能的带环。这里的"几何形带扣"，实际上是一种坠在腰带带身下的阶梯形带环。

[2] 该"带扣"应为阶梯形带环。

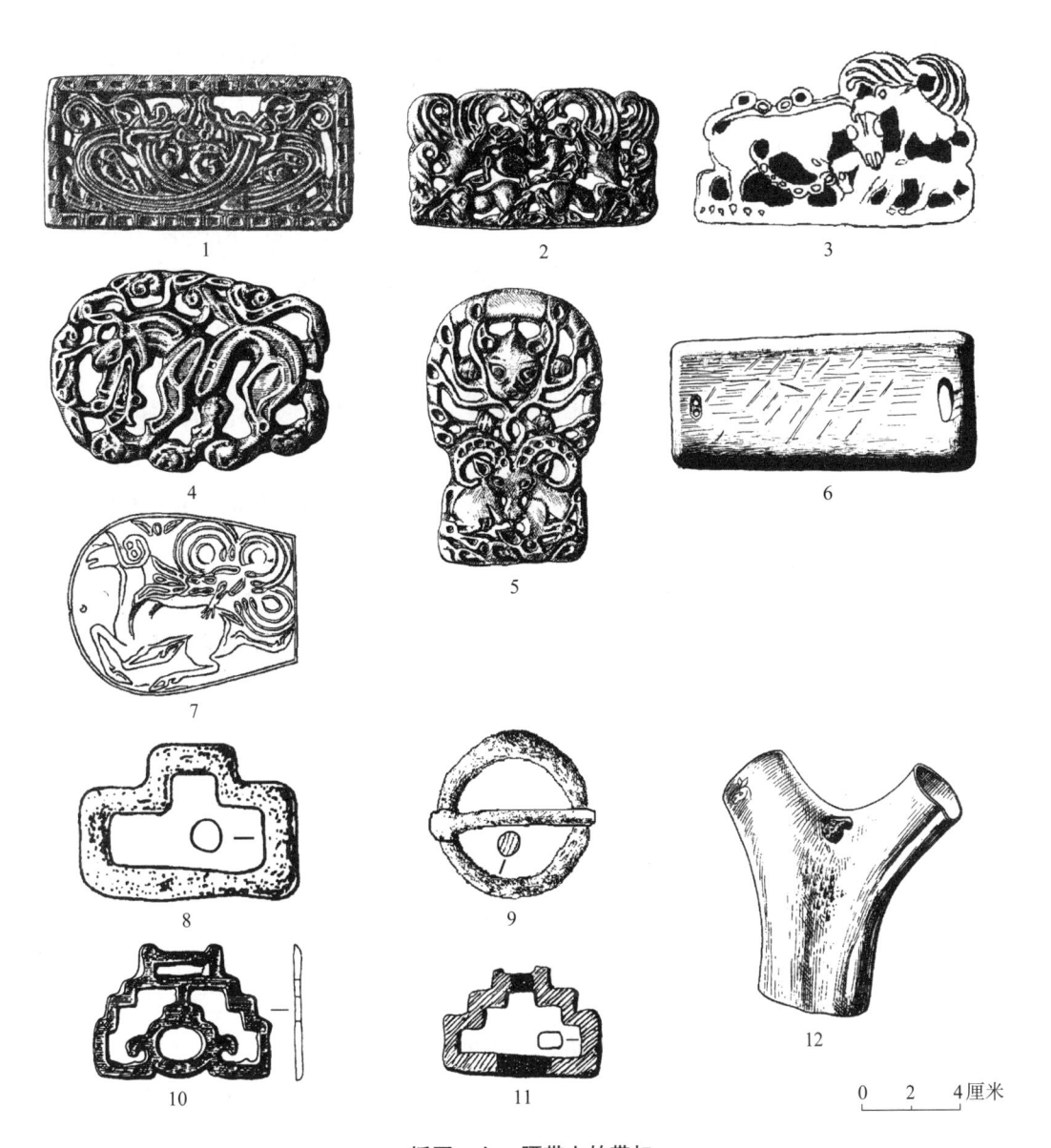

插图一七 腰带上的带扣

1~7.片状带扣　8~11.边框式带扣　12.可移动的块状物
(1~5、10、11.青铜　6.泥质页岩　7.木、金　8、9.铁　12.角)

① 长方形带扣（插图一七,6）。用泥质页岩制成,平均尺寸为12厘米×6厘米,厚1厘米。两端有固定用的穿孔,正面有时有用于镶嵌的凹槽,沿边缘或对角线装饰刻点组成的虚线（图三六,1）。

② 圆形带扣（插图一八,10）。直径5厘米,正面有镶嵌用的同心圆形凹槽[1]。

2）角质带扣

本身是活动的滑轮,根据M99处于原始位置的发现可知是外层腰带上的部件。用野生动物的角制成（M99的带扣用的是西伯利亚狍）:从角上切下一段带两个角杈的部分,清除角腔内的海绵状组织,将椭圆形木塞塞入切面的孔内,木塞上有榫槽,在榫槽内穿入皮带。木塞可固定皮带的长度（插图一七,12；图八〇,1、1a）。

（3）复合质地带扣

只有1个亚群,为带木底座的带扣。

只有"U"字形1个型。带扣的主体近长方形,一端为圆角。根据纹饰表现技法差别可分为2个亚型。

1）浅浮雕纹饰带扣（插图一七,7）。在木质底座上刻出浅浮雕的动物形象,然后用薄金片完全覆盖木质底座,并錾压出底座上的图案。

2）镶嵌纹饰带扣。用角质薄片和金片在木质底座上分隔出几个区域,金片上有用于镶嵌的切口,并錾压出几何形图案。金片的切口处有嵌入木质底座的彩色宝石（克诺瓦洛夫,1976:图版XXI,3）。

2. 带饰[2]

可分为2个群。

（1）金属带饰

均为青铜质地,可分为长方形和不规则形2个型。

1）长方形。尺寸为3厘米×4厘米,装饰动物纹（图六,5~7）或几何纹（插图一八,1）。

2）不规则形。有3个亚型。

① 动物形（插图一八,2、3）。与长方形带饰的尺寸相似。

② 花形（插图一八,4）。玫瑰花结形,中部有一圆形凹槽,边缘另有4个槽座,背面有穿带钮。

③ 仿贝币（插图一八,5）。仿天然贝壳的带饰,仿制出贝壳的形制。

---

[1] 该器很可能是被发掘者误认为带扣。
[2] "带饰"的俄文原文为"нашивка",直译为"镶条、缝附物"。中译本根据中国考古文献常用词汇译成"带饰",即装饰在腰带带身上的带具。

（2）有机物带饰

有贝壳、矿物、桦树皮质地3个亚群。

1）贝壳带饰

可分为2个型。

① 天然贝壳制成（插图一八，6）。

② 用河蚌壳模仿贝壳制成（插图一八，7）。河蚌壳比天然贝壳小一些。

2）矿物带饰

只有泥质页岩1个型。长方形（插图一八，8）。尺寸为3厘米×4厘米，厚0.5~0.6厘米，两端有固定在腰带上用的穿孔。

3）桦树皮带饰

只有1个型，为花叶形（插图一八，9）。尺寸为6厘米×5厘米。有圆形的边缘，中部略变窄。沿边缘发现多个缝缀用的穿孔。该器物可能不仅是用来装饰腰带的，也可作为衣服上的装饰。

3. 环

可分为金属和矿物质地2个群。

（1）金属环

包括2个亚群。

1）青铜环

包括镂空环和简单的环2个型。

① 镂空环（插图一八，11）。有内、外两个圆环，两者的平均直径分别为2~3厘米、6~8厘米。内、外环之间用弧线或直线连接，形成逗号形或梯形的镂孔。

② 简单的环（插图一八，12）。有多种用途，通常见于腰带上，显然是用来缀挂各种器物的。环的平均直径为3~4厘米。

2）铁环

尺寸与青铜环相似，也用于垂挂。

（2）矿物环

包括2个亚群。

1）泥质页岩环（插图一八，13）。直径8~10厘米，平均宽2厘米。

2）泥质石灰岩环（插图一八，14）。尺寸与前者相似，通常成对分布。

4. 坠饰

可分为金属和矿物质地2个群。

（1）金属坠饰

只有青铜1个亚群，包括2个型。

德列斯图依墓地

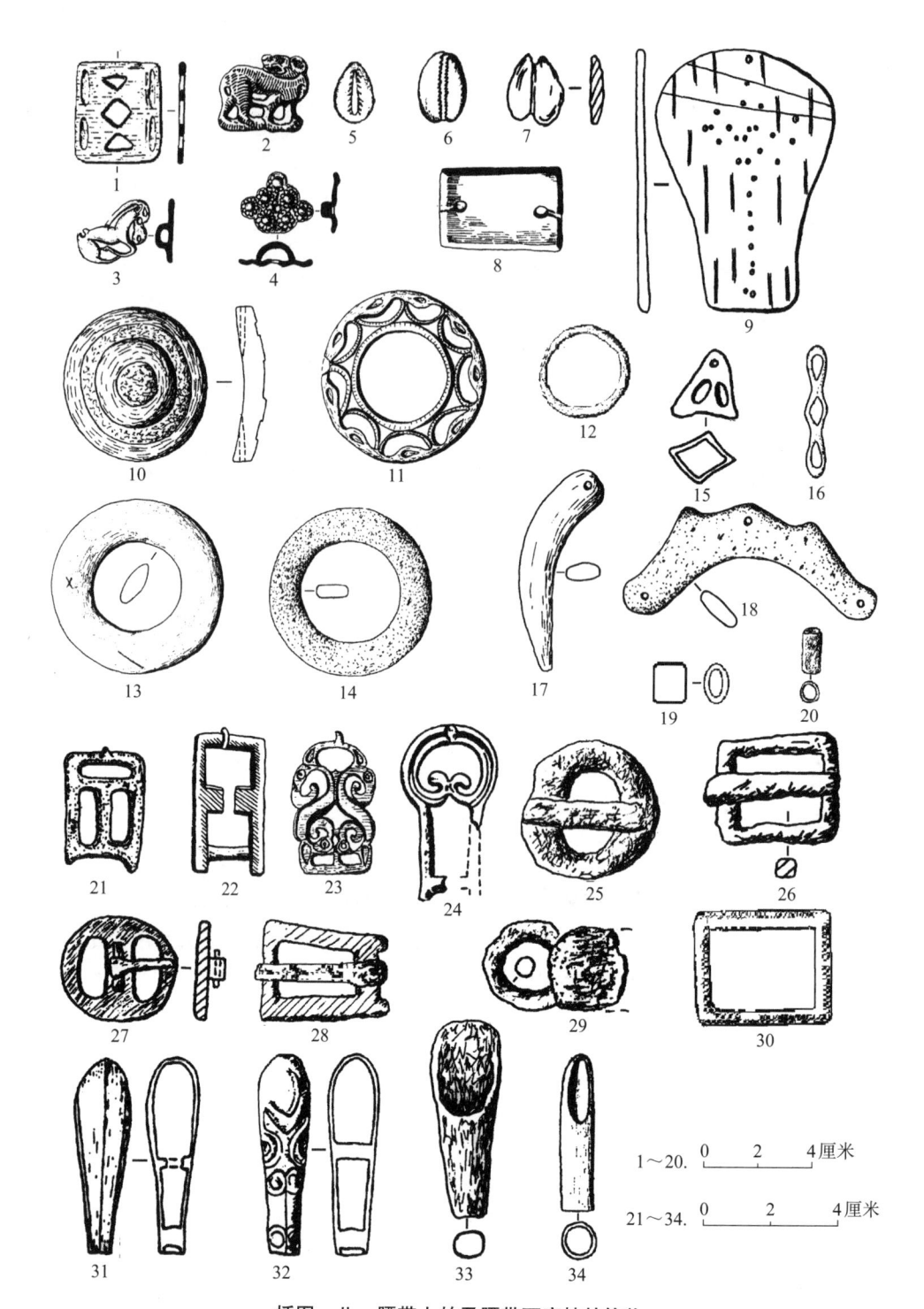

插图一八 腰带上的及腰带下穿挂的饰物

1~9. 带饰　10、21~30. 带扣　11~14. 环　15~18. 坠饰　19、20. 串管　31~34. 勺形带饰
（1~5、11、12、15、16、19、21~24、27、30~32. 青铜　6. 贝壳　7. 河蚌壳　8、10、13. 泥质页岩
9. 桦树皮　14、18. 泥质石灰岩　17. 玉髓　20、25、26、29、33. 铁　28. 青铜、铁　34. 角）

46

1）铃形（插图一八，15）。在未被盗墓葬中所处位置可以证明其为腰带上的装饰（图六，B）。

2）小链子（插图一八，16）。小链子由三个铸造在一起的不大的环组成，每个环的直径约1厘米。

也有用五铢钱做青铜坠饰的情况，主要发现在腰带上（图八四，A）。

（2）矿物坠饰

有玉髓和泥质石灰岩质地2个亚群。

1）玉髓坠饰（插图一八，17）。为动物的爪形或尖牙形。长6～7厘米，上缘为圆形，宽1.5～2厘米，中部有缀挂用的小穿孔。

2）泥质石灰岩坠饰。有3个型。

① 爪形。形状和尺寸与玉髓坠饰相似。墓葬中只发现残段，用作铃舌（图二九，6）。

② 扁担形（插图一八，18）。呈扁担状。中部和边缘处有缀挂用的穿孔。

③ 仿贝壳形。仿照贝壳的形制。已有发现证明此类坠饰是珠串中的"挂坠"[1]（图八五，14）。

5. 串管

只有金属的，可分为2个亚群。

（1）青铜串管（插图一八，19）。均为环形，呈直径1厘米、宽2厘米的环状。

（2）铁串管（插图一八，20）。只有圆柱形一种形制。

管穿在皮绳上，发掘时在串管上发现各种挂在腰带上的物品。

6. 念珠

在未被盗的墓中通常可见坠在腰带下由几十枚各种珠子组成的一串珠子，暂称为"念珠"（图三六，3、6；图八三，A）。珠子的形状和尺寸在下文详细讨论。

（二）腰带两端的带具

有2个亚类，分别为腰带上的带扣和勺形带饰。

1. 腰带上的带扣

有3个群。

（1）金属带扣

有2个亚群。

1）青铜带扣。有3个型。

---

[1]"挂坠"的俄文原文为"чётки"，是长珠串的意思。但根据插图可知，这里指的是长珠串上的挂坠。

① 有固定凸钮的带扣。有2个亚型。

A. 轮廓为长方形（插图一八，21、22）。

B. 轮廓为花式造型（插图一八，23、24）。

② 横梁上有活动扣针的带扣（插图一八，27）。

③ 只有光滑边框的带扣（图一八，30）。没有将皮带和带扣连接在一起用的扣针。

2）铁质带扣。有2个型。

① 边框上带活动扣针的带扣。有圆形（插图一八，25）和长方形（插图一八，26）2个亚型。平均尺寸为4厘米×4厘米，边框宽0.5厘米。

② 有短折页的带扣（插图一八，29）。带扣的边框上有加长的用来固定腰带的折页。折页用不大的宽1.5~2厘米的条状铁片对折而成，折页内发现皮带的末端。用铁铆钉将皮带固定在折页上。皮带的另一端可能系结在某器物上，或者有某种固定用的装置。

（2）角质带扣

墓葬中没有发现完整的角质带扣，但是根据保留下来的带扣上扣针的位置可以推测存在角质带扣（图二九，5）。

（3）复合带扣

只有1个亚群，即有铁质扣针的青铜带扣。根据扣针的位置可分为2个型。

1）扣针位于横梁上。形状与青铜带扣相似，区别只是扣针为铁质（图五三，2）。

2）扣针位于带扣的边框上（插图一八，28）。

2. 勺形带饰[1]

用边缘经过切割的半边管制成，一侧平面为平整的弧形，背面有两个固定皮带的钮。根据质地差别可分为2个群。

（1）金属的。有2个亚群。

① 青铜的。有2个变体，即素面的（插图一八，31）和有动物纹的。后者通常装饰有蹄动物（可能为赛加羚羊）的图案化头部纹饰（插图一八，32）。

② 铁质的（插图一八，33）。一端扁平呈圆弧形，另一端为管状。

（2）角质的（插图一八，34）。形状和尺寸与铁质的相似。

---

[1] 这里的"勺形带饰"的俄文原文为"ложечковидный наконечник"，直译应为"勺形末端"；插图一八相应器物的图注标注的是"ложечковидная застежка"，直译应为"勺形扣"；在分述每座墓葬出土器物的附录和文后插图图注中用的也是"ложечковидная застежка"。根据未被扰动过的这种器物的分布状况，可知它们纵向成排分布，应为穿在一条皮带上的带饰，通常缀挂在腰带下，所以中译本翻译成"勺形带饰"。

六、装饰品

可以分为3个类,即耳饰、珠子和发簪。

(一)耳饰

有2个亚类。

1. 一体式耳饰。用一块矿物制成,通常是绿松石或光玉髓。绿松石耳饰用加工程度不同的绿松石块制成,因此形状各异,最常见的是近三角形的(插图一九,1)。光玉髓耳饰为圆锥形(插图一九,2、3)或梨形(插图一九,4、5)。

2. 组合式耳饰(插图一九,13)。通常由青铜环或铁环和几颗玻璃珠或矿物质珠子组成,用细金丝、铜丝或铁丝将珠子穿成一串。

(二)珠子

可以分为以下4个群:玻璃的、有机物的、矿物的、金属的。

1. 玻璃珠

可以分为2个亚群。

(1)单色珠子

根据珠子的形状可分为3个型。

1)圆球形(插图一九,6)。直径0.5~1厘米,通常为浅蓝色或蓝色。其中特殊的变体是直径1~2毫米的紫色小珠子,通常被称为小花玻璃珠,这种珠子通常缝在皮腰带或衣服上(图八五,13;图八六,3),也可以穿在项链上(图一一八,3)。

2)长方形(插图一九,7)。长1.5~2厘米,直径0.5~0.7厘米,通常为深黄色或棕色。

3)特殊造型。只有1个亚型,即蝴蝶结形(插图一九,8)。珠子的尺寸接近圆柱形珠子,由两个或三个不大的弧形凸棱上下罗列而成。

(2)镶嵌式珠子

可分为4个型。

1)圆形[1](插图一九,9)。珠子直径近1厘米,通常为蓝色,器表有4~6个白色玻璃镶嵌点。

2)三角形(插图一九,10)。底宽约1厘米,顶部有用于穿挂的穿孔。珠子的底色

---

[1] 该型珠子在中国考古文献中的常用名为"蜻蜓眼玻璃珠"。

德列斯图依墓地

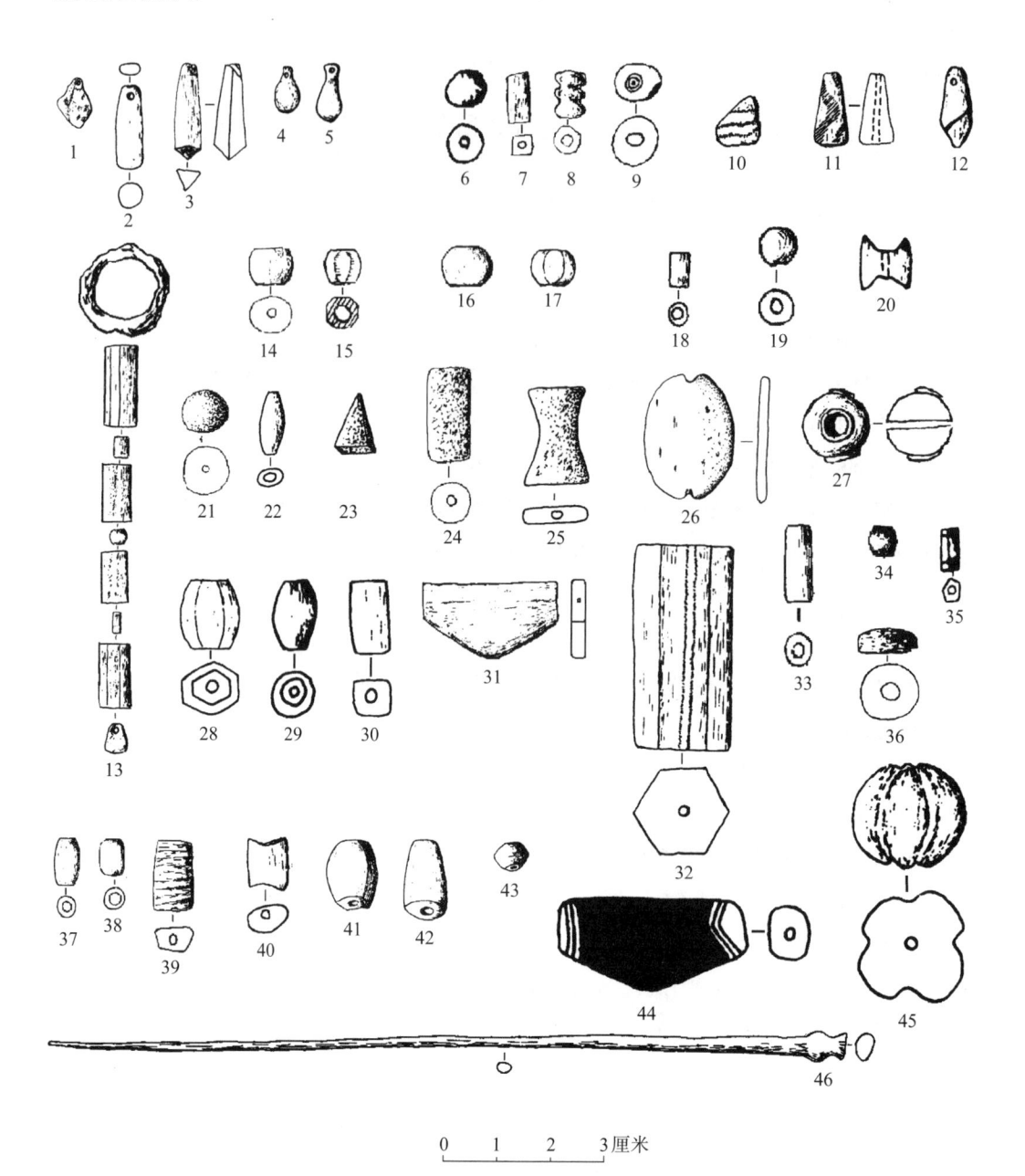

插图一九　珠子、耳饰[1]

1～5、13.耳饰（1～5.一体式耳饰　13.组合式耳饰）　6～12、14～45.珠子　46.发簪
［6～8.单色玻璃　9～12.嵌色玻璃　14、15.光玉髓　16、17.碧玉　18～20.骨　21～27.泥质石灰岩
28～32.萤石　33.页岩　34～36.煤精　37～39.蛇纹岩　40～42.绿松石　43.青铜　44.玛瑙
45.矿石水晶（？）　46.角］

---

[1] 原著的图注中缺少图44、45的器物名，中译本根据图三三,4和图一二〇,14将这两个图号补充入"珠子"的图号内。原著的图注中未标注图1～5、13的器物质地。

通常为深棕色或深蓝色,有白色条纹。

3)圆锥形(插图一九,11)。珠子高1.5厘米、底部宽1厘米,横截面为圆形。珠子的底色为深蓝色,有白色的扭曲条纹。

4)菱形(插图一九,12)。

2. 有机物珠子

只有骨质1个亚群。根据形状可分为3个型。

(1)圆球形(插图一九,19)。

(2)圆柱形(插图一九,18)。

(3)蝴蝶结形(插图一九,20)。由几十个蝴蝶结形珠子组成一组通常为蛇形的项链(图三六,3)。

3. 矿物珠子

可以分为以下几个亚群:光玉髓珠子、碧玉珠子、泥质石灰岩珠子、萤石珠子、页岩珠子、煤精珠子、蛇纹岩珠子、绿松石珠子、玛瑙珠子和矿石水晶珠子。

(1)光玉髓珠子。只有圆球形1个型[1]。

圆球形。可分为2个亚型。

1)光滑面(插图一九,14)。直径0.5~2厘米。

2)瓜棱形(插图一九,15)。直径从0.5厘米到2~3厘米不等,瓜棱的数量一般为6~12条。

(2)碧玉珠子。可分为2个型。

1)圆球形(插图一九,16)。平均直径为1.5~2厘米。

2)瓜棱形(插图一九,17)。尺寸同上,有6~12条瓜棱。

(3)泥质石灰岩珠子。可分为以下几个型。

1)圆球形(插图一九,21)。平均尺寸为2厘米×3厘米,厚度为0.2厘米。

2)桶形(插图一九,22)。

3)三角形(插图一九,23)。

4)圆柱形(插图一九,24)。

5)亚腰形(插图一九,25)。

6)椭圆形(插图一九,26)。尺寸为5厘米×4厘米,厚0.2~0.3厘米。

7)带镶嵌物的珠子(插图一九,27)。

---

[1] 原著此处为"可分为3个型",表述有错误。应该只有1个型,即圆球形珠子,圆球形珠子可分为光滑面和瓜棱形2个亚型。不存在并列的3个型。

（4）萤石珠子。可分为4个型。

1）长方形（插图一九，30）。长1厘米至3～4厘米不等，宽度达1.5厘米。

2）桶形。有2个变体：带瓜棱的（插图一九，28）和表面光滑的（插图一九，29）。

3）侧面为长方形且有棱的。较大的珠子长4厘米，有6条凸棱（插图一九，32）。

4）平面为五边形的（插图一九，31）。

（5）页岩珠子。只有圆柱形1个型（插图一九，33）。

（6）煤精珠子。可分为3个型。

1）圆球形（插图一九，34）。直径1～3厘米。

2）磨成多边形的（插图一九，35）。平均长1.5～2厘米，横截面为多边形[1]。

3）盘形（插图一九，36）。

（7）蛇纹岩珠子。可分为3个型。

1）长方形（插图一九，39）。尺寸为3厘米×2厘米，厚度为0.5厘米。

2）圆球形（插图一九，38）。长3厘米，中间宽2厘米。

3）桶形（插图一九，37）。

（8）绿松石珠子。可分为3个型。

1）长方形（插图一九，40）。平均长1.5～2厘米，横截面为椭圆形。

2）桶形（插图一九，41）。平均长1.5厘米，横截面为圆形。

3）圆锥形（插图一九，42）。

（9）玛瑙珠子。只有五边形1个型（插图一九，44）。

（10）矿石水晶珠子。只有花形1个型（插图一九，45）。珠子形状是4条瓜棱连在一起，横截面为四瓣玫瑰花形。

4. 金属珠子

只有1个亚群——青铜珠子。只有菱形1个型（插图一九，43）。

所有珠子通常串成项链（图九九，1；图一一八，3），或是挂在腰带下作缀饰（"念珠"）（图八五，14；图九一，1）。以上各种珠子和小花玻璃珠可能也绣在衣服或腰带上。

（三）发簪

细长的杆状，用角制成，顶部变厚（插图一九，46）。

---

[1] 原著这里横截面为"圆形"。中译本根据插图一九，35改正为"多边形"。

第三章 葬俗和布局特征

一、墓向和葬式

所有墓葬均为土葬。未被盗的墓葬中墓主人绝大多数为仰身直肢[1]。有的被盗墓葬的部分人骨未被扰动,还能够复原死者埋葬时的葬式。可以认为,仰身直肢葬是墓地最基本的葬式。

M129的葬式比较特殊。墓主人向左侧扭曲[2],屈肢程度较大:下肢的骨骼紧贴胸骨,手掌骨骼合在一起,在头骨后面发现手掌骨骼。在腕骨处发现残留有皮带的青铜环和铁环,可能女性墓主人的手是绑在一起的(图一一九)。

所有能够确定墓向的墓葬均为北向,头向北,有的略偏东几度。只有M87和M88是例外,这两座墓葬为北偏西20°(图六八)。

所有未被盗的墓葬都是单人葬,有几座墓发现有2个人骨架,其中3座墓葬是成年男子和女性(ZM39、ZM77、ZM96),1座墓葬是老年女性和少年(ZM42)。上述墓葬均为有木椁的大型冢墓,墓葬结构均仅预先为一位墓主设计。因此可以假定,第二位墓主埋葬在葬具以外的墓坑中。

通过清理未被盗墓葬了解到一些埋葬的细节。主要是四肢的骨骼缺失或移位。下面是骨骼偏离了骨架自然分布位置的情况:

脚掌骨缺失(M102、M117、M122);

脚掌骨与骨架分开(M106、M107、M109、M129),其中,M129墓主人的左脚掌骨放在容器里,死者的脚偏离自然位置(图一一九,C);

末节趾骨缺失(M120);

跟骨被纵向砍开(M112、M114);

---

[1] 原著这里为"未被盗的墓葬中墓主人均为仰身直肢"。但是M129为仰身屈肢,所以中译本将这里的"均"改为"绝大多数"。

[2] 原著这里为"向左侧卧"。中译本根据图一一九,A和附录改为"向左侧扭曲"。

跟骨被砸碎（M120）；

胫骨缺失（M117）；

左肘的骨骼和右侧桡骨混在一起（M88）；

左前臂和右侧桡骨缺失（M122）；

颈椎位于骨盆区域内（M87、M126）；

肋骨与上肢的骨骼混在一起（M87）；

右前臂、左侧股骨有骨折（M126）。

M44-b骨架的头骨上有尖锐物体打击形成的菱形穿孔。

以上列举的墓葬中男性和女性年龄不同，但必须强调的是，在列举的14座墓中有7座墓的墓主人年龄为20～25岁，也有不超过2座墓的墓主人年龄近40岁。

我们注意到，M40（贝币）和M107（形状不确定）的墓主人嘴里放了贝壳，这是较罕见的葬俗。M7的墓主人胸部放置河蚌的扇壳。在ZM43也发现红色的大贝壳堆。

二、祭肉和殉牲[1]

大多数情况下用小型有角家畜躯体的带肉部分做祭肉。放在墓主人身边最常见的是山羊或绵羊的腿和胸骨的组合，有时相似的组合也见于位于墓坑北部的陶器里。在很多情况下，能够在棺盖上或棺壁之外发现大型和小型有角家畜的头骨和末节趾骨，它们大概象征着伴随死者在另一个世界的畜群。这个畜群最完整的组合见于M99，在该墓棺的东壁之外成排摆放2匹马的头骨（其中1个头骨的牙齿上还放着铁衔），在头骨的前面放马的趾骨，更远的地方放5只绵羊的头骨（大的绵羊、不超过4个月的绵羊、绵羊羔、老的绵羊、1岁半的绵羊）。个别情况下也能见到狗和兔的骨骼。

三、墓地的平面布局

早在Yu. D. 塔里克-格林采维奇最初发现墓地时就记录这里分布的冢墓有两个墓群。观察外贝加尔考察队带地形的墓地平面图和反映墓地墓群组成的平面图（插图六；插图二〇），可以看出墓葬分布在几个地段。现今每个地段的地表都可以看到彼此间距几米的被破坏了的石头堆。石堆的旁边有凹陷，凹陷处土壤密实，土中掺杂少量石块。根据这些情况我们能够推测，墓群中除了冢墓还有其他的墓葬，这些墓葬没有墓

---

[1] 原著标题为"погребальная пица"，直译为"死者的食物"。中译本根据中国考古文献常用词汇译成"祭肉和殉牲"。

第三章　葬俗和布局特征

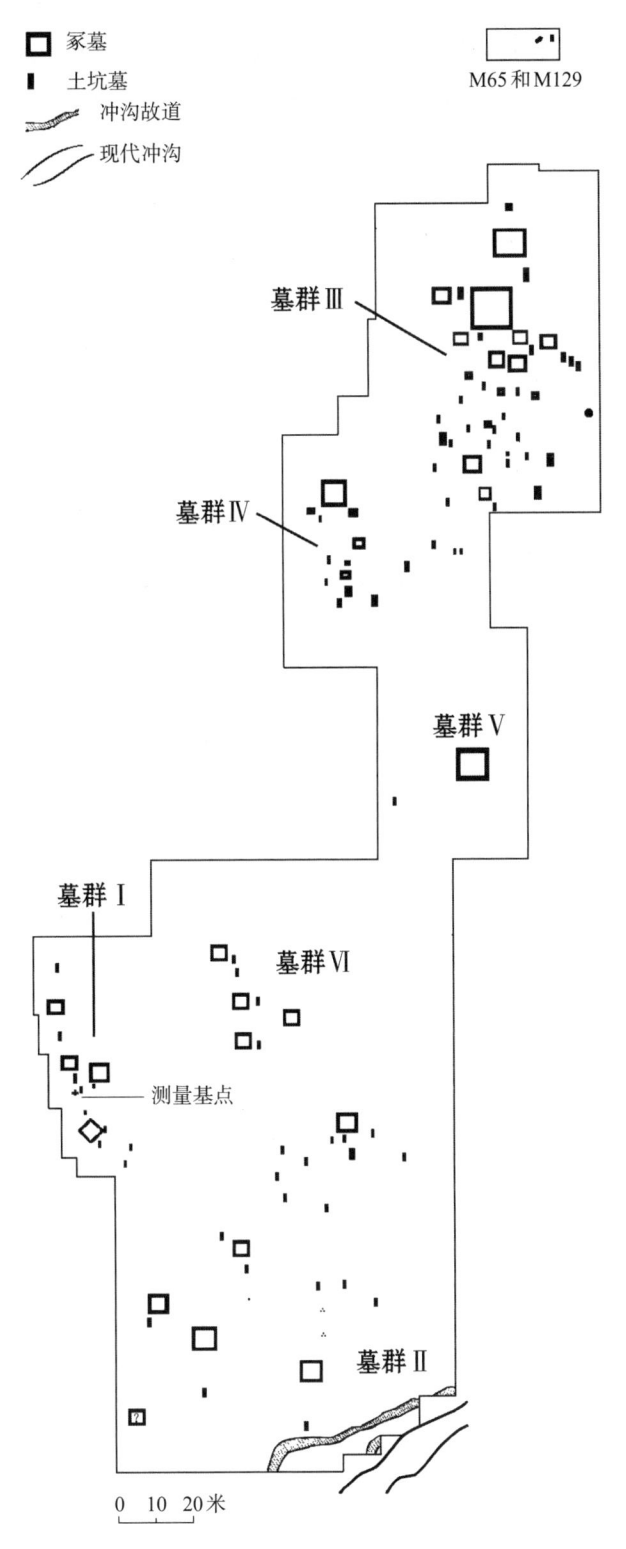

插图二〇　德列斯图依墓地中心区域平面图
（墓群平面图见插图二三、二六、二九、三二、三五）

上石堆,在现今地表可观察到被打破的表土。因此,在发掘德列斯图依墓地之前,我们就预先认识到仅依靠目测到的墓葬地表特征是不够的,要发掘整个墓地。这个工作在1984～1996年完成,通过这一工作,能够揭示出墓地的平面布局,并由此获得了反映匈奴埋葬情况的全新资料。

墓地发掘总面积24 500平方米,发掘的是位于河流左岸500米的风蚀盆地处的墓地主体部分(插图六;插图二〇)。分析这部分墓地的平面图可以看出,这里的墓葬能够区分出至少6个墓群,墓群间距几米甚至可达几十米。各墓群的编号如下：分布在墓地北部的为墓群Ⅲ和墓群Ⅳ(插图二一),墓地西部的为墓群Ⅰ(插图二三),墓地中部的是墓群Ⅴ和墓群Ⅵ(插图二〇;插图三五)。墓地的南部只发掘了一部分,这里墓葬的平面分布十分不成形状,暂且统一称为墓群Ⅱ(插图二〇;插图二二)。有几座墓葬在墓地的东南部,这里是墓地中被破坏面积最大的部分,暂且将它们归为墓群Ⅶ(插图三八)。

大多数墓群由几座带墓上石堆的冢墓组成,呈南北向分布。在冢墓周围和冢墓之间集中分布没有墓上石堆的墓葬。大多数情况下,这些墓葬的分布状况由它们与冢墓的关系而定,两者形成稳定的组合,在不同的墓群中重复出现,这为我们区分出几个标准的墓葬组合(冢墓及其周围的土坑墓)类型提供了可能,使我们注意到墓群平面分布的规律性。

我们仔细研究了每一个墓群的平面图,对每个墓群的组成作简要描述(在附录中有每座墓葬的详细信息)[1]。墓葬单元的编号用的是单元中心墓葬的墓号(不包括几个用外围墓葬编号的墓葬单元,因为这些单元的中心墓葬已经被Yu. D.塔里克-格林采维奇发掘了,无法了解原状)。

(一) 墓群Ⅰ

墓葬沿着风蚀盆地的西部边缘分布(插图二三),在现今地表能观察到5个石堆,均被严重侵蚀破坏。1968年P. B.克诺瓦洛夫在该墓群发掘3座墓葬——ZM31、ZM32和M33(克诺瓦洛夫,1976：140～149)。外贝加尔考察队完整揭露了墓群,新发现11座墓葬和3个灰坑。墓群Ⅰ共有14座墓葬：4座为墓上有石堆的冢墓——ZM31、ZM32、ZM44、ZM57；9座为没有墓上石堆的土坑墓——M44-a、M44-b、M44-c、M53、M54、M55、M56、M127、M128；以及由于地表被严重破坏,不清楚是否存在墓上石堆的M33。此外,也区分出3个不大的圆形灰坑,在坑内没有任何发现。

有墓上石堆的冢墓呈南北向分布,其周围发现土坑墓,后者在某种程度上可暂且称为"陪葬墓"。墓群的布局表明,冢墓和陪葬墓形成了有不同结构和布局的独立单元。

---

[1] 第三章只选择性介绍墓葬出土遗物,详细情况见附录部分对每座墓葬的详述。

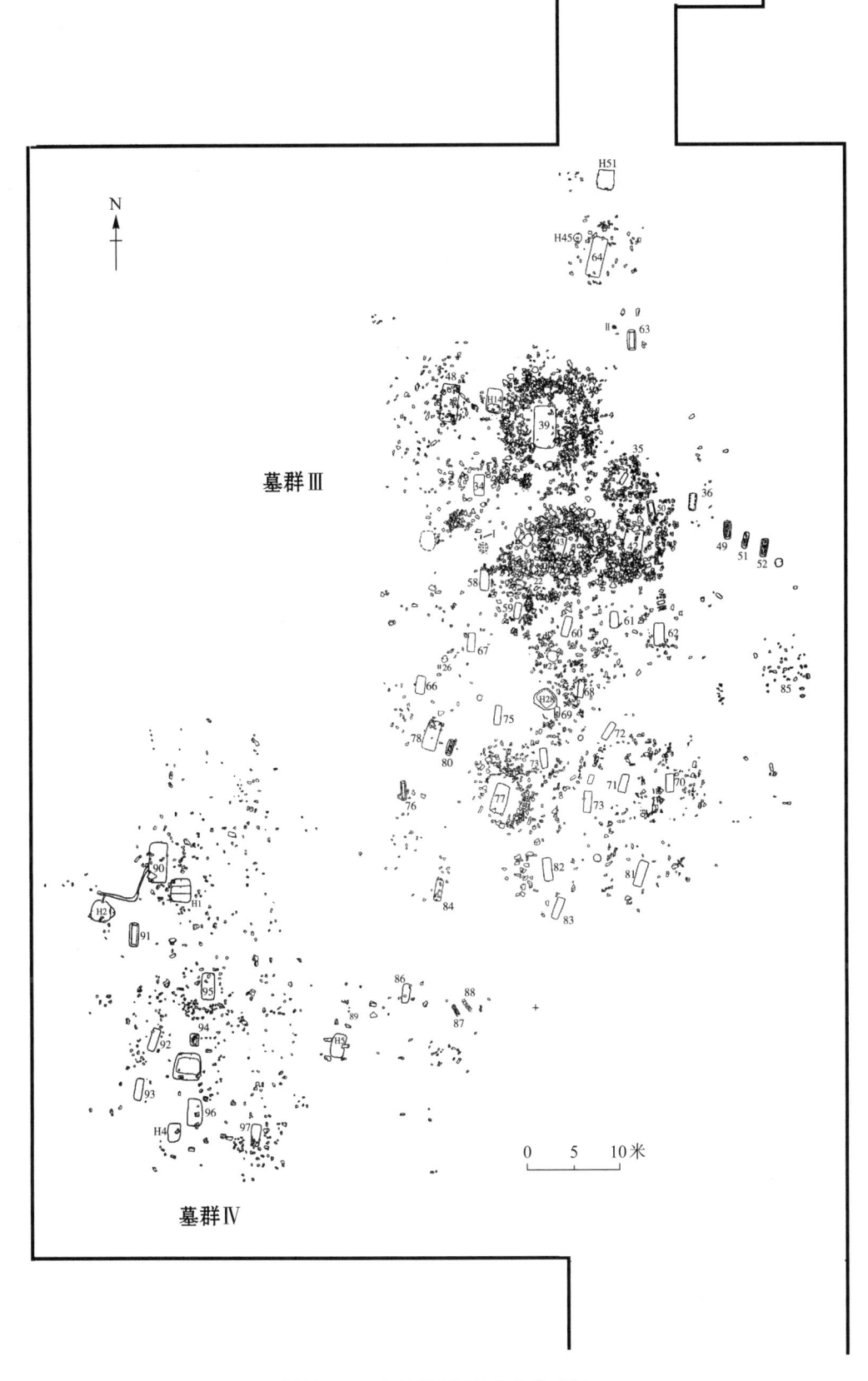

插图二一　北部发掘区（墓群Ⅲ、Ⅳ）

插图二二 南部发掘区（墓群Ⅰ、Ⅱ、Ⅴ、Ⅵ）[1]

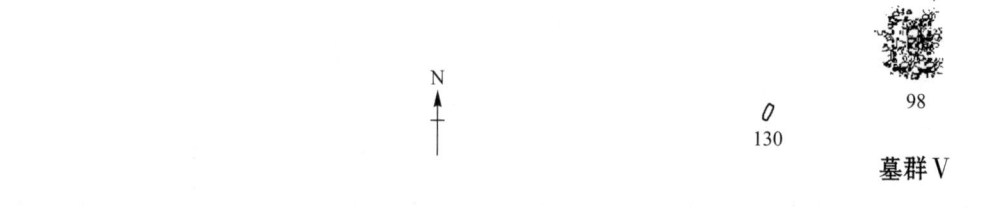

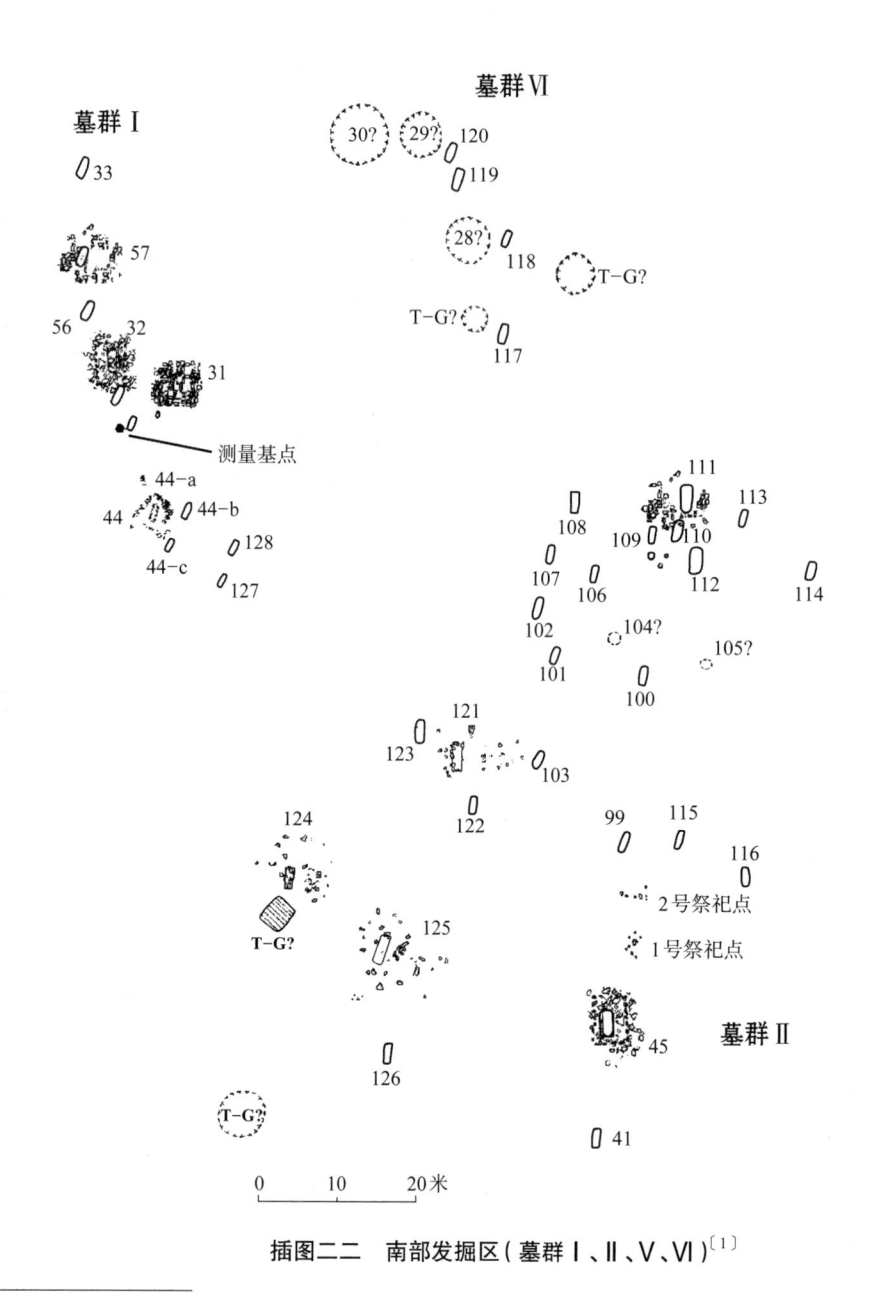

---

[1] "T-G"代表推测应为Yu. D. 塔里克-格林采维奇发掘过的地点。

第三章 葬俗和布局特征

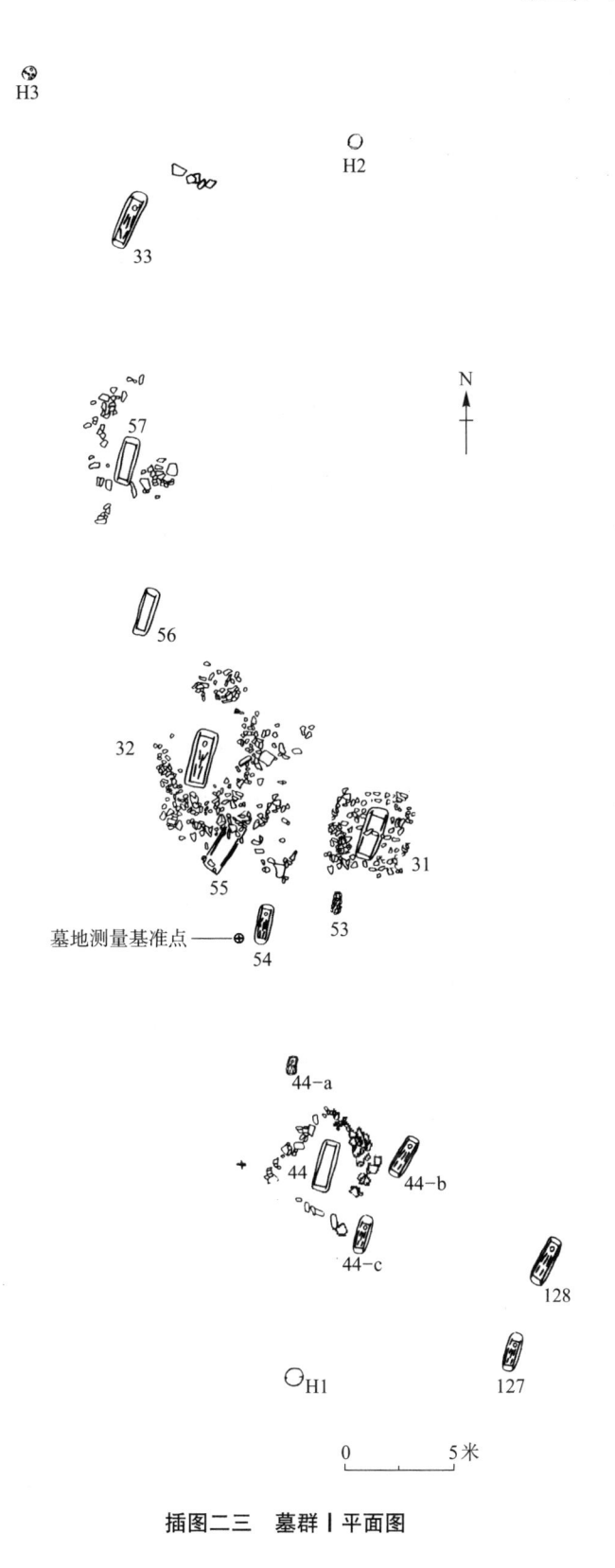

墓地测量基准点

0　　5米

插图二三　墓群Ⅰ平面图

59

墓群的中央分布2座冢墓——ZM31（成年男子）及其西面的ZM32（年轻女性）。每座冢墓均有陪葬墓，我们认为，它们与冢墓形成了统一的墓葬单元。

1. 单元31

由冢墓ZM31和陪葬的土坑墓M53组成（插图二四）。

冢墓ZM31。由P. B. 克诺瓦洛夫发掘（克诺瓦洛夫，1976：140~142）。位于墓群的中部。墓上石堆被破坏，尺寸和形状不详。葬具有木棺和石箱。墓葬被盗，但根据保留下来的骨骼能够推测，墓主人为成年男性。随葬器物没有保留下来，在墓中发现小型有角家畜的骨骼。

土坑墓M53（图三七，A、B）。位于冢墓ZM31的西南角。没有发现墓上石堆，墓坑形状不详。在深0.5米处发现由侧放石板砌成的石箱，石箱的顶部由5块石板组成，底部保留有机物，可能是残留的木棺的木质纤维。墓主人为约2个月的小婴儿[1]。没有发现随葬器物。

2. 单元32

由冢墓ZM32和陪葬的土坑墓M54、M55组成（插图二四）。

冢墓ZM32。位于冢墓ZM31的西侧。由P. B. 克诺瓦洛夫发掘（克诺瓦洛夫，1976：142~144）。外贝加尔考察队清理了墓上石堆，石堆近方形，正方向。墓坑各个深度都放置有石板，葬具为石箱及其内部的木棺。墓主人为22岁的女性。墓葬未被盗，保留下来各种随葬器物，包括青铜和矿物质地的腰带配件、陶器和五铢钱。

土坑墓M55（图三七）。没有发现墓上石堆。位于冢墓ZM32墓上石堆的东南角，石堆保持原状，覆盖了墓葬的北部（插图二四）。墓内葬具被盗墓者破坏，根据残留的处于原始位置的木板推测，葬具为有底和盖板的木棺。墓坑中残留成年人骨骼（性别不详），年龄近40岁。随葬器物中有典型的匈奴式陶器残片。

土坑墓M54（图三七）。位于冢墓ZM32墓上石堆的东南角。葬具为木棺。墓主人为6~7岁的儿童，骨架的左肱骨处有氧化的铁器，可能是带扣。

墓群的南半部有冢墓ZM44，它也是一个单元的中心墓葬。

3. 单元44

由位于中央的冢墓ZM44和3座陪葬的土坑墓M44-a、M44-b、M44-c组成（插图二四）。

冢墓ZM44（图二二；图二三，1~5）。墓上石堆近方形，石堆的方向为东北-西南向。葬具为木棺，墓葬被盗，在填土中发现成年男性的骨骼。随葬器物有陶片、青铜坠饰和角质的分尾式镞。在墓坑的填土中发现小型有角家畜的肋骨。

---

[1] 附录、附表均记录墓主人为不到2个月的婴儿。

第三章 葬俗和布局特征

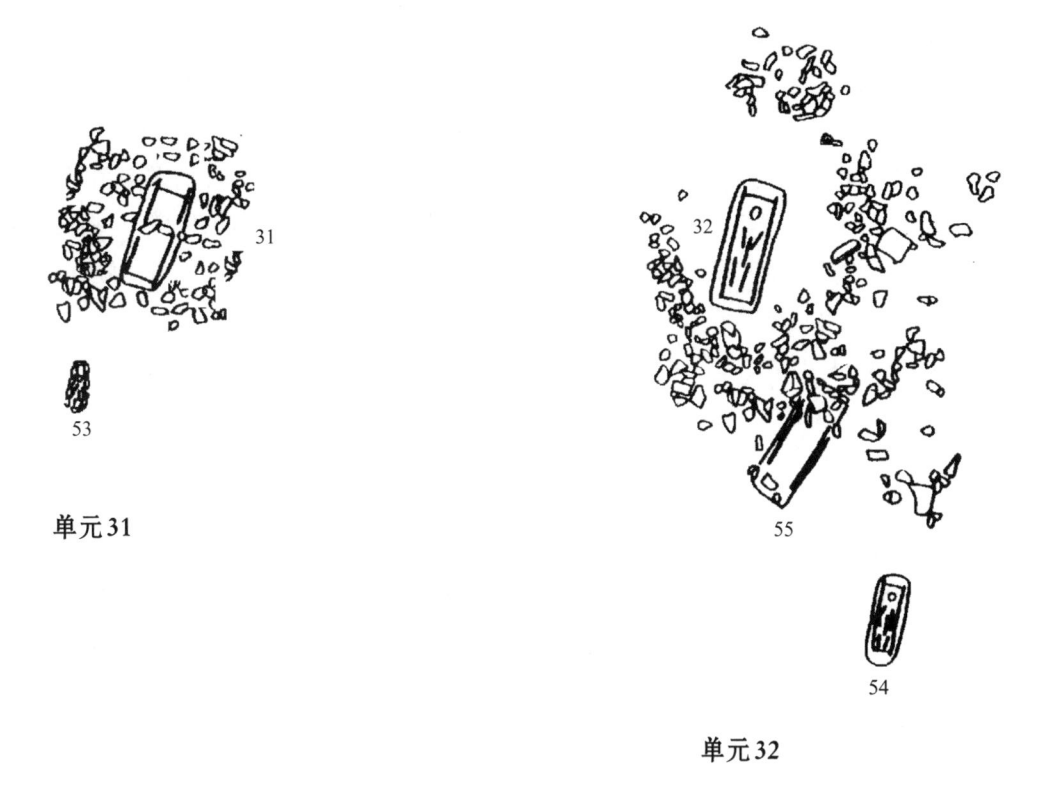

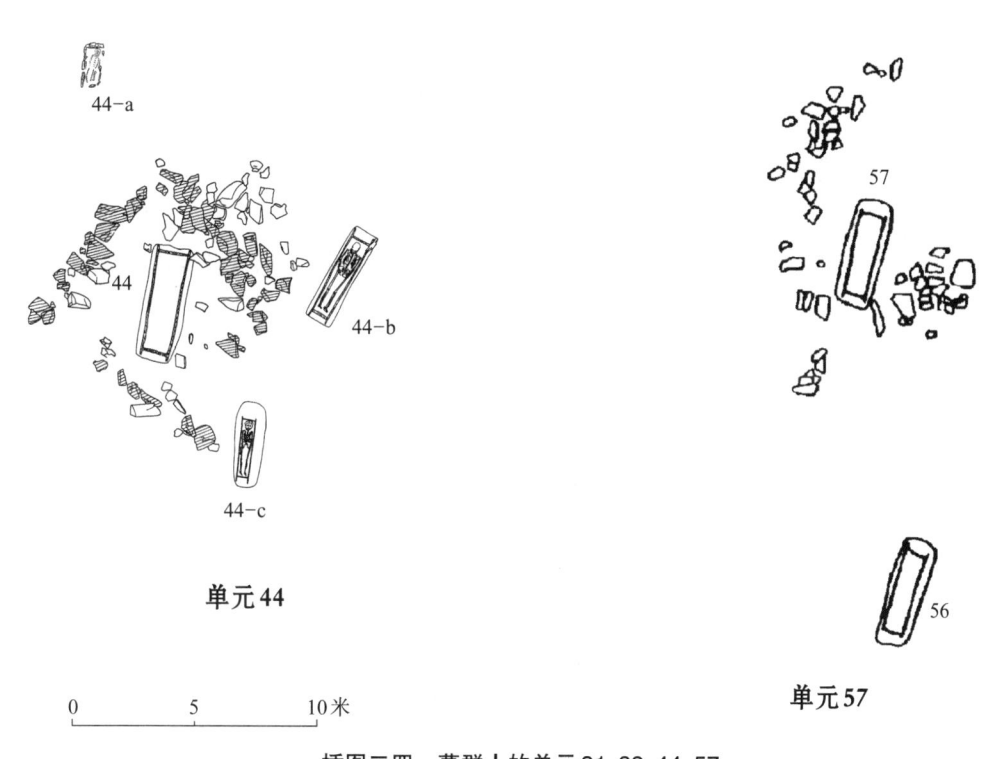

单元31

单元32

单元44

单元57

0　　5　　10米

插图二四　墓群Ⅰ的单元31、32、44、57

在冢墓ZM44周围分布有3座土坑墓,均无墓上石堆。

土坑墓M44-a（图二二；图二三）。距离冢墓ZM44墓上石堆的北角3米。葬具为石箱内放木棺。墓主人为1岁以内的婴儿,左脚处有山羊的肱骨[1]。

土坑墓M44-b（图二二；图二三,6、7）。位于冢墓ZM44墓上石堆的东南角。葬具为木棺,棺盖板上放置山羊的头骨、肱骨、胫骨。墓主人为10～12岁的少年,头骨的前额右侧被尖利物品击穿,留下菱形的穿孔,在右手的指骨处发现山羊的肱骨。随葬器物有铁刀和带扣、角质勺形带饰[2]。

土坑墓M44-c（图二二；图二三,8～11）。位于冢墓ZM44墓上石堆的南角。葬具为木棺。墓主人为5～6岁的儿童,右股骨处放置山羊的肱骨。随葬器物有2枚珠子、铁带扣和环,也发现已经氧化的小型青铜器物。

4. 单元57

分布在墓群的北部,由冢墓ZM57和陪葬的土坑墓M56组成（插图二四）。

冢墓ZM57（图三八；图四〇）。位于ZM32以北8米处。墓上有石堆,形状不能复原。葬具为木棺。墓坑内的人骨架为55～60岁的男性。残留的随葬器物有陶器残片、角质的弓弭和铁带扣。

土坑墓M56（图三八；图三九）。位于冢墓ZM57以南4米处。没有发现墓上石堆。葬具为木棺。墓坑的填土中残留45～50岁男性的骨骼。残留的随葬器物有腰带上带扣的木质衬板、骨管[3],棺的南壁外侧放置1件陶器。

5. 推测的单元128

不排除由2座土坑墓,即M127和M128组成单元128的可能。两座墓葬均无墓上石堆。它们与土坑墓M44-b、M44-c平行分布,位于两者东南7～8米处（插图二三）。

土坑墓M127（图一一七）。位于墓群的南部,处在冢墓ZM44东南8米处。无墓上石堆。葬具为木棺。墓主人为12岁的女孩[4]。发现的随葬器物只有铁丝圈下穿2枚玻璃珠组成的耳饰。棺的西北角发现2根小型有角家畜的肋骨。

土坑墓M128（图一一八）。位于土坑墓M127以南2米处。无墓上石堆。葬具为有底和盖板的木棺。墓主人为近50岁的女性。随葬器物中有玻璃珠串成的项链、铁刀和青铜的片状带扣。

墓群Ⅰ的北部为土坑墓M33（克诺瓦洛夫,1976：144～149）。该墓似乎没有进入墓葬单元,地表无墓上石堆。墓坑中发现石板堆成的厚重的石堆,葬具为石箱内放木

---

[1] 附录、附表中描述M44-a出土的兽骨为山羊的胫骨。
[2] 原著这里为"骨扣"。中译本根据第二章第五节的器物分类改为"角质勺形带饰"。
[3] 原著这里为"骨质针盒"。中译本根据第二章第四节的器物分类和图三九的图注改为"骨管"。实际上该骨管是装针用的小管,其功能就是针盒,常见于长城地带中、东部的东周时期遗存。
[4] 附录、附表均记录墓主人年龄为约12岁。

棺,棺有底及拼合而成的盖板(纵的和横的半剖原木,在纵的半剖原木上沿着木棺的西部边缘放置石板)。墓主人为55～60岁的男性。随葬器物较丰富,其中有成套的腰带具、铁器、五铢钱。

在墓群Ⅰ的范围内,除了上述墓葬,还发现3个圆形的灰坑:H1在墓群的南部,H2和H3在墓群的北部(插图二三)。在H2内发现动物头骨的小残片,沿着H3的西部边缘发现烧过的红色砂壤土带。这些灰坑与墓葬的关系不明。

这样,在墓群Ⅰ内可以分出4个墓葬单元,包含了在这里发现的14座墓葬中的11座(也可能是13座)墓葬。每个墓葬单元的中心是有墓上石堆的冢墓,位于冢墓周围的陪葬墓的数量和布局因中心冢墓的变化而有所区别,可以划分出几种布局类型。

类型1。陪葬墓分布在中心冢墓的西南角。属于本类型的是单元31(插图二四),位于中央的冢墓墓主人为男性,陪葬墓的墓主人为年龄约2个月的婴儿。

类型2。中心冢墓的墓上有近方形的石堆,呈正方向,陪葬墓分布在石堆的东南角。属于这一类型的是单元32,在中心冢墓墓上石堆的东南角分布2座以木棺为葬具的土坑墓。此外还有单元57,陪葬的土坑墓M56位于中心冢墓的墓上石堆东南角以外(插图二四)。此外,也可将单元128视为该类型的变体,其平面布局与上述墓葬单元类似,但是位于中央的墓葬没有墓上石堆。

类型3。中心冢墓的墓上有方形石堆,呈东北-西南向,陪葬墓紧邻石堆的角,位于距离中心冢墓几米远的地方。单元44属于此类型,儿童和少年的墓葬分布在中心冢墓墓上石堆的北、东、南三个角落,女性和女孩的墓葬位于中心冢墓的东南角(插图二四)。

上述墓葬布局可以使我们进一步讨论其层级关系。位于墓群中央的墓葬及其南部的墓葬可看作是更大型的单元(冢墓ZM31和冢墓ZM32在墓群的中心,冢墓ZM44和土坑墓M128在其南部),这些单元墓主人的性别和年龄结构类似,均由一对中心墓葬"男性-女性"及其旁边的陪葬墓组成。

墓葬单元的性别和年龄结构表明,位于中心位置的冢墓埋葬成年人,其陪葬墓以埋葬婴儿、儿童和少年为主。

墓群Ⅰ共埋葬14人,其中8位[1]是成年男性、成年的和年轻的女性,2位是近12岁的少年,2位是近6岁的儿童,2位是不到1岁的婴儿(其中一位成年墓主的性别不明)。

墓群Ⅰ的性别和年龄结构见插图二五。

(二)墓群Ⅱ

分布在墓地的南部(插图二六)。发掘前在盆地的地表可见5座冢墓残留的墓上石

---

[1] 原著这里为"5位"。中译本根据插图二五改正为"8位"。

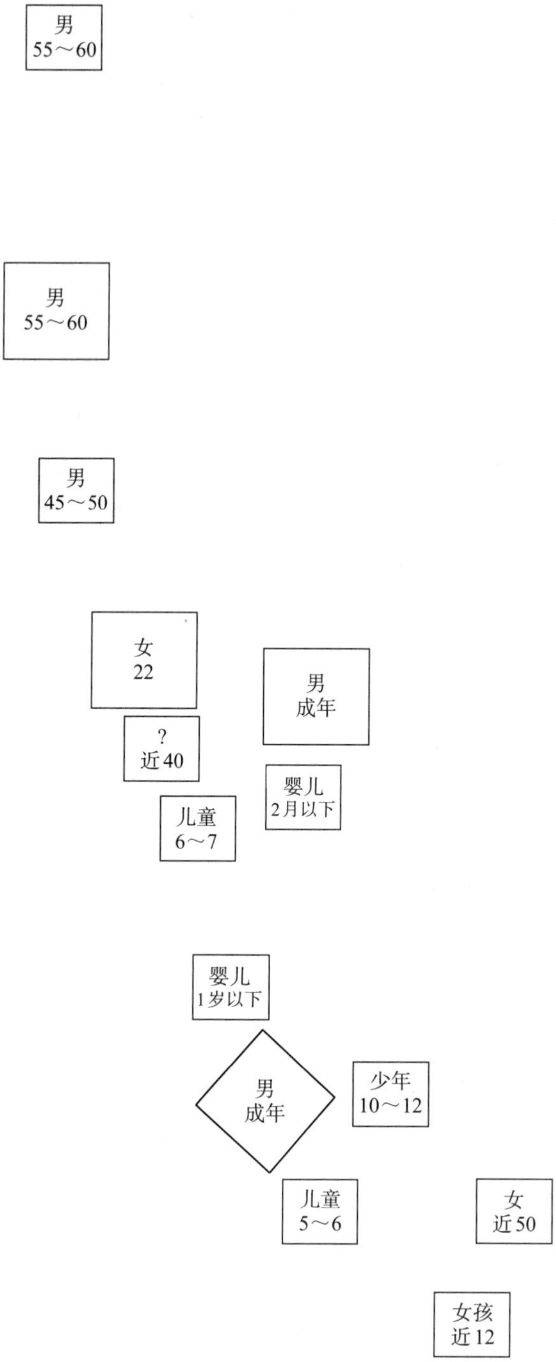

德列斯图依墓地

```
男
55～60


男
55～60


男
45～50


  女           男
  22          成年
      ?       婴儿
     近40     2月以下
  儿童
  6～7


        婴儿
        1岁以下
              少年
      男      10～12
      成年
        儿童    女
        5～6   近50
              女孩
              近12
```

插图二五　墓群 I 的整体性别和年龄结构[1]

---

[1] 原著各墓群的整体性别和年龄结构图中均存在标注的墓主人性别、年龄与正文、附录、附表有出入的现象。中译本将图中标注的墓主人性别、年龄均调整为与正文、附录、附表一致，其他各图不再一一加注说明。

第三章 葬俗和布局特征

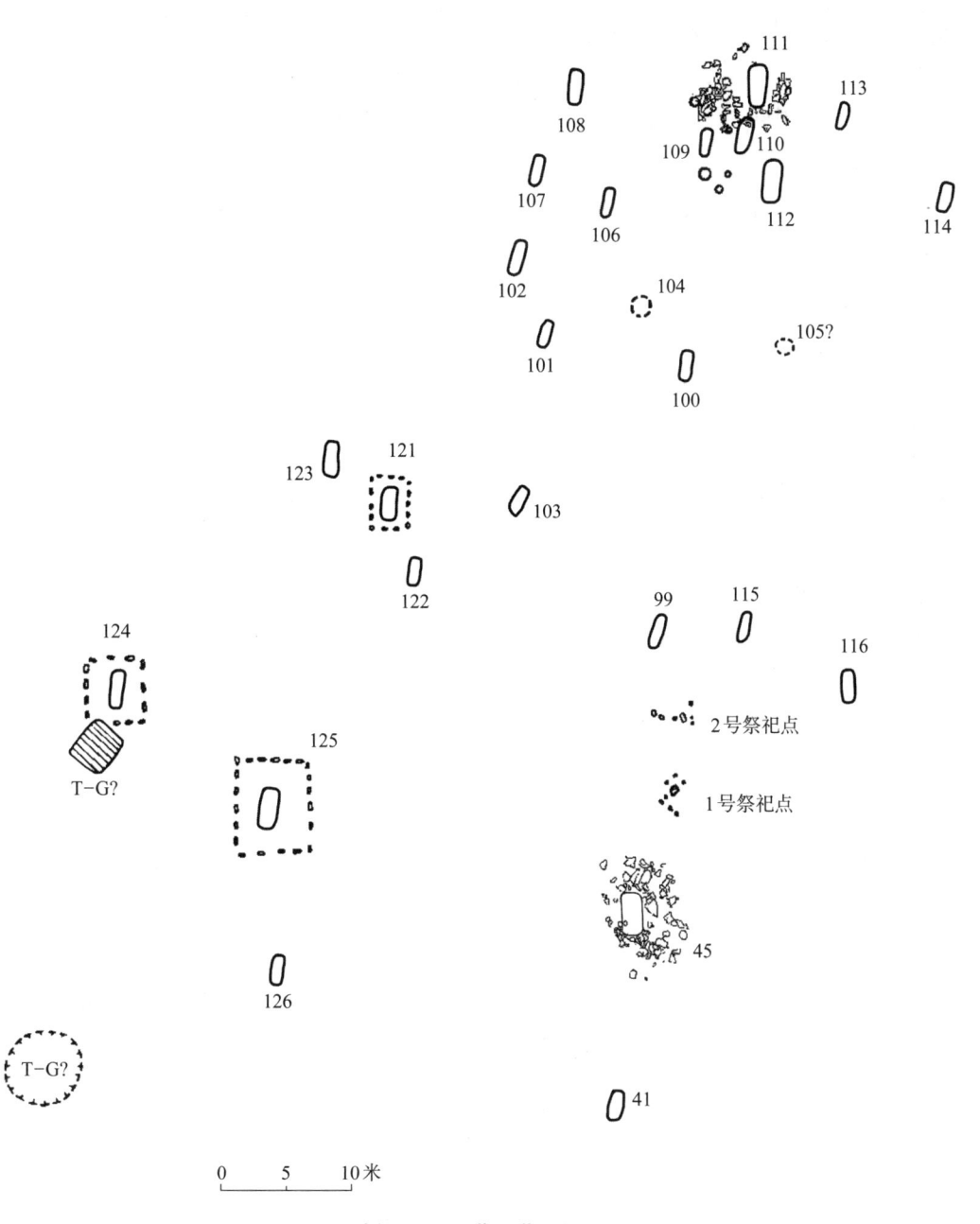

插图二六 墓群Ⅱ平面图

堆，以及位于墓群西南部的较大的凹陷坑（可能是Yu. D. 塔里克-格林采维奇发掘后留下的坑）。完整揭露墓群后发现19座土坑墓，推测应该还有2座土坑墓。发现1个大的方形灰坑（显然是Yu. D. 塔里克-格林采维奇发掘的）和5个不大的灰坑。据此推测墓群最初有27或28座墓葬。与墓群Ⅰ相比，墓群Ⅱ本身不成形状，但是，能十分清楚地看出，墓群内有由中心冢墓和陪葬的土坑墓组成的墓葬单元。

1. 单元111

位于墓群的北部，由位于中心位置的冢墓ZM111和土坑墓M109、M110、M112、M113组成（插图二七；图九二）。

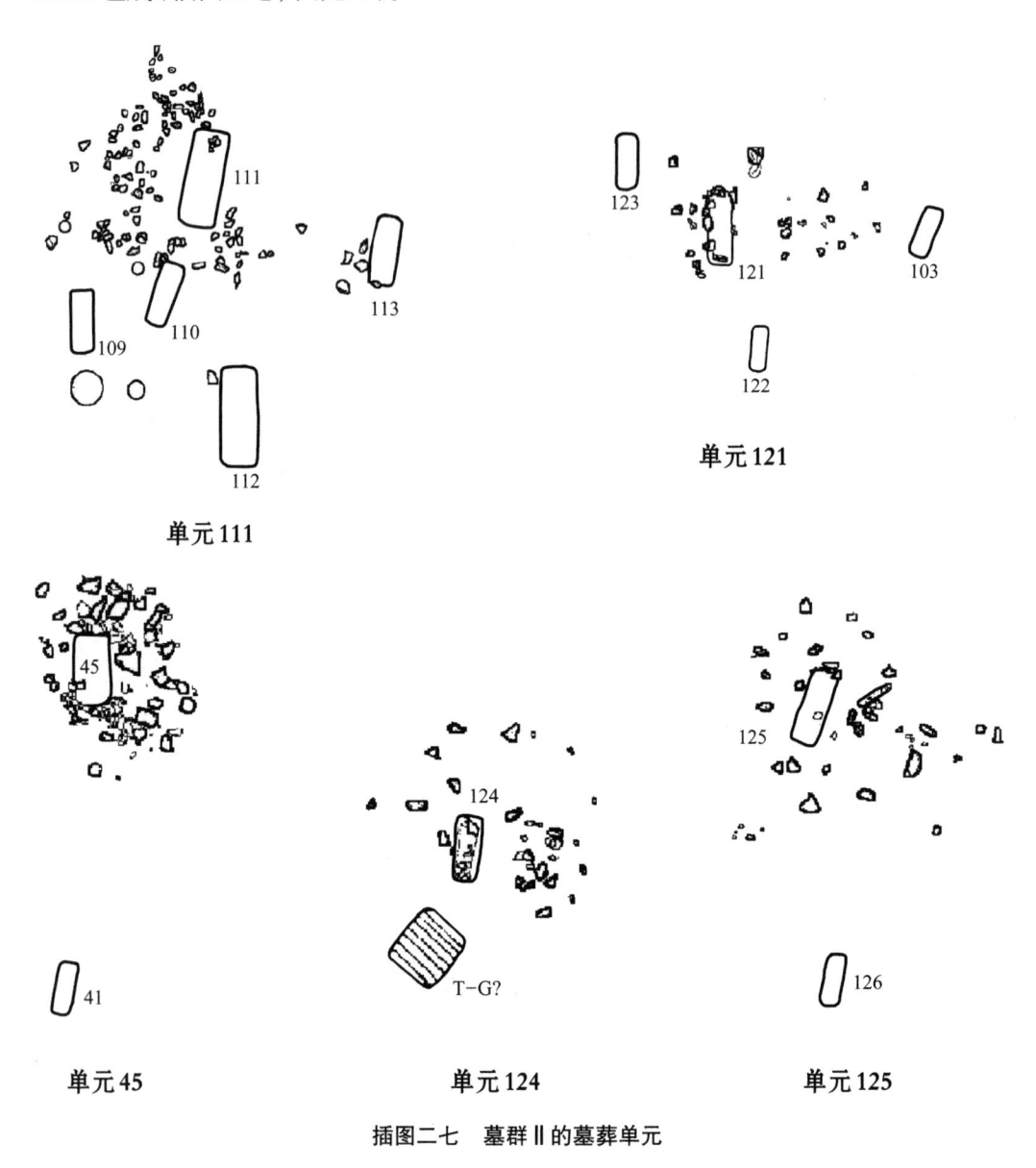

单元111

单元121

单元45

单元124

单元125

插图二七　墓群Ⅱ的墓葬单元

冢墓ZM111（图九二；图九四）。位于墓群的东北部。墓上石堆几乎完全被侵蚀破坏，形状和尺寸不详。墓坑的上半部有石堆的痕迹。葬具为有底和盖板的木棺，由纵向的木板制成。随葬器物有陶器、铁器残片、珠子。

土坑墓M109（图九二；图九三）。靠近冢墓ZM111墓上石堆的西南角。葬具为木棺。墓主人为近4岁的儿童，可能是男孩。在墓主人头骨外侧的棺壁附近有2个连着颈椎、尾椎和几根肋骨的绵羊头骨，还有绵羊的肱骨。随葬器物有陶器、铁带扣和铁环、青铜的勺形带扣和纽扣[1]、铁刀，墓主人的下颌骨下有较小的绿松石珠。

土坑墓M110。位于土坑墓M109以东2米处，在冢墓ZM111墓坑的西南。墓葬北部覆盖着已被破坏的中心冢墓的墓上石堆。墓葬完全被盗，除了一颗人的牙齿以外没有任何发现。

土坑墓M112（图九二；图九五）。位于冢墓ZM111东南3米[2]处。葬具为木棺。墓主人为60多岁的男性，跟骨被竖着砍断。随葬器物有腰带上片状带扣的木质衬板，铁质的马具、刀和锥，角质的器物残片、弓弭、贝币和仿贝币，青铜的纽扣。

土坑墓M113（图九二；图九六）。位于冢墓ZM111以东6米处。葬具为木棺，但是几乎完全腐烂。发现的随葬器物有铁器残片、珠子、青铜的镂空带扣。

在墓葬单元111的东南和西南部还发现7座土坑墓（M100～M102、M106～M108、M114）。虽然这些土坑墓距离单元中心的冢墓已达10～15米，不能将它们归入单元111，但是墓群的平面布局（插图二六）表明这些墓葬在空间上与单元111肯定有联系。另外值得关注的是，M102、M106、M107、M112、M114的骨架有被扰动的特点（脚掌被砍断、跟骨被砍等）。

土坑墓M100（图八一）。位于单元111西南18米处。葬具为木棺。墓主人为近70岁的男性。随葬器物有青铜带扣（装饰镂空的神化猫科动物纹）、勺形带饰和皮带上的带扣，墓主人的左肩部放置山羊的肱骨。

土坑墓M101（图八二）。位于单元111西南20米处。葬具为木棺。墓主人为60～65岁的男性。随葬器物有铁刀、铁环和铁带扣、勺形青铜带饰。

土坑墓M102（图八三～图八五）。位于土坑墓M101西北4米处。葬具为木棺。墓主人为近60岁的女性，脚掌的骨骼缺失。随葬器物有铁刀、各种珠子串成的项链、腰带上的青铜带具及穿挂在腰带下的器物[3]（片状带扣、镂空环、勺形带饰、铃），腰带的皮质带身装饰玻璃珠和矿物珠子。

---

[1] 这里的铜质"纽扣"，绝大多数应为中国考古文献中常用的"铜泡"。中译本均按照俄文原文直译为"纽扣"。
[2] 原著这里为"以南2.5米"。中译本根据插图二六和附录改正为"东南3米"。
[3] "及穿挂在腰带下的器物"为中译本根据器物性质添加。

土坑墓M106（图八六）。位于单元111西南10米处。葬具为木棺。墓主人为15～18岁的女性，左脚掌骨骼缺失[1]。随葬器物有装饰玻璃珠和小花玻璃珠的腰带具组件，包括青铜镂空环、铃、青铜环，还有铁刀。

土坑墓M107（图八七～图八九）。位于单元111以西13米处。无墓上石堆。葬具为木棺。墓主人为45～50岁的女性，有蒙古人种特征。跟骨被砍断，位于木棺南壁外的盖板上，在它们中间有一小段左腿胫骨；部分脚掌骨与四肢骨骼分开，位于棺的南壁外。随葬器物中有铁刀、耳饰、珠子和有青铜装饰物的腰带具组件（片状带扣、环、坠饰）。

土坑墓M108（图九〇；图九一）。位于土坑墓M107东北4米[2]处。葬具为木棺。墓主人为55～60岁的女性。棺盖上放置2头牛的头骨和趾骨，2个小型有角家畜（山羊或绵羊）的头骨和趾骨；墓主人头骨附近有小型有角家畜的肱骨和某些末节趾骨。随葬器物中有成套的腰带上的装饰物（青铜片状带扣、环、珠子）、铁刀和铁锥，墓主人的下颌骨下发现各种珠子串成的项链。

土坑墓M114（图九七～图九九）。位于冢墓ZM111东南12米处。葬具为木棺。墓主人为50～60岁女性，有显著的蒙古人种特征，跟骨被砍断。棺北部的盖板上放置2件陶器、牛的头骨和末节趾骨、山羊的肱骨和末节趾骨；棺的西壁外有小型有角家畜的头骨（图九七）。随葬器物有腰带上的装饰物（青铜片状带扣、泥质页岩片状带扣和带饰、环、珠子）、铁刀和铁锥，在下颌骨之下有各种珠子串成的项链。

在单元111以南和西南12米处的2个地点还发现残留的木头和人骨。不排除这里还有2座被破坏的墓葬，编号分别为M104和M105（插图二六）。

2. 单元121

位于墓群Ⅱ的中央，由位于中心的冢墓ZM121和陪葬的土坑墓M122、M123组成（插图二七）。

冢墓ZM121（图一〇九）。墓上石堆被侵蚀破坏，形状和尺寸不详。葬具为石箱内放木棺。墓葬被盗，没有保留下来随葬器物。

土坑墓M122（图一一〇；图一一一）。位于冢墓ZM121南偏东不到2米处。葬具为有底和盖板的木棺。墓主人为20～25岁[3]的女性，左肱骨和右桡骨缺失，没有发现趾骨和脚掌骨。随葬器物有项链、耳饰、珠子组成的腰带上的带饰、矿物制成的坠饰、铁带扣。

土坑墓M123（图一一二～图一一四）。位于冢墓ZM121西北4米[4]处。葬具为木棺。墓主人为近50岁的男性。墓葬被盗，在棺内堆积中发现角质、青铜和铁质器物的残

---

[1] 附录、附表均记录M106墓主人的左脚掌骨骼与骨架分离。
[2] 原著这里为"以西10米"。中译本根据插图二六和附录改正为"东北4米"。
[3] 原著这里为"20～22岁"。中译本根据附录和附表改正为"20～25岁"。
[4] 原著这里为"西北3米"。中译本根据插图二六和附录改正为"西北4米"。

片,铁质的马具;棺的东壁外发现保持原始位置的弓弭、一套镞、铁器(可能是马衔)残片和铁铠甲片。

还有1座与本单元有关的土坑墓是M103,位于冢墓ZM121以东8米处。

M103(图八二)。无墓上石堆。葬具为木棺。墓葬被盗,发现少量成年人的骨骼(推测是女性的)。棺内发现绵羊的头骨。保留下来的随葬器物有铁器(环、刀,可能还有马衔)、青铜勺形带饰和扣环[1]的残片。

在墓群Ⅱ的南部和东南部还有3个平面布局相同的墓葬单元。

3. 单元45

由冢墓ZM45和土坑墓M41组成(插图二七)。

冢墓ZM45(图二四;图二五)。墓上有方形石堆,在石堆北部边缘专门的"平台"上发现石柱(插图八,D)。葬具为石箱内放木棺。墓主人是成年人,可能为男性。墓葬被盗,保留下来的随葬器物有陶片和贝币。墓中发现大型有角家畜的骨骼和牛的下颌骨。

土坑墓M41(图一六)。位于冢墓ZM45以南10米处。无墓上石堆。葬具为木棺。墓主人可能是23~30岁的女性。墓葬被盗,在墓坑中没有发现遗存,在墓葬旁边挖出来的沙土层中发现铁刀和距骨。

4. 单元124

由冢墓ZM124和位于其墓上石堆西南角的陪葬墓组成,陪葬墓可能被Yu. D. 塔里克-格林采维奇发掘过(插图二七)。

冢墓ZM124(图一一五)。墓上石堆被风蚀破坏,形状和尺寸不详。葬具为木棺。墓主人为成年男性。墓葬被盗,残留的器物中有角质弓弭和铁器残片。

在ZM124西南1米处发现尺寸为4米×4米的方形大坑的边界线,呈东北-西南向,其尺寸是Yu. D. 塔里克-格林采维奇发掘的典型尺寸。不排除这里原来有陪葬墓,与冢墓ZM124形成一个墓葬单元(插图二七)。

5. 单元125

由冢墓ZM125及陪葬的土坑墓M126组成(插图二七)。

冢墓ZM125(图一一六)。墓上石堆被毁,形状和尺寸不详,在石堆的东部有狭长的石板,可能是石柱。葬具为石箱内放木棺。木棺北壁外放置3个动物头骨(母牛、山羊和羊羔)和陶器;头骨的边上放置相应动物的末节趾骨;陶器之上有小型有角家畜的胫骨,在陶器的上半部放小型有角动物的肋骨。墓葬被盗,保留下来的随葬器物有青铜纽扣、青铜勺形带饰[2]和铁器残片。

---

[1] 原著这里为"纽扣和带扣"。中译本根据图八二,7、8改正为"勺形带饰和扣环"。
[2] "青铜勺形带饰"为中译本根据附录和图一一六添加。

德列斯图依墓地

土坑墓M126（图一一七）。位于冢墓ZM125以南8米处。葬具为木棺。墓主人为20~25岁的女性，从骨架的位置能够推测死者是被紧捆起来下葬的，右臂骨骼（桡骨和肘部骨骼）、左腿股骨有骨折。除了4块颈椎骨是在墓坑中部发现的以外[1]，其余的人骨均处于原始位置。随葬器物只有小玻璃珠。

在冢墓ZM45的北面和西北面约20米处还分布着3座土坑墓（M99、M115、M116），这3座墓葬很难归入已有的墓葬单元。

土坑墓M99（图八〇）。葬具为木棺。墓主人为30~40岁的男性。沿着墓坑东壁，在棺外成排放置2匹马和5只绵羊的头骨，棺内墓主人左肩旁放置绵羊的肱骨[2]。随葬器物有由铁质和青铜部件组成的一套腰带具、一块有鹿头图案的"Y"字形角杈、勺形青铜带饰。

土坑墓M115（插图一〇〇）。葬具为木棺。墓主人为40~50岁[3]的女性。随葬器物有一套腰带具（青铜环、贝币和仿贝币、珠子）、铁刀、铁锥，以及在头骨附近发现的绿松石坠饰。棺的东北角有绵羊的肱骨。

土坑墓M116（插图一〇一）。葬具为木棺。人骨架几乎完全腐烂，墓主人性别和年龄不详。随葬器物有马具（铁衔和末端为青铜质地的铁镳[4]、青铜铃和青铜纽扣）。棺的东北角有绵羊的肱骨。

除了冢墓和土坑墓，在墓群Ⅱ的区域内还发现5个不大的圆形灰坑，以及2个石堆，暂称之为"祭祀点"（插图二六）。灰坑集中分布于冢墓ZM111的西南角，在土坑墓M109和M110附近。坑中没有发现遗物，但不排除这些灰坑是单元111的组成部分。祭祀点分布于冢墓ZM45以北6米和12米处，其中一个（1号祭祀点）的中央有深40厘米的不大的坑，不排除祭祀点与单元45有联系。

这样，墓群Ⅱ能够分出5个墓葬单元，分别为单元45、111、121、124、125。其中3个单元（45、124、125）平面布局相同，与墓群Ⅰ中的1个墓葬单元平面布局类型相同，即在中心冢墓的南面有一个陪葬的土坑墓。墓群Ⅱ另外2个墓葬单元（111、121）的平面布局是新的类型，即类型4——陪葬的土坑墓位于中心冢墓的西面、东面和南面（插图二六；插图二七）。

由于墓葬被盗严重，不能完全复原墓葬单元的性别和年龄结构。尽管如此，根据保存下来的体质人类学材料能够总结出，这里也有与墓群Ⅰ相同的趋势：单元的中心位置

---

[1] 附表和第三章第一节的相应内容，均有颈椎骨移至骨盆所在区域的具体描述。
[2] 原著这里为"胫骨"。中译本根据附录和附表改正为"肱骨"。
[3] 原著这里为"45~50岁"。中译本根据附录和附表改正为"40~50岁"。
[4] 原著这里为"末端为青铜质地的铁衔"。中译本根据附录和图一〇一的图注改正为"铁衔和末端为青铜质地的铁镳"。

埋葬的是男性（单元45、124），陪葬墓内埋葬的通常是年轻女性（单元45、121、125）；在冢墓ZM111的西南角发现陪葬的儿童墓（与墓群Ⅰ的单元31情况相同）。

墓群Ⅱ的性别和年龄结构见插图二八。

（三）墓群Ⅲ

位于墓地的北部（插图二〇；插图二一），包含的墓葬数量最多。在发掘之前地表可见几个洼地，沿着洼地的边缘有凸起的石头和以往发掘留下的竖井状痕迹。根据洼地的布局能够推测出墓群里有几座冢墓，从北向南呈链状延伸。和前面发掘的墓群一样，在发掘区域内也发现围绕冢墓分布的土坑墓（插图二九）。

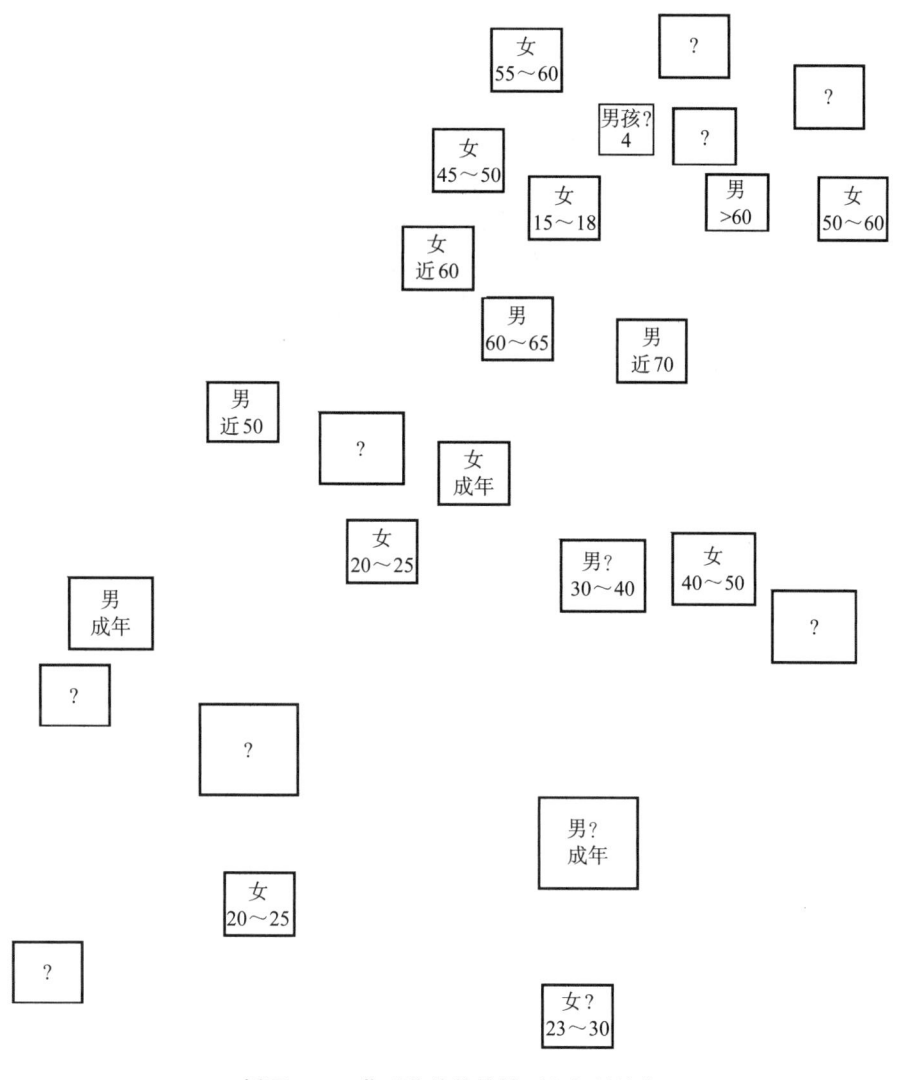

插图二八　墓群Ⅱ的整体性别和年龄结构

德列斯图依墓地

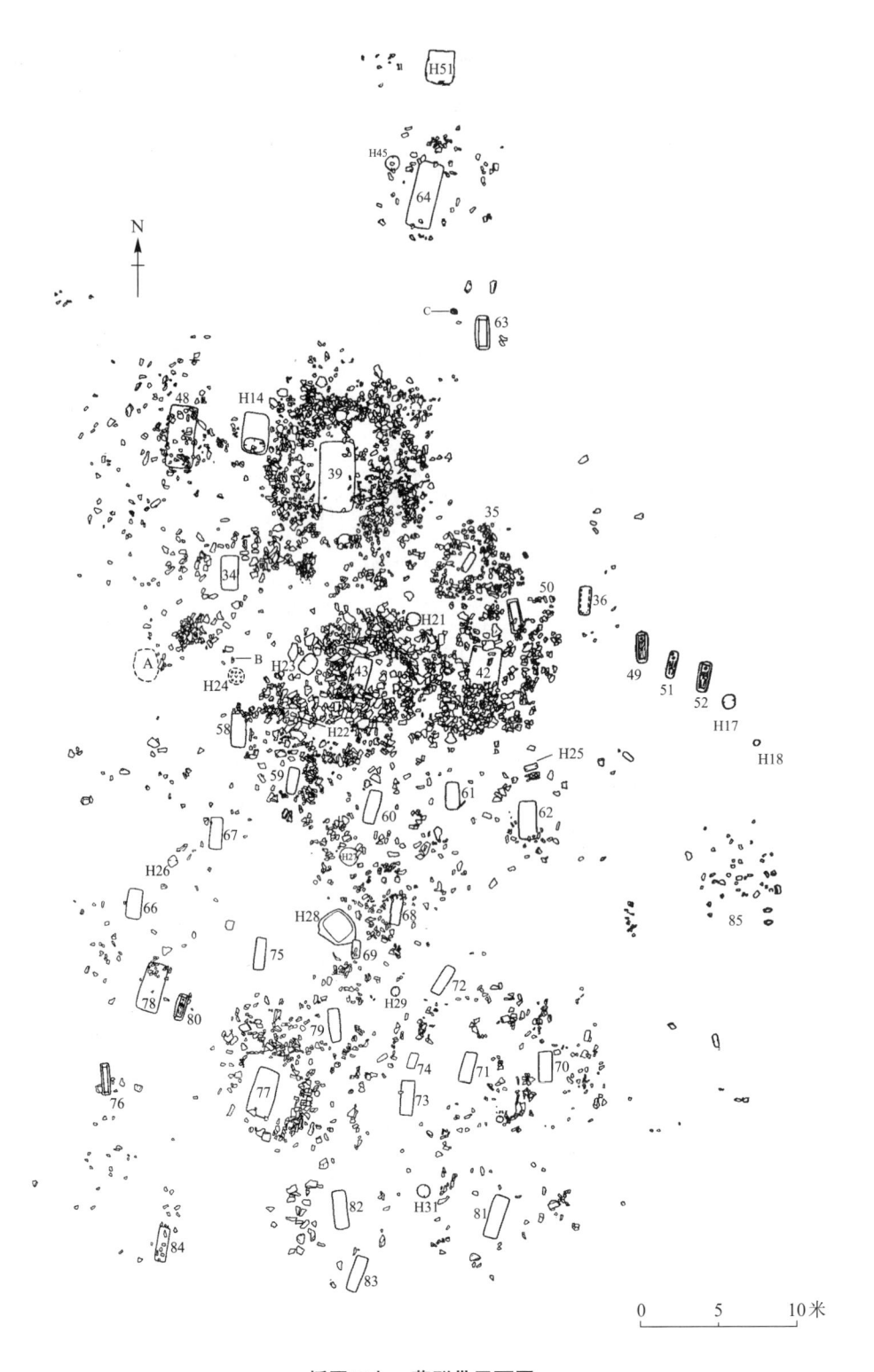

插图二九　墓群Ⅲ平面图
A. 洼坑　B. 葬狗坑　C. 山羊躯干葬坑（有头骨）

墓群共有37座墓葬（墓群西部的洼地可能还有1座墓葬）和3个大的灰坑（推测是Yu. D. 塔里克-格林采维奇的发掘坑）。此外，在墓群的范围内还发现地表以下没有葬人但是中心区域有一层炭的石堆（M85），以及动物葬坑，埋葬的是狗（6个月大）和被肢解的有头骨的山羊。由此推测，墓群Ⅲ最初由40～41座墓葬组成。其中6座是有墓上石堆和较深的墓坑、葬具为一重棺椁的冢墓（ZM39、ZM42、ZM48、ZM64、ZM77、ZM78）。根据墓上石堆的尺寸及葬具的规模，可知最大的冢墓是沿南北向分布的3座，分别为位于墓群北部的冢墓ZM64，位于墓群中央的冢墓ZM39和位于墓群南部的冢墓ZM77。位于墓群中心位置的冢墓ZM39不仅是墓群Ⅲ中规模最大的墓葬，而且是整个墓地规模最大的墓葬。三座冢墓都埋葬了成年男性，ZM39和ZM77也残留有成年女性的骨架。

有墓上石堆的墓葬紧挨着中心冢墓，葬具为一重棺椁或在大石板砌成的石箱内放木棺（围绕冢墓ZM39分布的ZM42、ZM43、ZM48，以及位于冢墓ZM77旁边的ZM78），这些墓葬的墓主人为女性（ZM42和ZM78）、少年（ZM43）或男性（ZM48）。其余墓葬的葬具主要为木棺或在石箱内放木棺（通常无墓上石堆，或者石堆的边缘不清），它们距中央大冢墓的距离较远，主要分布在有墓上石堆和一重棺椁的冢墓之间。暂且将分布在单元64北面40米处的单元65也纳入墓群Ⅲ。

根据在分析墓群Ⅰ和墓群Ⅱ时得出的确定的规律，可以将墓群Ⅲ的墓葬划分出以下墓葬单元。

1. 单元39

由冢墓ZM39和土坑墓M39-a组成（插图三〇）。

冢墓ZM39（图八～图一二）。位于墓群的中央。墓上石堆为方形，呈正方向，在石堆北侧的中部有用扁平石板制成的石柱（插图八，A～C）。葬具为一重木质棺椁，椁外围砌石板。墓坑壁和木椁壁之间及墓坑底部，填塞由木炭和大的河卵石组成的密实的填土层。墓主人为成年男性，也发现30～40岁女性的骨骼。墓葬被盗，保留下来的随葬器物有武器（弓弭、镞）、青铜和铁质的带扣、珠子、镶嵌用的光玉髓片、外来漆器的残片。

土坑墓M39-a（图一三）。位于冢墓ZM39墓上石堆的西南角。墓上有紧密排成一排的石头。葬具为石箱内放木棺，石箱有三块石板组成的盖板。墓主人为近6个月的婴儿，头骨的右侧放置绵羊的肱骨，脚部放5根绵羊的肋骨。随葬器物有陶器和珠子，陶器内放小型有角家畜的胫骨、椎骨和5根肋骨。

2. 单元35

由冢墓ZM35和陪葬的土坑墓M50组成（插图三〇）。

冢墓ZM35由P. B. 克诺瓦洛夫发掘（克诺瓦洛夫、齐毕克塔洛夫，1988：99）。位于冢墓ZM39墓上石堆的东南角。墓上石堆被破坏，推测是边长5米的方形石堆。外层葬

德列斯图依墓地

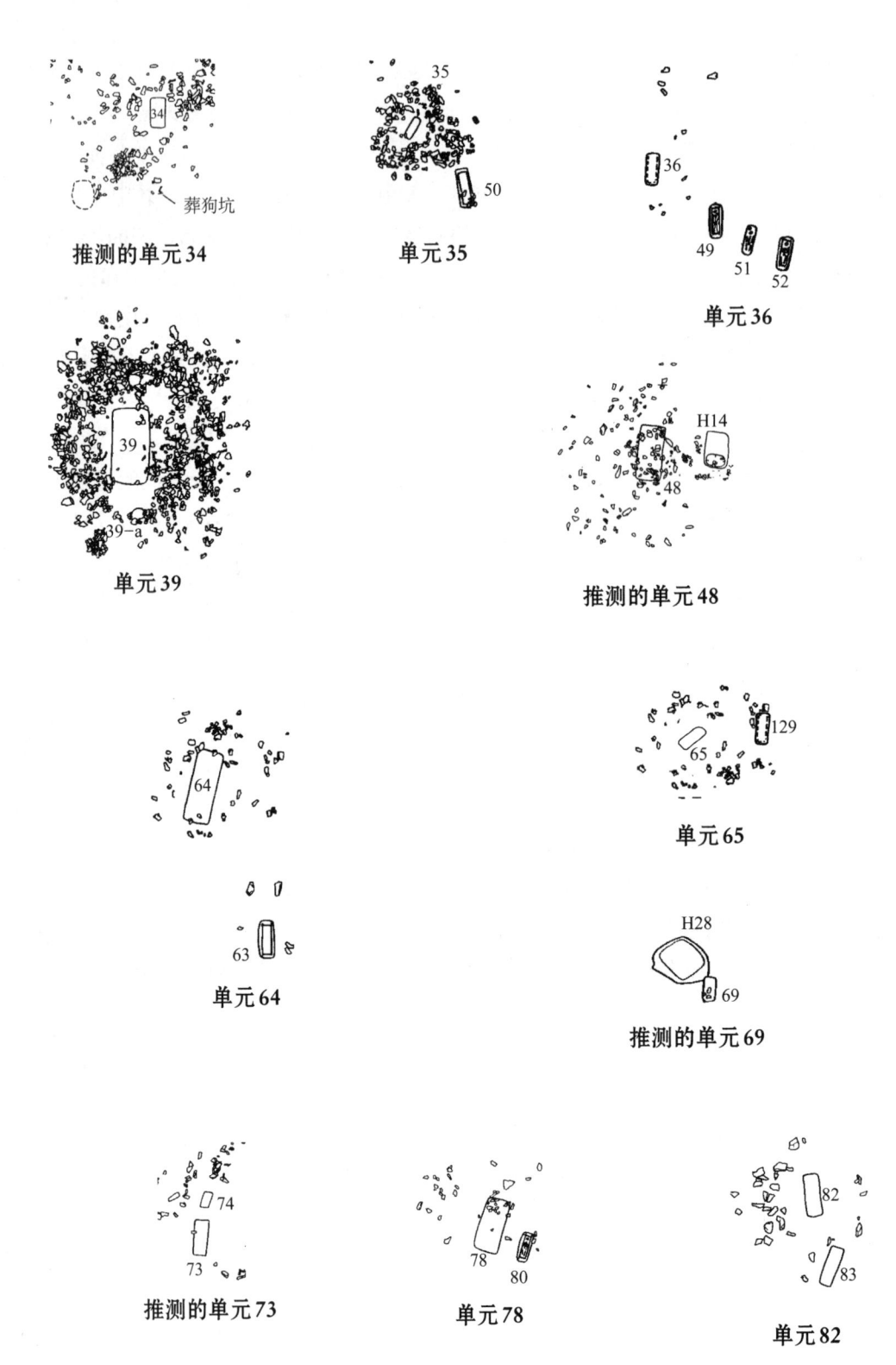

推测的单元 34 （葬狗坑）

单元 35

单元 36

单元 39

推测的单元 48

单元 64

单元 65

推测的单元 69

推测的单元 73

单元 78

单元 82

插图三〇　墓群 III 的墓葬单元

具为石箱,有石板做成的底和盖板,石箱内有木棺。墓葬被盗,在墓坑内发现小型有角家畜头骨的残片,保留下来的随葬器物有武器和铁环。

土坑墓M50(图三五,1~3)。位于冢墓ZM35的东南角附近。无墓上石堆。葬具为木棺。墓主人为17~19岁的男性。墓葬被盗,保留下来的随葬器物有武器、陶器、青铜纽扣。在棺的堆积内发现绵羊的大的胫骨和肋骨。

3. 单元36

由冢墓ZM36和3座陪葬的土坑墓M49、M51、M52组成(插图三〇)。

冢墓ZM36由P. B. 克诺瓦洛夫发掘。位于冢墓ZM35东南5米处。墓上石堆被破坏,形状和尺寸不详。葬具为木棺。墓葬被盗,保存下来的随葬器物有陶器、珠子、木胎漆容器残片、青铜器物残片。在墓内堆积中发现小型有角家畜的头骨残片。

土坑墓M49(图三一~图三四)。位于冢墓ZM36被破坏的墓上石堆的东南角附近。无墓上石堆。葬具为木棺。墓主人为20~25岁的女性,骨盆上有山羊的肱骨,左手掌处有绵羊的肋骨[1]。随葬器物有陶器和一套主要由珠子和矿物制成的坠饰构成的腰带具;颈部有珠子串成的项链,头骨的右边有一铁环。

土坑墓M51(图三五,4~6)。位于M49东南1.3米处[2]。无墓上石堆。没有发现葬具,死者放在一薄层黑褐色腐烂物上(可能是皮革或其他有机物)。墓主人为5~6岁的女孩,骨盆的左边放置绵羊[3]的肱骨。随葬器物有陶器、青铜环和位于腰带区域的珠子。

土坑墓M52(图三六)。位于M51东南1.5米处。无墓上石堆。葬具为木棺。墓主人为18~20岁的女性,右手指骨处放置绵羊的肱骨,左侧股骨处有4根小型有角家畜[4]的肋骨。随葬器物有腰带上的泥质页岩片状带扣、骨质珠子,玻璃珠子和光玉髓珠子串成的项链,以及头骨附近的小铁环。

4. 单元64

位于墓群的北部,由冢墓ZM64和陪葬的土坑墓M63组成(插图三〇)。

冢墓ZM64(图四八~图五〇)。位于冢墓ZM39的北偏东10米处。墓上石堆被破坏,形状和尺寸不详。葬具为一重木质棺椁外围砌石块,椁由三层原木搭建而成,椁的盖板和底板由横向的半剖原木组成,木棺的底和盖板由纵向的木板组成,木板之间用"蝴蝶结"形榫固定。墓主人为近50岁的男性。随葬器物有铁马具残段、铁带扣、勺形青铜带饰和纽扣、外来的漆容器残片和金叶。在墓内堆积中发现少量马和绵羊的骨骼。

---

[1] M49出土兽骨在原著中的四处记录有相互矛盾之处。附表、图三一均为山羊的骨骼;第三章为骨盆上是山羊肱骨,左手处是绵羊肋骨;附录为骨盆上是绵羊肱骨,左手处是绵羊肋骨。
[2] 原著这里为"位于M50西南1.3米处"。中译本改正为"位于M49东南1.3米处"。
[3] 原著这里为"山羊"。中译本根据第四章第三节描述M51出土遗物的表格和附录改正为"绵羊"。
[4] 原著这里为"绵羊"。中译本根据附录和附表改正为"小型有角家畜"。

土坑墓M63。位于冢墓ZM64墓上石堆的东南角外4米处。无墓上石堆。葬具为木棺,棺盖板由纵向或横向的木板制成,棺底由纵向木板制成,棺内保留大块桦树皮。墓主人为近60岁的女性。墓葬被盗,没有保留下随葬器物。墓坑中有少量绵羊的骨骼。

5. 单元78

位于墓群的西南部,在冢墓ZM77西北5米处,由冢墓ZM78和土坑墓M80组成(插图三〇)。

冢墓ZM78(图六〇,1~6)。位于冢墓ZM39西南30米处。墓上石堆被风蚀破坏,只在墓坑边缘保留下来几个石块。葬具为一重棺椁,椁壁由上、中、下三层原木搭成,椁盖板为横向的半剖原木,没有找到椁底板;棺有由纵向木板拼成的底板,放在2根垫木上,在棺壁的下面发现动物的管状骨。在墓内堆积中发现近30岁女性的残缺骨架,以及绵羊的较大的胫骨(不少于10个个体)。随葬器物中有陶器残片、珠子、角质带饰。

土坑墓M80(图六〇,7~13)。位于冢墓ZM78墓坑东南1米处。无墓上石堆。葬具为木棺,有纵向木板组成的棺底和盖板。墓主人为5~6岁的儿童,可能是男孩。随葬器物有2件陶器、花式造型和长方形的青铜带扣、铁刀残片[1]。

6. 单元82

位于墓群的南部,由冢墓ZM82和土坑墓M83组成(插图三〇)。

冢墓ZM82(图六四)。位于冢墓ZM39以南40米处。有墓上石堆,因被风蚀破坏,形状和尺寸不详。葬具为木棺。墓坑内残留50~60岁男性的骨架。发现的随葬器物有陶器残片和青铜器残片。

土坑墓M83。位于ZM82东南2米处。无墓上石堆。葬具为木棺。在墓内堆积中残留25~30岁女性的骨架。墓葬被盗,没有留下随葬器物。在墓坑中发现山羊肋骨的残段。

除了以上介绍的墓葬,在墓群Ⅲ范围内推测还有4个墓葬单元。

7. 推测的单元48

位于冢墓ZM39的西侧,由冢墓ZM48组成(插图三〇)。Yu. D. 塔里克-格林采维奇在其东面做过发掘(H14),可能在那里发现了陪葬墓。

冢墓ZM48(图二七~图三〇)。位于冢墓ZM39以西3米处。墓上石堆被破坏,形状和尺寸不详。葬具为一重棺椁,椁壁由上、中、下三层原木搭建而成,用横向的半剖原木组成椁底和盖板;棺有底和盖板,均由纵向木板拼成。墓主人为20~25岁的男性。墓葬被盗,残留的随葬器物有武器、马具、珠子、腰带上的角质带饰、青铜和铁质的带扣。在墓坑中发现少量马和狗的骨骼。

---

[1] 原著图六〇上标注M80出土的唯一一件铁器是带木铤的铁镞,无铁刀。

8. 推测的单元69

位于墓群的中央，可能由H28（应为位于单元中心的墓葬，被Yu. D. 塔里克-格林采维奇发掘）和M69组成，M69位于推测的中心墓葬的东南角[1]（插图二九；插图三〇）。

土坑墓M69（图五三，2、3）。无墓上石堆。葬具为木棺。墓主人为近2岁的儿童。保留下来的随葬器物有陶容器残片、绿松石坠饰，以及有铁扣针的不大的青铜带扣。

9. 推测的单元73

可能由M73和M74组成（插图三〇）。

土坑墓M73（图五五）。位于冢墓ZM39以南34米处。推测有墓上石堆。葬具为木棺，没有发现棺盖板。墓主人为35～40岁的男性。随葬器物中有武器、陶片、装饰品、铁环残段。

土坑墓M74（图五五）。位于M73以北1米处。无墓上石堆。葬具为木棺。根据棺的尺寸推测应为儿童的墓葬。没有保留下来人骨架和随葬器物。

10. 推测的单元34

位于冢墓ZM39的西南，由ZM34和可能存在的陪葬墓组成（插图三〇）。

陪葬墓曾被Yu. D. 塔里克-格林采维奇发掘过（此次发掘在冢墓墓上石堆的西南4米处留下了凹坑）。

冢墓ZM34位于冢墓ZM39墓上石堆西南角外3米处，被P. B. 克诺瓦洛夫发掘（克诺瓦洛夫、齐毕克塔洛夫，1988：99）。墓上有方形石堆。葬具为石板砌成的有底和盖板的石箱，没有发现棺。在墓内堆积中发现皮质器物的残片，铁镞残段，2件残留有皮带且正面有圆形槽座的青铜节约，有角质小钮的带扣，有纹饰的角质器物残片，小圆木棍残段（可能是箭杆）。应当注意到，在冢墓ZM34以南3米通常为陪葬墓的地方，发现一个葬狗（6个月大）坑，不排除这个葬狗坑也是墓葬单元的组成部分。

11. 单元65

由冢墓ZM65和土坑墓M129组成（插图二一；插图三〇）。分布于墓群Ⅲ以北25米处，暂且划入墓群Ⅲ的范围内（墓地这一区域几乎被完全破坏，无法复原平面布局）。

冢墓ZM65（图五一）。墓上石堆被风蚀破坏。墓坑位于冢墓的中部，方向为东北向，没有发现葬具。该墓可能已经被Yu. D. 塔里克-格林采维奇发掘。

土坑墓M129（图五一；图一一九；图一二〇）。位于冢墓ZM65以东2米处。无墓上石堆。葬具为木棺。墓主人为近65岁的女性，骨架严重屈肢，明显向左侧扭曲，左脚掌和部分手掌骨骼见于陶罐内，脚部骨骼移位。随葬器物有珠子、铁质和青铜的环、煤精质地容器的残片。

---

[1] 原著这里为"西南角"。中译本根据插图二九、插图三〇改正为"东南角"。

德列斯图依墓地

其余墓葬（ZM42、ZM43、M58～M62、M66、M67、M70～M72、M75、M76、M79、M81、M84）分布于墓群的中部和南部。这些墓葬在平面上没有形成任何明显的冢墓和土坑墓的组合，从中观察不到任何墓葬单元。下面分别简要介绍这些墓葬。

冢墓ZM42（图一七～图一九）。位于ZM39东南7米处。墓上石堆近方形，尺寸为8米×8米，由1～2排石板组成。墓坑中铺数排石板。葬具为一重棺椁，椁上横向铺盖石板，椁壁用4层枋木上、下搭建而成，有椁底和横铺的半剖原木组成的盖板；棺用出自同一大树干的厚木板制成。墓坑中残留60多岁女性和10～12岁少年的骨架（石堆下也发现3～4岁儿童的骨骼）。墓葬被盗，残存的随葬器物有珠子、角质发簪、红色漆块。

冢墓ZM43（图二〇；图二一）。位于冢墓ZM39以南10米处。墓上有5米×5米的方形石堆，石堆最初可能呈连续铺砌的铠甲状。葬具为石箱内放木棺，石箱由大石板砌成，用类似的石板铺成石箱的盖板；棺的底和盖板由纵向木板拼成，棺放在梁木上。墓主人为近8岁的儿童。墓葬被盗，保留下来的随葬器物有武器、青铜镞、陶器、木胎漆杯、铁器。石箱的东北角有绵羊的肋骨，在墓内堆积中发现马的距骨和少量山羊的骨骼。

土坑墓M58（图四一；图四二）。位于冢墓ZM39南偏西12米处。没有发现墓上石堆。葬具为带底和盖板的石箱内放木棺，棺有横向木板拼成的盖板和纵向木板拼成的底板。墓主人为近40岁的女性。随葬器物中有陶器残片（不少于2件三足器及典型的匈奴灰色陶器）。在棺的东壁附近发现绵羊头骨残片。

土坑墓M59（图四三）。位于冢墓ZM39以南15米处。墓上有边长约4米的方形石堆。葬具为木棺，棺外模仿石箱的样子围砌石头，棺底由纵向木板拼成，棺盖板没有保留下来。墓主人为5岁的儿童。随葬器物有残陶器。

土坑墓M60（图四四；图四五）。位于冢墓ZM39以南15米处。无墓上石堆。葬具为木棺，有纵向木板拼成的盖板和底，北部棺底板下残留横放的垫木。在墓内堆积中发现60多岁男性的骨骼。随葬器物有属于马具类的铁质圆泡、铁牌饰残片和青铜器残片。

土坑墓M61（图四六）。位于冢墓ZM39南偏东18米处。无墓上石堆。葬具为石箱内放木棺。根据棺的尺寸判断，墓主人是儿童。随葬器物有马具、有横向扣针的铁带扣。在墓内堆积中发现马的椎骨。

土坑墓M62（图四七）。位于冢墓ZM39东南20米处。墓上有可能是从墓上石堆中抛出来的不大的石头。葬具为木棺，棺盖板由横向木板拼成，棺底板由纵向木板拼成，棺的上面有3～4排石头。墓主人为近50岁的男性，脊骨上有伤痕。随葬器物有武器、马具、角质的勺形带饰[1]和串珠[2]。在墓内堆积中发现2只绵羊的骨骼及马和母牛的骨骼。

---

[1] 原著这里为"带扣"。中译本改正为"勺形带饰"。
[2] 原著图四七的图注标注M62出土的串珠为光玉髓质地，而非角质。

土坑墓M66(图五二,1~4)。位于冢墓ZM39南偏东25米处。无墓上石堆。葬具为木棺,有横向盖板的残留和纵向木板拼成的棺底。墓主人为近3岁的儿童。随葬器物有陶器、残铁环。

土坑墓M67(图五二,5~9)。位于冢墓ZM39南偏东20米处。无墓上石堆。葬具为木棺,有纵向木板拼成的棺底,棺盖板没有保留下来。墓主人是成年人,可能为女性。随葬器物有角质弓弭的残段、泥质石灰岩环的残段、铁器残段。在墓内堆积中有绵羊和兔的骨骼。

土坑墓M70(图五四,1~2)。位于冢墓ZM39南偏东[1]32米处。墓上地表有几块石头,可能出自被破坏的墓上石堆,但石堆的形状和尺寸不详。葬具为木棺,用厚的枋木制成。墓主人为近50岁的女性。随葬器物有1件残陶器。在墓内堆积中有少量母牛的骨骼。

土坑墓M71(图五四)。位于冢墓ZM39南偏东[2]33米处。没有发现墓上石堆。葬具为木棺,没有发现棺盖板。墓主人为25~30岁的女性。随葬器物有小块陶片。在墓内堆积中有少量马和母牛的骨骼[3]。

土坑墓M72(图五四,3、4)。位于冢墓ZM39南偏东[4]27米处。没有发现墓上石堆。葬具为木棺,没有发现棺盖板。墓主人为45~50岁的男性。随葬器物有角质的刀柄残段。

土坑墓M75(图五六)。位于冢墓ZM39南偏西25米处。无墓上石堆。葬具为木棺,没有发现棺盖板。墓主人为25~35岁的男性。随葬器物有残铁器、武器、残陶盆。在墓内堆积中有少量绵羊的骨骼。

土坑墓M76(图五七)。位于冢墓ZM39东南36米处。没有发现墓上石堆。葬具为木棺。墓主人为35~40岁的男性。随葬器物有武器、残铁器、青铜的勺形带饰和纽扣、角质器物。

土坑墓M79(图六一)。位于冢墓ZM39以南30米处。没有发现墓上石堆。葬具为木棺。墓主人为30~35岁的男性。随葬器物有武器、陶器残片、铁刀残段。在墓内堆积中有绵羊肋骨的残段。

土坑墓M81(图六二;图六三)。位于冢墓ZM39南偏东42米处。墓上地表有几块石头,可能出自被破坏的墓上石堆。葬具为石箱内放木棺,棺底由纵向木板拼成,没有发现棺盖板。在墓内堆积中残留60多岁男性的骨架。随葬器物有武器、马具、陶片、青

---

[1] 原著这里为"南偏西"。中译本根据插图二九改正为"南偏东"。
[2] 原著这里为"南偏西"。中译本根据插图二九改正为"南偏东"。
[3] 附录、附表均记录M71出土少量马和绵羊的骨骼。
[4] 原著这里为"南偏西"。中译本根据插图二九改正为"南偏东"。

铜的环和带饰。在墓内堆积中有少量马的骨骼。

土坑墓M84（图六五）。位于冢墓ZM39南偏西45米处。没有发现墓上石堆。葬具为木棺，没有发现棺盖板。在填土中残留近50岁女性的骨架。随葬器物中有2件陶器、泥质石灰岩环的残段。

仔细观察墓群Ⅲ的材料可以看出，墓群Ⅲ总体上也具备此前分析的两个墓群的特征，即墓葬单元由位于中心位置的墓葬和陪葬墓组成。根据墓葬的平面布局可以区分出墓葬单元，除了位于中心位置的单元39，其他单元均属于同一类型，即陪葬墓（1~3座）分布在单元中心冢墓的东南方。与前面介绍的墓群一样，单元中心冢墓的墓主人主要是成年男性（单元39、64、82），陪葬墓中埋葬的绝大多数为年轻女性、儿童和少年（单元39、35、36、78、82）。和前面介绍的情况类似，在墓群中央位置的冢墓ZM39的西南角发现儿童的墓M39-a（插图三一）。

总体看来，墓群Ⅲ的平面布局比墓地的其他墓群复杂。其特殊之处是，不仅单独一座墓葬可以被视为陪葬墓，而且一些墓葬单元也可被视为陪葬的。作出这样的推测主要是根据表现出来的明确的一致性，即在墓群的北部和南部，分别围绕着大型冢墓ZM39和ZM77分布着规模相当的墓葬。这两座冢墓的结构一样，地表均有石堆，有一重棺椁。两座墓葬均有成年男性和成年女性的骨架。围绕这两座有着相同结构和埋葬要素的冢墓，分布着一些平面布局相同的墓葬单元：单元35位于冢墓ZM39的东南角（包含冢墓ZM35和土坑墓M50），单元82位于冢墓ZM77的东南角（包含冢墓ZM82和土坑墓M83）。冢墓ZM39的西北角为单元48（包含有棺椁的冢墓ZM48和陪葬墓，后者可能是Yu. D. 塔里克-格林采维奇发掘的H14，根据灰坑尺寸较小推测，这是很小的墓葬，埋葬的是儿童或少年）。与单元48类似，单元78由有一重棺椁的冢墓和陪葬的儿童墓组成，儿童墓位于冢墓ZM77的西北角（插图二九）。

值得注意的是，墓群Ⅲ北部和南部的墓葬布局一致或许不是巧合。与其像之前那样划分出由冢墓和1~3座土坑墓组成的墓葬单元，不如基于这种一致性将各个墓葬单元组合成一个更复杂的墓葬单元。在这些复杂的墓葬单元中，最高级别墓葬的陪葬墓是有墓上石堆的冢墓，这些冢墓本身也有土坑墓作为陪葬墓（第二级别的陪葬墓）。围绕冢墓ZM39和ZM77明显分布着布局一致的墓葬，这也支持了存在上述两级陪葬墓体系的推测。

（四）墓群Ⅳ

分布在墓群Ⅲ的西南（插图二〇；插图二一）。发掘前在地表可见少量残留的几乎完全被风蚀所破坏的石堆。通过对墓群的整体性揭露，共发掘出12座墓葬和5个方形灰坑（可能是1900~1901年Yu. D. 塔里克-格林采维奇发掘墓葬留下的坑）。因此

第三章 葬俗和布局特征

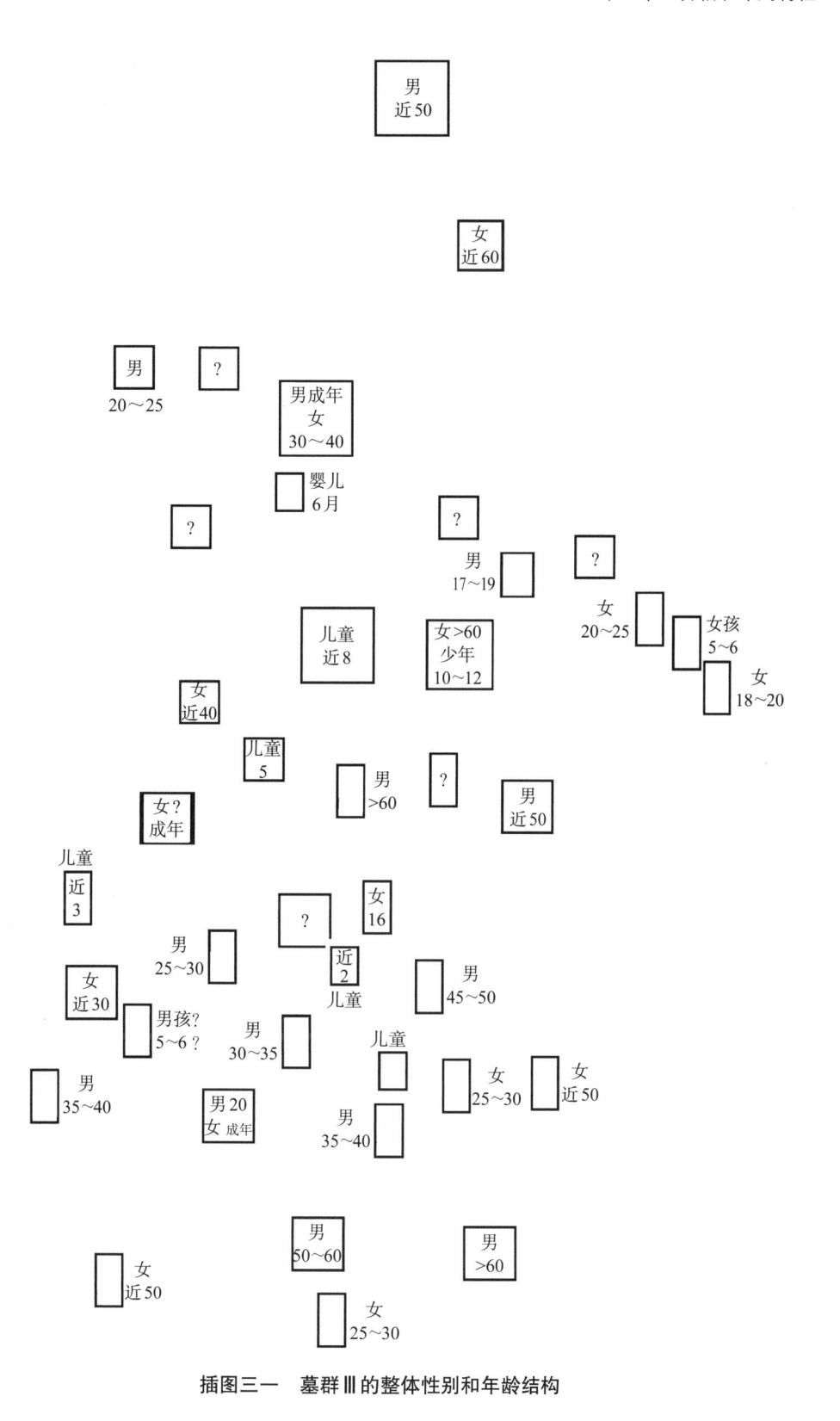

插图三一 墓群Ⅲ的整体性别和年龄结构

能够推测出，墓群最初由17座墓葬组成。其中2座墓葬是有墓上石堆和一重木质棺椁的冢墓，木椁外有石箱（ZM90、ZM96）；2座墓葬有墓上石堆，葬具为石箱内放木棺（ZM95、ZM97）。8座墓葬无墓上石堆，其中4座（M86、M91、M92、M94）的葬具只有木棺，1座（M93）的葬具为石箱内放木棺（该墓的墓上石堆可能因处于风蚀盆地坡上而坍塌），2座（M87、M88）的葬具只有石箱，1座（M89）由于墓葬被破坏没有发现葬具。推测还有5座墓葬已经被Yu. D. 塔里克-格林采维奇发掘（插图三二）。

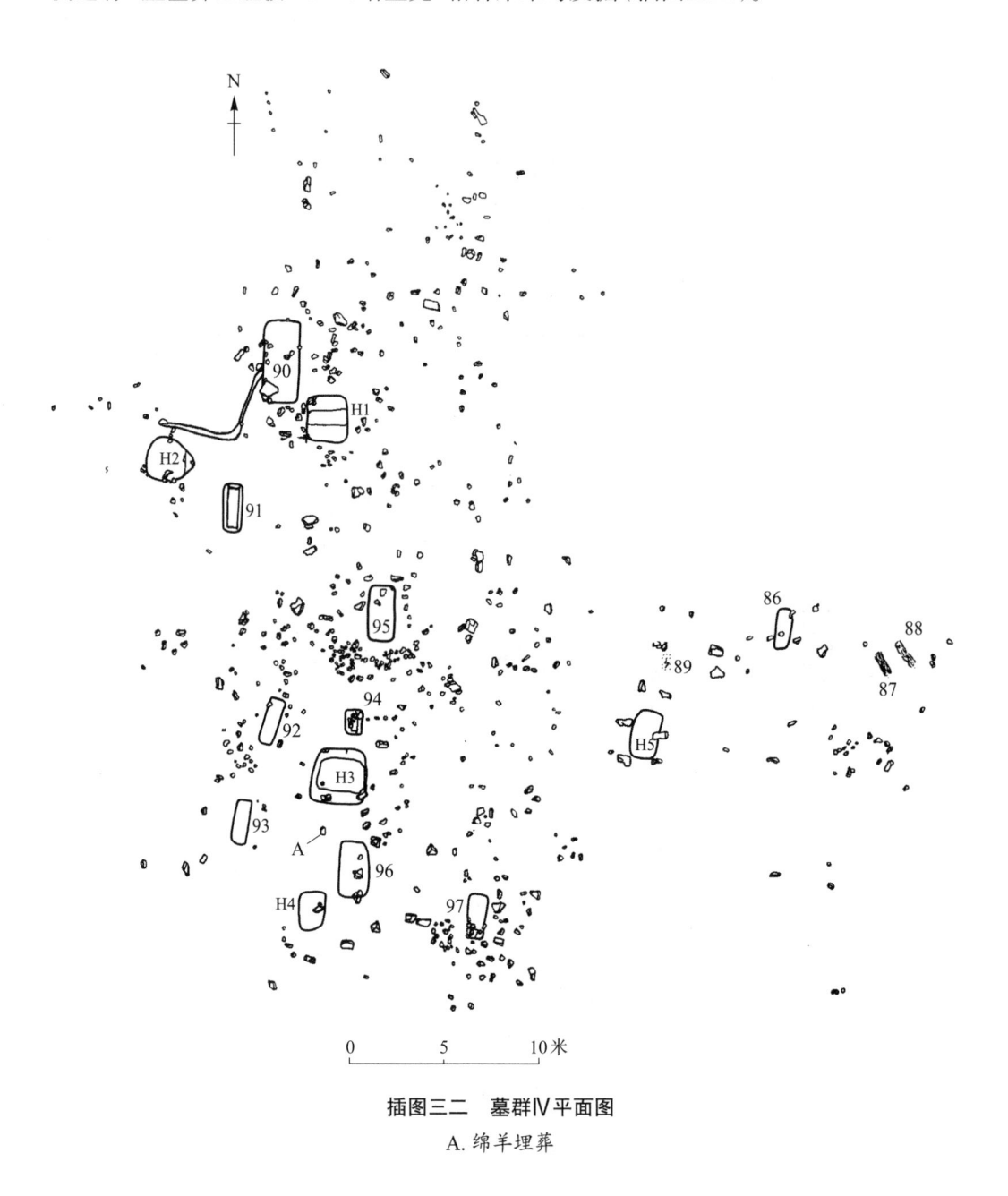

插图三二　墓群Ⅳ平面图
A. 绵羊埋葬

有墓上石堆和一重木质棺椁的大型冢墓（ZM90、ZM96）呈南北向分布，冢墓ZM90位于墓群的北部，冢墓ZM96位于墓群的南部；其他墓葬聚集在大型冢墓的周围。M86～M89在一定程度上脱离了墓群的布局，暂且将它们归入墓群Ⅳ。

参考分析墓群Ⅰ、墓群Ⅱ和墓群Ⅲ的平面布局时已经观察到的墓葬分布规律，可以将墓群Ⅳ区分出如下的墓葬单元。

1. 单元90

由冢墓ZM90和灰坑H1（可能曾被Yu. D. 塔里克-格林采维奇发掘，坑所在的位置原本是陪葬墓）组成（插图三三）。

冢墓ZM90（图六九；图七〇）。本墓群最大的墓葬，位于墓群的北部。墓上石堆被破坏，形状和尺寸不详。葬具为木质棺椁，位于石箱内。木椁壁由上、下共4层的枋木搭成，盖板和底为横铺的半剖原木；棺的底和盖板由纵向的木板拼成，在棺底南半部的下面有桦木的垫木。墓主人为近60岁的男性。墓葬被盗，残留的随葬器物有陶片、贝壳残片和泥质石灰岩环的残段。

灰坑H1。位于ZM90墓坑的东南角。灰坑平面尺寸为220厘米×220厘米，深70厘米。灰坑中央有一个横向的凹坑，凹坑宽60厘米，坑底距灰坑底40厘米（可能是Yu.

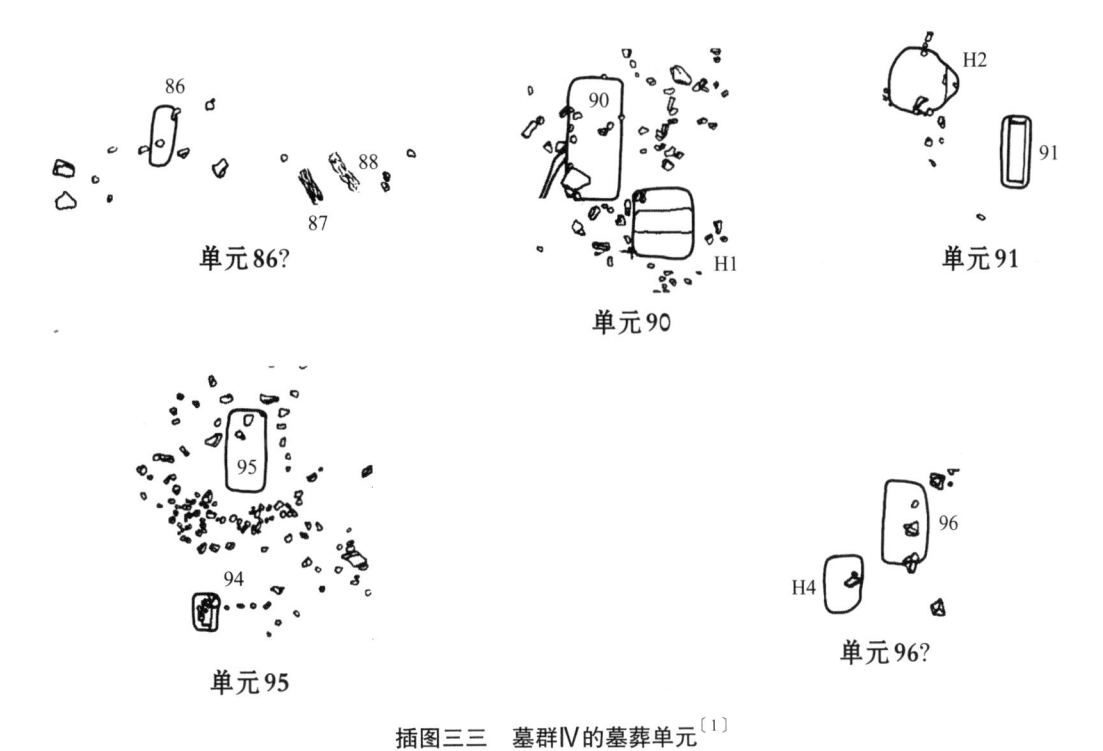

插图三三　墓群Ⅳ的墓葬单元[1]

---

[1] M96左下方的"H4"为中译本根据插图三二添加。

D. 塔里克-格林采维奇挖的探沟)。灰坑内没有任何发现。

2. 单元91

在冢墓ZM90的西南还有一个墓葬单元,由灰坑H2和土坑墓M91组成(插图三三)。H2所在的位置显然是单元的中心墓葬。

灰坑H2。位于冢墓ZM90西南5米处。平面尺寸为220厘米×210厘米,深80厘米。坑的上部有少量大石头,坑内没有任何发现。

土坑墓M91(图七一,1~5)。位于灰坑H2西南2米处。无墓上石堆。葬具为木棺。墓主人为40~45岁的男性。随葬器物有陶片、铁质马具残段、铁刀和铁带扣。清理墓葬时发现母牛的下颌骨。

3. 单元95

由冢墓ZM95和土坑墓M94组成(插图三三)。

冢墓ZM95(图七三;图七四)。位于冢墓ZM90东南10米处,处于墓群的中心位置。墓上石堆被破坏,形状和尺寸不详。葬具为石箱内放木棺,石箱有石板搭成的盖板。墓葬被盗,在墓内堆积中发现少量18~19岁女性的骨骼及马的跗骨。保留下来的随葬器物只有陶器残片。

土坑墓M94(图七二,4、5)。位于冢墓ZM95墓上石堆的西南角。无墓上石堆。葬具为木棺。墓主人为2岁的儿童。墓葬被盗,残存的随葬器物有在墓内堆积的上半部发现的钵的残片,也零星发现少量绵羊和山羊的骨骼。

4. 单元96

由冢墓ZM96和陪葬墓组成(插图三三),后者可能位于冢墓西南(灰坑H4)。

冢墓ZM96(图七五)。位于冢墓ZM90南偏东22米处。墓上有石堆的残留,石堆的形状和尺寸不详。葬具为一重木质棺椁外有石箱,木椁壁由上、下共4层的枋木搭成,椁底和盖板由横铺的半剖原木组成。墓主人为近35岁的男性和成年女性。保留下来的随葬器物中有陶器残片、珠子、仿制贝壳。在墓内堆积中发现小马的肩胛骨。

灰坑H4。位于冢墓ZM96西南1米处。平面尺寸为200厘米×150厘米,深140厘米。坑内没有发现任何遗物。

在冢墓ZM96西北1.5米、灰坑H3以南1.5米处埋葬1只(近1岁的)绵羊,没有发现葬坑。绵羊的骨架向右侧卧,四肢被扰,头骨缺失,方向向北。

假定属于墓群Ⅳ的M86~M89平面布局更加不成形状。M87和M88(少年)成对分布,相同的结构说明两者可能是同时期的墓葬,它们分布在M86的旁边,有可能形成独立的墓葬单元。

5. 单元86

推测由土坑墓M86、M87和M88组成(插图三三)。

土坑墓M86（图六七，1～11）。位于灰坑H5东北7米处。地表有盗坑留下的凹陷，没有发现墓上石堆。葬具为木棺。墓主人为55～60岁的男性。墓葬被盗，随葬器物有武器、铁质和青铜的马具[1]、青铜带扣、铁环、绿松石坠饰和泥质页岩制成的珠子。

土坑墓M87（图六八，A、B）。位于M86以东4米处。没有发现墓上石堆。葬具为石箱，有石质的盖板，无木棺。墓主人为11～12岁的少年（推测是女孩）。墓葬的方向偏西北，是墓地中很少见的墓向。在未被扰动的墓内，人骨的布局被扰乱，这说明可能在尸体上进行了某种祭祀活动，可能与取出心脏和其他内脏有关。没有发现随葬器物。

土坑墓M88（图六八，C～E）。位于M87以东1米处。没有发现墓上石堆。葬具为用不大的石板砌成的石箱。墓主人为16～18岁的青年。墓向是墓地中很少见的偏西北向。尸体肘部骨骼的分布被扰乱。没有发现随葬器物。

不排除由灰坑H5和土坑墓M89组成较特殊的单元89。灰坑H5所在的位置原本可能是单元的中心墓葬，此前已被发掘。

灰坑H5。位于土坑墓M89南偏西3[2]处。平面尺寸为260厘米×160厘米，深90厘米。坑的边上有6块大砾石。坑内没有发现任何遗物。

土坑墓M89（图六七，12、13）。位于M87以西5米[3]处。没有发现墓上石堆。也没有发现葬具。墓葬被自然侵蚀所破坏，骨骼几乎完全腐烂，根据残存人骨估计墓主人为近40岁的女性。保留下来的随葬器物有带横向扣针的铁带扣、铁环的残段，以及已经腐烂的泥质石灰岩制成的环的残段。

根据墓群Ⅳ其他墓葬（土坑墓M92、M93和冢墓ZM97）的分布位置，暂无法将它们明确归入任何一个单元。

土坑墓M92（图七一，6～13）。位于冢墓ZM90以南16米处。墓上散布石块，可能是残留的被破坏的墓上石堆。葬具为木棺。墓主人为25～35岁的女性。墓葬被盗，保留下来的随葬器物有陶片、泥质石灰岩杯子的残片。在墓内堆积中发现小型有角家畜（绵羊或山羊）的肋骨。

土坑墓M93（图七二，1～3）。位于M92以南2米处。无墓上石堆。葬具为石箱内放木棺。墓主人为近20岁的女性（未生育过）。墓葬被盗，在墓内堆积中发现泥质石灰岩质地的杯子，与M92所出的杯子残片相似（可能是因土壤滑坡从M92移动到这里）。

冢墓ZM97（图七六）。位于冢墓ZM95东南12米处，是墓群中最靠南的墓葬。有墓上石堆，形状和尺寸不详。葬具为木棺，有纵向木板拼成的底和盖板。墓主人为55～60岁的男性。随葬器物有武器、青铜和铁质的带扣、铁刀和铁纽扣。

---

[1] 根据图六七可知，M86还有角质的马具。
[2] 原著这里为"南偏西12米"。中译本改正为"南偏西3米"。
[3] 原著这里为"北2米"。中译本根据插图三二改正为"西5米"。

冢墓ZM96以北3米处为灰坑H3（可能是Yu.D.塔里克-格林采维奇以前发掘留下的坑）。坑的上部平面尺寸为270厘米×250厘米，在深60厘米处坑变窄，沿北、西和东壁形成宽30～35厘米的二层台，灰坑深205厘米。没有发现任何遗物。

可见，墓群Ⅳ由17座墓葬组成，其中11座墓葬属于5个墓葬单元，单元的平面布局与其他墓群的类型相同。同时，墓群Ⅳ的平面布局与墓群Ⅰ和墓群Ⅲ一样，还需要进一步讨论。

墓群Ⅳ的性别、年龄结构见插图三四。在现有条件下无法完全恢复墓群的性别、年龄结构，因为我们无法确定Yu.D.塔里克-格林采维奇所发掘墓葬的编号。我们只能指出，在有一重棺椁的冢墓中均埋葬有男性（ZM90、ZM96[1]），在葬具为木棺的冢墓中发

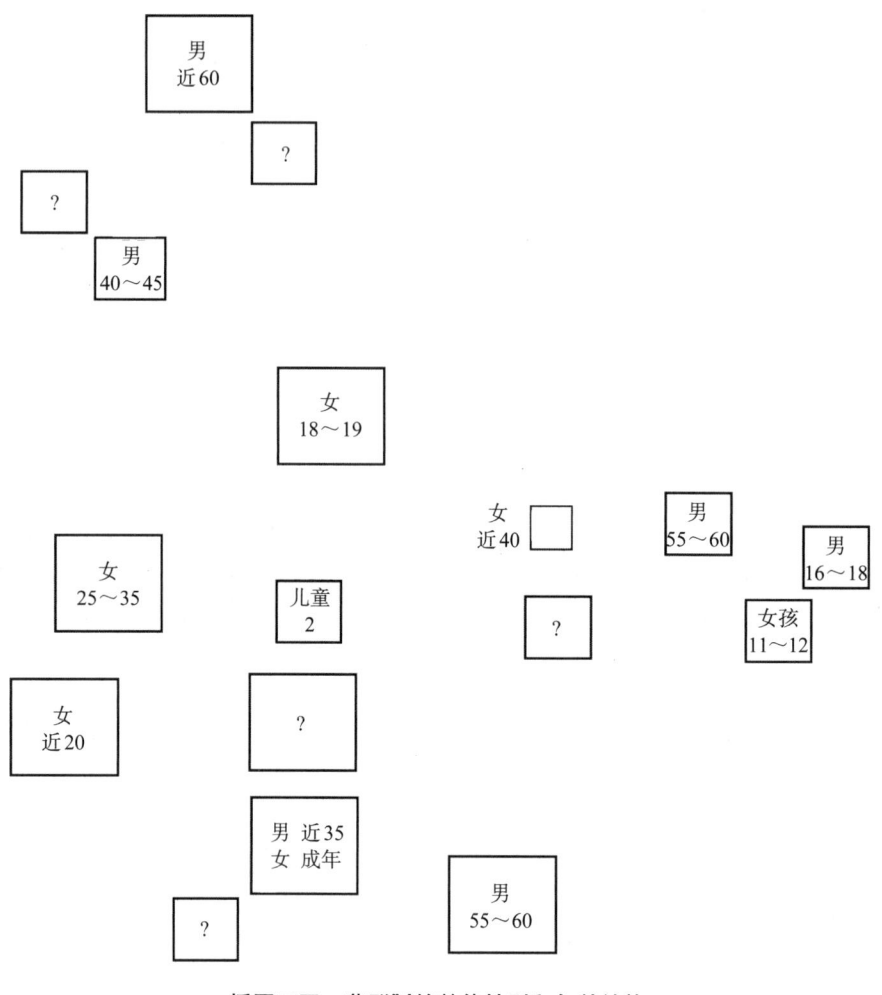

插图三四　墓群Ⅳ的整体性别和年龄结构

---

[1] 根据插图三四和附录可知，ZM96埋葬的是一男一女。

现女性（ZM95）和男性（ZM97）残留的骨架；在陪葬墓中埋葬的有儿童（M94）和中年男性（M91）。

（五）墓群Ⅴ

位于墓地的东部（插图二〇；插图二二）。在发掘前，冢墓ZM98的墓上石堆几乎盖满了沙土。通过对该区域的整体揭露，在冢墓的西南发现1座陪葬墓M130。这里不大可能再有其他墓葬：冢墓的东面为长着桦树的倾斜的山坡，山坡地段被完全破坏；在冢墓的西面地表暴露有夹杂碎石的生土层，这实际上排除了这里存在墓葬的可能。因此，本墓群只有单元98这一个墓葬单元，单元中包含冢墓ZM98和陪葬的土坑墓M130。

冢墓ZM98（图七七~图七九）。墓上有近方形的石堆，呈正方向，在石堆的北半部有扁平的长石板（可能是倒下的石柱）。在石堆上的沙土层中发现母牛的肱骨和颈椎骨。葬具为一重木质棺椁，椁外围砌石头。在墓内堆积中残留25~35岁女性的骨架。墓葬被盗，在墓内堆积中发现西伯利亚狍（截断的角）、少量小型有角家畜的骨骼、马鹿的角片；在椁的底部有6只小绵羊和1只成年绵羊的头骨。在墓内堆积和棺的底部发现陶器残片；在椁内堆积中发现角质器物的残片、带有织物残留物的残铁器、小片的红漆。

土坑墓M130（图一一七）。位于冢墓ZM98西南20米处。无墓上石堆。没有发现葬具。墓主人为16~18岁的女性。随葬器物只有铁刀。

（六）墓群Ⅵ

分布于墓地的中央，位于墓群Ⅱ的南面、墓群Ⅰ的东北（插图二〇；插图二二）。地表可见以前发掘留下的5个圆形堆积，本墓群中有3座墓葬（ZM28、M29、M30）被P. B. 克诺瓦洛夫发掘过（克诺瓦洛夫，1976：134~149），上述堆积可能是Yu. D. 塔里克-格林采维奇当年发掘所遗留。外贝加尔考察队完整揭露墓群后又发现4座墓葬。我们能够推测出，这个墓群最初由9座墓葬组成（插图三五）[1]。根据墓葬平面布局可将其中8座墓葬归入3个墓葬单元（以往发掘的墓葬编号不能完全复原，因此单元117是由陪葬墓确定的编号）。

1. 单元28

由冢墓ZM28和陪葬的土坑墓M118组成（插图三六）[2]。

冢墓ZM28。P. B. 克诺瓦洛夫发掘（克诺瓦洛夫，1976：135~137）。墓上可见被破坏的石堆。葬具为石箱内放木棺。墓主人为35~40岁的男性。随葬器物有包金叶

---

[1] 此处的"（插图三五）"为中译本添加。
[2] 此处的"（插图三六）"为中译本添加。

德列斯图依墓地

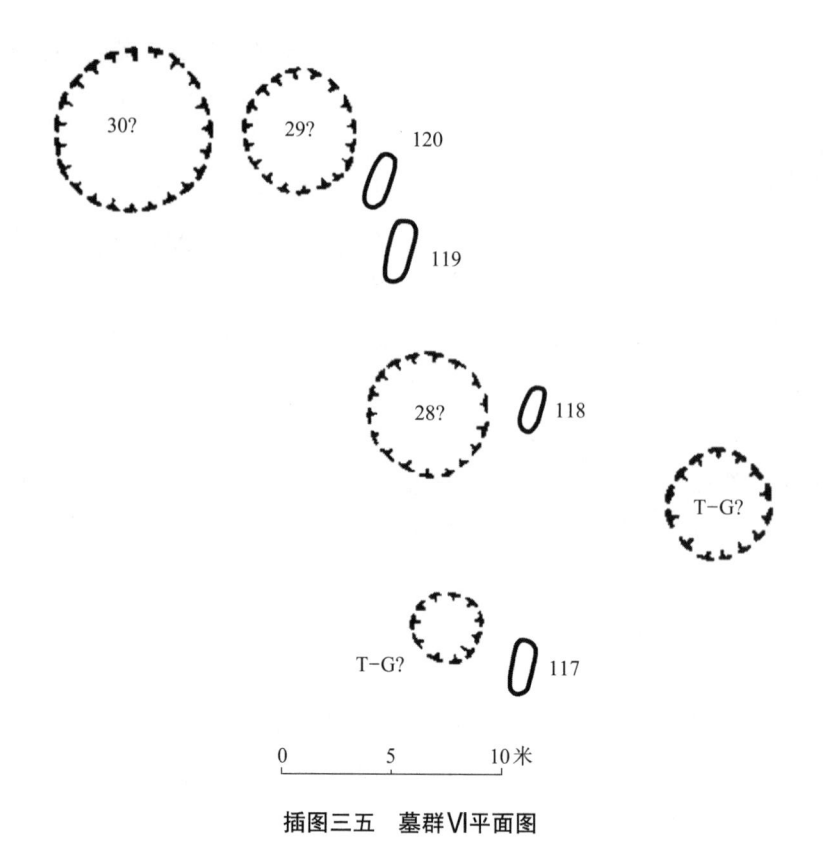

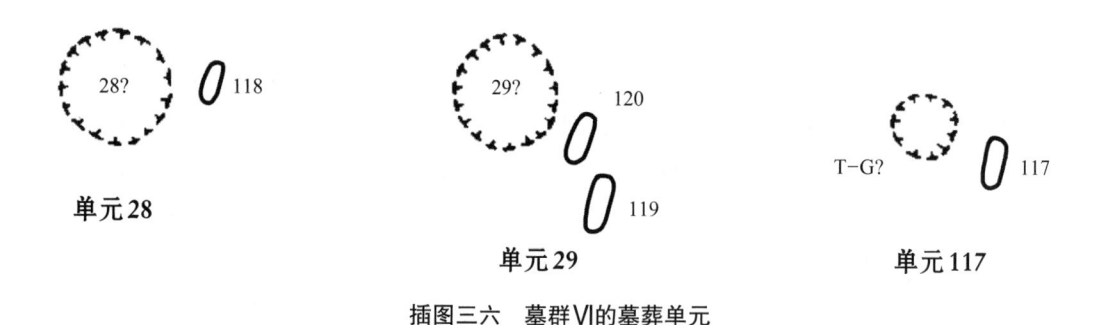

插图三五　墓群Ⅵ平面图

插图三六　墓群Ⅵ的墓葬单元

的木质腰带扣、铁质和青铜的带扣、珠子、铁刀和铁镞、青铜铃和小牌子状马具、铁衔。

土坑墓M118（图一○四）。位于冢墓ZM28以东1米处。无墓上石堆。葬具为木棺。墓主人为近60岁的女性。随葬器物中有珠子、仿制贝壳、青铜的纽扣和勺形带饰、青铜片状带扣、铁刀。墓主人右脚掌下有大块木炭。

M118东南2.5米处有以往发掘留下的凹坑，不排除这里还有一座属于同一墓葬单元的陪葬墓。但是由于缺少以往发掘的平面图，无法确定上述推测是否准确。

第三章　葬俗和布局特征

2. 单元29

位于墓群的北部,由并排分布的土坑墓M29和M30组成。M29本身有陪葬墓M119和M120(插图三六)。

土坑墓M29。由P. B. 克诺瓦洛夫发掘(克诺瓦洛夫,1976:137~138)。与M30[1]并列,在其东边。由于遭到破坏,不清楚是否存在墓上石堆,地表有凸出来的石箱盖板。葬具为木棺。骨架完全腐烂,P. B. 克诺瓦洛夫认为墓主人是少年。随葬器物中有铁笼头的组件、铁带扣和铁刀、珠子。

土坑墓M30。由P. B. 克诺瓦洛夫发掘(克诺瓦洛夫,1976:138~140)。由于遭到破坏,不清楚是否存在墓上石堆。葬具为石箱内放木棺。墓葬被盗,保留下来的随葬器物只有泥质石灰岩环的残段[2]。

土坑墓M120(图一〇七;图一〇八)。位于M29的东南角[3]。无墓上石堆。葬具为木棺,木棺以上的填土中铺石块[4]。墓主人为近40岁的男性,脚掌的位置不自然:末节趾骨缺失,其余骨骼不自然地扭转相对,跟骨被打碎。在右脚掌骨的大拇指和食指之间有光玉髓的珠子,头骨上放有意折断的弓弭盖住眼窝。随葬器物中有珠子、放在一个箭筒里的6枚铜镞、铁衔和铁镳、环和带扣、铁刀。

土坑墓M119(图一〇五;图一〇六)。位于M120西南0.5米处。无墓上石堆。葬具为木棺。墓坑东北角的棺上放母牛和公绵羊的头骨,墓坑的西北角放小牛的头骨和不超过2岁公绵羊的头骨,在每个头骨的旁边都放置末节趾骨和1~2块椎骨,在母牛头骨的下面放2个末节趾骨。墓主人为近50岁的女性。随葬器物有陶器、珠子、泥质石灰岩环、铁刀和铁锥,在陶器的前面有小型有角家畜的肱骨。

3. 单元117

位于墓群的南部。推测由Yu. D. 塔里克-格林采维奇发掘的主墓(发掘留下了不深但是能很清楚看出来的凹坑,墓葬的资料无法复原)及陪葬的土坑墓M117组成(插图三六)。

土坑墓M117(图一〇二;图一〇三)。位于主墓的西南角。无墓上石堆。葬具为木棺,棺上覆盖石头堆积。墓主人为35~45岁的男性,脚掌骨和右胫骨缺失[5]。随葬器物有青铜的"圆槌"、勺形带饰、有牛头纹饰的带扣、小牌饰、木铤折断的三翼镞,铁质的

---

[1] 原著这里称30号墓为"курган",即"冢墓",但是在下一自然段介绍30号墓的文字中只提其是"погребение"。中译本将墓葬编号写成"M30",而不是"ZM30"。
[2] 根据附录和附表可知,M30的墓主人为55~60岁的女性。
[3] 原著这里为"西南角"。中译本改正为"东南角"。
[4] 此处按照俄文原文可直译为"墓内结构——有石头堆积的木棺"。中译本根据附录和图一〇七译为"木棺以上的填土中铺石块"。
[5] 根据图一〇二和附表可知,墓主人的脚掌骨、右侧股骨和胫骨缺失。

带扣或环,砺石,骨管。

墓群Ⅵ与其他墓群的平面布局总体相似。位于墓葬单元中心位置的墓葬也为南北向分布。墓葬单元的布局一致,即陪葬墓分布在单元中心墓葬的东南,这种布局在前面的墓群中多次出现。

因为缺少一些墓葬材料,所以不能完全复原墓群Ⅵ的性别和年龄构成,但总体上,很显然有与其他墓群相同的趋势(插图三七)。例如,单元28的中心墓葬埋葬男性,陪葬墓埋葬女性。本墓群十分少见的类型是用40岁左右男性的墓葬作为陪葬墓(单元29和单元117)。

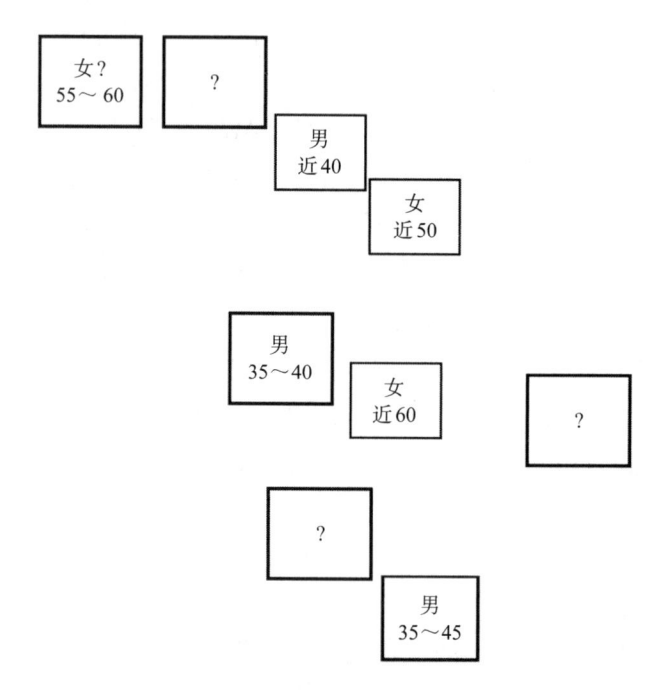

插图三七 墓群Ⅵ的整体性别和年龄结构

(七)墓群Ⅶ

分布在墓地的东南部[1],位于吉达河岸边悬崖的近旁。墓群的主体部分因河岸坍塌而被破坏,发掘前在坡底确定了几座被破坏的石堆,推测有3座。对其中1座石堆的试掘表明,墓上石堆直接砌在砂质黏土组成的生土层上,墓坑完全被破坏(图二六,ZM47)。通过完整揭露冢墓旁边河岸坡地的地表,我们发现了2座土坑墓,显然是被破坏冢墓的陪葬墓。由于墓葬被破坏,无法复原墓群的平面布局,只能观察到推测的陪葬墓分布在冢墓的西南方(插图三八)。

---

[1] 原著这里为"西南部"。中译本根据插图六和第三章对墓群Ⅶ的描述改正为"东南部"。

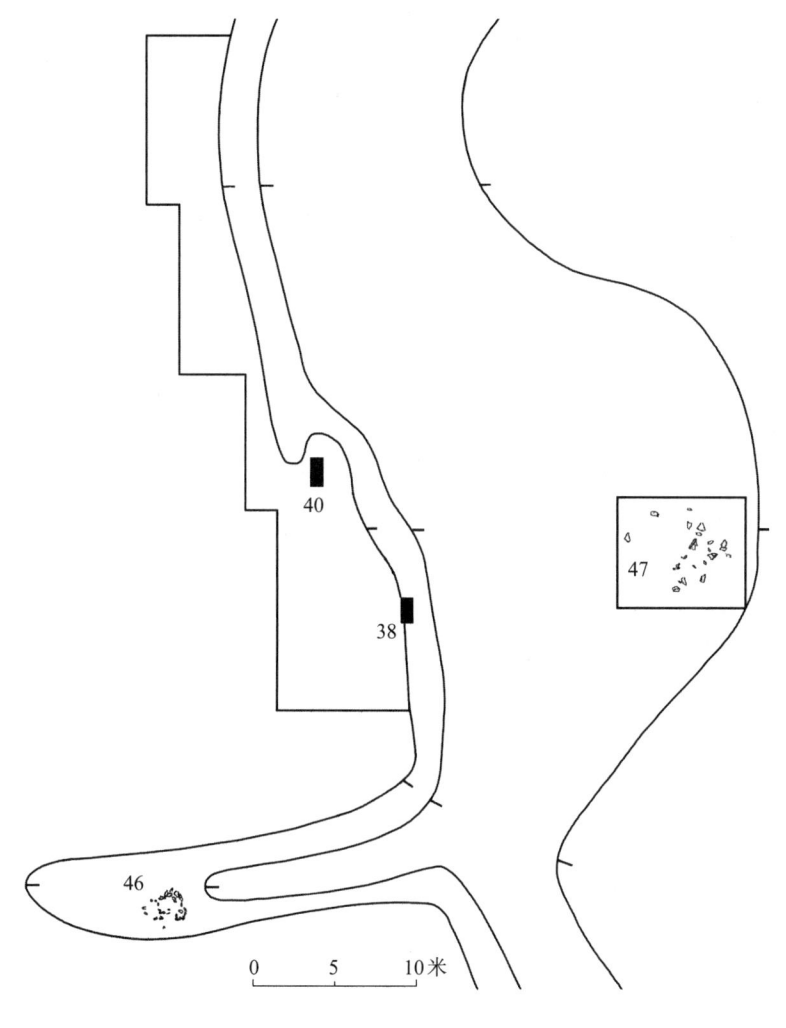

插图三八 墓群Ⅶ平面图

土坑墓M38（图六；图七）。无墓上石堆。葬具为木棺。墓主人为60多岁的女性。随葬器物有青铜的腰带配件（小牌饰、铃、环）、珠子、铁带扣、铁管及五铢钱。此外，在墓主人右手近旁发现黍粒，在左手指骨近旁发现几个雪松果。

土坑墓M40（图一四；图一五）。位于M38西北10米处。无墓上石堆。葬具为木棺。墓主人为18~20岁的女性。在墓口发现天然的贝壳，随葬器物中有珠子、矿物质地的坠饰和环、2件青铜铃。

P. B. 克诺瓦洛夫也在这个地方采集了出自被破坏的M37的青铜纽扣和勺形带饰（克诺瓦洛夫，1980：163~168），这些遗物有可能属于墓群Ⅶ。

综上，分析墓地内墓葬的分布情况可知，墓地内的墓葬集中分布成几个墓群，相互间距十多米。墓群的布局有共同的特征。

1. 每个墓群内的大多数墓葬都形成了由位于中心的带墓上石堆的冢墓和"陪葬的"土坑墓(通常没有墓上石堆)组成的墓葬单元。

2. 每个墓群中,位于墓葬单元中心位置的最大冢墓通常呈南北向。在墓地平面布局中处于中心位置的最大冢墓也为南北向(插图二〇)。

3. 位于墓葬单元中心位置的墓葬,葬具绝大多数是木棺或一重棺椁,棺或椁通常放在石箱里,或者在外面围砌仿照石箱铺砌的石头。陪葬墓的葬具绝大多数只有木棺。

4. 通过对可进行体质人类学研究的墓葬单元的分析可归纳出,墓葬单元中心墓葬的墓主人绝大多数是成年男性;葬在"陪葬墓"中的绝大多数是儿童、少年和女性,年龄最大的20~25岁,但是"陪葬墓"中也有埋葬成年男性和女性的情况。

通过此章考察的德列斯图依墓地的布局特征,能够看出墓葬单元在墓葬分布和体质人类学构成方面有明确的体系。这个体系在不同的墓群中重复出现(这说明这一体系不是偶然性的),并且能反映出,不仅墓葬单元之间存在空间上的联系,而且埋葬的人很可能在现实生活中也存在确定的关系。这些联系只有用考古学材料才能可靠地揭示出来。现有的材料只能作一系列推测,在下一章将进行仔细的研究。

第四章 德列斯图依墓地及匈奴考古的主要问题

一、墓地布局

由中心墓葬和陪葬墓组成墓葬单元,以这些单元为基础组成匈奴的墓群,这一墓葬布局体系并非仅见于德列斯图依墓地。在德列斯图依墓地发掘之前,人们就已经注意到其他墓地也存在这样的墓葬布局,并且已被新的材料证实。切列姆霍夫和伊里莫瓦谷地(详见米尼亚耶夫,1985a)、台布希乌拉、纳依玛-陶勒盖、努赫金阿姆(策温道尔吉,1995:图1、图18、图24)等匈奴墓地均由几个独立的墓群组成;在杜尔利格墓地的平面图上可以清楚地看到由几个墓葬单元组成的墓群(策温道尔吉,1996:15)。在伊里莫瓦谷地发掘冢墓ZM54时发现了它的陪葬墓(M54-a和M54-b),和德列斯图依墓地一样,陪葬墓分布在有墓上石堆的冢墓的东南角和西南角,只埋葬年龄小的人。伊里莫瓦M54-b埋葬的儿童脚被铁链捆住(克诺瓦洛夫,1976:63~69)。

很显然,大部分墓葬以墓葬单元和独立的墓群分布,这并非德列斯图依墓地的人群所特有的墓葬布局。

这些墓葬布局很可能是匈奴共有的埋葬规则,它间接反映了某一人群内部,甚至整个社会的现实联系和关系。因此,通过全面发掘认识到的德列斯图依墓地布局的特征,不仅对研究该遗存材料,而且对匈奴考古材料的整体性分析有特别重要的意义。

每个墓群中都埋葬不同年龄的男性和女性(有些形成独特的双人墓葬,详细例子见分析墓群Ⅲ布局的内容),可能能够对布局特征进行人口学的解释。不排除在每个墓群中埋葬的是一个小型集体的成员,他们建立了自己的共性,并以此与其他墓群的墓葬相区别。然而,上文指出的一些人骨被破坏的例子与直线性的人口学构拟(单元——小家庭;墓群——大家庭;墓地——氏族)相违背。大多数情况下这些被破坏的人骨都见于陪葬墓(在头骨的额头上钻孔、椎骨分开放置),而且部分这类被破坏的人骨最有可能反映了强迫死亡的现象。我们认为,相似的解释也适用于其他被破坏的人骨,主要是被砍掉脚掌和下肢的人骨。这些情况可能反映出古代社会通常存在关于阴间世界的观念，以及对被杀害的人可能会复活和报复的恐惧。在未被盗的墓葬中发现武器被损坏的情况大概也与害怕被报复有关。例如，M120的弓弭被折为几段放在死者头部，其中一段盖住眼眶，另外两段相互平行摆放（图一〇七，B），这说明弓弭是在埋葬过程中有意损坏的。

也不排除在被杀害的人的尸体上进行某种祭祀活动。例如，M87的少年肋骨位置混乱，在他死后可能被取出了心脏。

大多数陪葬墓的墓主人年龄较小，也有利于证明陪葬墓中存在强迫死亡的推测。例如，墓群Ⅰ的8座陪葬墓中，有6座墓葬的墓主人年龄都不超过15岁。

一些有明显被破坏的骨骼的墓葬，乍一看是单独分布的，不在墓葬单元中占有明确的位置（详见插图二六[1]；M102、M106、M108、M114等）。但是，如果将这种破坏解释为被迫死亡，就能够推测，这些墓中埋葬的人与最接近的单元的中心墓葬的墓主人有某种联系。其他一些墓葬中埋葬的年龄不大的墓主，虽然没有发现骨架被破坏的情况，但也有可能属于被迫死亡。这一推测主要针对婴儿、儿童和少年墓葬。

那么，上述情况使我们有充足理由推测，在陪葬墓中有强迫死亡的现象（可能在其他一些土坑墓中也如此）。我们认为，上述德列斯图依墓地的材料，显然用实例说明了历史文献中关于匈奴葬俗存在殉人的记载属实，如"用内、外棺埋葬……喜爱的奴仆和妾要在墓内殉葬"（塔斯金，1968：40）。这些"奴仆和妾"既有可能埋在冢墓旁独立的墓葬中，也有可能与"主人"埋在同一个墓里（前面提到在有一重棺椁的冢墓中发现2具人骨）。

将"陪葬墓"解释为在"主人"下葬时被处死的人的墓葬，能够得出每个单元的墓葬都是在同一天或几天内下葬的认识。如果这一推断正确，既极大拓展了对墓地材料进行分析的可能性，也极大拓宽了对整个匈奴考古遗存进行分析的可能性。这样的话，墓地布局将成为考古研究的重要对象。正因如此，我们要进一步结合墓葬分布体系，考察德列斯图依墓地及与其相关的匈奴考古问题。

二、匈奴遗存的年代和分期

在匈奴考古遗存中经常可以见到可断代的外来器物（特别是铜镜和钱币），历史文献也详细阐释了匈奴历史的主要阶段。匈奴遗存的断代对整个中央亚洲及邻近地区早期铁器时代考古材料的断代有决定性的影响。

---

[1] 原著的插图二六不见与人骨架被破坏相关的内容。

第四章 德列斯图依墓地及匈奴考古的主要问题

匈奴遗存分期的重要性是不言而喻的。有充分依据地划分出早期匈奴遗存对于区分"原始匈奴"(公元前3世纪末之前)的遗存非常有必要。对"晚期"组匈奴遗存的界定,使我们能够区分出反映集团分裂后匈奴部落命运的遗存。匈奴遗存的分期同样也能够对西伯利亚很多地区遗存的分期产生实质性的影响,因为在西伯利亚地区经常发现与匈奴器物有很多相似性的遗物。

目前公认的匈奴遗存年代是公元前3世纪末至公元1世纪。这个时间范围对应的是匈奴最强盛时期,这个强盛时期不仅在历史文献中有反映,也被考古材料所证实。

在研究匈奴考古遗存的过程中逐渐形成这样的认识,即在上述时间范围内可以分为两个阶段——苏吉阶段(得名于伊里莫瓦谷地的苏吉墓地)和德列斯图依阶段(得名于德列斯图依墓地)。这个认识源自Yu. D. 塔里克-格林采维奇,他总结了自己对外贝加尔遗存的研究成果,形成了最初的分类和分期认识,现在的研究原则完全是基于这一认识形成的(尽管并非有意使其形成),即将墓上石堆、葬具、葬式和随葬器物的主要特征结合在一起。虽然Yu. D. 塔里克-格林采维奇整体上将不同类型的遗存正确地对应到具体的历史时期(塔里克-格林采维奇,1906:46;1928),但是当时的科研水平使他还不能发现所有墓葬群体间的关系。他凭直觉将其中一组墓葬,即"葬在落叶松木椁内"的墓葬正确地划归匈奴时期,"葬在落叶松木椁内的墓葬""不属于突厥部落,他们在公元前3世纪中期结成一个强大的国家——匈奴"(塔里克-格林采维奇,1906:46)。他将另外一群"葬在落叶松木棺内的墓葬"断代为公元1世纪中期,主要是根据这些墓葬中发现的五铢钱较晚的流通年代(流通于公元前118年至公元581年)。由于发掘的方法不完善,Yu. D. 塔里克-格林采维奇没能发现以椁为葬具的墓葬实际上有两层葬具,木棺在椁的里面(木棺横向拼对的盖板被他看作是椁的隔厢)。

在1924~1925年 P. K. 科兹洛夫的考察队发掘之后,Yu. D. 塔里克-格林采维奇的研究成果成为学界关注的焦点。在诺音乌拉山发掘的冢墓的外部形状,与伊里莫瓦谷地、查拉姆、奥尔戈伊通的墓葬,以及Yu. D. 塔里克-格林采维奇在外贝加尔发现的其他一系列墓葬相似,很多种类的随葬器物也相似。上述情况为参加诺音乌拉发掘的 S. A. 捷普劳霍夫将上述遗存统一在一个年代学范围内提供可能,虽然还属于推测性的,但他首次将诺音乌拉、伊里莫瓦谷地和德列斯图依的墓地视为同时期遗存,并将这些冢墓归属为匈奴遗存(捷普劳霍夫,1925:21~23)。

在诺音乌拉墓地发掘受到广泛关注之后,科学院[1]组织了以 G. P. 索斯诺夫斯基为首的专门的布里亚特-蒙古考察队。考察队于1928~1929年在外贝加尔地区发现大量有匈奴时期特征的考古材料,也发现了其他历史时期的材料。这些发现使 G. P. 索斯诺

---

[1] 这里的"科学院"应指"苏维埃社会主义共和国联盟科学院"。

德列斯图依墓地

夫斯基明确并完善了 Yu. D. 塔里克-格林采维奇的分类,具体论证并发展了 S. A. 捷普劳霍夫的观点。以伊里莫瓦谷地和诺音乌拉的墓葬存在一致性为基础,他证实了 S. A. 捷普劳霍夫关于这些冢墓发现的主要器类与德列斯图依出土器物相似的观点。G. P. 索斯诺夫斯基也尝试建立了当时已发现匈奴遗存的相对年代关系,"在德列斯图依墓地的随葬器物组合中,可见相当多的青铜器,并且可区分出青铜的武器(镞),该墓地的铁质器物比伊里莫瓦谷地的要少……在我们看来,德列斯图依的墓葬比伊里莫瓦谷地和诺音乌拉的墓葬要早一些(首次发现青铜镞的时候,还没有看出来铜器的使用和出现的数量明显多于铁器),但是它们之间的差别似乎并不明显……。德列斯图依墓地与其附近发现的一些遗址(伊沃尔加河下游,楚克河上的杜列尼村)的年代相同"(索斯诺夫斯基,1935:172、173)。最后他推测"葬在落叶松木棺内的墓葬"是匈奴的,G. P. 索斯诺夫斯基将这一类型的墓葬称为"德列斯图依"类型,将其断代为公元前1世纪下半叶。他延续了 Yu. D. 塔里克-格林采维奇的"葬在椁内的墓葬"概念,将其命名为"苏吉"类型,将其断代为公元1世纪上半叶(索斯诺夫斯基,1935:173;1946:65)。

可见,G. P. 索斯诺夫斯基的工作为匈奴遗存的断代及相对年代的确定奠定了基础,根据 G. P. 索斯诺夫斯基的观点,他的判断标准是在"德列斯图依类型"的墓葬中存在大量的青铜器。后来学界以 Yu. D. 塔里克-格林采维奇、G. P. 索斯诺夫斯基的观点为基础,开始尝试给予"德列斯图依类型"和"苏吉类型"遗存确定的年代学解释(克兹拉索夫,1969:118)。这样,"遗存类型"的概念被"阶段"所取代,G. P. 索斯诺夫斯基的断代显得有些过时了。最新提出的年代表如下表所示(克兹拉索夫,1979:82,附注12)。

表二　克兹拉索夫提出的匈奴遗存年代关系表

阶　　段	年　　代	遗　　存
德列斯图依阶段	公元前2世纪至公元前1世纪	伊沃尔加城址 伊沃尔加墓地 德列斯图依墓地 乌尔贡-胡杜伊 李陵宫殿[1] 吉达上游
苏吉阶段	公元前1世纪至公元1世纪	诺音乌拉 伊里莫瓦谷地 切列姆霍夫谷地 布尔敦 纳依玛-陶勒盖

[1] "李陵宫殿"即今俄罗斯米努辛斯克盆地阿巴坎市境内塔什巴城址的宫殿建筑遗址。

为了评估这个表的可信度,我们着手研究每个阶段的断代材料(不包括虚构的"吉达上游"墓地,它是"分期"的笑柄:在吉达河德列斯图依河湾往上的区域,目前还没有发现任何匈奴遗存)。

(一)德列斯图依墓地的年代

将墓葬单元解释为同时下葬的墓葬,对于总体上判断墓群和墓地的年代有非常重要的意义。很显然,任何基于某种可靠的断代特征的墓葬单元的断代,都能够被扩展到所有的墓葬单元。对于德列斯图依墓地来说,断代材料是在墓地西部、南部和东南部的几座墓葬中发现的五铢钱。尽管这种钱币的流通时间相当长(公元前118年至公元581年),但它们在墓地的发现可以明确地将每座墓葬的年代上限确定为公元前118年,这也是墓地整体的年代上限。五铢钱的具体发现情况如下。

墓群Ⅰ(墓地的西部),本墓群的五铢钱见于位于墓群中央的ZM32和墓群北端的M33。冢墓ZM32有陪葬墓M54和M55,因此单元32所有的墓葬大体上年代不早于公元前118年。ZM32(年轻女性)大概是与男性墓葬ZM31成对分布,ZM31与陪葬墓M53可以视为与单元32同时(或时间接近)。因此,墓群中部的墓葬总体上年代不早于公元前118年。墓群北部的M33的年代也可以以相似方法确定。这样,墓群Ⅰ最可信的年代是不早于公元前2世纪。

墓群Ⅱ(墓地的南部[1])。本墓群的五铢钱见于M102。该墓与M101、M106、M107、M108一起分布在单元111的西南。上述墓葬的布局位置无法确切显示与这个墓葬单元的直接关系,但是,根据这里的女性墓主脚掌缺失可推测,她们是被强迫死亡,与M109~M113的墓主人一样,是用来祭祀单元111中心冢墓的墓主人。这样,能够将墓群Ⅱ北部的墓葬(M102和分布在其旁边的墓葬)断代为不早于公元前118年。

墓群Ⅶ(墓地东南部)。墓地这部分的墓葬实际上被吉达河岸边坍塌的台地完全破坏。外贝加尔考察队在这里只找到2座完整的土坑墓M38和M40。墓葬的位置及旁边发现的墓上石堆残余表明,这两座墓葬是此处某座冢墓的陪葬墓。在M38发现2枚五铢钱,由此能够确定M38、M40和墓群内的(至少)一座冢墓的年代不早于公元前118年。

首次发现墓地的Yu. D. 塔里克-格林采维奇在M9、M10、M21和M24还发现了几枚五铢钱。根据墓地的目测图和日志无法复原这些墓葬的位置,我们只能推测它们位于墓地的中部和南部。

---

[1] 原著这里为"墓地的中部"。中译本根据插图二〇和第三章对墓群Ⅱ的描述改正为"墓地的南部"。

这样，在墓地不同区域发现的五铢钱与前文仔细研究过的墓葬布局表明，德列斯图依墓地不可能早于公元前2世纪末。同时，应该注意的是缺少Yu. D. 塔里克-格林采维奇和P. B. 克诺瓦洛夫发现的前三次发行的五铢钱的可靠样品（M. B. 沃罗比耶夫口头介绍的）。五铢钱第四次发行是在公元前72年。上述情况结合钱币从流通到流入匈奴境内，再到埋入匈奴墓葬的时间间隔，我们认为，可更加肯定地将墓地早期遗存的年代确定在公元前1世纪下半叶。同时，不排除部分墓葬可晚到公元1世纪。

（二）其他匈奴遗存的年代

德列斯图依墓地的断代考虑了墓葬布局，这一断代原则也可应用于其他的匈奴遗存，在这些遗存中也可观察到墓群分布的规律。同时，断代材料除了五铢钱，还有汉式铜镜和其他外来器物。这些断代器物或本身可反映出确切的制造年代，或根据象形文字的书写风格可（不太精确地）判断制造年代（汉字的书写风格在秦汉时期发生了明显的变化）。尽管很多这类器物的流行时间很长（主要是铜镜和钱币），但是它们有相当可靠的初始制造年代。这一情况再结合墓葬布局的特征，不仅可以确定出土这类器物的墓葬的年代上限，而且在一些情况下还可以确定整个墓群或者墓地的某一区域的年代上限（在这一工作中没有仔细研究一些匈奴遗存的碳十四测年数据，因为测年结果的数值波动范围过大。例如，德列斯图依墓地测得的19个数据的年代范围是公元前8世纪至公元3世纪）。

1. 诺音乌拉

该墓地的3座冢墓发现可断代材料。

6号冢墓主要的断代材料是收藏于国立艾尔米塔什博物馆的漆耳杯上的象形文字刻款，S.乌梅哈拉识读了刻款，刻款表明了耳杯的制造年代（建平五年，即公元前2年）；在耳杯底部中央有象形文字"上林"，这是皇宫园林名称。根据A. N. 别恩施塔姆的观点，制造耳杯的年份和底部的刻款能够说明，这个耳杯和其他的器物是乌珠留若鞮单于在汉哀帝的宫殿接受的赠品。因为乌珠留若鞮单于死于公元13年，这一年应该正是诺音乌拉6号冢墓的年代（别恩施塔姆，1951：37～39）。这个假设在原则上是可以接受的，虽然还有一些薄弱之处。其中包括建平年号只有4年，除此之外没有证据能证明耳杯正好是给乌珠留若鞮单于随葬，而不是给其他的匈奴贵族随葬。尽管如此，无论诺音乌拉6号冢墓内埋葬的是谁，刻款上的纪年（公元前2年）都可以十分可靠地确定墓葬的年代上限。

在25号冢墓发现汉式铜镜残片（特雷弗，1932[1]：图26，3），其年代为公元1世纪

---

[1] 原著这里标注的出版时间为1925年。中译本改正为"1932"。

（这里及下文引用 E. I. 卢博-列斯尼琴科对铜镜的断代）。

24号冢墓可能也属于这一时期（另外一种编号是12号冢墓），根据对丝绸上汉字的一种识读，可将其断代为王莽时期，也就是公元1世纪初（卢博-列斯尼琴科，1995）。

诺音乌拉的6号、24号和25号冢墓是墓地最大的冢墓，而且很可能是墓地最早的一批墓葬。根据苏珠克图山谷的平面布局（捷普劳霍夫，1925：插图3）能够推测，上述每座冢墓都是墓群或墓葬单元的中心墓葬，这本身可以十分确定地将分布在这些冢墓旁边的墓葬断代为不早于公元前、后之交，更确切地说，是不早于公元1世纪初。

2. 伊里莫瓦谷地

墓地位于距离诺音乌拉不远的布里亚特南部，在这个大型墓地中的3座冢墓内发现4块铜镜残片。铜镜残片年代如下。

（1）3号冢墓，西汉中期（公元前2世纪末至公元前1世纪初）（塔里克-格林采维奇，1899：图XII，3c）。

（2）3号冢墓，西汉末（公元前1世纪末）（塔里克-格林采维奇，1899：图XII，3c）。

（3）51号冢墓，西汉末（公元前1世纪末）（克诺瓦洛夫，1976：图XXII，1）。

（4）123号冢墓，公元1世纪（索斯诺夫斯基，1946：插图12）。

3号冢墓位于墓地的东部，根据Yu. D. 塔里克-格林采维奇的目测平面图可知，该冢墓属于A区墓群，是一系列大型冢墓的陪葬墓。在3号冢墓发现2块铜镜残片，年代为公元前2世纪和公元前1世纪之交至公元前1世纪末，根据较晚的铜镜残片判断这座冢墓的年代上限是公元前1世纪末（这里要强调，冢墓中与铜镜共存的器物年代与铜镜的制造年代有别，说明铜镜在匈奴境内存在的时间很长，可能其他贵重的外来器物也如此）。可以非常确信地推测，分布在旁边的较大冢墓（3号冢墓可能是其陪葬墓）也应断代为不早于公元前1世纪末。

51号和123号冢墓相对分布，位于墓地最西面的地段（E区），两墓内发现的铜镜残片也可断代为不早于公元前1世纪末。这样，根据分布在伊里莫瓦谷地墓地不同地段的不同冢墓出土器物的年代材料，可确定该墓地遗存大体上不早于公元前1世纪末。

3. 切列姆霍夫谷地

位于伊里莫瓦谷地以北3千米处，发现3块铜镜残片（克诺瓦洛夫，1976：图XXII，2~4）。铜镜残片年代如下。

（1）2号冢墓，东汉初（公元1世纪初）。

（2）15号冢墓，公元1世纪。

（3）38号冢墓，东汉（公元1~2世纪）。

上述冢墓位于这处面积不大的墓地中部、西部和南部的不同墓群内（克诺瓦洛夫，

1976：插图50）：位于中部的是2号冢墓，西部[1]的是15号冢墓，南部的是38号冢墓。这样，无论墓地的形成顺序如何，墓地的早期年代最可能是公元1世纪初。

除了伊沃尔加的墓地以外，其他的匈奴墓地只发掘了少数墓葬，无法复原墓地的平面布局。尽管如此，出自某些墓葬的断代材料表明这些墓地的年代也在公元前1世纪至公元1世纪的范围内。

4. 呼尼郭勒

位于蒙古国高勒毛都的呼尼郭勒河谷。1956~1957年Ts.道尔吉苏荣在呼尼郭勒进行发掘。断代材料是出自25号墓的铜镜残片，据此可将遗存断代为公元前1世纪至公元1世纪（道尔吉苏荣，1962：插图7,7）。

5. 埃杜伊

这里发现的铜镜残片（大概出于被破坏的墓）的年代为公元前1世纪末（恰克图博物馆，器物号NO.3216/1-7）。

6. 布尔敦

在该墓地的2号墓发现铜镜残片（塔里克-格林采维奇，1902a：图2），年代为公元1世纪。

7. 巴彦温代尔城址

该城址为一座不大的匈奴城堡（55米×45米），位于吉达河的左岸，德列斯图依墓地以西5千米处。在城址西北角发掘了防御性建筑和残留的地面式房址（达尼洛夫，1996：21）。发现的遗物中有中国的铜镜，E. I. 卢博-列斯尼琴科将其断代为公元前1世纪，这一年代是城址可能的断代方案中最早的。

8. 伊沃尔加遗存单元

这是在匈奴考古遗存中可起到示范性作用的遗存，包括大城、小城和墓地（达维多娃，1995；1996）。城址可以根据在文化层和房址内发现的铜镜残片，以及砺石和陶器上文字的风格来断代。墓地可以根据五铢钱断代。

在伊沃尔加城址发现的铜镜残片年代如下。

（1）49号房址，公元前3世纪末。

（2）10号灰坑，西汉（公元前2世纪至公元前1世纪）。

（3）41号房址，公元前2世纪。

（4）探方Φ-35，西汉中期（公元前2世纪和公元前1世纪之交）。

（5）87号灰坑，西汉（公元前2世纪至公元前1世纪）。

---

[1] 原著这里为"东部"。经核对P. B.克诺瓦洛夫的《外贝加尔的匈奴》81页图50，中译本改正为"西部"。

（6）57号灰坑，公元前3世纪。

可见，根据铜镜残片建立起来的城址的年代范围十分宽泛：公元前3世纪至公元前1世纪。砺石和陶器上的古代汉字的字体风格，能够将这一年代范围缩小。根据中国最著名的历史学家夏鼐目前的观点，砺石上的文字具有公元前1世纪至公元1世纪的字形特征（达维多娃，1995：259）；陶容器底部文字的年代范围为公元前1世纪至公元2世纪（达维多娃，1995：41）。上述情况表明，城址总体上可断代为不早于公元前1世纪。

伊沃尔加墓地发现4枚五铢钱，分别出自34号墓、54号墓、172号墓、190号墓；在墓地范围内还采集到1枚五铢钱。上述墓葬分布于墓地的不同区域，34号墓位于西部，172号墓位于中部，54号墓位于南部，190号墓位于东部。与德列斯图依墓地的墓葬一样，这里没有发现前三次发行的五铢钱。因此，无论墓地形成过程如何，其年代在总体上不能早于公元前1世纪下半叶。对墓地发现的小花玻璃珠的化学成分分析也证实这一年代可信。根据V. A. 加利宾的观点，通过对这些珠子的分析可知，小花玻璃珠具有与西伯利亚和亚洲各类遗存发现的玻璃珠相同的成分特征。各处发现的这些珠子的断代都不早于公元前1世纪（加利宾，1985）。

断代材料本身可以将伊沃尔加城址和墓地总体上的年代断为公元前1世纪至公元1世纪。

对德列斯图依墓地的研究（正如我们所见，将墓地材料置于已有分期的基础上），包括对其布局特征和新发现五铢钱的研究，以及前文详细分析过的匈奴遗存断代材料，能够得出一些结论，说明将匈奴遗存分为两个阶段的分期认识不成立。

1. 考古材料不能为将遗存分为"类型"或"阶段"提供任何客观的前提，G. P. 索斯诺夫斯基提出（口头上）的存在"苏吉"和"德列斯图依"两个不同年代匈奴遗存的观点（在他看来，第二群遗存的青铜器数量比第一群多）依据不足。这一观点提出的时间显然是很早的，是以数量很少的材料为基础。第一，他没有考虑到德列斯图依墓地比其他墓地更常见到未被盗的女性墓葬，这些墓葬也随葬大量作为装饰品的青铜器物。第二点，也是关键所在，G. P. 索斯诺夫斯基使用了错误的前提，他认为人类历史上青铜时代被铁器时代取代，那么随葬大量青铜器物的墓葬应该早于铁器占主体的墓葬。原则上，任何早期铁器时代墓葬随葬的成套器物都可以包含任何比例的青铜和铁质物品，与遗存的年代无关。在"苏吉阶段"的几座墓葬中，青铜器物的数量比铁器多几倍（诺音乌拉的23号和24号冢墓）。相反，在伊沃尔加墓地（"德列斯图依阶段"）青铜镞和铁镞的比例是1∶1（G. P. 索斯诺夫斯基正是试图使用这个标准）。德列斯图依墓地同为"葬在棺里"这个类型的墓葬中，既有随葬大量青铜器物的（M102、M108等），也有完全没有青铜器物的（M109[1]、M49等）；出土的保持原始状态的箭囊中，既有青铜镞，也有铁镞（M123绝大多数是角质的镞，参见图一一四）。非常明显，青铜器物的数量不是将匈奴遗存划分为两个类型或阶段的标准。

2. 葬具也不是划分类型或阶段的标准。在一个阶段的遗存中既有使用椁的墓葬，也有使用棺的墓葬。例如，伊里莫瓦谷地中相邻近的54号、54-a号、54-b号三座墓葬，及切列姆霍夫谷地的37号和38号墓葬（克诺瓦洛夫，1976：95～97、63～65）即如此。"苏吉阶段"的"葬在椁里"的墓葬，与"德列斯图依阶段"的"葬在棺里"的墓葬不仅仅是葬在同一个墓地，实际上两者有共存关系，因为它们出现于德列斯图依墓地的同一个墓葬单元（详见第三章）。同样，也有不同阶段的墓葬使用相同葬具的现象。切列姆霍夫谷地的37号墓葬（"苏吉阶段"）（克诺瓦洛夫，1976：95、134）与德列斯图依墓地的M40、M49、M54（"德列斯图依阶段"）的葬具是结构几乎相同的木棺。

3. 某些匈奴墓葬不符合任何一种分期标准：墓葬无葬具，葬在古代的地表上或者直接葬在土坑里（达维多娃，1996：12、13）；随葬器物组合中既没有铁器，也没有铜器。

4. 外贝加尔和蒙古的匈奴遗存（其中也包括德列斯图依墓地）在总体上属于同一时期，可断代为公元前2世纪末至公元1世纪。现有的材料不能在这一时间范围内再分出任何阶段。

以上列举的实例使我们能够认识到，现存的将匈奴考古遗存划分为"类型"或"阶段"的观点都只能是假说，是在材料不充分的情况下形成的认识。应该根据德列斯图依墓地的新发掘成果修正这一假说。

在墓葬单元的组合中同时存在使用不同葬具的墓葬，这就排除了葬具的差别与年代相关的可能（甚至有人认为是不同的地方类型），因而需要对这一葬具差别作出新的解释。

三、匈奴社会结构的分析

德列斯图依墓地葬具的类型与墓地人群的性别和年龄结构无关，表三可以很清楚地说明这一认识。

表中的数据说明，在同一类葬具中（如木棺），既埋葬不同年龄的男性和女性，也埋葬儿童和少年。反之，同一性别和年龄段的人（如25～60岁的男性），葬具的差别体现在结构的复杂程度上：有的埋在有墓上石堆的以石箱内放一重棺椁为葬具的墓葬中，也有的埋在没有墓上石堆的以结构简单的木棺为葬具的墓葬或较浅的土坑里。

---

[1] 原著这里有误。M109随葬了青铜质地的器物，参见图九三和附录中对M109出土器物的描述。

表三　德列斯图依墓地葬具类型及墓主人性别、年龄统计表

类型结构性别年龄	有墓上石堆 葬具 一重棺椁 有石箱	有墓上石堆 葬具 一重棺椁 无石箱	有墓上石堆 葬具 棺 有石箱	有墓上石堆 葬具 棺 无石箱	无墓上石堆 葬具 一重棺椁 有石箱	无墓上石堆 葬具 一重棺椁 无石箱	无墓上石堆 葬具 棺 有石箱	无墓上石堆 葬具 棺 无石箱	无墓上石堆 葬具 无棺 有石箱	无墓上石堆 葬具 无棺 无石箱
男,15~25岁		1						1	1	
男,25~60岁	4		2	8			3	9		1
男,60岁以上	1		1				1	2		
女,15~25岁	1（腐烂）		2		1	2	1	10		
女,25~60岁	3						1	7		
女,60岁以上	1							8		
儿童,2月~6岁			1				3	10	1	
少年,8~12岁			1					2	1	

由于墓葬被严重破坏,不能详细分析随葬器物组合与性别、年龄的关系。根据未被盗墓葬(占已发掘墓葬的三分之一以上)的材料,可以划分出各性别和年龄段器物组合的确切标准,这种标准在某种程度上是大多数游牧部落的埋葬活动所固有的。例如,婴儿墓葬无随葬品或者随葬品极少,儿童或少年墓葬只有很少的随葬品;通常女性墓葬随葬有成套带装饰物的腰带,其中年轻女性的装饰品主要是珠子,装饰着多种青铜艺术品的腰带只见于老年女性墓葬;成年男性墓葬通常随葬武器和马具。

同时,对墓地材料的分析整体上表明,同一性别和年龄段的人随葬品数量和质量的差别相当大。例如,葬在石箱里的不满1岁的婴儿,一种情况是没有随葬品(M44-a、M53);另一种情况是随葬陶器、珠子,也有祭肉(M39-a)。同龄的葬在木棺中的儿童,一例实际上没有随葬品(M54);一例随葬陶器、青铜带扣、铁镞(M80);还有一例虽后期被盗,随葬品比未被盗的墓葬还丰富(ZM43的随葬品有陶器、青铜镞、外来的漆器、

弓弭和铁器）。成年人的墓葬也有类似情况，例如，近40岁成年男性墓葬有的随葬武器（M120），有的没有武器（M99）。

我们研究的例子（其数量可以扩大）表明，相同性别和年龄的墓葬有明确的不平衡性，在葬具和随葬品组成方面都有反映。应当强调的是，这种不平衡性既体现在普通墓葬与中心墓葬之间，也体现在不同单元的陪葬墓之间。

考古材料记录下来的这种不平衡性完全有可能直接反映了墓主人在现实生活中的不平等，以及他们所属社会阶层的差别。埋在陪葬墓中的人不论性别和年龄如何，在人群中的地位都毫无疑问低于埋在墓葬单元中心位置的人。

很明显，墓主人的社会地位不仅反映在墓葬结构特征和随葬品组成方面，墓葬在墓群和墓葬单元中的位置也可以反映出来。为了说明这个观点，我们再一次回过头来观察墓地的布局，包括不同墓群的有相同平面布局的墓葬单元之间的对比，同一墓葬单元的陪葬墓之间的对比，同一墓葬单元的陪葬墓和中心墓葬之间的对比。

首先我们分析具有标准化结构的墓群Ⅰ（ZM31和M53）和墓群Ⅲ（ZM39和M39-a）位于中心位置的墓葬单元。这里的中心墓葬埋葬成年人，在中心墓葬墓上石堆的西南角葬婴儿。这些墓葬单元的资料见下表。

表四　德列斯图依墓地墓群Ⅰ和墓群Ⅲ的中心墓葬、陪葬墓对比表

墓葬单元	中　心　墓　葬	陪　葬　墓
31	ZM31。有墓上石堆；石箱内放木棺；成年人，推测为男性；红色漆皮的小残块；小型有角家畜骨骼残片。	M53。无墓上石堆；石箱；不到2个月婴儿；不见随葬品。
39	ZM39。有墓上石堆；石箱内放一重棺椁；填充木炭；成年男性和女性；青铜的纽扣、带扣、环，角质和铁质镞，弓弭，珠子，金叶，羊毛织物，铁器，桦树皮带饰（图一二，1~2），外来漆容器。	M39-a。有墓上石堆；石箱内放木棺；6个月婴儿；珠子、陶器；绵羊的肱骨和肋骨。

冢墓ZM39的结构（棺、椁、石箱、填充木炭）比冢墓ZM31复杂（石箱内放木棺）；虽然两墓均被盗过，但是很明显ZM39的随葬器物比ZM31丰富。中心冢墓结构和随葬品的差别在陪葬墓中也有反映：单元39的婴儿墓（铠甲状墓上石堆，石箱内放木棺，随葬品有陶器和珠子，在容器内放给墓主人的祭肉）的结构复杂程度和随葬品丰富程度都要超过单元31的婴儿墓（无墓上石堆，只有石箱无木棺，无随葬品和祭肉）。

另一个例子是墓葬单元36（墓群Ⅲ）的3座未被盗陪葬墓，它们排成一线分布在中心冢墓的东南角（插图二九；插图三〇）。该墓葬单元的资料见下表。

第四章 德列斯图依墓地及匈奴考古的主要问题

表五 德列斯图依墓地单元36的中心墓葬、陪葬墓对比表

墓葬单元	中心墓葬ZM36	陪葬墓M49	陪葬墓M51	陪葬墓M52
36	有墓上石堆；木棺；性别和年龄不详；泥质石灰岩环残段、有红漆痕迹的木器、红色石珠以及2枚圆柱形珠子、仿制贝壳、绿松石镶嵌物、2件青铜器残片、小的漆片。在盗洞口发现陶器残片、人骨残段和动物头骨。	木棺；20~25岁女性；陶器、成套的环、腰带上的装饰物(有金箔的煤精带扣、煤精环，玉髓和泥质石灰岩质地的爪形和扁担形坠饰，骨质、玻璃、萤石、光玉髓、碧玉、水晶、煤精、绿松石的珠子)；绵羊或山羊[1]的肱骨和肋骨。	无棺(覆盖?)；5~6岁女孩；陶器、玻璃珠、青铜环；绵羊的肱骨和肋骨。	木棺；18~20岁女性；2件泥质页岩牌饰，骨质、玻璃、光玉髓的珠子，耳饰；绵羊的肱骨和小型有角家畜的[2]肋骨。

这一情况反映出同一墓葬单元的相同年龄段的墓葬之间的差别(M49和M52[3]的墓主人均为约20岁的女性)。两座墓葬的葬具均为木棺，有相同的祭肉和腰带具组合。但是M49的随葬器物中有陶容器，该墓紧挨着中心墓葬，随葬的腰带上的装饰物的数量和种类都明显多于位于同一排陪葬墓最后位置的M52。

第三个例子是出自单元36(陪葬墓M49)和单元32(中心冢墓ZM32)的同一年龄段(20~25岁)未被盗的女性墓葬。这些墓葬的资料见下表。

表六 德列斯图依墓地单元36和单元32的同一年龄段未被盗女性墓葬对比表

单元36的陪葬墓M49	单元32的中心冢墓ZM32
木棺；20~25岁女性；陶器、成组的耳饰[4]、腰带上的装饰物(有金箔的煤精带扣、煤精环，玉髓和泥质石灰岩质地的爪形和扁担形坠饰，骨质、玻璃、萤石、光玉髓、碧玉、水晶、煤精、绿松石的珠子)；绵羊或山羊[5]的肱骨和肋骨。	有墓上石堆；石箱内放木棺；20~25岁女性；陶器、耳饰、碧玉珠子串成的项链、铁刀、青铜带扣和铜铃、玻璃串珠、钱币。

对比这两座墓主人属于同一年龄段的墓葬可以看出，位于单元中心的ZM32不仅墓葬结构比作为陪葬墓的M49复杂，而且随葬品的多样性和丰富程度(铁刀、青铜器物、

---

[1] 原著这里为"绵羊"。中译本根据第三章、附录、附表和文后图注对兽骨种属的记录相互矛盾的情况，改为"绵羊或山羊"。
[2] "小型有角家畜的"为中译本添加，详见附录。
[3] 原著这里为"M51"。中译本改正为"M52"。
[4] M49没有出土成组的耳饰，原著这里可能是将"成套的环"误写成"成组的耳饰"。
[5] 原著这里为"绵羊"。中译本根据第三章、附录、附表和文后图注对兽骨种属的记录相互矛盾的情况，改为"绵羊或山羊"。

钱币）都超过M49。

十分明显，墓葬布局与墓葬结构和随葬品组成相结合，反映了墓主人的社会地位。陪葬墓的墓葬结构和随葬器物的选择，在很大程度上是由其位置决定的：邻近大型冢墓的陪葬墓有复杂的墓葬结构和丰富的随葬品（单元39）；在使用相同葬具的情况下，距离单元中心墓葬越近，随葬品越丰富。我们认为还存在另外一种与此类似的从属关系，即葬在陪葬墓中的人的社会地位不仅很低，而且与其"主人"的地位也有关系。前面分析的陪葬墓的人骨架被有意破坏的情况说明，在"主人"下葬的时候，这些"主人"的附庸被带来祭祀，并陪伴其"主人"进入另一个世界。

上面列举的资料能够复原德列斯图依墓地人群的复杂社会结构，很明显，这也是所有匈奴社会共有的特征（米尼亚耶夫，1985），根据其他的遗存材料也能复原匈奴社会明显的分层状况（达维多娃，1982；1996）。毫无疑问，在匈奴社会结构中存在不同的社会阶层——显贵、享有特权的阶层、普通居民和附属居民。反映社会阶层分化的葬俗，首先是墓葬的结构特征和遗存的平面布局。我们认为，这两者还能为分析匈奴历史的另一个重要问题提供基础性的新资料。

四、匈奴早期历史阶段的问题

匈奴起源及其发展的早期阶段是最有争议的问题。早在两千年前，与匈奴同时代的中国古代史家就已经遇到了这一难题。从那时开始积累了相当多的匈奴资料，其中包括不同来源的资料：体质人类学的、语言学的，以及书面文献和考古遗存。但是，以上列举学科在分析问题方面的价值是有差别的。

（一）语言学

用于复原匈奴语言的词汇库包含几十个人名和爵号（它们大多词义不明，汉代时它们的发音就已经是推测性的），以及大约15个可知词义的单词（普利布兰克，1986；焦尔费尔，1973）。这个词汇库由与游牧部落用语相关的词汇组成，这些部落在春秋战国时期（公元前8世纪至公元前3世纪）以及匈奴时代和中世纪早期都居住在中国的北面。

根据E.普利布兰克的观点，这个词汇库中单词的语言学特征说明，匈奴的语言不属于突厥或蒙古语族，更不属于汉藏语系或印欧语系（普利布兰克，1986）。E.普利布兰克认为，与匈奴相关的语言和与古西伯利亚语相关的克特语有联系。A. P. 杜利宗扩大了这一词汇库，并提出了E.普利布兰克某些复原的薄弱之处（杜利宗，1966）。

G.焦尔费尔反驳了匈奴语言与克特语有联系的观点。他认为，只能说匈奴的词汇被借用到克特语里,后者比匈奴时代晚了两千年,并且不包含匈奴基础词汇系统而有机的语群。这些词汇中有很多受到来自其他语言的同一词源的影响(焦尔费尔,1973;1986)。根据G.焦尔费尔的结论,匈奴使用的语群已经灭绝了,与阿尔泰、汉藏和印欧语系都没有关系。

反对的观点是,可能数量不多的来自不同语群和语族的词汇,与部分匈奴语混合在一起。以此为基础复原作为具体部落使用的匈奴语,原则上未必能行得通。注意到匈奴语与克特语的相似性对于研究克特人的早期历史很有意义,但是对于研究匈奴语的起源没有意义。

这里要补充的是,根据语言学材料研究匈奴民族起源(除了确定作为具体族群的匈奴自己的语言)的必要条件是复原东部草原地带在匈奴之前斯基泰时期的民族语言。由于完全没有斯基泰时期部落的词汇资料,目前不能开展此类研究,也难以寄希望于未来能获得这些资料。

从上述分析可以看出,多年来我们面对的问题可以用G.焦尔费尔的一个结论来概括,"我们不知道匈奴讲的是什么语言"(焦尔费尔,1986:113)。

(二)体质人类学

公元前3世纪和前2世纪之交,匈奴在中央亚洲的军事行动导致不同起源和不同人种的人群之间出现活跃的相互影响,这在体质人类学材料方面也有所反映。早在首次发掘匈奴墓地(伊里莫瓦谷地匈奴墓地)的时候,学界已经发现不同人种特征混合的现象(塔里克-格林采维奇,1899:39)。目前已经发掘的700余座匈奴墓葬中大多数墓葬被盗,只有几十座墓葬保留下来有价值的体质人类学材料。这些数量不多的材料中具有多人种混合的特征,这种混合的情况在匈奴遗存分布区域内差别很大,这一状况被专家们视为人群起源混合的自然模式(阿列克谢耶夫、戈赫曼、图门,1987:237)。正如后来的研究所显示的,这一人群是由几个体质人类学集团相互影响而形成的,这些集团代表当时不同的东亚人群。这就在体质人类学方面否定了匈奴与萨彦-阿尔泰、外贝加尔和蒙古的斯基泰居民有基因上的联系,这些居民只是作为成员之一加入匈奴联盟(阿列克谢耶夫、戈赫曼,1984:69)。

这样我们可以推测,匈奴是进入中央亚洲的外来居民,其考古遗存有稳定的匈奴文化特征,在相关人种材料方面具有混合的特征。这些材料与其说反映出匈奴本身作为具体的人群有人种鉴定学上的特征,不如说反映出匈奴联盟的居民总体来说是不同的。因此,目前还不能独立使用体质人类学材料来研究匈奴的起源问题。只有将体质人类学材料与其他学科材料结合,才能够区分出匈奴作为民族群体的人种鉴定学特征。

(三)历史文献

最早对中国的北方游牧邻居的记载见于流传至今的中国古代文献。但是,汉代以前的文献一次都没有提到匈奴,司马迁在公元前2世纪末写成的著名的《史记》首次提到了匈奴。该书的第5卷《秦本纪》(主要记载秦的皇族)提到,公元前318年,匈奴据说参加了对抗秦国的国家联盟。但是在《史记》与这些国家历史相关的其他章节(第34、43卷),特别是在与公元前318年事件有关的内容中,却没有提及匈奴。像K. V. 瓦西里耶夫(1961年)指出的,在成书于公元前3世纪的《战国策》中记载,参加该联盟的不是匈奴,而是另一个部落——义渠戎。很明显,在《史记》第5卷司马迁是用匈奴来称呼当时所有的游牧部落(这种情况在《史记》的其他卷中不止一次出现过),而不是指具体的民族。《史记》在记载秦末的事件时才开始系统地提到匈奴,其年代不早于公元前3世纪。

司马迁的《史记》记载的匈奴历史主要见于第110卷《匈奴列传》(关于匈奴的信息详见塔斯金,1968),可以分为两部分,第一部分收集了汉代以前与远东草原地带游牧部落相关的信息,只在开头的一句话中提及匈奴:"匈奴,其先祖夏后氏之苗裔也,曰淳维。"[1]这一简要的概述是关于匈奴起源文献记载中最早的版本,很明显,这一认识形成于汉代早期。中世纪早期为《史记》作注释的人详细地解释了这些内容:夏王朝的最后一个皇帝——暴君桀有来自獯粥部落的妃子生的儿子,在夏朝灭亡后这些儿子来到北方,学习饲养牲畜并与当地人一起畜牧。生活在獯粥部落(其中的一支部落据说叫淳维)的"夏"的苗裔后来被中国人称为"匈奴",根据注释者的观点,这一名称似乎可以看作是从"獯粥"改过来的。

由于有坚实的文献注释传统,这一观点一直流传,到新时代王国维仍然支持这一观点。王氏尝试通过甲骨文、金文和古代文献来复原古代部落的名称,并且指出在不同的时代这些同源部落有不同的名称(鬼方、猃狁、荤粥、昆夷、戎、狄、胡),在汉代被称作匈奴。"司马迁在写《匈奴列传》的时候,大概知道这一情况",王国维这样概述自己的研究成果(王国维,1927)。

但是现代中国历史语言学界的研究认为,王国维的复原研究是无根据的,并排除了古代游牧民族集团名称(特别是獯粥和猃狁)转化成"匈奴"的可能性。根据这些研究能够推测出,直到公元前3世纪匈奴才开始与中国人接触(普利布兰克,1983:460)。

可以看出,司马迁本人清醒地认识到,从半传说的"夏朝"到匈奴初现于史之间

---

[1] 引号内为《匈奴列传》中的文字,为中译本恢复的《匈奴列传》原文。在原著中,这些内容是对《匈奴列传》相应内容的意译,与文献原文略有出入。后文涉及《匈奴列传》的内容皆如此。

存在巨大的时间间隔,所以司马迁强调匈奴的早期历史"其世传不可得而次云"绝非偶然。

这样,目前没有任何依据将《匈奴列传》第一部分的信息与匈奴的祖先联系在一起。

第110卷的第二部分包含匈奴"强国"时期(公元前2世纪)的很多重要事件。连接第一部分和第二部分的内容是碎片化的,与公元前3世纪末的事件有关。根据这些碎片化内容的开始部分可知,在战国末期,"冠带战国七,而三国边于匈奴。其后赵将李牧时,匈奴不敢入赵边"。

看来司马迁没有直接指出战国时期与匈奴交界的诸侯国,注释者将它们与秦、燕和司马迁间接提及的赵混为一谈,说明这是从鄂尔多斯到辽东半岛的广大区域。进一步研究《匈奴列传》与秦末汉初相关的片段可以限定匈奴游牧的具体区域。

"而始皇帝使蒙恬将十万之众北击胡,悉收河南地。因河为塞……当是之时,东胡强而月氏盛。匈奴单于曰头曼,头曼不胜秦,北徙。十余年而蒙恬死,诸侯畔秦,中国扰乱……于是匈奴得宽,复稍度河南与中国界于故塞。单于有太子名冒顿。"

《匈奴列传》进一步记载了头曼被其儿子冒顿杀死及匈奴国家的建立。在远征东胡后冒顿"西击走月氏,南并楼烦、白羊河南王。悉复收秦所使蒙恬所夺匈奴地者,与汉关故河南塞,至朝那、肤施,遂侵燕、代"。

以上引用的文献使大多数历史学家注意到,匈奴于战国末期居住在黄河大拐弯处的鄂尔多斯高原(河南地,即黄河南面的土地),他们被蒙恬赶走,在秦衰落后又回到鄂尔多斯,在冒顿带领下从这里开始了征服战争。但是,同类的文献以及复原这一事件的注释说明,以较晚年代对《匈奴列传》的专断润色为基础的这个观点是不能接受的(详见米尼亚耶夫,1990;1991)。司马迁原著中事件的顺序能够说明,匈奴牧人返回最初的地区与冒顿侵入燕和代是同时的。很明显,这样的顺序不是偶然的:《匈奴列传》进一步记载,像在匈奴的主要游牧区一样,在燕和代的北部边疆,"诸左方王将居东方,直上谷以往者,东接秽貉、朝鲜……而单于之庭直代、云中"(塔斯金,1968:40)。这段文献中的地理方位,确定了匈奴左部高级显贵的居住区域(匈奴单于出于此部),单于的大本营也在以前的代国北部边疆(在代和云中一带)。上述摘录文献中提到的秽貉部落,能够确定匈奴贵族最初的游牧区东界在辽东半岛北部,在燕国的东北边疆。

很明显,将赵和燕的北部边疆等同于匈奴早期游牧区域,是中国古代历史文献一贯的传统,因为几百年之后《晋书》的作者房玄龄(579～648年[1])同样指出"匈奴的南界连接燕和赵的领土"(塔斯金,1968:150)。

---

[1] 原著这里为"578～648年"。中译本改正为"579～648年"。

没有任何证据显示匈奴在汉代以前居住在鄂尔多斯。看得出来,这个位于黄河大拐弯处的高原及其毗邻地区是楼烦和白羊部落原居地,《匈奴列传》中还提到楼烦与秦穆公的统治(公元前659~前621年)有关,公元前206~前202年被冒顿征服后,楼烦和白羊没有离开鄂尔多斯(《史记》的另一卷可证明这一点),直到汉武帝在公元前2世纪末发动对匈奴的战争时,才将他们从那里赶走。

通过上述语言学、体质人类学和书面文献方面的分析能够推测,匈奴本身强大以前居住在战国燕和赵的北部边疆。他们是鄂尔多斯、外贝加尔和蒙古的外来居民,直到公元前3世纪和前2世纪之交才占领这些地区。对于匈奴早期阶段历史研究来说,上述推测明显是不充分的,在这种情况下,考古学材料对这一问题的研究具有决定性的意义。

(四)考古学材料

匈奴的征服战争开始于公元前3世纪末,文献对此有可靠的记载。其中,出自匈奴遗存的断代材料(详见前文)说明,匈奴遗存年代不早于公元前2世纪。外贝加尔和蒙古匈奴遗存的器物群与中央亚洲斯基泰文化没有相似之处。我们能够推测,匈奴遗存是典型的新遗存类型,是不同文化传统相互影响的结果。匈奴特有遗存的形成大概经历了几十年的时间,开始于匈奴的征服战争,结束于公元前2世纪末匈奴被迫离开原来的游牧地迁徙到"漠北"。因此,未必能在某一单一的斯基泰时期文化中发现匈奴器物群的来源。有鉴于此,对墓葬传统的研究在匈奴民族起源问题研究中起着决定性作用,因为葬俗能在相当长的时期内保留族源的痕迹。

德列斯图依墓地的发掘使我们能够得到全新的匈奴葬俗材料,并且在相当大的程度上纠正了以往关于匈奴墓葬存在"葬在椁里"和"葬在棺里"这两个类型的观点。将葬具和墓上石堆相结合,能够将该墓地的墓葬划分出几个墓葬结构类型(详见第一章)。墓地的葬具有三种,分别为木棺、木椁和石箱,其中大多数墓葬的葬具是木棺或木棺外有石箱,以及一重棺椁,一部分棺椁外也围砌石板。使用石箱可能是匈奴固有的葬俗。德列斯图依墓地的葬具材料大致反映出匈奴墓葬的主要传统,目前所知的绝大多数匈奴墓的葬具都是以下三种:围砌石头的一重棺椁、石箱内放木棺、只有木棺(无石箱)。

如前文所述,使用以上几类葬具的墓葬在墓葬结构复杂程度、随葬器物丰富程度方面均有差别,但这与墓葬年代或墓主人性别和年龄的差别没有关系,很可能反映了公元前2世纪至公元前1世纪匈奴社会内部社会分层的过程。这一时期匈奴出现的显贵和特权群体在墓葬中的表现,就是建造带墓上石堆、葬具为一重棺椁或者一重棺椁外另加石箱或围砌石板的大型冢墓,在很多方面模仿中国战国和汉代贵族墓葬的结构。这表明匈奴的复杂社会结构正是出现于其"强国"时期,并且与此相关的墓葬结构未必与匈奴本身的早期葬俗有关。

另一方面，正如德列斯图依墓地发掘所反映的，埋葬在没有墓上石堆的木棺内的人，可能处在截然相反的社会等级。这类墓葬是墓葬单元中的陪葬墓，而且大多数骨架上有强迫死亡的痕迹，说明葬在棺内的人是给等级更高的人物殉葬。这些殉葬的人有不同性别和年龄，其中包括年轻的和成年的男女。我们能推测出，埋在木棺里陪葬的不单纯是社会依附阶层的居民，而是在族源方面与匈奴社会主体无关的外部落人（否则，人殉仪式会在短时间内削弱集体的生存能力和繁衍能力）。

匈奴社会主体人群的墓葬完全可能没有或者很少受到公元前2世纪至公元前1世纪社会极化过程的影响，因此可以将他们与埋葬在放在石箱内的木棺中的墓主对应。在德列斯图依墓地，这样的墓葬或分布在墓葬单元的中心，或不与陪葬墓为伍而单独分布（3个婴儿墓除外）。以放在石箱里的木棺为葬具完全有可能是保留下来的更早时期的匈奴葬俗，因此我们能够推测，早的"原始匈奴"遗存葬具的总体特征应该与这类墓葬接近或相似。如果这一结论正确，那么我们大概就能区分出属于"原始匈奴"的墓群。

集中分布着公元前2世纪末至公元1世纪的匈奴遗存的中央亚洲草原地带（外贝加尔和蒙古），在斯基泰时期分布的是石板墓文化墓葬。这一文化有其固有的特征，不能将其看作是匈奴文化遗存发展的基础。体质人类学和考古学的材料表明，这一地区的匈奴是外来居民，他们带来了物质文化的革新。

近年在鄂尔多斯及其邻近地区发现了随葬典型斯基泰式器物的墓葬，如桃红巴拉、公苏壕、玉隆太、西沟畔、毛庆沟等（详见田广金、郭素新，1986）。发掘者以文献记载为基础，将这些墓葬认定为早期匈奴遗存（田广金，1983）。但是仔细研究鄂尔多斯墓葬的总体特征可以看出，它们与匈奴墓葬有本质性的差别。其中有代表性的是凉城县西南的毛庆沟墓地的布局：该墓地没有墓上石堆；M76和M79没有葬具，直接葬在墓坑里，只有3座墓葬发现残留的木棺（田广金、郭素新，1986：227～315）。前文分析的文献记载表明，只有在冒顿征服时期匈奴才开始出现在鄂尔多斯。目前更加可信的推测是将这些墓葬认定为楼烦的遗存，他们早在春秋时期就居住在鄂尔多斯及其毗邻地区，在公元前3世纪末被匈奴统治，但是并没有离开原来的游牧地，研究发现一百年之后他们还在这里（详见米尼亚耶夫，1990a；1991）。

这样，在中央亚洲草原地带，目前很难找到可看作是"原始匈奴"的墓葬。到蒙古和中国鄂尔多斯的西面去寻找无疑也是徒劳的，因为萨彦-阿尔泰和南西伯利亚的晚期斯基泰遗存与匈奴遗存有本质上的差别。

因此，我们很自然地将目光转向分析远东地区草原地带的斯基泰式遗存。这里近年在属于中国东北地区的内蒙古东部、河北北部、辽宁西南部发现一系列春秋战国时期

德列斯图依墓地

的遗存：打破夏家店上层文化地层的墓葬；东南沟、南山根、周家地等墓地（详见米尼亚耶夫，1991b）；军都山的玉皇庙、西梁垙、葫芦沟墓地（靳枫毅，1991）。在普遍随葬斯基泰式器物的同时，上述遗存也有其自身的特征，有不见于草原地带其他地区的马具和武器的形制，以及独特的造型艺术和造型方法。每处墓地都可以分出几个类型的葬具，其中绝大多数墓葬以木棺为葬具，有的木棺放在石箱内；常见的葬式是仰身直肢葬，头向不固定（插图三九）。目前将上述遗存归入中国考古学家提出的"夏家店上层墓葬"独立文化还为时过早，必须先研究一系列更具代表性的墓葬[1]。更准确地说，目前可以认为在中国东北地区存在具有独特民族文化的人群，他们可能是一些有斯基泰特征的亲缘文化的统一体。

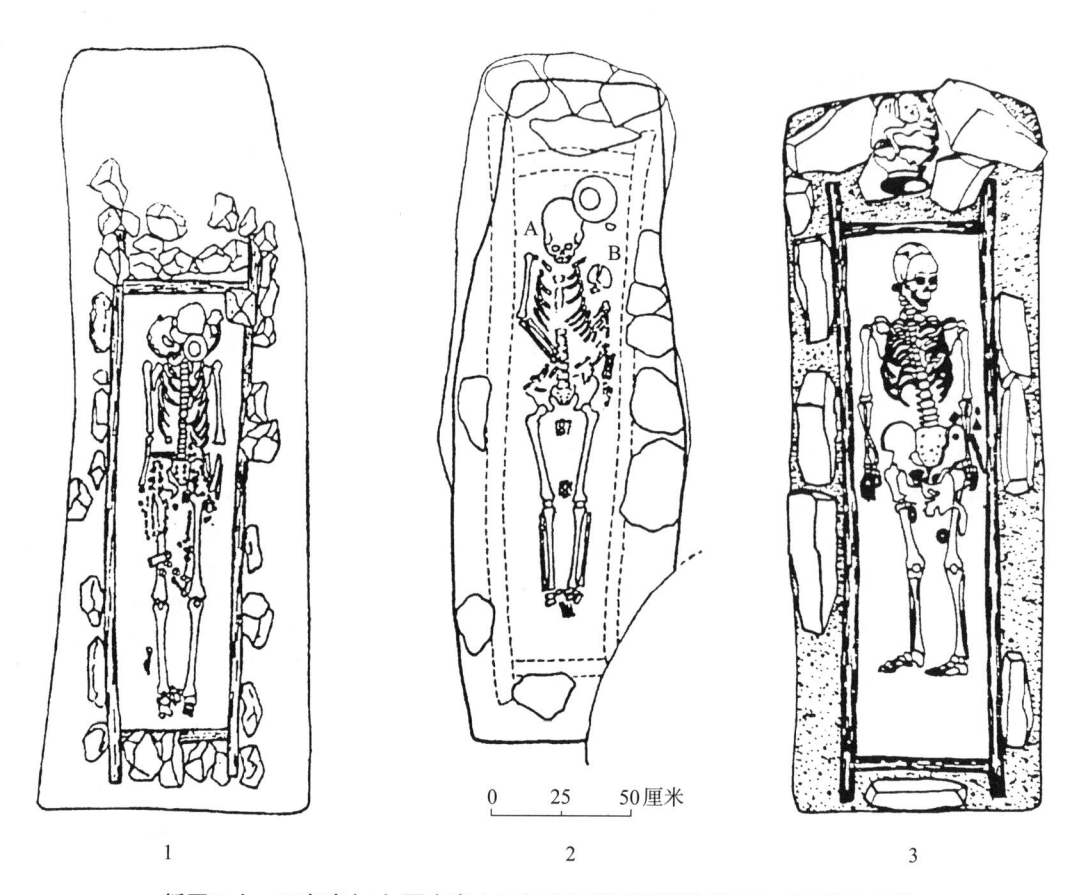

插图三九　玉皇庙（1）、夏家店上层（2）和德列斯图依墓地（3）的棺和石箱

---

[1] 这里原著作者有误解。中国考古界没有提出过"夏家店上层墓葬"文化这一概念，只有"夏家店上层文化"。玉皇庙、西梁垙、葫芦沟墓地的发掘报告和中国学界均没有将它们认定为夏家店上层文化遗存。

正是这些人群遗存（总体上分布于战国时期的燕国和赵国的北面）特有的特征,有很多方面在后来的匈奴遗存中显露出来。可以从葬式（仰身直肢葬）、某些葬俗（死者口内放贝壳）上观察到两者的相似特征,通常以动物的头和蹄为殉牲,有葬具（墓坑内有木棺或者在石箱内放木棺）,有的墓在地表用石头围成不高的封堆。和匈奴墓葬一样,这些墓葬的随葬器物中有青铜纽扣、动物形的小牌、仿制的贝壳。一些匈奴式器物,特别是有铤的三翼镞和扁平的铁镞[1],可以看作是从上述中国东北地区墓葬的同类青铜镞发展而来。

同时,这些墓地的布局与匈奴墓地有别。这里我们介绍玉皇庙墓地的布局,该墓地发掘了400余座墓葬（靳枫毅,1991）。根据葬具的差别可将墓葬分为4型:（1）葬具为木棺;（2）葬具为用1~3层石板砌成的石箱;（3）葬具为石箱内放木棺;（4）直接葬在墓坑内无葬具。可以看出,这里实际上也有我们在德列斯图依墓地看到的葬具类型,但是墓葬不能分出任何墓群和单元。石箱内放木棺这种葬具的结构与匈奴的类似,在斯基泰时期这种葬具在墓地内还只是少数;相反,在匈奴强盛时期,像德列斯图依墓地所反映出的那样,使用这种葬具的墓葬占据了单元的中心位置,而以木棺为葬具或直接葬在墓坑内的墓葬则成为陪葬墓。

根据上述对文献和考古材料的研究,可以得出以下对匈奴早期阶段历史的假说。在斯基泰晚期（战国时期）,匈奴是居住在燕、赵以北地区（晋北、冀北、辽西、内蒙古东南）从事畜牧业的民族文化共同体中的一个部落,是中国古代编年史中被总称为"胡""戎"等人群中的部落之一,这一时期的"前匈奴"考古遗存应该是在上述一些墓地（南山根、东南沟、玉皇庙、打破夏家店上层遗址的墓葬等,见插图三九）发现的以放在石箱里的木棺为葬具的墓葬。研究这类墓葬的来源,大体上就是研究青铜时代的"原始匈奴部落"历史。

"匈奴"这个自称在公元前3世纪末才出现,当时上述民族文化共同体内因部落发展不平衡而导致匈奴的强大。这在《匈奴列传》中以头曼和冒顿之间的冲突这一传说形式反映出来,冒顿掌握了政权,随后匈奴在和东胡（东面的胡）的战争中获胜,开始征服其他的"胡",然后又征服了中央亚洲的其他畜牧部落。

匈奴的征服引起大规模的人口混杂,使东部草原地带不同文化传统之间出现活跃的相互影响。在公元前3世纪和公元前2世纪之交,亚洲草原居民的体质人类学特征和文化面貌开始出现实质性的改变。这一过程经历了几十年的时间,结束于公元前2世纪末,形成了新的匈奴集团特有的物质文化,也正是在这个时候匈奴才有了区别于以往的前斯基泰式的新遗存。

---

[1] 原著这里直译应为"铁镞-削"。中译本根据中国考古文献常用词汇译成"铁镞"。

在匈奴"帝国"框架内的居民起源不一,人群经历了社会结构复杂化,分化出显贵的部落,并出现享有特权的社会阶层。这些反映在考古材料上,就是仿照汉朝贵族墓葬,为部落的上层人物建造有一重棺椁或三层葬具的大型冢墓,但是不使用更早时期匈奴的葬俗;出现了人殉。墓地墓葬的平面布局也复杂化,可以分出独立的墓群和墓葬单元。此时在这些墓葬单元中,以放在石箱内的木棺为葬具的墓葬(在斯基泰时期这种葬具等同于"前匈奴"的)和以木椁为葬具的墓葬都处于中心位置,使用木棺的是附庸的墓葬,处于陪葬的地位。

到了公元前2世纪末,构成匈奴文化共同体的主要因素在匈奴控制的广大区域内广泛普及。但是经过与汉帝国的长期战争后,匈奴离开了其原居地(以前的赵国和燕国的北部边境),文献对此有十分明确的记载:"是后匈奴远遁,而幕南无王庭……汉……稍蚕食,地接匈奴以北。"正因如此,匈奴特有的遗存广泛分布于蒙古和外贝加尔,但是却不见于上文提到的匈奴原居地。

五、结　语

德列斯图依墓地的发掘使我们能够获得全新的匈奴葬俗资料。这在很大程度上是由于揭露了墓地的所有面积,这种发掘方法不仅能够发现一系列在匈奴墓地中很少见的未被盗墓葬,而且发现了以往没有见到的新的墓地布局特征。前文分析的墓葬单元和墓群的布局系统不仅间接地反映出墓群中的墓葬之间有亲缘的联系,而且也反映出它们属于不同的社会阶层。在德列斯图依墓地最充分地揭示出这一"社会布局"的特征,在其他匈奴墓地的墓葬中也能看到。

研究墓葬的布局无疑能获得研究匈奴考古主要问题的最重要资料。这种研究强调持续采用"完整揭露"方法发掘匈奴墓地(也包括其他有冢墓的墓地)的必要性。这类墓地与显贵有关,通常结构更加复杂,因此也包含十分重要的关于葬俗和社会整体的信息。匈奴考古学的首要任务是用现代的田野方法研究这些墓地。

附录[1] 墓葬详述

附录以墓葬编号为顺序,依次介绍墓葬。留下了清晰位置信息的墓葬,在附录中均会说明其所在的墓群和单元。

对Yu. D. 塔里克-格林采维奇所发掘墓葬(M1~M26)的描述,依据的是他已经公布的日记中的记录,并与发表的器物校对。对P. B. 克诺瓦洛夫所发掘墓葬(ZM28~ZM36,以及被破坏的M37出土的器物)的描述,根据的是已经发表的材料。

附录中没有重复以下所有墓葬共有的特征(除非特别说明)。

1. 未被盗墓葬的墓坑中填满了夹杂碎石的浅灰色砂壤土;被盗墓葬的墓内堆积通常是夹杂碎石或砾石的各色砂壤土。

2. 所有墓坑保留下来的墓壁均为直壁。

3. 除非特别说明,所有墓葬均为南北向,通常略偏东。

4. 死者的葬式和头向无一例外皆是仰身直肢[2],头向北,有时略偏东(葬式或头向的重要细节会特别说明)。

5. 文中所有的深度均为距离现今地表的深度。

6. 反映墓坑尺寸和结构的单位为厘米;如果为近梯形的墓坑,将在括号内标注墓坑南缘的宽度。

Yu. D. 塔里克-格林采维奇发掘的墓葬

M1

与M2、M3在同一个墓群。墓上散布大石块、各种颜色的陶片和"残渣"(氧化锈蚀的铁器——米尼亚耶夫标注)。墓上散布石块,整体呈"圆形",直径5米。墓葬发掘到

---

[1] 原著这里直译为"目录"。根据中国考古报告的内容分类,这部分内容应为附录,因此中译本改名为"附录"。
[2] 墓地也有极少数仰身屈肢葬。

0.5米的深度，没有任何发现。

M2

位于M3以东8米处。墓上散布石块，整体呈"圆形"，直径5米。墓葬发掘到0.5米的深度，没有任何发现。

M3

位于M2以东8米处（在Yu. D. 塔里克-格林采维奇的平面图中，M3位于M2的西面——米尼亚耶夫标注）。墓上散布石块，整体呈"圆形"，直径5米。墓葬发掘到0.5米的深度，没有任何发现。

M4

位于M3东北20米处。墓上散布石块，石堆形状不详。探方[1]尺寸为4米×3米，深3.5米。在探方中部深0.25米处发现公牛[2]和马骨骼的碎片，再向下为冻土。

M5

位于M4以南20米处。在地表有"散布着石块的小丘"。探方尺寸为2米×4米。在墓"内发现石板围成"的葬具。出土器物：在深50厘米处，在东北角发现绵羊的椎骨和胫骨[3]的残块；在深2米处，在西北角发现马具上的铁质和铜质带扣[4]，呈十字形，内穿有皮带，长26毫米；还有长33厘米的铜铃，外壁装饰小乳钉（图一，1、2）。在东南角发现人骨碎片。

M6

位于M5以北4米处。墓上有"风蚀区域微微凸起的小土丘，上面散布石块"。探方尺寸为3米×4米，深2.5米到达有砾土层。没有任何发现。

M7（图二）

位于M6以南10米处。无墓上石堆。在风蚀区域的石头下面可见陶片。葬具：石

---

[1] 这里的"探方"实际上应为"竖井"，因为发掘者Yu. D. 塔里克-格林采维奇当时还没有现代考古发掘通过挖探方、留隔梁来了解遗迹的平、剖面形状的意识。以下至M26出现的"探方"含义均同。
[2] 附表中为"母牛"。
[3] 附表中为"肱骨"。
[4] 应为节约，不是带扣。

箱内放"落叶松木的木椁"（根据尺寸通常是棺——米尼亚耶夫标注）。在深0.5米处发现尺寸为190厘米×58（45）厘米的"椁"。墓主人为年轻女性，身高172厘米。在棺的底部铺撒一层木炭，墓主人躺在这层木炭上。

出土器物：在棺侧壁内侧的上面有装饰猛兽噬咬图案的片状带扣。靠近棺北部的两侧有2个铃，其上在胸部右侧有1件缺失了上壳片、严重腐烂的河蚌壳和12枚青铜的仿制贝币。在片状带扣的下面，在棺的西边有3个青铜小环。在左手附近有2个泥质石灰岩的环。在骨盆的骨骼旁边有2枚五铢钱。脚的旁边有2件陶器，东南角有氧化了的铁器。右肩处有一缕粘在一起、下端整齐剪断的浓密的黑色头发。在头骨下面，东侧有绿松石坠饰。在右股骨和右侧骨盆附近放置穿在丝绸（已腐烂）上的珠子，有光玉髓珠、透明的珠子、红黄相间的珠子、红色珠子、一些带凸棱的珠子、几个浅紫色圆形小花玻璃珠、骨珠。

M8

位于M7以南20米处。不见墓上石堆。由于风蚀露出了少量陶片、金质小牌的碎片、头骨碎片和长骨的残段。葬具：在深0.5米处有木棺。墓主人为中年女性，身高162厘米。

M9（图一）

位于M8以南3米处。墓上有"位于风蚀地带的凸起的小丘"。在深0.67米处的墓坑南部发现4个（亚洲）岩羊的头骨（carpovis argali？——塔里克-格林采维奇标注），在深1米处的墓坑西部发现4个"蒙古野驴"（骞驴）的头骨（asius hemious？——塔里克-格林采维奇标注）。墓的中部有木炭。葬具：在深2米处有"落叶松木棺"，"棺"的尺寸为3米×1.75（1.50）米（根据尺寸判断为木椁——米尼亚耶夫标注）。在棺的底部放置木炭。墓主人为女性，身高约163厘米。在骨架附近有腐烂的小片绿色丝绸。

出土器物：在棺内有装饰马搏斗纹饰的青铜片状带扣，其中一件已经受损，另一件只剩下残片（图一，7）。完整的带扣尺寸为124毫米×58毫米。在棺的西北和东北角有铁带扣、铁环，以及因氧化无法辨认器形的铁器。在棺东北角的铁环旁边有角质马镳的残段（图一，6）。在骨盆的左侧有河蚌壳制成的仿制海贝及用小型有角家畜的肱骨制成的马镳，在右手附近有青铜铃（图一，3~5、8）。

M10（图三）

位于M9东北6米处。墓上有"不大的石头堆"。墓内堆积中有石板和木炭。葬具：在深2米处有木棺，木棺尺寸为212厘米×91（72）厘米。

出土器物：在头骨的左边有由螺旋状盘绕的金丝、绿松石珠、2枚小花玻璃珠和2枚萤石珠组成的耳饰。在棺内有2件装饰马搏斗纹饰的青铜片状带扣。在股骨的中部有2件镂空的青铜环。在膝盖的两侧是青铜铃，铃的旁边有2枚五铢钱。棺的西北角有大型陶器的残片。在东南角接近脚的地方有氧化的铁衔、铁环、形制不详的铁器、角质的双孔镳。骨盆上放置一些用丝线穿成几排的红黄相间的和深红色的光玉髓珠子，几枚单独的绿色碧玉珠子，3枚深红色圆形小花玻璃珠和浅紫色小花玻璃珠。在右侧肱骨附近有长90毫米的一段盘起来的发辫。

M11

位于M10以北75米处。墓上有"凸出的风蚀的石头"。7月8日发掘的探方尺寸为3米×2米。在深0.5米处的墓坑北部发现人骨残片。没有记录出土遗物。

M12

位于M11以东4米处。墓上有散布的石块。没有记录葬具。在深1米处发现老年男性骨架，身高约160厘米。

M13

位于M12以西12米处。墓上呈"沙丘状"。探方尺寸为2米×3米，深1.5米。没有任何发现。

M14（图四）

位于M13东南4米处。墓上有风蚀的凸起的石块。葬具：在深0.5米处发现棺，棺的尺寸为200厘米×54厘米。

出土器物：在头骨附近有2件带公牛头纹饰的青铜带扣，在木棺西面的头骨附近有陶器残片，旁边有绿松石珠子。在木棺西面的右肩附近有残留木铤的三翼铜镞，有角质和铁质的鸣镝。

M15

墓上有"一堆无序散布的石头"。发掘深度达1米，没有任何发现。

M16（图五）

位于M15以南130米处。墓上"散布直径有3米的圆形石块"。葬具：在深1米处发现木棺，棺的尺寸为250厘米×95（60）厘米。

出土器物：棺的北部有陶片。在棺的东边有2个勺形青铜带饰，在其旁边有青铜的小串珠和青铜铃、绿色矿物制成的珠子。在棺的西北角有圆形的软质珠子。在棺的中部有腐烂的红色物质痕迹。在棺的西部有嵌入木头中的长27毫米的青铜三翼镞。也发现了氧化的铁器残片。

M17

位于M16以东20米处。墓上"散布圆形的石块"，直径有3.5米。发掘深度达3米，没有任何发现。

M18

位于这片区域的最南边，在M17以南150米处的山坡上。墓上有石堆。葬具：木棺。墓葬被盗，只发现腐烂的人骨架。

M19

位于M18以西8米处。墓上有"无序散布在山坡上的石头"。发掘深度达3米，没有任何发现。

M20

位于M19以北12米处。墓上有风蚀的土丘，上面有散布的石块、陶片和人骨。发掘深度达3米，没有任何发现。

M21

位于上述墓群以南1千米处。墓上有散布在山坡上的石堆，其中发现氧化的铁器残片、陶片。葬具：在深25厘米处发现木棺，尺寸为175厘米×30厘米。墓主人为成年男性，身高175厘米。

出土器物：在棺内西面有铁锛残片。在左前臂的下面有木衬底包金箔的小牌[1]（图五，6）。在盆骨左侧的骨头附近有勺形青铜带饰。在脚的附近有深棕色的薄丝绸衣物的腐烂痕迹。

M22

位于M21以北9米处。在山坡上有一堆石头。探方尺寸为3米×2米。在深1米处

---

[1] 这里的"小牌"应为椭方形带扣。

的土壤中，除了6个下面有腐烂的皮带痕迹的"铜带扣"以外，没有其他发现。带扣的表面装饰外凸的动物形象，"类似狮子的头部"，背面有长方形的背钮（图五，7）。

M23

位于M22以东2米处。石头散布在直径3米的圆形区域。探方尺寸为2米×1.5米，没有任何发现。

M24

位于M23以东7米处较高的地方。墓上有散布的石块。葬具：在深25厘米处有尺寸为150厘米×20厘米的木棺。墓主人可能是6岁的儿童，身高达90厘米，头向北，直肢。

出土器物：在下颌骨附近有直径4毫米、长3毫米的绿色碧玉珠子。在左胫骨附近有2枚五铢钱。

M25、M26、M27

M25和M26（Yu. D. 塔里克-格林采维奇发掘），以及M27（P. B. 克诺瓦洛夫发掘）位于匈奴墓地西南1.5千米处，是中世纪的墓葬。

P. B. 克诺瓦洛夫发掘的墓葬[1]

ZM28～ZM36由P. B. 克诺瓦洛夫发掘，他还记录了位于墓地西南部的被破坏的M37的出土器物（克诺瓦洛夫，1976：134～149；1980：263～268。克诺瓦洛夫、齐毕克塔洛夫，1988：99～101）。

这些墓葬与墓群的关系是由物质文化史研究所的外贝加尔考察队发现的。

ZM28

属于墓群Ⅵ的单元28，是单元的中心冢墓（插图三六）。墓上有5米×6米的土丘，高50厘米，在土丘上可见几个小石块（在其中发现铁甬）。墓坑尺寸为220厘米×80厘米，深160厘米。

葬具：石箱内放木棺。石箱的盖板用石板制成，平铺成一排。木棺的盖板由3块纵向长木板和几块横木板组成，棺底用纵向长木板拼成。墓主人为35～40岁的男性。

出土器物：在棺壁下的右肘部下面有椭圆形金箔片，尺寸为8厘米×10厘米，装饰

---

[1] 该标题为中译本添加。

格里芬攻击山羊的浮雕纹饰。金箔片旁边有带扣针的长方形铁带扣，圆形小环和小的圆形珠子。另一枚小一些的珠子发现于骨盆的左上方，在这里也发现了贝壳。骨盆的骨骼间有长方形带扣针的带扣，黏着织物的铁环残段，有直的底座的半环形小青铜带扣。

在骨盆和股骨头的右侧、手和骨盆之间发现2个较细的青铜小环。在右股骨的中部、手掌骨末端的棺壁附近发现椭圆形的青铜带扣，带扣的中部有横梁，横梁上固定扣针。

皮带的左边有一把插在皮革（？——克诺瓦洛夫标注）刀鞘里并包裹织物（或者仅仅是缠上的布？——克诺瓦洛夫标注）的铁刀。在同一平面的棺壁旁边有铁镞（2件有3个短翼，1件为扁平叶形，1件镞身微小、扁平且底部内凹）。在粘连的镞之间还有桦树皮碎片，后者可能是箭筒的残留。

腰带下面靠近膝盖处的左边有皮革制品的残留，可能是用深色的可能为麂皮的软皮革做成的小袋子或钱包，在它的旁边较高处有某种表面带彩色（黑色和红色）漆的窄而薄（0.5毫米）的带状物（是某种漆器的残留？——克诺瓦洛夫标注）。

镞和皮质小包之间是2件或3件形制各异的铁带扣。

6件连接着青铜小牌的青铜铃分布在左侧：从皮带处开始，到膝盖下面结束。其中2件在骨盆处，在刀的旁边；2件在股骨中部的小包旁边；2件在膝盖的下面，在其旁边有形状不详的铁块。

膝盖的两侧和下面有大量难以分辨形制的铁渣（推测为圆形的扁平贴片和马衔）。在右侧膝盖旁边有大块的铁渣，其中有各种碎块，类似带扁平铁环的马衔。两个膝盖之间是中部有横梁的铁扣环。在靠近膝盖骨的铁碎片上黏着织物。

在颈椎区域有2枚小珠子：一枚为绿松石的，形状扁平；另一枚为光玉髓的，有凸棱，直径5～6毫米。这里还发现了绿松石坠饰，用天然的绿松石块制成，有经过磨光的尖锐的边缘。耳饰上的小扣（？——克诺瓦洛夫标注）：用不生锈的白色合金制成的卷曲的细环，上面有缀挂用的小环。

M29

属于墓群Ⅵ，推测是单元30内的墓葬[1]，在ZM28北偏西15米处（插图三五）。现今墓上有尺寸2米×2.5米的土丘，上面仅有几块石块。

葬具：在深70厘米处发现长近170厘米的木棺，木棺上有几块中等大小的石头。木棺有由纵向木板和4块横向木板组成的盖板，横板2块在两端、2块在中部。根据 P. B.

---

[1] 第三章描述M29为单元29内的墓葬。M30被严重破坏，虽然规模大于M29，应为该单元的中心墓葬，但因结构不详，原著在第三章将此墓葬单元以M29命名为"单元29"，没有用"单元30"这个名称。

克诺瓦洛夫的推测,墓主人年龄为12~13岁。

出土器物:在腿部有一堆铁,清理后可区分出马具,包括螺旋桨形的马镳和有环的马衔残段。在颈椎处有6枚不同形状的珠子。在头骨的右边有较小的绿松石坠饰。

在腰带的区域有1个半圆形的较大的铁带扣。在腰带下方的左右两面均有很多不同形状的有扣针的铁带扣(长方形、方形、半圆形)。在腰带下面的左边有用织物包着的刀,刀有窄的楔形刃和木柄。

在其他的铁器及其碎片上也可见到布片。发现有2种织物,小一点的织物较薄,像是丝绸;较大的织物较粗糙。

M30

属于墓群Ⅵ,位于M29以西(插图三五)。现今墓上有一堆石块,"散落在古老的风蚀地带凹凸不平的表面"。墓坑的尺寸为250厘米×120厘米。

葬具:石箱内放木棺。棺尺寸为200厘米×60厘米,高30厘米。棺盖板用3块纵向长木板和几块横向木板组成,棺放在2根横向垫木上。墓主人推测为55~60岁的女性。

出土器物:泥质石灰岩环的残段。

ZM31

属于墓群Ⅰ的单元31,是单元的中心冢墓(插图二三)。位于"悬崖下古老的风蚀地带",墓上有被盆地风蚀破坏了的石堆,尺寸和形状不详。

葬具:石箱内放木棺。棺的尺寸为180厘米×65厘米。在棺下距离两端30厘米处有横向垫木。墓内堆积中残留人骨架,推测是男性。也发现小型有角家畜骨骼的碎片。

出土器物:红色漆的小碎片。

ZM32

属于墓群Ⅰ的单元32,是单元的中心冢墓,位于ZM31以西1~2米处(插图二三)。墓上有石堆(物质文化史研究所的外贝加尔考察队清理),由1~2排平均尺寸为30厘米×40厘米的石块堆成,石堆边长5米,呈正方形。墓坑尺寸为250厘米×90厘米,深130厘米。

葬具:石箱内放木棺。石箱的壁由直立的高40~50厘米的石板组成,石箱的盖板为几排石板。木棺尺寸为220厘米×60厘米,高25厘米。棺的盖板用纵向木板和横向的半剖原木组成,棺底由纵向木板拼成。推测墓主人为22岁的女性,颌部明显前凸。

出土器物:在颈椎上有红色碧玉珠子穿成的项链,在其右边散落深蓝色小花玻璃珠。头骨的右边有不同颜色小花玻璃珠组成的耳饰(3枚小花玻璃珠,1枚为椭圆柱形,末端为铁坠)。在头骨下方颌骨的分叉处有由各色小花玻璃珠组成的大致相同的一套耳饰。在肘部下方的左侧有1件长方形镂空青铜带扣。在前臂的外侧有1把带残破的木柄的铁刀,刀的上面有贝壳,略下方是1个以白色石头为铃舌的青铜铃,石头上绑着较粗的两股拧成的线。在与左肘同一高度处发现黑色有机物的残留,可能是皮包的残留物。在右手腕上有一串极小的深蓝色珠子;在股骨上有一串较大的红色珠子,在红色珠子之间偶尔可见其他颜色的珠子和贝壳。在股骨之间接近膝盖的地方发现2件"流纹石"制成的环,直径分别为6厘米和7厘米,厚0.5厘米和0.6厘米,在每个环的附近散落着深蓝色小花玻璃珠。在骨盆左侧骨头上的大片深色物质(皮袋子?——克诺瓦洛夫标注)中有五铢钱。在棺的北壁外与石箱壁之间有1件陶器。

M33

位于墓群Ⅰ的北部,在ZM57的墓坑以北8米处(插图二三)。墓上可见在墓坑北壁垂直立着的扁平石头,在石头旁边发现了墓葬。墓坑尺寸为285厘米×90厘米,深190厘米。

葬具:石箱内放木棺。石箱的盖板由6~7排石板铺砌而成。石箱的北用4块石板在棺上建成一个不大的隔间,在隔间里放置1件陶器。棺的尺寸为220厘米×75厘米,高25厘米。棺的盖板由6块横向的半剖原木组合而成,在盖板下棺的西面放置一排石头,还有2块纵向的厚木板,用"蝴蝶结"形榫加固。棺底板也是用纵向木板制成,用"蝴蝶结"形榫加固。在棺底板下面有3根横向的枋木。棺壁用直径近10厘米的枋木制成。墓主人为55~60岁的男性。

出土器物:在棺的北壁外用石板隔成的"隔间"里有前文所述的陶器。在头骨上有毛皮头饰的残留。在头骨的两侧各有1个青铜小环。在骨架的上方有毛皮和粗布的残留物。在胫骨周围和棺的南壁附近有大块很厚的有机物(毛毡?——克诺瓦洛夫标注)。在有机物旁边有马具:2件残留着皮带的青铜环,在环的旁边有皮革块。在右膝盖下方是有铁衔和2件角质马镳的笼头。在棺的西南角有青铜铃,铃有粉红色石头制成的铃舌。在右前臂处有木质的片状带扣,上面有金箔和矿物镶嵌物。在腰带区域有红色漆片。在左侧股骨处有带木柄的铁刀。在左手下有镂空的青铜带扣和1件已经分解了的有红色彩绘的木器残留物。在木器的上面与骨盆齐平的位置有1件铁带扣,在骨盆的下面和腰带左侧的区域也有同类的带扣。在左侧骨盆上的丝绸的皱褶中有1枚五铢钱和2枚贝壳。在右肩上有绿松石坠饰。

ZM34

属于墓群Ⅲ,位于ZM39墓上石堆西南角外3米处,可能是单元39的墓葬(插图二九)。墓上有被破坏的石堆,尺寸为6.5米×6米,原始形状不详。

葬具:尺寸为225厘米×110厘米的石箱,北壁高85厘米,南壁高40~45厘米。石箱的盖板和底用扁平的石板制成,没有记录石箱内有木棺。

出土器物:在墓内堆积中发现皮革制品的残片,S形铁马镳残段,2件残留皮条、正面有圆形槽的青铜节约,有角质扣针的带扣,有纹饰的角质器物残片,圆形木棍残段(可能是镞的箭杆)。在石堆中有带条状研光暗纹的陶器口沿残片。

ZM35

属于墓群Ⅲ的单元35,是单元的中心冢墓,位于ZM39墓上石堆东南角旁边(插图二九)。墓上有被破坏的石堆,推测为方形,边长5米。

葬具:石箱内放木棺。石箱的底和盖板用石板制成。由于被盗无法了解葬具的细节。

出土器物:3件弓上的角质贴片,2件分尾式的角质镞,铁环残段。

ZM36

属于墓群Ⅲ的单元36[1],位于ZM35东南5米处(插图二九)。墓上有被破坏的石堆,尺寸和形状不详。

葬具:木棺,由于被破坏,棺的尺寸和结构不详。在盗洞中发现人骨残片、陶片和小型有角家畜头骨的残片。

出土器物:在墓内填土中发现泥质石灰岩环的残段,有红漆痕迹的木器残片,红色泥质石灰岩制成的珠子和2枚圆柱形小珠子,仿制的贝壳,绿松石镶嵌物,2块铜器残片,小漆片。

M37[2]

位于墓地的东南部,推测属于墓群Ⅶ,处在一片完全被破坏的冢墓旁边。墓葬位于吉达河岸边的坡地上,毁于滑坡,墓上石堆和墓内葬具没有保留下来。P.B.克诺瓦洛夫采集了残留的随葬品,其中有衔、镳、镞的残段(均为铁质),陶片,珠子和青铜器。青铜器为3件有长方形穿钮的正面有熊纹的马具小牌,3枚纽扣,勺形扣和有固定扣针的带扣(克诺瓦洛夫,1980:263~268)。

---
[1] 原著这里为"单元35"。中译本改正为"单元36"。
[2] M37为P.B.克诺瓦洛夫记录的被破坏的墓葬,不是P.B.克诺瓦洛夫发掘的墓葬。

外贝加尔考察队发掘的墓葬[1]

M38

位于墓地受风蚀破坏最严重的东南部,属于假定分出的墓群Ⅶ,在吉达河岸边的坡地上(插图三八)。无墓上石堆。墓坑被破坏,尺寸和深度几乎无法确定(推测墓坑长180厘米)。

葬具为在深5厘米处发现的木棺,棺的东北角被台地塌方破坏。棺的尺寸为165厘米×75厘米,用细的原木(直径10~15厘米)做成棺的侧壁,两端的棺壁、盖板和棺底用厚3~4厘米的木板制成。木棺上很可能覆盖着皮革罩(皮罩保留下来黑色的粘的腐烂物),有5根细长的柱子压在上面。墓主人为60多岁的女性(图六),在右手边有黍粒,在左手指骨附近有几个松子。

出土器物:在头骨旁边有光玉髓珠子,由绿松石和镶嵌玻璃制成的坠饰(图七,9、11~13)。在左肘部带扣针的圆形铁带扣的下面有带白色和黄色镶嵌条纹的蓝色玻璃坠饰(图七,8)。在腰带区域有成套的装饰品,有2件镂空的青铜环(图六,8、9),2件有猫科猛兽纹饰的小牌饰(图六,3、4)和3件有两匹马纹饰的小牌饰(图六,5~7),9个青铜铃(图七,15~23),2件残留皮条的青铜环(图七,24、25)。腰带具中还发现铁环(图七,29),光玉髓的、玻璃的、萤石的坠饰[2]和珠子(图七,1~7、14),这些器物可能是缝在腰带的带身上或者不大的小袋子上。

青铜装饰品几乎是对称分布:两边都有镂空的环和形制简单的环,在它们中间有带猫科猛兽纹的小牌饰和带马纹的小牌饰。2件同样的小牌饰面朝下放置。据此可以推测,它们固定在腰带的后面。青铜铃的分布打破了对称的布局,其中8件集中在左侧,只有1件在右侧。此外,腰带上还挂着一个鞭子,只保留下来圆柱形的铁柄(图七,31),柄端有1枚扁平的白石珠和2枚五铢钱(图六,1、2)。

ZM39(图八~图一二)

属于墓群Ⅲ的单元39,是墓葬单元和墓群的中心冢墓,是墓地最大的墓葬(插图二九)。墓上有边长10米的方形石堆,呈正方向(图八)。在石堆北侧正中有扁平石板做成的石柱,高120厘米,宽75厘米,厚5~6厘米(仅有石柱的底部处于原始位置,石柱的上半部并排放置,根据破损纹线的特征复原)。石柱扁平的宽面为东西向,在石柱底

---

[1] 该标题为中译本添加。
[2] "坠饰"为中译本根据图七添加。

部从北、南、西三面用石堆固定，在石柱底部的东侧放置厚5厘米、尺寸为62厘米×43厘米的扁平石板（插图八）。在石板下放置母牛的肩胛骨和陶片（图一一，4~7）。类似的陶片也见于石柱东侧附近。顶部近三角形的石头（形状接近石柱）位于墓上石堆的西北角。可能在古代它是直立的，是墓上石堆一个角处的标识物。墓坑尺寸为445厘米×215厘米，深548厘米。

葬具为一重棺椁，外面围砌石板。椁的尺寸为340厘米×162厘米，用4排横截面边长为16~18厘米的近方形枋木制成。枋木完整情况下的木椁高50~60厘米。椁底用16块厚10厘米、平均宽18厘米的半剖原木制成。椁的盖板也用横铺的半剖原木铺成，厚度略薄（5~6厘米）。在墓坑底部有厚3~4厘米的木炭层。在椁壁和墓坑壁之间也填满木炭，不排除墓葬被盗之前木椁内及其上也填了木炭（图九）。在椁内放置木棺，棺的南壁和西壁紧靠相应位置的椁壁。棺的尺寸为240厘米×87厘米，高32~35厘米。棺壁用厚10厘米的出自同一树干的枋木制成，棺底和盖板用尺寸为45厘米×10厘米的纵向木板组成。棺底板、盖板和棺的侧壁借助"蝴蝶结"形榫和暗榫组合在一起（图一〇）。在近墓坑南壁的椁上的墓内堆积中发现少量属于两个个体的人骨，分别是成年男性和30~40岁的女性。

出土器物：上述人骨的中间有残留皮条的勺形青铜带饰，有"Π"字形背钮且上面残留皮条的青铜马具小牌；3件角质的分尾式骨镞，角质的弓弭残片；2枚绿松石珠子和1枚绿石珠；光玉髓的镶嵌物（图一二，4~7、10~15）；金箔残片。

棺的西南角在残留的人骨之间有羊毛和皮革碎片；形状不明的氧化的铁器残片；桦树皮带饰（图一二，1~3）；青铜环残段；金箔残片；木胎漆杯的残片以及涂在杯上的红漆的残留物。

椁东南角的底部有2件青铜环，其中1件残留有皮条（图一二，8、9）；残留皮条的勺形青铜带饰及相似的带饰残片；中部有固定铁扣针用的横梁的方形青铜带扣，在带扣的边框上残留皮条[1]；带环首的铁质尖状器（图一二，16~18）。在墓内堆积中发现陶器残片和泥质石灰岩杯的残片（图一一，1~3）。

M39-a（图一三）

属于墓群Ⅲ的单元39，位于ZM39墓上石堆的西南角（插图二九）。墓葬被从ZM39盗掘出来的堆放在古代地表上的堆积覆盖。墓上有尺寸为170厘米×120厘米的长方形石堆，用一排中等大小石块（30厘米×30厘米）排列而成。墓坑尺寸为135厘米×

---

[1] 介绍ZM39出土物的图一一、图一二中无方形青铜带扣，只有一件带横梁的近圆形青铜带扣，横梁上固定扣针（图一二，18）。

60厘米，深110厘米。

葬具为石箱内放木棺。石箱尺寸为120厘米×50厘米，石箱的壁用2排不大的石块砌成，高20厘米；盖板为3块大石头，无底。石箱内的木棺尺寸为74厘米×25厘米，高10厘米。保留下来的薄片状腐烂物可能是残留的棺底和盖板。墓主人为婴儿（约6个月），仰身直肢，头向北。在头骨的右侧有绵羊的肱骨，在左脚处有5根小型有角家畜的肋骨。

出土器物：在头骨的左侧有2枚圆形的光玉髓珠子和1枚扁平的绿松石珠子。在下颌骨下面有1枚玻璃珠。在棺的北壁和石箱之间有1件陶器，陶器内发现小型有角家畜的较大的股骨、椎骨和5根肋骨。

M40（图一四；图一五）

位于墓地东南部，属于假定分出的墓群Ⅷ，位于M38西北10米处（插图三八）。无墓上石堆。墓坑尺寸为192厘米×59厘米，深80厘米。

葬具为木棺，有纵向木板组成的盖板和底，棺的尺寸为160厘米×50厘米，壁高14厘米。墓主人为18～20岁的女性（图一四，A）。

出土器物：墓口有天然的贝壳（图一五，1）。在人骨架上有近1800枚可能是缝在衣服上的紫色小花玻璃珠。在骨盆上有组装在腰带上的成套配件：在右侧股骨头处有2件玉髓质地的爪形坠饰，在它的旁边有六棱柱形的萤石珠子和2枚圆形的煤精珠子；在右侧股骨头上有1枚黄色萤石珠子；在右侧股骨的两边有较大的玻璃珠和光玉髓珠组成的串饰。在骶骨上有泥质石灰岩质地的椭圆形扁平珠子。在骨盆的左侧和右股骨上有2件泥质石灰岩环。在股骨之间有2件青铜铃。在头骨附近有6枚绿松石坠饰（图一五，2～45）。

M41（图一六）

属于墓群Ⅱ的单元45，位于ZM45以南10米处（插图二六）。墓上有较浅的凹坑，在墓坑的边上有几块小石头。不清楚是否有墓上石堆。墓坑尺寸为245厘米×98厘米，深72厘米。

葬具为木棺，尺寸为185厘米×66（54）厘米，高25厘米。木棺的底和盖板用纵向木板制成。在棺底残留年龄为23～30岁墓主人的骨架，可能是女性。在墓坑旁边的淤积沙土层中发现带柄的铁刀（图一六，1）和距骨。

ZM42（图一七～图一九）

属于墓群Ⅲ，可能是单元39的组成部分，位于ZM39东南7米处（插图二九）。墓上有8米×8米的方形石堆，由1~2排平均尺寸为50厘米×30厘米的石块组成。推测石堆在古代呈密实的铠甲状。墓坑尺寸为400厘米×195厘米，深380厘米。

葬具为一重棺椁，用石板盖顶（图一九）。椁用4排削平的原木搭成，宽130厘米；保存下来的部分长215厘米，北部被破坏，无法确定椁的原始长度；高70厘米。椁的底和盖板由横向木板组成。棺的尺寸为210厘米×90厘米，高45厘米。棺壁用厚10厘米的枋木制成，棺的两侧壁和盖板本身用暗榫和"蝴蝶结"形榫固定在一起（图一九，C、D）。在墓内堆积中残留年龄为60多岁的女性骨架。在重新堆放的石堆下面也发现10~12岁少年和3~4岁儿童的骨骼（石堆可能是在盗掘另一座墓葬时堆放在这里的）。

出土器物：在墓内堆积中发现红色漆片，角质的发簪，光玉髓的和绿松石的珠子（图一九，1~3）。

ZM43（图一七；图二〇；图二一）

属于墓群Ⅲ，可能是单元39的组成部分，位于ZM39以南10米处（插图二九）。墓上有5米×5米的方形石堆，由2~3排石块堆成，最初可能是填满石头的，呈铠甲状。墓坑尺寸为280厘米×150厘米，深290厘米。在墓坑的南部保留一部分没被破坏的堆积。在堆积深1.5米和2米处可见残留的铺砌的大石板（图二〇）。

葬具为石箱内放木棺。石箱尺寸为205厘米×95厘米，高50厘米，用大块的扁平石板搭成：其中东壁和西壁由2块石板搭建，北壁和南壁则为1块石板。石板插入墓底的生土20~30厘米。石箱有大块石板搭成的盖板，其中一块盖板被盗墓人抬起并靠在墓坑的北壁，覆盖了石箱原来的整个北半部。在石箱壁和墓坑之间放置大漂砾（2块挨着西壁，南壁和东壁各1块）。墓主人为近8岁的儿童。在石箱的东北角发现绵羊的肋骨；在墓内堆积中发现少量山羊骨骼；在墓坑内未被破坏的填土中的石堆之间发现马的跖骨。

出土器物：在墓内堆积的上部发现红色的大贝壳碎片（图二一，5），在墓坑内的不同深度可见这种贝壳更小的残片。在木棺内的堆积中可见角质弓弭的残段（图二一，1、2）。在棺的北壁和石箱之间发现处于原始位置的青铜镞、陶器（图二一，6、7）、腐朽的有红漆的木杯，这里还发现了氧化的铁器残段（图二一，3、4）。

ZM44（图二二；图二三）

属于墓群Ⅰ的单元44，是单元的中心冢墓，位于ZM31以南15米处（插图二三）。墓上有边长4米的方形石堆，呈东北-西南向。墓坑尺寸为235厘米×80厘米，深80~85厘米。

葬具为木棺，尺寸为210厘米×65厘米，高34厘米。在木棺已经腐烂的底部有少量成年男性的骨骼。在墓内堆积中发现小型有角家畜的肋骨。

出土器物：在墓内填土中发现陶器残片和不大的钵的残片；分尾式的角质镞。在木棺的南部有"8"字形的青铜坠饰残段（图二三，1~5）。

M44-a（图二二；图二三）

属于墓群Ⅰ的单元44，位于ZM44墓上石堆北角的西北3米处（插图二三）。无墓上石堆。没有寻找到墓坑[1]，在完整揭露到45厘米的深度时发现墓坑。

葬具为石箱，石箱内可能有木棺。石箱尺寸为100厘米×47厘米，高25厘米。石箱用不大的石块侧立而成，石箱的盖板用不大的石块平铺而成（图二三）。石箱内发现腐烂的木条，可能是棺上的。墓主人为未满1岁的婴儿。在左侧胫骨外有较大的山羊胫骨[2]。不见其他遗物。

M44-b（图二二；图二三）

属于墓群Ⅰ的单元44，位于ZM44墓上石堆角以外0.3米处（插图二三）。无墓上石堆。墓坑尺寸为200厘米×65厘米，深105厘米[3]。

葬具为木棺，尺寸为200厘米×50厘米，深27厘米。盖板用纵向木板拼成，没有发现棺底。盖板东北角上有山羊的头骨、肱骨和大的胫骨。墓主人为10~12岁的少年，额骨右面被尖锐的器物打击而亡，留下菱形的孔。在左手指骨上有山羊的肱骨。

出土器物：在左侧股骨上有铁刀和铁器残段。在左侧锁骨上有角质的勺形扣（图二三，6、7）。

M44-c（图二二；图二三）

属于墓群Ⅰ的单元44，位于ZM44墓上石堆南角外0.3米处（插图二三）。无墓上石堆。墓坑尺寸为170厘米×65厘米，深115厘米。

葬具为木棺，尺寸为130厘米×30厘米，高22厘米。棺无底和盖板。墓主人为5~6岁的儿童，在右手附近有山羊的肱骨[4]。

出土器物：在下颌骨的下面有用河蚌制成的长方形珠子和骨质的圆柱形珠子。在肋骨的左边有带扣针的圆形铁带扣，在带扣的下面有已被腐蚀的铁环（图二三，8~11）。在骨盆下面的右股骨旁边有小型的青铜氧化物。

---

[1] 这里应为没有找到墓坑的开口线的意思。
[2] 第三章描述M44-a出土的兽骨为山羊的肱骨。
[3] 原著这里为"深25厘米"。中译本根据图二二改正为"深105厘米"。
[4] 第三章描述M44-c的山羊肱骨出自墓主人的右股骨处，其实际位置也相当于右手附近。

ZM45（图二四；图二五）

位于墓地的南部，属于墓群Ⅱ的单元45，在墓地基点的东南100米处（插图二六）。有推测为方形的墓上石堆，尺寸大致为5米×5米。在石堆的北边专门用大石块做成的"平台"上有"石柱"，石柱只有上半部（在倒下的石柱下面可看见残段）。平台的尺寸为150厘米×95厘米；石柱残存部分的尺寸是130厘米×30厘米，厚6厘米。在平台的下面有直径30厘米、深40厘米的坑，没有发现遗物（插图八，D）。平台和石柱方向为北偏东。墓坑尺寸为265厘米×120厘米，深235厘米。

葬具为石箱内放木棺（图二五，A、B）。石箱由3～4排侧立的石板组成，石箱紧贴木棺的内壁用一块大石板砌成。石箱的尺寸为250厘米×100厘米，高70厘米。在石箱的南部保留石板组成的盖板；在墓内堆积中可见大的扁平石板，可能是二次堆积的石箱盖板。木棺尺寸为215厘米×80（60）厘米[1]，高30厘米，棺的底和盖板均用纵向木板制成。在墓内堆积中发现大型有角家畜的骨骼和母牛的颌骨，以及少量推测为男性的骨骼。

出土器物：在墓内堆积中发现2件陶器口沿残片（图二五，3、4），在棺的西北角发现2件贝壳（图二五，1、2）。

"ZM"46[2]（图二六）

位于墓地东南部河岸台地的边缘，距离墓地基点115°方向315米，位于M38西南20米处，在假定分出的墓群Ⅶ的旁边（插图三八）。墓上有直径3米的圆形石堆，用平均尺寸30厘米×40厘米的石头堆成，石头一个挨着一个摆放，铺在浅褐色壤土层上[3]。沙土层直接位于石堆中部上面，由含炭的砂壤土形成的烧斑夹少量灰组成。在烧斑中有遗物。清理石堆时在石堆的北边缘以内发现三翼的青铜镞，底部有扁平的铤，还发现铁刀残段和陶片（图二六，1～3）。这些出土器物与墓上石堆的关系不明。

ZM47（图二六）

属于假定分出的墓群Ⅶ，在墓地的东南部（插图三八）。残留的石堆位于台地地表以下4.5米，在淤积的沙土层上。沙土层下为生土。石堆的形状和尺寸不详。墓坑和葬具完全被破坏。清理石堆时在淤积的沙土层上发现勺形青铜带饰的残段（图二六，4）。

---

[1] 原著这里为"215厘米×80厘米×60厘米"。中译本根据图二五改正为"215厘米×80（60）厘米"。

[2] 该遗迹只有地表石堆，无墓葬，所以原著在"冢墓"外加引号。该遗迹在原著图二六的图注文字中表述为"石堆46"。

[3] 这里的"浅褐色壤土层"，应为图二六中的"②灰色腐殖砂壤土"。

ZM48（图二七~图三〇）

属于墓群Ⅲ，位于ZM39以西3米[1]处，可能属于单元39（插图二九）。墓上有被盆地的风蚀所破坏的石堆，石堆的形状和尺寸不详。墓坑尺寸为390厘米×190厘米，深320厘米。

葬具为一重棺椁。椁的尺寸为315厘米×135厘米，高40厘米，用3层稍微削平的原木搭成，有用宽20~22厘米的横向半剖原木铺成的盖板（保留下来9块）和用14块类似的半剖原木铺成的椁底。木棺尺寸为230厘米×90厘米，高25厘米，棺的底和盖板用纵向木板制成（图二八），棺的底和壁本身用"蝴蝶结"形榫固定。在墓内堆积中发现20~25岁男性的骨骼，以及少量马和狗的骨骼。

出土器物：在墓内堆积中发现边缘有穿孔的角质薄片（可能为铠甲片），带扣上的角质扣针，角质的小圆片，角质的尖状器残段，角质套筒残段，绿松石珠和玻璃珠子，红色的漆皮块和不明铁器的残段。在棺的底部有一堆三翼铁镞和1件青铜镞，在镞的旁边有铁质的箭囊钩。在镞的下面有青铜的套圈，在套圈里残留皮绳。在皮绳的旁边残留较长匕首的刃部（或者是短的剑）。在棺的东壁附近有青铜铃，铃舌用泥质石灰岩的爪形坠饰残段制成。在铜铃的旁边有锈蚀的铁器，其中可以分辨出勺形带饰、镳和衔的残段。在不远处有青铜纽扣的残片和铁环的残段（图二八，A；图二九；图三〇）。

M49（图三一~图三四）

属于墓群Ⅲ的单元36，位于ZM36被破坏的墓上石堆的东南角附近（插图二九）。无墓上石堆。墓坑尺寸为210厘米×70厘米，深123厘米。

葬具为木棺，尺寸为160厘米×50（40）厘米，高20厘米。棺底用纵向木板制成，无盖板（图三一）。墓主人为20~25岁的女性。在接近右手的骨盆上有绵羊的肱骨，在左侧手掌附近有绵羊的肋骨[2]。

出土器物：在接近北壁的堆积上部有1件陶器（图三二，1）。在下颌骨的左下方有玻璃珠和绿松石坠饰（图三二，2、3），在右侧肱骨头附近也有玻璃珠和绿松石坠饰（图三二，4、5）；在头骨的右侧有不大的铁环（图三二，6）。沿着棺的东壁在左腿骨骼上面有腰带上的装饰物（图三一），腰带由以下部件组成：在左手掌上的山羊肋骨下面有3件玉髓质地的爪形坠饰（图三三，1~3）；在坠饰的下面和旁边有用矿石水晶制成的横截面为四叶花瓣状的珠子（图三三，4），用泥质石灰岩制成的"蝴蝶结形"珠子

---

[1] 原著这里为"4米"。中译本根据第三章和插图二九改正为"3米"。
[2] M49出土兽骨在原著中的记录有相互矛盾之处，详见第三章墓群Ⅲ单元36中M49的译者注。

（图三三，5）、煤精制成的环（图三二，7）、6枚白色、黄色、淡紫色的萤石珠子（图三三，8~13）；萤石珠子下面是1枚用泥质石灰岩制成的"扁担形"坠饰（图三三，16）、煤精质地的扁平珠子和棱状珠子（图三三，14、15）、骨质珠子（图三三，17~20）、2枚泥质石灰岩制成的圆形珠子（图三三，21、22）、玻璃珠（图三三，27~31），以及3枚蛇纹岩珠子（图三三，36~38）。

在左侧股骨上有泥质石灰岩的环（图三二，9）。在环内有圆形的煤精带扣，带扣的表面有2个同心凹槽，带扣的表面覆盖红漆和金箔（图三二，8）。在环的内部和上面有骨质珠子串成的串饰（图三三，7），在环的上面有扁桃形的绿松石坠饰（图三三，6）。在环的下面有2枚圆形带棱的光玉髓珠子（图三三，34、35），1枚圆柱形和若干圆形的泥质石灰岩珠子（图三三，23~26、32、33），在这些珠子的左边是横截面为椭圆形的玻璃珠（图三三，39）。

在股骨的左侧接近膝盖的地方有成堆的骨质珠子（图三四，2）和2枚萤石珠子（图三四，3、4），在它们中间有泥质石灰岩的圆柱形珠子和圆形珠子（图三四，5、6），在它们的下面有2枚圆形的光玉髓珠子（图三四，13、14）。

在左侧膝盖上有"扁担形"的泥质石灰岩坠饰（图三四，7），在其下面有骨质串珠（图三四，1），串珠压在放置在大的股骨右侧的泥质石灰岩环的下面（图三二，10），在环和坠饰之间有横截面为长方形和椭圆形的萤石珠子（图三四，8~12），在这些珠子的下面有3枚玉髓质地的爪形坠饰（图三四，19~21），在坠饰的下面有4枚不大的圆形骨质珠子（图三四，27~30）、玻璃珠（图三四，15~17）、2枚圆柱形的和2枚圆形的泥质石灰岩珠子（图三四，34~37）。在左膝盖处，有以下装饰品：不大的泥质石灰岩环（图三四，33），3枚圆柱形和1枚圆形的骨质珠子（图三四，23~26），带"眼睛状"镶嵌物的玻璃珠（图三四，18），菱形的黄色萤石珠子（图三四，22），2枚长方形的蛇纹岩珠子（图三四，31、32）。

在腰带的区域发现小金箔片、漆和腐烂的黑色有机物。

M50（图三五）

属于墓群Ⅲ的单元35，位于ZM35的东南角（插图二九）。无墓上石堆。墓坑尺寸为210厘米×70厘米，深100厘米。

葬具为木棺，尺寸为180厘米×50厘米，高20厘米。棺底是完全腐烂的纵向木板，不清楚是否存在盖板。在棺底发现17~19岁男性骨架的残留，也发现了绵羊的骨骼（大的股骨和肋骨）。

出土器物：在棺底发现1件陶器（图三五，3），正面有动物纹的青铜纽扣残片（图三五，1），以及完全锈蚀的铁器，从中可以辨认出环（图三五，2），可能还有铁镞。

M51（图三五）

属于墓群Ⅲ的单元36，位于M49东南1.3米处（插图二九）。无墓上石堆。墓坑尺寸为175厘米×55厘米，深95厘米。

墓内缺少葬具。墓主放在一薄层腐烂的褐色有机物上，不排除在埋葬的时候包裹着皮革或者某种其他质地的东西。墓主人为5~6岁的女孩。在骨盆的右侧有一大块木炭，左侧有绵羊的肱骨；在左侧股骨上有4根绵羊的肋骨。

出土器物：在墓坑的西北角有带波浪纹的陶器，放在生土层的碎石凹坑内。在胸腔区域有较小的玻璃珠；在腰部区域有不大的环和25枚形制相同的玻璃珠，它们中的一部分在左侧形成了一个圆圈，在腰的右侧呈棋盘状分布（图三五，4~6）。

M52（图三六）

属于墓群Ⅲ的单元36，位于M51东南1.5米处。无墓上石堆。墓坑尺寸为205厘米×70厘米，深120厘米。

葬具为木棺，尺寸为160厘米×60（40）厘米，高18厘米。棺底用纵向木板制成，无盖板。墓主人为18~20岁的女性，在右手的指骨旁放绵羊的肱骨，在左侧股骨上有4根小型有角家畜的肋骨。

出土器物：骨盆下有2件泥质页岩的片状带扣，其中一件装饰点状之字形线条，有纹饰的一面朝下；另一件素面，一侧窄边处与2条蝴蝶形骨质珠串相接，珠串延伸到膝盖以下。在头骨下、颈椎上有一串玻璃珠、光玉髓珠子和骨质珠子组成的串饰，以及小铁环残段（图三六，1~8）。

M53（图三七）

属于墓群Ⅰ的单元31，位于ZM31的西南角（插图二三）。无墓上石堆。没有找到墓坑。

葬具为在深0.5米处的石箱，尺寸为95厘米×47厘米，高25厘米，盖板由5块石板组成。石箱内残留有机物（可能是盖布）。墓主人为不到2个月大的婴儿。没有发现随葬品。

M54（图三七）

属于墓群Ⅰ的单元32，位于ZM32墓上石堆东南角外3米处（插图二三）。无墓上石堆。墓坑尺寸为190厘米×50厘米，深90厘米。

葬具为木棺，尺寸为145厘米×45厘米，高16厘米。棺无底和盖板。在墓坑底部的生土上残留有机物制成的垫子。墓主人为6~7岁的儿童。

出土器物：在左肱骨附近有锈蚀严重的铁器，可能是带扣。

M55（图三七）

属于墓群Ⅰ的单元32，在ZM32墓上石堆的东南角下。无墓上石堆。墓坑尺寸为250厘米×90厘米，深110厘米。

葬具为木棺，尺寸为215厘米×70厘米，高30厘米。棺盖板用纵向木板制成，没有发现棺底的木板。在墓内堆积中散布近40岁男性的骨骼[1]。

出土器物：在墓内堆积中发现匈奴式陶器的残片。

M56（图三八；图三九）

属于墓群Ⅰ的单元57，位于ZM57南偏东4米处（插图二三）。无墓上石堆。墓坑尺寸为240厘米×90厘米[2]，深175厘米。

葬具为木棺，尺寸为180厘米×70厘米，高30厘米，棺底和盖板用纵向的木板制成。在墓内堆积中残留45～50岁男性的骨架，有些骨骼被锈蚀的青铜器染成绿色。

出土器物：在墓内堆积中发现片状带扣的木衬板和骨管。在棺的外面接近南壁处有1件陶器，被墓内堆积压碎（图三九，1～3）。

ZM57（图三八；图四〇）

属于墓群Ⅰ的单元57，是单元的中心冢墓，位于墓群Ⅰ的[3]中心冢墓ZM31西北20米处（插图二三）。墓上残留石堆，由于盆地风蚀作用的破坏，石堆的形状和尺寸无法确定。墓坑尺寸为220厘米×80厘米，深220厘米。

葬具为木棺，尺寸为190厘米×70厘米，高25厘米。棺底用纵向木板制成，盖板用纵向和横向木板制成。在棺底有55～60岁男性骨架的残留。

出土器物：在墓内堆积中发现装饰波浪纹的陶器残片。在墓主人的左脚掌附近残留角质弓弭和有横向扣针的圆形铁带扣、绿松石坠饰（图四〇，1～6）。

M58（图四一；图四二）

属于墓群Ⅲ，位于ZM43西南43米处（插图二九）。没有找到墓上石堆，在墓坑的边缘有几块大小不一的石块，可能是出自被破坏的墓上石堆。墓坑尺寸为255厘米×

---

[1] 第三章描述M55"残留成年人骨骼（性别不详），年龄近40岁"；附表记录M55出土人骨为成年人，约40岁。这里人骨性别为男性的依据不详，不排除为原著笔误。
[2] 原著这里为"70厘米"。中译本根据图三九改正为"90厘米"。
[3] "墓群Ⅰ的"为中译本添加。

113厘米,深210厘米。

葬具为石箱内放木棺。石箱尺寸为210厘米×70厘米,高50～80厘米。用扁平的石板侧立而成。石箱的北壁和南壁用一整块石板,西壁用2块石板,东壁用3块石板。在石箱壁和墓坑壁之间放1～2排更小的石头。石箱的盖板用石板搭成,南部保留了原状,石箱底用不大的石板铺成,石板排列紧密。木棺被盗墓破坏,保留下来的木板全长200厘米,木棺宽50厘米,木棺壁可见的高度为15厘米,用厚6～7厘米的枋木制成。在棺的南部保留有横铺的盖板,棺放在铺在石箱底板上的砾石层上(图四一)。在石箱内堆积中残留年龄近40岁的女性骨骼。在棺的东壁附近有绵羊的头骨残片。

出土器物:在墓内堆积中发现2件三足器的器足残段,以及可能也是三足器的非匈奴式陶器的残片(图四二,3～8),还有匈奴式的灰陶容器残片(图四二,1、2)。

M59(图四三)

属于墓群Ⅲ,位于ZM43西南4米处(插图二九)。墓上有推测边长4米的方形石堆。墓坑尺寸为160厘米×60厘米,深130厘米。

葬具为木棺,棺外仿照石箱围砌石头:在棺北侧侧立着3块扁平的石板和堆放在其上的2块石头,在棺的南壁处有2块较大的石头,在棺的东壁外有1块石头,西壁处有2块石头。木棺尺寸为130厘米×45厘米,高10厘米。棺底用纵向木板制成,不见盖板。发现疑近5岁的儿童骨骼。

出土器物:在棺的东壁附近发现陶器口沿残片(图四三,3)。在墓内堆积中发现另一件陶器残片(图四三,1)。在墓坑南侧的石堆内发现小型陶器的腹片(图四三,2)。

M60(图四四;图四五)

属于墓群Ⅲ,位于墓群的中部(插图二九)。在墓坑周围的现今地表上可见几块石头,可能是出自被破坏的墓上石堆。墓坑尺寸为210厘米×85厘米,深210厘米。

葬具为木棺,尺寸为180厘米×75厘米,高30厘米。盖板和底均用纵向木板制成,棺底部用"蝴蝶结"形榫固定相邻的木板。在棺底以下距离北壁60厘米处残留横放的垫木。在墓内堆积中残留老年男性(60多岁)骨骼,以及近5岁的儿童骨骼(这可能是盗墓者盗掘M59时混入的)。

出土器物:在棺内堆积中有梯形铁片,有背钮、中部外凸的铁马具圆泡,形制不明的铁器残片(图四五,1～6),以及青铜器物的小残片。

M61(图四四;图四六)

属于墓群Ⅲ,位于ZM43东南4米处(插图二九)。无墓上石堆。墓坑尺寸为170厘米×90厘米,深165厘米。

葬具为石箱内放木棺。石箱用厚10~15厘米的石板搭成(四壁均为一块石板)。在石箱壁和墓坑壁之间填塞不大的石板:在西面和东面填3~4块,在南面放1块。石箱尺寸为140厘米×50厘米,高50~60厘米。木棺几乎完全腐烂。根据腐烂的木板底边判断,棺的尺寸大概是120厘米×40厘米;在几个地方棺壁残存的高度有10厘米(图四六)。没有发现人骨(根据棺的尺寸判断,墓主人为儿童)。在墓内堆积中发现马的椎骨。

出土器物:在墓内堆积中发现角质镳的残段;带横向扣针的长方形铁带扣,带扣上残留红漆痕迹(图四六,1、2)。

M62(图四七)

属于墓群Ⅲ,位于ZM42东南5米处(插图二九)。在墓上围绕墓坑散布着石块,推测是出自被破坏的墓上石堆。墓坑尺寸为250厘米×105厘米,深250厘米。

葬具为木棺,尺寸为200厘米×80厘米,高40厘米。在棺上有3~4排平均尺寸30厘米×40厘米的石头。在棺的南部残留横向的盖板,棺底用纵向木板制成。棺底以下距离北壁40厘米处有横向的垫木。在墓内堆积中残留年龄近50岁的男性骨骼,在椎骨上有伤痕。还可分辨出少量马、母牛和2只绵羊的骨骼。

出土器物:在棺的北壁附近有角质弓弭残段,角质镳残段,角质勺形带饰,角质分尾式镳,带扣上的角质扣针,镶嵌在腰带上的有嵌槽的角质珠串,带棱的光玉髓珠子。在墓坑的北壁距离墓底50厘米处发现残存木柄的铁锛(图四七,1~10)。

M63

属于墓群Ⅲ北部的单元64,位于ZM64墓上石堆东南边缘以外4米处(插图二九)。无墓上石堆。墓坑尺寸为235厘米×85厘米,深240厘米。

葬具为木棺,尺寸为180厘米×60厘米,高32厘米。棺底用纵向木板制成;盖板用纵向木板制成,可能也有横向的半剖原木。在棺底距离南壁40厘米处残留横向垫木。在棺内沿着北壁和南壁保留下来大块桦树皮,一部分也覆盖在东壁上,可能最初木棺外面包裹着桦树皮。在墓内堆积中发现少量绵羊骨骼,也残留有老年女性(近60岁)的骨骼,其中骨盆骨骼染上氧化的青铜。墓葬被彻底盗掘,没有保留下来随葬品。

ZM64(图四八~图五〇)

属于墓群Ⅲ的单元64,是单元的中心冢墓,位于ZM39北偏东10米处(插图二九)。墓上有被盆地的风蚀破坏了的石堆,形状和尺寸无法确定(图四八)。墓坑尺寸为400

厘米×160厘米,深400厘米。

葬具为一重棺椁,椁外围石块。椁的尺寸为300厘米×125厘米,用3排枋木搭成,被墓内堆积压扁,压扁状态下的椁高度达27～30厘米。椁底用16块宽16～20厘米的横向半剖原木铺成,椁的盖板也用类似的半剖原木,估计有14块。棺的尺寸为240厘米×80厘米,保留下来的棺壁高20厘米。棺的底和盖板用2块纵向木板制成,在木板之间用"蝴蝶结"形榫加固。棺的侧壁与底板用类似的固定榫卯固定在一起。在棺底以下距离南壁40厘米处有横向的垫木,垫木上放置木棺(图四九)。在墓内堆积中有零散的年龄近50岁的男性骨骼,也有少量马和绵羊的骨骼。

出土器物:在墓内堆积的不同深度都有覆盖红色漆的木器残留和小块的金箔。在棺底近东壁处有角质柄的残段,4件勺形青铜带饰、正面有纹饰的青铜纽扣,"里拉琴"形铁带扣和形状不明的铁器残段(图五〇,1～9)。

ZM65(图五一)

位于墓地的东北部。处在风蚀盆地的坡上,在墓地基准点东北235米处(假定属于墓群Ⅲ),是单元65的中心冢墓(插图二一)。土壤的侵蚀破坏了冢墓的墓上石堆[1],石头沿着盆地的斜坡滚下。残留石堆占地面积6米×6米,形状无法复原。墓坑方向为东北-西南向,尺寸为190厘米×97厘米,深105厘米。没有发现葬具,也没有发现任何随葬品。

M66(图五二)

属于墓群Ⅲ,在墓群的东部,位于ZM39南偏东25米处(插图二九)。无墓上石堆。墓坑尺寸为230厘米×95厘米,深65厘米。

葬具为木棺,尺寸为190厘米×50厘米,高18厘米。棺底用纵向木板制成,在其南部有2块横铺的半剖原木盖板。棺底有原状保留的近3岁儿童的下肢骨骼、尺骨和桡骨,墓主人大概为直肢,头向北。有的骨骼被氧化的青铜染上绿色。

出土器物:在墓坑的上部发现陶器残片,在棺底发现铁环残段(图五二,1～4)。

M67(图五二)

属于墓群Ⅲ,在墓群的西部,位于ZM39南偏东20米处(插图二九)。无墓上石堆。墓坑尺寸为210厘米×95厘米,深130厘米。

---

[1] 第三章描述ZM65的墓上石堆被风蚀破坏。

葬具为木棺，尺寸为160厘米×50厘米，高27厘米。棺底用纵向木板制成，南部用"蝴蝶结"形榫固定在一起；在棺底板下面距离南壁30厘米处残留横向的垫板；棺的盖板没有保留下来。在墓内堆积中残留可能是成年女性的骨骼，也有少量绵羊和兔子的骨骼。

出土器物：2段泥质石灰岩环的残段，铁器残段和角质弓弭的残段（图五二，5~9）。

M68（图五三）

属于墓群Ⅲ，在墓群的中心部分，位于ZM39以南23米处（插图二九）。无墓上石堆。在墓西边的地表有石板堆，与墓葬的关系不明。墓坑尺寸为200厘米×70厘米，深140厘米。

葬具为木棺，尺寸为170厘米×40厘米，高18厘米。棺底用纵向木板制成，盖板没有保留下来。在墓内堆积中残留15~16岁女性的骨骼。

出土器物：在墓内堆积中有用河蚌壳仿制的贝壳（图五三，1）。

M69（图五三）

属于墓群Ⅲ的单元69，紧邻H28的东南角（插图二九）。无墓上石堆。墓坑尺寸为110厘米×55厘米，深120厘米。

葬具为木棺，尺寸为100厘米×30厘米，高17厘米。棺底用纵向木板制成，没有发现盖板。在棺底下距离南壁35厘米处有横铺的垫板。在墓内堆积中残留不到2岁儿童的骨骼。

出土器物：在墓内堆积中发现2块小口陶器残片，绿松石坠饰和不大的有铁扣针的青铜带扣（图五三，2、3）。

M70（图五四）

属于墓群Ⅲ，在墓群的东南部，位于ZM39南偏东32米处（插图二九）。墓上有二次堆积的石头，可能是出自墓上石堆，石堆的形状和尺寸不详。墓坑尺寸为230厘米×90厘米，深235厘米。

葬具为木棺，尺寸为182厘米×70厘米，高22厘米。棺壁用厚8厘米的枋木制成，棺底用纵向木板制成，没有发现盖板。在墓内堆积中残留近50岁女性的骨骼和少量母牛骨骼。

出土器物：在墓内堆积中发现有纵向研光暗纹的灰色陶器残片，铁刀残段（图五四，1、2）。

M71（图五四）

属于墓群Ⅲ，在墓群的东南部，位于ZM39南偏东33米处（插图二九）。无墓上石堆。墓坑尺寸为235厘米×83厘米，深240厘米。

葬具为木棺，尺寸为185厘米×60厘米，高25厘米。棺底用纵向木板制成，在中部和近南边缘用"蝴蝶结"形榫固定木板；没有发现棺盖板。在墓内堆积中发现残留的25～30岁女性的骨骼，也发现少量马和绵羊的骨骼。

出土器物：小块的陶器残片。

M72（图五四）

属于墓群Ⅲ，在墓群的东南部，位于ZM39南偏东27米处（插图二九）。无墓上石堆。墓坑尺寸为200厘米×70厘米，深175厘米。

葬具为木棺，尺寸为185厘米×50厘米，高27厘米。棺底用纵向木板制成，木板已经腐烂，没有发现棺的盖板。在墓内堆积中残留45～50岁男性的骨骼。

出土器物：在墓内堆积中发现有穿孔的角质刀柄残段，陶器残片（图五四，3、4）。

M73（图五五）

属于墓群Ⅲ的单元73，位于ZM39以南34米处（插图二九）。墓上有围绕墓坑散布的石块，推测为墓上石堆的遗迹。墓坑尺寸为225厘米×110厘米，深180厘米。

葬具为木棺，由于盗掘受到严重破坏。推测棺的尺寸为180厘米×75厘米，两侧保留下来的木板高8厘米。棺底用纵向木板制成，棺盖板没有保留下来。在墓内堆积中发现少量35～40岁男性的骨骼。

出土器物：在墓内堆积中发现灰陶陶器残片，角质鸣镝残片，角质弓弭残段，用河蚌仿制的贝壳，角质分尾式镞，铁环残段（图五五，1～8）。

M74（图五五）

属于墓群Ⅲ的单元73，位于M73以北1米处（插图二九）。无墓上石堆。墓坑尺寸为130厘米×55厘米，深120厘米。

葬具为木棺，尺寸为102厘米×35厘米，高12厘米。棺底用纵向木板制成，没有发现棺盖板。根据棺的尺寸判断，墓内葬的是儿童。人骨架和随葬品没有保留下来。

M75（图五六）

属于墓群Ⅲ，在墓群的中部，位于ZM39南偏西25米处（插图二九）。无墓上石堆。墓坑尺寸为210厘米×70厘米，深150厘米。

葬具为木棺，尺寸为175厘米×50（40）厘米，高25厘米。棺底用纵向木板制成，没有发现棺盖板。在墓内堆积中残留25～35岁男性的骨骼以及少量绵羊骨骼。

出土器物：距骨，带扣针的圆形铁带扣，角质弓弭残段，陶器残片和铁器残段（图五六，1～9）。

M76（图五七）

属于墓群Ⅲ，在墓群的西南部，位于ZM39东南36米处（插图二九）。无墓上石堆。墓坑尺寸为212厘米×70厘米，深40厘米。

葬具为木棺，尺寸为180厘米×55（45）厘米，高25厘米。棺底用纵向木板制成，不见棺盖板。在墓内堆积中发现35～40岁男性的骨骼。

出土器物：在棺内堆积中发现角质弓弭，弓上贴片的残段，铁环残段，2件勺形青铜带饰，青铜纽扣残片，角质的管[1]，有穿孔的角质器物，用河蚌壳仿制的贝壳（图五七，1～13）。

ZM77（图五八；图五九）

属于墓群Ⅲ，在墓群的南部，位于ZM39以南32米处（插图二九）。墓上有石堆，推测为方形，边长6米，呈正方向。在墓坑的上部有几排较大的石板组成的石堆，石堆高近120厘米。墓坑尺寸为340厘米×150厘米，深320厘米。

葬具为一重棺椁，椁外有仿照石箱围砌的石头。椁用3排直径15～18厘米的未去皮的原木搭成，椁的尺寸为245厘米×120厘米，高35厘米。椁的盖板用宽16～18厘米的横向半剖原木铺成（在南半部有9块半剖原木保留原状），椁底用9块宽12～15厘米的纵向木板铺成。棺的尺寸为190厘米×90厘米，高25厘米。棺壁用厚10厘米的枋木制成，棺盖板和底用2块纵向木板制成。棺盖板和底的木板之间用"蝴蝶结"形榫固定，棺底板额外用暗榫组合在一起，暗榫的末端用穿透的钉加固（图五九，B）；棺壁也用类似的"蝴蝶结"形榫和暗榫固定。在棺下距离棺的北壁和南壁30厘米处残留横放的垫木，宽6厘米。在墓内堆积中残留18～22岁年轻男性的骨骼和成年女性的骨骼，也发现绵羊的颌骨残片（不少于3个个体）。

在近棺南壁的底边处发现炭化的禾本植物种子（可能是水稻）。在墓坑的南壁附近发现残留的竖立的木杆，木杆的底部用填塞在墓坑壁和椁壁之间的石块固定。木杆厚12厘米，残存高度为110厘米。

---

[1] 图五七的图注中标注M76出土的管为骨质。

出土器物：2件陶器的残片（图五九，1、2）。

ZM78（图六〇）

属于墓群Ⅲ的单元78，是单元的中心冢墓，位于ZM39西南30米处（插图二九）。墓上石堆被盆地的风蚀破坏，在墓坑的边缘保留下来几块石头。墓坑尺寸为300厘米×160厘米，深180厘米。

葬具为一重棺椁。椁的尺寸为230厘米×90厘米，高30厘米。椁用3排原木搭成，盖板用17块15~18厘米宽横向半剖原木铺成，没有发现椁底。木棺尺寸为190厘米×80厘米，高20厘米。棺底和盖板用纵向木板制成，在棺底板下面距离棺北壁和南壁40厘米处有横向的垫板（图六〇，B）。棺的两侧壁与棺底借助"蝴蝶结"形榫组合在一起。可确定的骨骼属于近30岁的女性。在棺壁的下面有钙化了的兽骨。在墓内堆积的不同深度有绵羊的大的胫骨（不少于10个个体）。

出土器物：在墓内堆积中有陶器的下部器身，2件大角鹿的角制成的带饰，萤石和光玉髓的珠子，绿松石坠饰（图六〇，1~6）。

M79（图六一）

属于墓群Ⅲ，在墓群的南部，位于ZM77西北3米处（插图二九）。无墓上石堆。墓坑尺寸为220厘米×70厘米，深170厘米。

葬具为木棺，尺寸为180厘米×55厘米，壁高20厘米。棺底用纵向木板制成，棺盖板没有保留下来。在棺底下面距离棺的北壁和南壁40厘米处残留垫木。在棺内堆积中残留30~35岁男性的骨骼和绵羊肋骨残段。

出土器物：在棺内堆积中有弓的贴片残段（弓弭和弓中部贴片）和带木柄的铁刀残段。在墓坑的上半部有陶器残片（图六一，1~6）。

M80（图六〇）

属于墓群Ⅲ的单元78，位于ZM78墓坑东南角外1米处（插图二九）。无墓上石堆。墓坑尺寸为185厘米×70厘米，深80厘米。

葬具为木棺，尺寸为150厘米×45厘米，高10厘米。棺的盖板和底用纵向木板制成。墓主人为6岁的儿童，可能是男孩。

出土器物：在墓坑的上半部接近北壁处有2件陶器。在骨盆的右边和左边各有1件几何造型的青铜带扣。在骨盆的上面有带铁扣针的梯形青铜带扣。在骨盆的下面有长方形的青铜带扣和残留有木铤的铁镞残段。所有上述器物均覆盖在一层黑色腐烂物下面，可能是腐烂的衣服或腰带（图六〇，7~13）。

M81（图六二；图六三）

属于墓群Ⅲ，在墓群的东南部（插图二九）。在墓坑的边缘有几块不大的石头，可能出自被破坏的墓上石堆。墓坑尺寸为290厘米×108厘米，深220厘米。

葬具为石箱内放木棺。棺的尺寸为210厘米×75厘米，高38厘米。棺底用纵向木板制成，没有发现棺盖板。在墓内堆积中残留60多岁男性的骨骼，身高较高。也发现少量马的骨骼。

出土器物：在西壁附近的墓内堆积中发现角质勺形带饰，角质弓弭残段，角质镞残段，2件勺形青铜带饰，青铜环残段，"螺旋桨"形的铁马镳残段，铁衔残段，铁环残段，2枚绿松石珠子，陶器残片，残留木柄的铁刀残段，带套筒的角质器物残段（图六二，1、2；图六三）。

ZM82（图六四）

属于墓群Ⅲ，在墓群的南部，是单元82的中心冢墓（插图二九）。墓上有石堆，由于被风蚀破坏，石堆的尺寸和形状不详。墓坑尺寸为260厘米×95厘米，深250厘米。

葬具为木棺，尺寸为190厘米×57厘米，高35厘米。棺底和盖板用纵向木板制成，在棺底下面距离南、北两壁30厘米处残留横铺的垫板。在墓内堆积中散布50～60岁男性的骨骼。

出土器物：在墓内堆积中发现陶器残片和青铜器物残片（图六四，1～9）。

M83

属于墓群Ⅲ的单元82，位于ZM82东南2米处（插图二九）。无墓上石堆。墓坑尺寸为230厘米×78厘米，深180厘米。

葬具为木棺，尺寸为200厘米×60（50）厘米，壁高15厘米。棺底用纵向木板制成，没有发现棺盖板的痕迹。在棺底下面距离棺两端55～60厘米处发现垫木的痕迹。在墓内堆积中发现少量二次堆积的25～30岁女性骨骼，以及山羊肋骨残段。没有发现随葬品。

M84（图六五）

属于墓群Ⅲ，位于墓群的西南边缘（插图二九）。无墓上石堆。墓坑尺寸为220厘米×75厘米，深100厘米。

葬具为木棺，尺寸为180厘米×56厘米，高20厘米。棺底用纵向木板制成，没有发现棺盖板的痕迹。在墓内堆积中残留近50岁女性的骨骼。

出土器物：在墓坑上部打破北壁的地方放置2件陶器（以前可能放在专门的壁龛

里,由于墓的上部被盆地的风蚀破坏,壁龛没有保留下来)。在棺内堆积中发现泥质石灰岩环的残段。在墓主人桡骨处发现青铜氧化物。

M85(图六六)

属于墓群Ⅲ,在墓群的东部(插图二九)。墓上石堆被破坏,残存的石堆直接堆在沉积的沙土层上,占地面积约5米×6米。在这个区域中心的浅褐色平面上发现直径10厘米、深6厘米的黑色烧结壤土形成的晶状体,其中发现炭块和烧焦的木头。没有其他发现。

M86(图六七)

假定属于墓群Ⅳ,位于ZM95以东20米处(插图三二)。无墓上石堆。在现今地表上有不大的凹坑(大概是盗洞)。墓坑尺寸为210厘米×75厘米,深35厘米。

葬具完全腐烂,尺寸不详。在墓内堆积中残留55～60岁男性的骨骼。

出土器物:在棺底有带2对格里芬纹饰的青铜带扣,青铜铃,角质镞残段,角质的弓贴片残段,2件勺形青铜带饰残段,铁环残段,中部有穿孔、有皮带留下的长条形痕迹的铁马具小牌,2枚绿松石坠饰,泥质页岩的长圆柱形珠子(图六七,1~11)。还发现小块的红色漆片。

M87(图六八)

假定属于墓群Ⅳ,位于M86以东4米处(插图三二)。无墓上石堆。在风蚀盆地的地表能观察到几块石头。没有找到墓坑(可能被盆地的风蚀破坏)。

葬具为石箱,尺寸为160厘米×40厘米,高25厘米。石箱搭建在浅褐色次生土的壤土层[1]上。石箱方向为西北-东南向,这是墓地中比较特殊的墓向。石箱的壁和盖板用几块平均尺寸为30厘米×40厘米的石板组成,其中几块盖板石凸出于现今的地表。石箱内没有发现棺的痕迹。墓主人推测为11～12岁的女孩,头朝西北。墓葬未被盗,即便如此,肋骨、部分颈椎、手上的长指骨也位移到接近石箱壁处。这里的少年很有可能是被强迫死亡的,死后在尸体上进行了某种祭祀活动。没有发现随葬品。

M88(图六八)

假定属于墓群Ⅳ,位于M87以东1米处(插图三二)。无墓上石堆。和M87一样,

---

[1] 原著中"次生土"的俄文词组是"предматериковый материк"。图六八的图注中标注此层土壤为"浅灰色砂壤土"。

在风蚀盆地的地表可见几块属于石箱盖板的石头。没有找到墓坑（可能被盆地的风蚀破坏）。

葬具为石箱，尺寸为175厘米×35厘米，高35厘米，用平均尺寸为30厘米×40厘米的石板搭成石箱的壁和盖板。石箱搭建在浅褐色次生土的壤土层[1]上。石箱内没有发现木棺。墓主人为16～18岁的青年，头向西北。墓葬未被盗，但是右桡骨移位到右侧，放在骨盆的上面；左尺骨放在骨盆的下面，与右桡骨平行[2]。可以推测，和M87的情况一样，上述骨骼移位也是对尸体采取某种行动的后果。

M89（图六七）

假定属于墓群Ⅳ，位于M87以西5米、H5[3]北偏东3米处（插图三二）。无墓上石堆。没有找到墓坑（显然是已被盆地的风蚀破坏），也没有找到葬具，遗迹发现于次生土的浅褐色壤土层[4]。墓主人的骨骼（推测是近40岁的女性）几乎完全腐烂。

出土器物：在右前臂骨骼上发现有扣针的圆形铁带扣，在其下面残留已经裂开的泥质石灰岩环及铁环残段（图六七，12、13）。

ZM90（图六九；图七〇）

属于墓群Ⅳ的单元90，是单元的中心冢墓（插图三二）。有墓上石堆，形状和尺寸无法确定。墓坑尺寸为408厘米×200厘米，深312厘米。

葬具为一重棺椁，有石盖板。盖板用平均尺寸为50厘米×40厘米的石板铺成，平铺成一排。在墓坑南壁和椁盖板之间有石堆，在椁的北壁和墓坑壁之间也有几块石头。整体上石头的结构是仿照石箱，由南壁和北壁以及盖板组成。椁的尺寸为345厘米×122厘米，高47厘米，用4排厚15～18厘米的枋木搭成，椁盖板用宽18～20厘米的半剖原木横铺而成（数量不详），椁底用类似的16块半剖原木横铺而成。木棺被盗墓者破坏，推测尺寸为220厘米×80厘米，壁高25厘米。棺的盖板和底推测是用2块纵向木板制成（图七〇，A、B）。在棺底下面距离南壁50厘米处残留横置的厚8厘米的桦木垫板。墓主人为近60岁的男性。

出土器物：2枚贝壳，在墓内堆积中发现贝壳的小残片（图七〇，1～6）；在棺底附近有泥质石灰岩环的残段和陶器的口沿残片（图七〇，7、8）；也有红漆的小碎片。

---

[1]　图六八的图注中标注此层土壤为"浅灰色砂壤土"。
[2]　原著这里为"但是左桡骨移位到右侧，放在骨盆的上面；右尺骨放在骨盆的下面，与左桡骨平行"。中译本根据图六八和附表作了修改。
[3]　原著这里为"H33"。但是插图三二中这个位置的灰坑编号是H5，且正文中介绍H5的相对位置时也以M89为参照；此外，正文中没有提到过H33。因此，中译本改正为"H5"。
[4]　图六七的图注中标注此层土壤为"深褐色砂壤土"。

M91（图七一）

属于墓群Ⅳ的单元91，位于ZM90南偏西5米处（插图三二）。无墓上石堆。在清理墓坑斑点[1]时发现母牛颌骨的残片。墓坑尺寸为220厘米×75厘米，深312厘米[2]。

葬具为木棺，尺寸为175厘米×60（40）厘米，壁高17厘米。在棺底部残留40～45岁男性骨骼。

出土器物：在棺底发现泥质陶器残片，残留木柄的铁刀，带扣针的长方形铁带扣，铁衔[3]残段，铁环残段（图七一，1～5）。

M92（图七一）

属于墓群Ⅳ，位于ZM90以南16米处（插图三二）。无墓上石堆。墓坑尺寸为240厘米×75厘米，深25厘米。

葬具为木棺，尺寸为190厘米×55厘米，高15厘米。棺底用纵向木板制成，未发现棺盖板。在棺内堆积中残留25～35岁女性的骨骼。也发现少量小型有角家畜的骨骼（山羊或绵羊）。

出土器物：在棺内堆积中发现带波浪纹的陶器残片，泥质石灰岩小杯的残片，铁刀残段，2枚光玉髓珠子，玻璃珠，矿物（可能为琥珀）珠子，铁器残段（图七一，6～13）。

M93（图七二）

属于墓群Ⅳ，位于ZM90以南20米处（插图三二）。无墓上石堆。墓坑尺寸为235厘米×80厘米，深92厘米。

葬具为石箱内放木棺。石箱用平均尺寸为60厘米×50厘米的侧立石板搭成：石箱的北壁用1块石板，南壁用2块石板，东壁用6块石板，西壁用2块石板。石箱的盖板用2排石板铺成，在南部保留了残留下来的盖板。石箱尺寸为230厘米×70厘米，侧边石板高50厘米。棺的尺寸为185厘米×60厘米，高25厘米。棺的底和盖板用纵向木板制成，在棺底以下残留横放的垫木。在棺内堆积中残留近20岁女性的骨骼，其中包括被氧化的青铜染成绿色的骨盆骨骼和骶骨（根据I.I.戈赫曼的判断，该女性没有生育过）。

出土器物：在墓内堆积中发现2块泥质石灰岩小杯的残片，这些残片出自M92出土的小杯，大概是因为M92被盗而被扔到地表，沿着风蚀盆地的斜坡滑落到M93（图七二，1～3）。

---

[1] 这里的"清理墓坑斑点"，应为清理墓葬开口部分的墓内堆积。
[2] 原著这里为"408厘米×200厘米"，中译本根据图七一和插图三二改正为"220厘米×75厘米"。根据常理，这里描述的墓坑"深312厘米"应该也有误。
[3] 原著这里为"铁镳"。中译本根据图七一改正为"铁衔"。

M94（图七二）

属于墓群Ⅳ的单元95[1]，位于ZM90南偏东17米、H3以北1米处（插图三二）。无墓上石堆。墓坑尺寸为145厘米×93厘米，深115厘米。

葬具为木棺，尺寸为115厘米×40厘米。棺壁用横截面为长方形的枋木制成，棺底用纵向木板制成，盖板用纵向木板（下部）和横向木板（上部）制成。在棺底上残留近2岁儿童的骨骼。在墓内堆积中散布山羊或绵羊的骨骼。

出土器物：在墓坑的上部发现钵的残片和陶器口沿残片（图七二，4、5）。

ZM95（图七三；图七四）

属于墓群Ⅳ，在墓群的中部，位于ZM90东南10米处（插图三二）。墓上有石堆，形状和尺寸不详。墓坑尺寸为307厘米×140厘米，深300厘米。

葬具为石箱内放木棺。石箱用石板搭成，石板填满了棺壁和墓坑之间的空间，大部分的石板为平放。石箱盖板用1排平放的石板铺成。石箱尺寸为300厘米×140厘米，高45厘米。棺的尺寸为200厘米×70厘米，高32厘米。棺底用2块宽35厘米的纵向木板制成；在棺的北部残留2块横向半剖原木，可能是出自棺的盖板。棺的北部被盗墓破坏，这里最初可能是储藏用的隔厢。在棺底板以下距离南壁45厘米处有垫木（图七四，A、B）。在墓内堆积中残留18～19岁女性的骨骼，还发现马的距骨。

出土器物：饰研光暗纹的灰陶容器残片（图七四，1）。

ZM96（图七五）

属于墓群Ⅳ，位于ZM90南偏东22米处（插图三二）。墓上有被破坏了的石堆，形状和尺寸不详。墓坑尺寸为310厘米×150厘米，深150～200厘米。

葬具为石箱内放一重棺椁。石箱用大石板搭成，填满了墓坑壁和椁壁之间的空间。部分石板侧立，部分石板平放，没有见到盖板（可能被盗墓者拆毁了）。石箱尺寸为300厘米×140厘米，高45～50厘米。椁用4层削平的原木搭成，椁的尺寸为280厘米×85厘米，高40厘米。椁的底和盖板用横向半剖原木制成。棺的尺寸为227厘米×60厘米，壁高25厘米。棺的底和盖板用纵向木板制成。棺的两侧壁与棺底板之间借助"蝴蝶结"形榫固定（每个侧壁有2个，位于距离端壁30～35厘米处）。在墓内堆积中残留近35岁男性的骨骼和成年女性的骨骼。也发现小马驹的肩胛骨。

出土器物：在墓内堆积的下部发现灰陶容器残片，有研光暗纹的钵残片，泥质石灰岩坠饰残片，青铜铃残片，带棱的光玉髓珠子（图七五，12～14、18～20）。在棺内堆积

---

[1] 原著这里为"单元94"。中译本改正为"单元95"。

中发现9枚"蝴蝶结"形骨珠，3枚圆形骨珠，2件用河蚌壳仿制的贝壳（图七五，1~11、15~17）。

ZM97（图七六）

属于墓群Ⅳ，在墓群的东南部，位于ZM90东南27米处（插图三二）。墓上有石堆，其形状和尺寸不详。墓坑尺寸为235厘米×74厘米，深70厘米。

葬具为木棺，尺寸为195厘米×52厘米，高15厘米。棺底用纵向木板制成，棺盖板也用纵向木板制成。在棺的底部残留55~60岁男性的骨骼。

出土器物：在左前臂骨骼附近残留锈蚀的铁器，其中能够分辨出带木柄的铁刀（图七六，9），带横扣针的圆形铁带扣，带铤的三翼铁镞（图七六，3、4），在锈蚀的铁器堆中也观察到纺织品印痕和红色漆片。在右脚掌骨骼附近有镂空青铜带扣，在左脚掌骨骼附近有类似的带扣残段，在脚掌的骨骼之间有角质弓弭的残段（图七六，6~8）。在棺内堆积中有角质的三棱有銎镞，带纺织品印痕的铁纽扣，以及也有纺织品印痕的铁器残片（图七六，1、2、5）。

ZM98（图七七~图七九）

属于墓群Ⅴ，在墓地的东部，位于墓地基点东北125米处，是单元98的中心冢墓（插图二二）。墓上石堆的最初形状为边长8米的方形，大概是铠甲形，用平均尺寸为40厘米×50厘米的石头排成1~2排（图七七）。在石堆中发现母牛骨骼（肱骨和颈椎骨）。墓坑尺寸为385厘米×190厘米，深395厘米。

葬具为石箱内放一重棺椁。椁尺寸为350厘米×120厘米，高58厘米，用4排原木搭成。椁有用宽近20厘米、厚10厘米的横向半剖原木组成的底板和盖板，其中底板为18块半剖原木，盖板为17~18块。棺的尺寸为205厘米×70厘米，南壁高25厘米（其余的棺壁被破坏）。棺用整块的枋木制成，用常见的方法固定——在端壁做出榫头，在两侧壁做出凹槽。棺的底和盖板用2块纵向木板制成，木板之间用"蝴蝶结"形榫固定；侧壁木板和棺底木板之间也用同样的榫固定。棺的南壁和西壁紧贴椁的南壁和西壁，东侧和北侧的棺壁和椁壁之间有不大的隔间（图七八）。在墓内堆积中有少量25~35岁女性的骨骼。在堆积中也发现截断的西伯利亚狍的角（图七九，1）。在椁的底部发现6只小绵羊和1只成年绵羊的头骨残片，少量小型有角家畜的骨骼（山羊或绵羊），以及马鹿的鹿角切片。

出土器物：在墓内堆积和棺底发现陶器残片（图七九，2~4）。在椁内堆积中发现角质器物的残片（图七九，5、6），角质坯料的残段（图七九，7），以及残留织物的铁器残片。在棺内堆积中发现小的红色漆片。

M99（图八〇）

属于墓群Ⅱ，位于ZM45以北18米处（插图二六）。无墓上石堆。墓坑尺寸为250厘米×90厘米，深38厘米。

葬具为木棺，尺寸为200厘米×60（45）厘米，壁高20厘米，底和盖板用纵向木板制成。墓主人为30~40岁的男性。沿着木棺的东壁外侧成排放置动物的头骨和趾骨，顺序如下：2个马头骨（其中的一个牙齿附近残留铁衔），头骨前方有马的趾骨，接下来有成一排的5个绵羊头骨（按照如下顺序排列：大绵羊、4个月大的绵羊、小绵羊、老绵羊、1岁半的绵羊）。在棺内墓主人左肩旁边有绵羊的肱骨。

出土器物：在右手指上方发现用加工过的狍子角制成的"Y"[1]字形器物，在上部角的两个分枝之间的穿孔处有残留的皮带，在其中一个分枝上保留有横截面长方形的刻槽线，在其长边上刻出不深的凹口，在分枝的上缘有鹿头图像（图八〇，1、1-a）。在角质器物的下面有青铜环，还有3个环在其右边，在骶骨上也有环。在角质器物的下面还有2件青铜纽扣。在右侧骨盆的骨骼上有带横扣针的铁带扣，在墓主人左手掌处也有类似的带扣。在左侧骨盆的骨骼上有带凸钮的长方形铁带扣，在其下方有残留木柄的铁刀。在左侧股骨的内侧有5个勺形青铜带饰。在棺东壁附近沿着左侧股骨有腐烂的桦树皮制成的器物，在其末端放置2件青铜纽扣（图八〇，2~19）。

M100（图八一）

属于墓群Ⅱ，位于M99以北12米处（插图二六）。无墓上石堆。墓坑尺寸为235厘米×87厘米，深30厘米。

葬具为木棺，尺寸为187厘米×56（43）厘米，壁高18厘米，棺有盖板和底。墓主人为近70岁的男性。在左肩处有山羊的肱骨。

出土器物：在骨盆右半部的下面有带神兽图案的青铜片状带扣。在骨盆的中部近左手和右手处有3件形制相同的镂空青铜带扣。在右手处有2件散开分布的勺形青铜带饰；还有3件这样的带饰沿着左侧股骨分布，从左手延伸到股骨中部。在左侧膝盖附近有不大的在古代就已经破碎的青铜环（图八一，1~8）。

M101（图八二）

属于墓群Ⅱ，位于M100西偏北10米处（插图二六）。无墓上石堆。墓坑尺寸为212厘米×63厘米，深26厘米。

葬具为木棺，尺寸为185厘米×48厘米，壁高10厘米，棺有底和盖板。墓主人为

---

[1] 原著这里为"V"。中译本根据第三章和图八〇改正为"Y"。

60～65岁的男性，左脚掌呈直角放在右脚掌的上面（脚可能被捆起来了），右腿的胫骨和腓骨被分开，腰部脊椎线明显有些弯曲。

出土器物：胸腔右侧下面肋骨处有勺形青铜带饰，在其下面有铁刀。在右肘部有铁刀和铁器残段。在左肘部有勺形青铜带饰；在左肘和左侧股骨头之间有铁环和圆形铁带扣（图八二，1～4）。

M102（图八三～图八五）

属于墓群Ⅱ，位于M101西北4米[1]处（插图二六）。无墓上石堆。墓坑尺寸为245厘米×101厘米，深33厘米。

葬具为带底和盖板的木棺。棺盖板由2块纵向木板制成，在其上面保留几块横铺的半剖原木，分别位于棺的中部和一端。棺的尺寸为182厘米×74（56）厘米，壁高17厘米。在棺外北侧的墓内堆积中有成堆的灰烬和小炭块。墓主人为近60岁的女性，脚掌骨缺失（图八三，A）。

出土器物：在棺西北角的头骨的面部骨骼前面（图八三，B）有带木柄的铁刀、带横扣针的铁带扣、3件勺形青铜带饰、2件带熊面部图案的青铜纽扣。在头骨和颈椎附近有19枚绿松石坠饰、1枚萤石珠子、4枚光玉髓珠子和1枚不大的玻璃珠（图八三，1～33）。

在骨盆的骨骼上残留纺织物碎片和皮质腰带带身的残段，腰带有以下配件（图八四，A）：在骨盆骨骼的右侧有装饰相互搏斗的马图案的青铜片状带扣，牌饰背面放在专门切割好的木质衬板上（图八四，15）；在牌饰的旁边有青铜铃、镂空环、青铜管（可能是烟嘴）（图八四，10、11、1）；在它们的上方发现21枚光玉髓珠子、7枚玻璃珠、75枚小花玻璃珠、11枚骨珠（图八五，1、6、13、5[2]）、1枚长方形的绿松石珠子、1枚菱形的萤石珠子、2块天然贝壳残片、1枚带镶嵌槽座的泥质石灰岩圆形珠子（图八五，8～11）、3枚绿松石小珠子。

在骨盆左侧前臂的骨骼上有装饰相互搏斗的马图案的青铜片状带扣（图八四，14），它和前面的一件一样，放在专门的木质衬板上。在骨盆的骨骼上有大量光玉髓珠子和小花玻璃珠，它们大概是缝在腰带上的。右侧骨盆的内侧有带孔的光玉髓团块[3]（图八四，13）。

在右侧股骨的外侧有2排夹杂玻璃珠的光玉髓珠串，珠串的末端是用泥质石灰岩仿制的贝壳（图八五，14）。在骶骨的右边有不大的青铜环，在骶骨的左侧也有一个环（图八四，5、6）。在它们的旁边有镂空环（图八四，12），在该环的周围放置光玉髓珠子、小

---

[1] 原著这里为"6米"。中译本根据第三章和插图二六改正为"4米"。
[2] 原著这里为"7"。中译本根据图八五改正为"5"。
[3] 图八四，13标注该团块的质地为碧玉。

花玻璃珠、圆形和圆柱形的骨珠。

在青铜片状带扣下面的右边放着带花样扣针的青铜环、青铜小铃（图八四，7～9）、2件半个的贝壳、青铜环和青铜带扣残段（图八四，3、4）、光玉髓珠子、小花玻璃珠、圆柱形骨珠、玻璃珠、绿色矿物制成的珠子（可能是蛇纹岩）、带镶嵌槽座的圆形泥质石灰岩珠子（图八五，12）。在大的片状带扣的左边有五铢钱（图八四，2），在它的旁边有光玉髓珠子、圆柱形骨珠、小花玻璃珠和浅绿色石珠。

M103（图八二）

属于墓群Ⅱ的单元121，位于M101以南11米处（插图二六）。无墓上石堆。墓坑尺寸为233厘米×79厘米，深35厘米。

葬具为木棺，被盗墓破坏。棺的尺寸为200厘米×50厘米，壁高18厘米，底和盖板用纵向木板制成。在棺底下面距离南、北壁50厘米处有垫木（图八二）。墓主人为成年人，可能为女性。在棺内有绵羊的头骨。

出土器物：锈蚀的铁器残片（2件环、1把刀，可能还有衔），勺形青铜带饰的残段，在棺的东壁附近有不大的镂空青铜扣环（图八二，5～11）。

M104

属于墓群Ⅱ，位于M100西北4米处（插图二六）。墓葬因风蚀被破坏，仅发现胫骨的残段和木头残块，在其旁边有铁器残段。

M105

属于墓群Ⅱ，位于M100以东7米处（插图二六）。在略微显示出的浅色壤土斑点处发现大量木质纤维和数量不多的有机物。没有发现遗物。可能也被盆地的风蚀破坏了。

M106（图八六）

属于墓群Ⅱ，位于M102东北6米处（插图二六）。无墓上石堆。墓坑尺寸为187厘米×61厘米，深30厘米。

葬具为木棺，尺寸为161厘米×50（40）厘米，壁高15厘米。棺的底和盖板用纵向木板制成，盖板靠搭在棺壁的边缘和3块附加的横板之上，横板残留的部分压在头骨、骨盆和股骨的中部上。墓主人为15～18岁的女性，左脚掌的骨骼与骨架分离。

出土器物：在左肘附近有成堆的玻璃珠和小花玻璃珠。在左股骨的内侧有带木鞘的环首铁刀，在其上方有玻璃珠和小花玻璃珠，在其下方有2件镂空的青铜环。在左侧股骨头上面和右侧股骨外侧有2件不大的青铜环,在它们之间的股骨上方还有3件青铜环。在左膝盖处有2件青铜铃,在铃下面的左侧膝盖上有3枚不大的玻璃珠和泥质石灰岩的金字塔形坠饰。在头骨下面有2枚较小的玻璃珠和小花玻璃珠(图八六,1~16)。

M107(图八七~图八九)

位于墓地基点东偏南75米处,距离ZM35有77米[1](插图二六)。无墓上石堆。墓坑尺寸为218厘米×82(72)厘米,深41厘米。

葬具为木棺,棺的盖板和底用纵向木板制成。棺的尺寸为160厘米×55厘米,壁高20厘米。墓主人为45~50岁的女性,头骨具有蒙古人种特征。跟骨被砍断,放在南壁外的棺盖上,在跟骨之间有一部分左腿的小胫骨;部分脚掌骨见于棺的南壁附近,与肢骨末端分离。

出土器物:在头骨内、下颌骨外有贝壳[2](图八七,1)。腰带的皮质带身只保留了一部分,从左肘左侧的骨架到股骨中段分布下列成套腰带具的配件(图八七,A、B):① 2件安装在木质衬板内的装饰相互搏斗的马图案的青铜片状带扣(图八八,1~6);② 2件镂空青铜环;③ 4件只保留了一部分的形制简单的青铜环;④ 骨管;⑤ 7件有马形象的青铜小牌,小牌借助薄皮条固定在腰带的皮质带身上,有一部分皮带还保留在小牌上。腰带还装饰3件用河蚌壳制成的仿制贝壳[3],以及光玉髓和玻璃的珠子。腰带上固定铁刀(图八九,1、4~21)。

在右肩关节附近发现半个圆柱形的绿松石珠子。在头骨的颞骨附近发现2件光玉髓做成的坠饰(图八九,2、3)。

M108(图九〇;图九一)

属于墓群Ⅱ,位于M107东北4米处(插图二六)。无墓上石堆。墓坑尺寸为255厘米×98厘米,深38厘米。

葬具为木棺,有纵向木板制成的底和盖板,尺寸为207厘米×70(50)厘米,壁高20厘米。在棺底板以下距离南壁40厘米处有垫木。墓主人为55~60岁的女性。在棺的北部盖板上有动物骨骼:2个母牛头骨,2个小型有角家畜(绵羊或山羊)的头骨及趾骨。在头骨的左侧有小型有角家畜的肱骨和几个末节趾骨(图九〇,A、B)。

出土器物:皮质的腰带带身几乎完全腐烂,沿着人骨架的右侧从右肩部到股骨头处

---

[1] 该墓属于墓群Ⅱ。
[2] 图八七,1标注贝壳出自墓口处。这可能是因为墓坑较浅,在头骨一带出土的贝壳位置已接近墓口。
[3] 图八九,5~7标注仿制贝壳的质地为泥质石灰岩。

有以下成套腰带具的配件（图九〇，B）：2件有猫科猛兽噬咬鹿图案的长方形片状带扣（图九一，11、12），片状带扣安装在完全腐烂的木质衬板上；2件镂空环；3件形制简单的青铜环。腰带上装饰绿松石、玻璃和光玉髓珠子；腰带上挂带环首的铁刀和铁锥，只保留下来一少部分（图九一，1、4~6、9、10）。在颌骨和颈椎下面有玻璃、光玉髓和绿松石珠子组成的项链，项链的中部是金质的带浮雕小牌，小牌侧面有2个穿孔，中部有1个铁钉（图九一，2）。在颞骨附近有水滴形的光玉髓坠饰（图九一，3）。

M109（图九二；图九三）

属于墓群Ⅱ的单元111，位于ZM111西南角（插图二六）。无墓上石堆。墓坑尺寸为227厘米×83（60）厘米，深24厘米。

葬具为木棺，有纵向木板制成的棺底和盖板。棺的尺寸为148厘米×41（38）厘米，壁高10厘米。墓主人为4岁的儿童（可能是男孩）。仰身，左臂沿着躯干放置，右臂有些向膝盖弯曲，下肢较直，膝盖骨缺失，脚掌骨与骨架分离（图九三）。在头骨的东侧有绵羊的肱骨。在棺北壁附近的头骨外侧有2只绵羊的骨骼，包括带角的头骨、颈椎、肋骨，以及两个头骨之间的尾椎骨（第二个头骨保存较差）。

出土器物：在绵羊头骨的旁边侧放着不大的陶器。在墓主人骨盆的骨骼上有腰带的配件：铁带扣和铁环。在右侧股骨的内侧有勺形青铜带饰和青铜纽扣。在左侧膝盖附近的外侧有铁刀。在颌骨下面有小的圆形绿松石珠子。在股骨末端、左脚掌附近有带横向扣针的小铁带扣；在右侧脚掌骨上还发现类似的完全毁坏了的带扣（图九三，1~11）。

M110（图九二）

属于墓群Ⅱ的单元111，位于ZM111的南部边缘（插图二六）。无墓上石堆。墓坑尺寸为220厘米×95厘米，深40厘米。没有发现葬具。除了1颗牙齿以外没有任何发现，墓葬被盗掘一空。

ZM111[1]（图九二；图九四）

属于墓群Ⅱ，在墓群的北部，是单元111的中心冢墓（插图二六）。在现今地表可见残留的石堆，几乎完全被侵蚀破坏，形状和尺寸不详。墓坑尺寸为320厘米×100厘米，深130厘米。在墓坑的上部残留铺的石头。

葬具为木棺，有纵向木板制成的底和盖板。棺的尺寸为220厘米×60厘米，壁高12厘米。在棺底板下面距离南壁15厘米处有垫木（图九四）。

---

[1] 原著这里俄文原文为"погребение 111"，即"M111"。中译本根据第三章改正为"ZM111"。

附录　墓葬详述

出土器物：墓坑上部的北壁附近有压碎的陶器。在墓内堆积的不同深度有铁器残段、3枚光玉髓珠子和1枚煤精珠子，以及带白色条纹的三角形蓝色玻璃坠饰[1]（图九四，1~7）。

M112（图九二；图九五）

属于墓群Ⅱ的单元111，位于ZM111东南3米处（插图二六）。无墓上石堆。墓坑尺寸为282厘米×122厘米，深125厘米。

葬具为木棺，有纵向木板制成的底和盖板。棺的尺寸为242厘米×80厘米，壁高30厘米。在棺底板的下面距离南壁15厘米处有垫木（图九五）。在墓内堆积中残留60多岁男性的骨骼，跟骨被竖着砍断。

出土器物：在墓内堆积的不同深度发现安装在腰带片状带扣下的木衬板，几乎完全腐烂；铁器残段，可能是衔和镳；木器残片；铁锥残段；角器残段；弓弭；贝壳；3件用河蚌壳仿制的贝壳[2]；青铜纽扣（图九五，1~15）。

M113（图九二；图九六）

属于墓群Ⅱ的单元111，位于ZM111以东6米处（插图二六）。无墓上石堆。墓坑尺寸为240厘米×100厘米，深60厘米。

葬具为木棺，几乎完全腐烂，尺寸为200厘米×50厘米，壁高8厘米。

出土器物：在墓坑北壁附近棺底上二次堆积的铁器中，有带横向扣针的带扣、环首刀残段、环的残段（图九六，3~6）。在墓坑东壁附近的盗坑中发现小块的红漆、角质弓弭残片、绿色矿物制成的圆柱形珠子、镂空的青铜带扣（图九六，1、2、7）。

M114（图九七~图九九）

属于墓群Ⅱ，位于M113东南9米处（插图二六）。无墓上石堆。墓坑尺寸为220厘米×72厘米，深30厘米。

葬具为木棺，有纵向木板制成的底和盖板。棺的尺寸为200厘米×50厘米，壁高13厘米。墓主人为50~60岁的女性，有显著的蒙古人种特征，跟骨被纵向砍断。棺北部的盖板上[3]放置2件陶器。墓主人头骨的东侧放置几乎完全被破坏的母牛头骨。墓主人头骨和棺的北壁之间有绵羊和大型有角家畜的肱骨和几个末节趾骨。在棺的西壁外与墓主人右肘相对的地方有小型有角家畜的头骨（图九七）。

---

[1] 原著这里为"玻璃珠"。中译本改正为"玻璃坠饰"。
[2] 图九五，2~4标注仿制贝壳的质地为泥质石灰岩。
[3] 原著这里为"墓坑北壁和棺之间"。中译本根据第三章和图九七改正为"棺北部的盖板上"。

德列斯图依墓地

出土器物：在右臂的肘关节上残留完全破坏了的铁器，可能是环或者带扣（图九九，15）。在骶骨上面一点的地方有环首铁刀和环首铁锥（图九九，10、11）。骨盆的骨骼上保留了一系列腰带的配件（图九七，B）。在左前臂和胸肘部之间放有木衬板的青铜片状带扣（正面朝下，有衬板的反面朝上），片状带扣上装饰两只格里芬噬咬一只山羊的图案，格里芬站在跌倒的山羊背上（图九八，1）。在片状带扣的下面有泥质页岩的环形坠饰[1]（图九八，9），在其上面有泥质页岩的小型长方形带饰（图九八，3）。在环和长方形带饰的周围分布珠子和用河蚌壳仿制的贝壳（图九九，3~7）。在青铜片状带扣的上面有青铜环（图九九，12）。

在左侧骨盆的骨骼上有第二个用泥质页岩制成的带穿孔的环（图九八，10）。一个泥质页岩的长方形带饰的一部分进入了左侧骨盆下面（图九八，4）。在长方形带饰和左侧股骨头的周围有珠子，主要是光玉髓的（图九九，2）。在骶骨上有泥质页岩[2]的长方形带饰，在其下面有青铜环（图九八，5~7；图九九，13），在其周围有光玉髓和骨质的珠子。在右手上有泥质页岩[3]制成的短边处有穿孔的较大的长方形片状带扣（图九八，2）。

在头骨的右侧有氧化的铁器残片（可能是不大的环），旁边有4枚萤石珠子、绿松石坠饰、绿松石珠子、1枚圆柱形玻璃珠和锥形带白色波浪条纹的蓝色玻璃坠饰[4]（图九九，8、9）。

在下颌骨的下面和颈椎的周围有由1枚绿松石珠子、1枚蛇纹岩珠子、1枚绿松石坠饰、4枚泥质石灰岩桶形珠子（完全损坏）和小花玻璃珠组成的项链[5]。在棺西北角有不大的泥质页岩的长方形带饰（图九八，8；图九九，1）

M115（图一〇〇）

属于墓群Ⅱ，位于M114南偏西35米处（插图二六）。无墓上石堆。墓坑尺寸为212厘米×70厘米，深30厘米。

葬具为木棺，尺寸为180厘米×45厘米，壁高10厘米，盖板和底用纵向木板制成。墓主人为40~50岁的女性。在棺的东北角有绵羊的肱骨。

---

[1] 原著这里为"环-坠饰"。中译本根据图九八，9、10改正为"环形坠饰"，应指坠在腰带下的带环。图九七标注环的质地为煤精，但图九八标注该环质地为泥质页岩。
[2] 第三章和图九八也描述该带饰的质地为泥质页岩，但图九七标注为煤精质地。
[3] 第三章也描述该带扣的质地为泥质页岩，但图九七标注为煤精质地。
[4] 原著这里为"玻璃珠"。中译本改正为"玻璃坠饰"。
[5] 根据这里的文字描述，在下颌骨下面和颈椎周围分布的组成项链的珠子，应该是图九九，7、8所示的珠子，但是这两串珠子中的铁、萤石、玉髓三种质地在此处未提及；此处提到的泥质石灰岩质地珠子，在图九九中未见标注。

出土器物：在骨盆的骨骼上有以下腰带的配件（图一〇〇，B）：在骨盆骨骼的左面有青铜环，左侧股骨头上有铁刀和铁锥；在骶骨上有镂空的青铜环，右侧股骨头上有第二件镂空环，在其上方还有1个形制简单的青铜环；在镂空环的上方成排分布几个贝壳和用河蚌壳仿制的贝壳；在骨盆骨骼的上方，镂空环的周围直至铁刀处有45枚光玉髓珠子和11枚玻璃珠。在颞骨和头骨底部附近有10枚绿松石坠饰（图一〇〇，1~36）。

M116（图一〇一）

属于墓群Ⅱ，位于M115东南8米处（插图二六）。无墓上石堆。墓坑尺寸为240厘米×75厘米，深25厘米。

葬具为木棺，底和盖板用纵向木板制成，尺寸为195厘米×55厘米，壁现存高度为8厘米。拆开棺底板后可见在其下面距离北壁20厘米和距离南壁40厘米处有横向的垫木。墓主人骨架完全腐烂，性别和年龄不详。在棺的东北角有绵羊的肱骨。

出土器物：在棺西壁的右侧股骨附近有铁衔残段和带青铜末端的铁镳残段。在衔的旁边有青铜铃和装饰熊图案的青铜纽扣（图一〇一，1~14）。在骨盆的区域残留尺寸为3厘米×4厘米的红漆，可能是涂在某种器物上的漆。

M117（图一〇二；图一〇三）

属于墓群Ⅵ南部的单元117（插图三五）。无墓上石堆。没有找到墓坑。

葬具为木棺，有仿照石箱的石质盖板。棺东南部和北部的石头上部在距今地表5厘米处出现。墓葬的中部和北部填充平均尺寸为30~40厘米的石头，尤其是在死者头部以上棺的北有3~4排堆放紧密的石头。墓葬中部的石头较稀疏，南部完全不见石头。棺的尺寸为195厘米×50厘米，保留下来的壁高12~15厘米，有2层盖板。第一层盖板用几块宽近20厘米的半剖原木组成：1块半剖原木落入木棺北半部距离北壁18厘米的墓主人头骨上方，在棺中部的骨盆骨骼上方有2块半剖原木，还有1块在棺南部的膝盖上方。第二层，即下层盖板由纵向木板组成，塌落到墓底，木板数量不明。棺的侧壁用厚近10厘米的枋木制成，连接侧壁和端壁的方法较常见：在端壁上留出榫，侧壁上留出凹槽（图一〇二）。墓主人为35~45岁的男性。脚掌骨和右胫骨缺失[1]。

出土器物：在肋骨区域左侧有青铜的环形"圆槌"（图一〇三，6）。在右前臂处有成堆的氧化铁器，形状不详，推测是马肚带上的有横向扣针的圆形带扣或环（图一〇二，4、5）。在它们的下面有砺石，砺石有切割成倾斜状的末端，在穿孔内残留铁绳圈（图一

---

[1] 根据图一〇二和附表可知，墓主人的脚掌骨、右侧股骨和胫骨缺失。

○二,3)。铁器以下在右侧骨盆的区域有骨质的"烟斗嘴"(图一○二,2),铁器的旁边有2件勺形青铜带饰(图一○三,8、10),在它们的上面有三瓣花形背面有吊钩和扣环的小牌饰、带横梁的带扣(图一○三,4、5)。沿着右侧股骨有2件带公牛头图案的青铜带扣上下叠在一起,上面的带扣面朝上,下面的带扣面朝下(图一○三,1、2)。在下面带扣的旁边可能是铁刀的残段。在带扣的旁边有残余的红漆。在左侧膝盖附近有残留的铁器,在其旁边有4件勺形青铜带饰(图一○三,9、11~13),它们的下面为有蹄类动物的青铜塑像(图一○三,3)。沿着左侧股骨有三翼青铜镞,有环状銎孔和已经腐烂的木铤(图一○三,7)。在骨盆骨骼的下面有河蚌壳仿制的贝壳(图一○二,1)。

M118(图一○四)

位于墓群Ⅵ的中部,属于单元118(插图三五)。无墓上石堆。墓坑被风蚀所破坏。

葬具为木棺,尺寸为185厘米×50(33)厘米,壁高10厘米。棺有纵向木板制成的盖板,几乎完全腐烂;棺底也为纵向木板制成。墓主人为年龄近60岁的女性。在墓内堆积中可见少量木炭。在墓主人右脚掌下有一大块木炭碎片。

出土器物:在右侧颞骨上有带浮雕小槽的青铜纽扣,放在腐烂皮革层上。下面在右乳突处有蓝色的玻璃(?)珠。在右前臂附近,右侧骨盆的骨骼上有装饰两条龙图案的青铜片状带扣,在片状带扣的下面残留木质衬板。在片状带扣下面有已经分解了的用河蚌壳仿制的贝壳。在右股骨附近有2件青铜纽扣,下面有6件勺形青铜带饰。其中2件一起放在纽扣的下面,一件正面朝上,另一件正面朝下;在勺形带饰的上面有桶形石珠,再往下为正面朝上的勺形带饰,再往下还有一件同样的带饰反面朝上;再往下有2件勺形带饰,一件侧立与股骨垂直,另一件反面朝上[1]。在右侧膝盖的内侧有已经分解了的铁器残片。在股骨之间有成堆的氧化的铁器,其中能分辨出刀、圆环或者带横向扣针的带扣(图一○四,1~15)。

M119(图一○五;图一○六)

属于墓群Ⅵ的单元29(插图三五)。无墓上石堆。墓坑尺寸为280厘米×70厘米,深65厘米。

葬具为木棺,尺寸为210厘米×60厘米,壁高35厘米。清理木棺时在棺壁发现一层白色碎屑,推测棺壁可能是用未去皮的薄桦木板制成,棺的底可能也是用薄板制成(只在北壁和南壁保留下来腐烂的木板)。

在墓坑北壁附近的棺上有大型和小型有角家畜的头骨:母牛和绵羊的头骨沿着东

---

[1] 这里的"再往下",是指从头到脚方向的往下,而非垂直方向。

壁放置，沿西壁放小牛和2只绵羊[1]的头骨。在每个头骨的旁边放末节趾骨和1～2块椎骨，在母牛头骨下面有2个母牛蹄部的趾骨（图一〇五）。在陶器的前面有小型有角家畜的肱骨。墓主人为近50岁的女性。在人骨的上面保留一薄层白色碎屑，可能是用未去皮的薄桦木板制成的盖板的残留物。

出土器物：在棺的西壁距离北壁1米处放置1把环首铁刀（图一〇六，6）。在墓主人头骨的上面侧放1件陶器，陶器肩部装饰模仿把手的贴塑。在陶器口部的前面有另一件装饰水波纹的陶器器壁残片，这个残片充当了完整陶器的器盖（图一〇五，1、2）。在右手指骨的下面有泥质石灰岩环，在左侧股骨的中部还有1个环。在环的上面有2排骨质、玻璃质、陶质、光玉髓质的珠子。左侧骨盆骨骼下面还有1排珠子从左股骨内侧进入股骨中段的下面，之后绕回形成环形并一直下沉到下面的绳圈处。在珠子的旁边有腐烂的铁器残片。在头骨的右边、右肩的区域有鎏金的青铜丝制成的耳饰，耳饰上固定玻璃珠和小花玻璃珠。在下颌骨的上面有绿松石珠子。清理人骨架时在右手和前臂下方发现2排玻璃珠。右前臂下方发现腐烂的铁器（可能是锥子），放在木鞘里，鞘上覆盖角质贴片，鞘长约20厘米，铁器和鞘都只保留下来碎片。在它们和墓坑西壁之间有1排玻璃质、光玉髓质和骨质的珠子（图一〇六，1～5、7～12）。

M120（图一〇七；图一〇八）

属于墓群Ⅵ的单元29，位于M119以北1米处（插图三五）。无墓上石堆。在现今地表可见几块墓葬的盖板石。墓坑尺寸为225厘米×70厘米，深45厘米。除了北部以外（近40厘米），墓坑的上面都覆盖石头，石头的平均尺寸为20厘米×25厘米，呈几排分布。最密集的石堆在墓的南半部。石头只填充了墓坑的上部，到50厘米的深度开始出现墓内填土——夹杂碎石块的灰色砂壤土[2]（图一〇七，A）。

葬具为木棺，几乎完全腐烂。棺的尺寸为215厘米×55（40）厘米，保留下来的棺壁高17厘米。墓主人为近40岁的男性，脚的末节趾骨缺失，保留下来的脚掌骨骼不自然地扭转至彼此相对，跟骨破裂（图一〇七，B）。

出土器物：在下颌骨附近有微小的绿松石珠子，下颌骨的上面有贝壳（图一〇八，1；图一〇七，B.2）[3]。在头骨的左、右两边有2件角质的弓弭（图一〇八，17、18），最初大概是并排横放在头骨上。第一件弓弭残成两段，残断的两段相互平行摆放；第二件弓弭覆盖墓主人的眼睛，其残段掉入眼窝。在其中一件弓弭上距离端部7厘米处有符号，

---

[1] 第三章和附表中为不超过2岁的绵羊。
[2] 图一〇七标注墓内填土为浅色砂壤土。
[3] 原著这里为"（图一〇八，1、3）"，但是图一〇八，3对应的应是图一〇七，B.9所指示的腰部附近的仿制贝壳。中译本改正为"（图一〇八，1；图一〇七，B.2）"。

可能是象形字"日"（图一〇八，18）。在头骨下面的右侧残留有机物制成的长方形器物，尺寸为2厘米×12厘米（大概是另一件弓弰的残留物）。

在左前臂的上方有6件带木箭杆的青铜镞，镞上都覆盖一层可能是桦树皮箭筒留下的白色碎屑（图一〇八，4~9）。在碎屑层的上面略低于镞的地方有铁器残片，可能是箭筒上的挂钩。镞均为三翼，有环形的銎，镞尖朝上摆放。木质箭杆保存较好，横截面为椭圆形，长32厘米，箭杆的末端被折断。

在肩部右侧的胸腔上有成堆氧化的铁器。在右侧肋骨附近有骨管（图一〇八，16）。在左侧骨盆的骨骼下面有一块珍珠贝。在右前臂和下部肋骨之间有骨珠。在骨盆的骨骼之下，部分左、右股骨的上半部有带扣针的铁带扣和铁刀（图一〇八，10、11、19）。在棺壁和左胫骨之间有一堆铁器，其中可分辨出马衔、铁环和铁镳的残段（图一〇八，12~15）。在右脚的大拇指和食指之间有光玉髓的珠子（图一〇八，2）。

ZM121（图一〇九）

位于墓群Ⅱ的中西部[1]，是单元121的中心冢墓（插图二六）。墓上有石堆，形状无法复原。组成石堆的最大的石块尺寸为60厘米×40厘米，平均尺寸为20厘米×30厘米；残留的石堆占地面积为4米×5米。在石堆的中部有凹坑。墓坑尺寸为220厘米×86厘米，深20~28厘米。

葬具为石箱内放木棺。墓葬被盗，后又被腐蚀破坏，只保留下来几块石箱的石板和石箱内的棺板碎块。推测分布状况保留了原始状态的石箱的石板如下：南面有1块狭长的石头；北面有2块不大的石板；东面有1排不大的石头，平均尺寸为20厘米×30厘米；西面没有石块[2]（可能没有保留下来）。南面和东面的棺木保存得最好，均为纵向和横向的半剖原木残段，这使我们能够推测木棺有纵向和横向的盖板。棺底已经成为一薄层腐烂的木材。没有发现随葬品。

M122（图一一〇；图一一一）

属于墓群Ⅱ的单元121，位于ZM121以南不超过2米的地方（插图二六）。在现今地表不见墓上石堆。墓坑尺寸为232厘米×80厘米，深40厘米。

葬具为木棺，尺寸为185厘米×55（45）厘米，壁高15厘米。棺壁用厚7~8厘米的木板制成，棺底和盖板也用纵向的木板制成。墓主人为20~25岁的女性，左前臂、右桡骨、脚掌骨缺失（图一一〇）。

---

[1] 原著这里为"西部"。中译本根据插图二六改正为"中西部"。
[2] 根据图一〇九可知，石箱的西壁保留下来1排石头，东壁只保留下来1块石头。这与附录中的描述正好相反，推测此处文字有误。

出土器物：在头骨的左边和右边的颞骨附近有7枚绿松石坠饰，可能是2件组合式耳环的构件。在颈椎附近、左太阳穴和下颌骨的下面有项链（玻璃珠和小花玻璃珠）。右前臂上有绿松石坠饰。在股骨的下部有下列腰带装饰品：从棺的边缘横跨左侧股骨，在股骨之间及左侧股骨外侧有一串珠子，质地包括光玉髓、碧玉、绿松石、玻璃；右侧股骨的内侧有2件爪形的玉髓坠饰，在其上面有六棱形和五棱形的萤石珠子，还有1枚高超过10厘米的萤石珠子；椭圆形的萤石珠子放在左股骨内侧的铁器上。在清理股骨和右前臂附近的光玉髓珠子下面时发现一堆紫色的小花玻璃珠。在左股骨的外侧有青铜的小牌，在其下面有完全分解了的泥质石灰岩环。类似的保存状况较差的环，见于股骨之间的珠子层下面。在环的上面有氧化的铁器，在铁器上缘的铜带扣附近有泥质石灰岩珠子。在右手的下面残留可能是带扣或环的铁器（图一一○，1、2；图一一一）。

M123（图一一二～图一一四）

属于墓群Ⅱ的单元121，位于ZM121西北4米处（插图二六）。无墓上石堆。在墓坑口的南面和北面有2块大石头。墓坑尺寸为276厘米×105厘米，深98厘米。

葬具为木棺，尺寸为200厘米×70厘米，高35厘米。在西北角和西南角保留不大的纵向木板的残段，可能出自棺盖板。纵向木板的残段也见于棺中部的堆积。棺两侧壁的内侧为黑色，可能是腐烂树皮的痕迹（不排除木板被轻微烧过）。在墓坑内和棺内的堆积中常见小块的木炭（图一一二）。墓主人为近50岁的男性。除了头骨，墓内堆积中的所有其他人骨均为再次堆积状态。

出土器物：在棺内堆积中呈反复堆积状态。在棺西北角的石块下面有半个泥质页岩质地的片状带扣，表面有"坑点"纹饰。棺东壁处还有2件可能是此类片状带扣的残片。这里也发现2件用角的底部（可能是西伯利亚狍的角）制成的节约[1]，还有小的角质器物残块、镂空的青铜环（受损严重）、有纹饰的角质马镳残段、勺形青铜带饰（图一一三，1、2、4、5、9、9a）[2]。在棺的西壁接近北壁处有铁器残片，其中可以分辨出马衔和环；在铁衔残段的末端残留有角质的镳，这件镳的残段可能也见于北壁附近（图一一三，10～12）。在北壁附近有人的牙齿和用未加工的绿松石团块做成的坠饰（图一一三，7）。在接近南壁处有长方形的青铜带扣，带扣有凸钮，在中部有残断的横梁（图一一三，3）。

---

[1] 这里的"节约"俄文原文是"ворворка"，字典查不到该词的词义。根据图一一三，4、5的形状和图注文字可知，ворворка指的应为穿皮带用的节约。
[2] 原著这里为"（图一一三，1、4～6、8、9、9a）"。中译本根据图一一三改正为"（图一一三，1、2、4、5、9、9a）"。

在棺东壁的外面，沿着墓坑的东壁有处于原始位置的弓的配件、箭及铁质和青铜质器物的残片，后者可能是笼头上的配件。它们按照如下顺序排列：在距离棺北壁60厘米处有2件角质弓弭，成对相互靠在一起（图一一二，1、2）；在东壁的中部有一套箭，上面是2枚铁的三翼镞（带残断的木杆，其中一枚有角质的"鸣镝"），下面的为角质的分尾式镞（每枚镞的镞身轮廓和横截面都有一定的差别）；在它们的下面有带环形銎的青铜三翼镞，有木箭杆残段（图一一四，1~11）；在下面3厘米处有破损的角质器物残片，可能是另外一枚镞。没有找到箭筒的痕迹。

在距离南壁60厘米处有第二对弓弭、2件青铜铃和一堆铁器残段。弓弭中有一件是完整的；另一件是组合的，比常见的要短，"接上"有斜切的宽末端的片状贴片（图一一二，3、4、4a）。青铜铃的形制相同，装饰复杂的几何形图案（图一一四，15、16），其中一件保留下来用大的光玉髓珠子制成的"铃舌"，用毛线绳挂着（图一一四，13）。在一堆严重氧化的铁器中可以分辨出以下器物：① 马衔残段；② 甲片或者皮带上的有穿孔的贴片，上面保留了铁钉（图一一四，12）；③ 2件窄长的板，在两者之间发现青铜的薄片（图一一四，14）；④ 扁平的五角形板；⑤ 环或者带横向扣针的圆形带扣。

ZM124（图一一五）

位于墓地基点的南偏东62米处，属于墓群Ⅱ的单元124，是单元的中心冢墓（插图二六）。墓上有用平均尺寸为40厘米×60厘米的大石块堆成的石堆，石堆的形状和尺寸不详。墓坑尺寸为236厘米×72厘米，深89厘米。

葬具为木棺，尺寸为190厘米×50厘米，壁高20厘米。在棺的西南角残留成年男性的骨骼。

出土器物：在木棺的西北角和棺上大量重复堆积的人骨中有铁器残片。在棺的东南部呈重复堆积状态的器物有2件角质的弓弭及另一件弓弭的残段。在它们的旁边有铁器残段，其中可以分辨出有横向扣针的圆形带扣及环的残段（图一一五，1~4）。

ZM125（图一一六）

位于墓地基点的南偏东75米处，属于墓群Ⅱ的单元125，是单元的中心冢墓（插图二六）。墓上有不同尺寸的石块堆成的石堆，石块的尺寸从60厘米×40厘米到10厘米×15厘米不等。石堆被完全破坏，形状和尺寸不详。墓坑尺寸为290厘米×110厘米，深105厘米。

葬具为石箱内放木棺。石箱用竖立的石板搭成西壁和南壁。与此同时，南壁的一对石板、沿着西壁的前面两块石板及最后一块石板均立在墓底，其他的石板分布在堆积的上半部。石箱可能有平整的石板铺成的盖板：一块这样的盖板放在棺东壁的中部。

石箱北面和西面的石板缺失[1],可能是盗墓时被拆除了。棺有纵向木板制成的盖板,西壁保留下来了这些木板的残段。棺底腐烂,只留下一薄层木头。棺的尺寸为214厘米×55厘米,壁高50厘米。在棺的北壁放置动物头骨,顺序如下:在东北角放置母牛头骨,在中部放置山羊头骨,在西北角放置小绵羊(?)的头骨。在每个头骨的边缘放置相应动物的完整的末节趾骨。

出土器物:在棺内呈重复堆积状态的堆积中发现蓝色玻璃珠、青铜纽扣、残留皮带的勺形青铜带饰、铁器残片,铁器中可以分辨出铁环或者带横向扣针的圆形铁带扣,以及残留有纺织物的铠甲片(图一一六,2~7)。在木棺东北角的外面放置陶器(图一一六,1),在其上方放置小型有角家畜的胫骨,在陶器的上半部有小型有角家畜的肋骨。

M126(图一一七)

属于墓群Ⅱ的单元125,位于ZM125以南8米[2]处(插图二六)。无墓上石堆。墓坑尺寸为185厘米×42厘米,深55厘米。

葬具为木棺,几乎完全腐烂。棺的长度无法确定,棺南部宽12厘米,人骨架的四周和下面分布黑色的腐烂物。墓主人为20~25岁的女性。根据骨架的放置状况可以推测,她被紧紧地捆住或者裹住,导致骨盆变形(骨盆的右半部陷入左半部的下面,骨盆右半部之下则是左手)。右手放在右侧股骨头上,右侧肱骨头几乎"推入"下颌骨,膝盖处的腿是并在一起的(大概是被捆住了),脚可能也被缠住了。右手的长骨(桡骨和尺骨)和左腿的股骨有骨折。人骨架按照解剖学顺序摆放,但是在墓内堆积的中部发现4块颈椎骨。不排除墓主人是被砍头了,在填埋墓坑时把颈椎放入了填土中。

出土器物:在头骨下有1枚小的浅绿色玻璃珠(图一一七,1)。

M127(图一一七)

属于墓群Ⅰ,位于ZM44东南,可能属于单元44(插图二三)。无墓上石堆。墓坑尺寸为194厘米×77(55)厘米,深78厘米。

葬具为木棺,结构不常见。棺的长壁(东壁和西壁)支住端壁(北壁和南壁),端壁的末端超出长侧壁的界限并且实际上顶住了墓坑壁。由于木材保存状况较差,无法找到反映棺壁连接方法的痕迹。保留下来的棺盖板是厚1厘米的几乎是黑色的致密暗色夹层(可能为树皮或者毛毡)。棺底用薄木板制成,几乎完全腐烂。棺的尺寸为159厘

---

[1] 根据图一一六可知,石箱东面的石板缺失。这与附录中的"西面"正好相反,推测此处文字有误。
[2] 原著这里为"12米"。中译本根据第三章和插图二六改正为"8米"。

米[1]×44（30）厘米，壁高20厘米。墓主人为12岁的女孩，左脚的末节趾骨缺失。在墓主头部附近的棺底发现2根小型有角家畜的肋骨。

出土器物：在右侧胸腔上有与脊椎平行放置的角质器物的残留。清理骨骼时在下颌骨的下面发现半个蓝色的有眼睛纹的珠子[2]、小花玻璃珠（1枚）和已经氧化的细铁丝（图一一七，2~4）。

M128（图一一八）

属于墓群Ⅰ，位于ZM44东南8米处，可能属于单元44（插图二三）。无墓上石堆。墓坑尺寸为212厘米×70（56）厘米，深73厘米。

葬具为木棺，尺寸为178厘米×47（36）厘米，壁高20厘米。棺的盖板已经变成一层暗色的腐烂物，棺壁几乎完全腐烂，棺底只能看出一薄层腐烂物。墓主人为近50岁的女性。

出土器物：在右侧颧骨附近有绿松石坠饰，在颌骨的左侧及下方有用紫色的小花玻璃珠和玻璃珠串成的项链（图一一八，3）。在左前臂处有锈蚀的铁刀（图一一八，2）。在前臂末端下近手处有安装在木质衬板上的青铜片状带扣（图一一八，1），正面朝下，纹饰的主体为隐藏在树枝上准备跳跃的猞猁，下面跑来一只山羊（头为正面，身体为侧面）。

M129（图五一；图一一九；图一二〇）

属于墓群Ⅲ的单元65，位于ZM65墓上石堆东2米[3]处（插图二一）。无墓上石堆。墓坑尺寸为168厘米×80厘米，深240厘米。

葬具为木棺，有用纵向木板制成的盖板和底。棺的尺寸为140厘米×55（45）厘米，棺壁残高18厘米。墓主人为近65岁的女性，仰身，严重屈肢。右手弯曲到肘关节处，尺骨和桡骨放在胸腔上，指骨、跖骨没有按照解剖学顺序排列且不完整（其中的一部分在墓主人脚部的陶器内发现）。左臂比右臂低且肘关节处严重弯曲，尺骨和桡骨紧靠肱骨，手掌骨按照解剖学顺序排列。右腿膝盖处严重弯曲紧靠胸腔，脚掌骨位于左腿的股骨末端处。左腿膝盖处也严重弯曲，股骨不自然地向外扭，脚掌骨缺失（其中的一部分见于墓主人脚部的陶器内）。

出土器物：在墓坑西壁处棺盖板上的堆积中发现双半球形的青铜小牌饰[4]（图一二〇，24）。在脚部一带的棺盖板附近发现玉髓团块、两面磨光的碧玉，以及石质的带穿孔

---

[1] 原著这里为"59厘米"。中译本根据图一一七改正为"159厘米"。
[2] "蓝色的有眼睛纹的珠子"应为蜻蜓眼玻璃珠。
[3] 原著这里为"1米"。中译本根据第三章和插图二一改正为"2米"。
[4] 原著这里为"坠饰"。中译本根据图一二〇改正为"小牌饰"。

坠饰（图一二〇，9、22）[1]。在它们的旁边有角的残段，在其下面发现有铁锭、尖部残断的青铜三翼镞（图一二〇，20、21）和桦树皮残片。还有1件带穿孔的石坠饰发现于棺中部的盖板上（图一二〇，23）。在棺西北角盖板上的啮齿动物洞穴堆积中有1个已经完全风化了的大玻璃珠。

在棺内西北角的堆积中发现残留木柄的铁刀（图一二〇，25）。在右手指骨处有玛瑙（五角形）、玻璃、骨、蛇纹岩和萤石质地的珠子，以及用河蚌壳仿制的贝壳（图一二〇，3~8、10~14）。在左手处有残留的皮革和织物，在其上面放置青铜环和有横向扣针的铁带扣（图一二〇，16、17）。在皮革和织物残留物下面有用石化的有机物制成的薄片的残片和距骨（图一二〇，18、19）。

在左太阳穴处有2枚玻璃珠（图一二〇，1、2）和铁器的残留物。在头骨的右侧有涂红漆的皮革残留物，类似涂漆的皮质器物也见于胸腔的右侧。在头骨以外与右颧骨同一高度的地方发现煤精制成的小杯（图一二〇，15）。

在墓主人的脚部侧放1个口朝向棺西壁的陶器，在陶器内发现失去解剖学顺序的左脚掌骨骼，以及少量手腕的骨骼（图一一九，C）。

M130（图一一七）

墓葬处在墓地基点东北90米处，属于墓群Ⅴ的单元98，位于ZM98南偏西20米处（插图二二）。无墓上石堆。墓坑尺寸为180厘米×50厘米，深25厘米。墓主人为16~18岁的女性。没有葬具。

出土器物：在骨盆的骨骼左边有氧化的铁刀（图一一七，5）。

除了上述墓葬，在墓地的范围内还发现动物的葬坑或埋葬。

葬狗坑

属于墓群Ⅲ，位于ZM34以南4米处，挖在距现今地表45厘米的次生土的浅褐色壤土层。狗（近6个月的小狗）右侧卧，前、后爪蜷起，头向北。在狗背部外侧、脊椎上部附近有绵羊的肱骨和肋骨。

葬山羊坑

属于墓群Ⅲ，位于M63的西北。在直径60厘米的圆形坑内发现山羊的骨架，骨骼

---

[1] 这句话与图一二〇不符。根据图一二〇的器物图和图注可知，这里提到的器物应为"两面磨光的小块赭石、带穿孔的玉髓坠饰、带穿孔的石质坠饰（图一二〇，9、22、23）"。

德列斯图依墓地

没有按照解剖学顺序堆放成一堆。在山羊骨骼的上面放绵羊的头骨。

绵羊埋葬

属于墓群Ⅳ,位于ZM96的西北1.5米处,在H3以南1.5米处分布绵羊的埋葬(约1岁的绵羊)。没有找到葬坑。骨架右侧卧,肢骨蜷起,头骨缺失,骨骼朝向北方。

附表　古人类学和古动物学材料鉴定表*

墓号	古人类学材料			古动物学材料
	性别	年龄	备注	
4				母牛[1]和马的骨头残块
5				绵羊的肱骨[2]和椎骨残块
7	女	青年		
8	女	中年		
9	女			岩羊头骨4；骞驴头骨4
12	男	老年		
21	男	成年		
24	儿童	6岁		
28	男	35～40岁		
30	女?	55～60岁		
31	男?	成年		小型有角家畜骨骼残块
32	女	22岁	颌突明显	
33	男	55～60岁		
36				小型有角家畜头骨残块
38	女	大于60岁	手边有黍米种子和少量松子	

---

* 第五列文字后面的阿拉伯数字代表数量。第五列文字后无阿拉伯数字且无反映数量的形容词的，数量应默认为1；文字中有反映数量的形容词但文字后无阿拉伯数字的，应为无法精确统计具体数量。

[1] 附录中为"公牛"。
[2] 附录中为"胫骨"。

续　表

墓号	古人类学材料			古动物学材料
	性别	年龄	备注	
39	1. 男 2. 女	1. 成年 2. 30~40岁		石柱下：母牛肩胛骨
39-a	婴儿	约6个月		小型有角家畜的肱骨、肋骨5； 在陶器中有小型有角家畜较大的股骨、椎骨、肋骨5
40	女	18~20岁		
41	女？	23~30岁		
42	1. 女 2. 少年 3. 儿童	1. 大于60岁 2. 10~12岁 3. 3~4岁 （2、3在石堆下）		
43	儿童	小于8岁		墓内堆积中：少量山羊骨骼； 石箱中：绵羊肋骨； 墓坑内未被破坏的填土中的石堆之间：马的跖骨
44	男	成年		墓内堆积中：小型有角家畜的肋骨
44-a	婴儿	小于1岁		山羊大的胫骨[1]
44-b	少年	10~12岁	前额部分有菱形穿孔	棺盖板上：山羊的头骨、肱骨、大的胫骨[2]； 墓主人左手指骨处：山羊肱骨
44-c	儿童	5~6岁		山羊肱骨
45	男？	成年		母牛下颌骨，大型有角家畜的骨骼
48	男	20~25岁		少量马和狗的骨骼
49	女	20~25岁		山羊的肱骨、肋骨[3]
50	男	17~19岁		绵羊的大的股骨、肋骨
51	女孩	5~6岁		绵羊的肱骨、肋骨4
52	女	18~20岁		绵羊肱骨，小型有角家畜的肋骨4

[1] 第三章描述M44-a出土的兽骨为山羊的肱骨。
[2] 原著这里为"肱骨"。中译本根据第三章和附录改正为"胫骨"。
[3] M49出土兽骨在原著中的记录有相互矛盾之处，详见第三章墓群Ⅲ单元36中M49的译者注。

附表 古人类学和古动物学材料鉴定表

续　表

墓号	古人类学材料			古动物学材料
	性别	年龄	备注	
53	婴儿	小于2个月		
54	男孩	6～7岁		
55	成年人	约40岁		
56	男	45～50岁		
57	男	55～60岁		
58	女	约40岁		绵羊头骨残块
59	儿童	5岁？		
60	1.男[1]	大于60岁		
61				马椎骨
62	男	约50岁	脊椎有伤	少量马、牛和绵羊（2只）的骨骼
63	女	约60岁		少量绵羊骨骼
64	男	约50岁		少量马和绵羊的骨骼
66	儿童	约3岁		
67	女？	成年		少量绵羊和兔的股骨
68	女	15～16岁		
69	儿童	小于2岁		
70	女	约50岁		少量母牛骨骼
71	女	25～30岁		少量马和绵羊的骨骼
72	男	45～50岁		
73	男	35～40岁		
75	男	25～35岁		少量绵羊骨骼
76	男	35～40岁		
77	1.男 2.女	1.18～22岁 2.成年	大量炭化的种子（水稻？）	绵羊下颌骨残块（不少于3个个体）
78	女	约30岁		绵羊胫骨（不少于10个个体）；棺壁下：钙化的动物骨骼

[1] 该墓还出土5岁儿童的骨骼，但可能是盗墓者混入的。

续 表

墓号	古人类学材料			古动物学材料
	性别	年龄	备注	
79	男	30～35岁		绵羊肋骨残块
80	男孩?	6岁		
81	男	大于60岁		少量马骨
82	男	50～60岁		
83	女	25～30岁		山羊肋骨残块
84	女	约50岁		
86	男	55～60岁		
87	女?	11～12岁	肋骨移位,颈椎移至骨盆区域	
88	男	16～18岁	左尺骨和右桡骨移位	
89	女?	约40岁		
90	男	约60岁		
91	男	40～45岁		墓葬开口部分的堆积中:母牛颌骨残块
92	女	25～35岁		少量小型有角家畜(山羊或绵羊)的肋骨
93	女	约20岁	未生育	
94	儿童	约2岁		少量小型有角家畜(山羊或绵羊)的骨骼
95	女	18～19岁		马跖骨
96	1.男 2.女	1.约35岁 2.成年		小马驹的肩胛骨
97	男	55～60岁		
98	女	25～35岁		石堆上的沙土层中:母牛的肱骨和颈椎骨; 墓内堆积中:西伯利亚狍(砍断的角); 椁底:6只小绵羊、1只成年绵羊的头骨; 少量小型有角家畜的骨骼; 马鹿角片

续 表

墓号	古人类学材料			古动物学材料
	性别	年龄	备注	
99	男	30～40岁		棺东侧壁外的一排动物头骨：①马(有铁衔)，②马，③大绵羊，④4个月小绵羊，⑤绵羊羔，⑥老绵羊，⑦1岁半绵羊； 墓主人左肩附近：绵羊肱骨
100	男	约70岁		墓主人左肩处：山羊肱骨
101	男	60～65岁	脚被捆上？	
102	女	约60岁	脚部骨骼缺失	
103	女？	成年		棺内：绵羊头骨
106	女	15～18岁	脚部骨骼与骨架分离	
107	女	45～50岁	蒙古人种，脚部骨骼与骨架分离	
108	女	55～60岁		棺盖板上：2头母牛的头骨、脚部趾骨，2个小型有角家畜(山羊或绵羊)的头骨、脚部趾骨； 墓主人头骨附近：小型有角家畜的肱骨和末节趾骨
109	男孩？	4岁	脚部骨骼与骨架分离	2只绵羊的骨骼(带小角的头骨、颈椎骨、肋骨、两个头骨之间的尾椎骨，第二个头骨保存状况不好)； 墓主人头骨东侧：绵羊肱骨
112	男	大于60岁	跟骨被砍断	
114	女	50～60岁	蒙古人种，跟骨被砍断	墓主人头骨旁：毁坏的母牛头骨； 墓主人头骨和棺北壁之间：绵羊的肱骨、几个绵羊和母牛的末节趾骨[1]； 棺西壁外：小型有角家畜的头骨
115	女	40～50岁		绵羊肱骨
116				绵羊肱骨

[1] 附录中为"绵羊和大型有角家畜的肱骨和几个末节趾骨"。

续 表

墓号	古人类学材料			古动物学材料
	性别	年龄	备注	
117	男	35～45岁	右腿股骨、胫骨和脚部骨骼缺失	
118	女	约60岁		
119	女	约50岁		墓坑东北角的棺上:母牛和绵羊的头骨; 墓坑西北角:小牛和不超过2岁绵羊的头骨,每个头骨的旁边有末节趾骨和1～2块椎骨,母牛头骨下面放2个该母牛蹄子的趾骨; 陶器前面:小型有角家畜的肱骨
120	男	约40岁	脚部末节趾骨缺失	
122	女	20～25岁	左前臂、右桡骨和脚部骨骼缺失	
123	男	约50岁		
124	男	成年		
125				棺北壁:头骨3(母牛、山羊和小绵羊),在头骨旁边放置相应动物的末节趾骨; 陶器的上面:小型有角家畜的胫骨; 陶器的上半部:小型有角家畜的肋骨
126	女	20～25岁	颈椎移至骨盆区域	
127	女孩	12岁		小型有角家畜的肋骨2
128	女	约50岁		
129	女	约65岁	墓主人脚部的陶器里有左侧脚部骨骼、少量手部骨骼	
130	女	16～18岁		

参 考 文 献

缩略词表

АВ——考古通讯

АО——考古发现

ВДИ——古代史通讯

ИСОАН——科学院西伯利亚分院通报

КСИА——考古研究所简讯

КС ИИМК——物质文化史研究所简讯

МАИКЦА——中央亚洲文化研究国际协会信息通报

МИА——苏联考古学材料与研究

ПИДО——前资本主义社会历史问题

СА——苏联考古学

ТКО ПОРГО——俄罗斯地理学会阿穆尔河沿岸分会特罗伊茨科萨夫斯克-恰克图分部

CAJ——中央亚洲杂志

Алексеев В. П., Гохман И.И., 1984. Антропология азиатской части СССР. М. 1984.
阿列克谢耶夫 V. P., 戈赫曼 I. I., 1984.苏联亚洲部分的人类学［M］.莫斯科,1984.

Алексеев В. П., Гохман И.И., Тумэн Д., 1987. Краткий очерк полеоантропологии Центральной Азии: каменный век - эпоха раннего железа // Археология, этнография и антропология Монголии. Новосибирск, 1987.
阿列克谢耶夫 V. P., 戈赫曼 I. I., 图门 D., 1987.石器时代至早期铁器时代中央亚洲古人类学研究概览［A］.蒙古的考古学、人类学和民族学［C］.新西伯利亚,1987.

Бернштам А. Н., 1951. Очерк истории гуннов. Л., 1951.

别恩施塔姆A. N., 1951.匈奴历史概要[M].列宁格勒,1951.

Васильев К.В., 1961. Рецензия на кн.. Л.Н.Гумилев. Хунну // ВДИ, 1961, № 3.

瓦西里耶夫K. V., 1961.对L. N. 古米列夫的《匈奴》一书的述评[J].古代史通讯, 1961（3）.

Галибин В.А., 1985. Особенности состава стеклянных бус Иволгинского могильника хунну // Древнее Забайкалье и его культурные связи. Новосибирск, 1985.

加利宾V. A., 1985.匈奴伊沃尔加墓地玻璃珠的成分特征[A].古代的外贝加尔及其文化联系[C].新西伯利亚,1985.

Давыдова А.В., 1982. Некоторые вопросы социальной истории населения Забайкалья по данным Иволгинского могильника // СА, № 1, 1982.

达维多娃A. V., 1982.基于伊沃尔加墓地的外贝加尔居民社会历史的若干问题[J].苏联考古学,1982（1）.

Давыдова А.В., 1995. Иволгинский археологический комплекс, т. 1. Иволгинское городище. СПб, 1995.

达维多娃A. V., 1995.伊沃尔加考古综合体（第1卷）：伊沃尔加城址[M].圣彼得堡,1995.

Давыдова А.В., 1996. Иволгинский археологический комплекс, т. 2. Иволгинский могильник. СПб, 1996.

达维多娃A. V., 1996.伊沃尔加考古综合体（第2卷）：伊沃尔加墓地[M].圣彼得堡,1996.

Давыдова А.В., Миняев С.С., 1988. Пояс с бронзовыми бляшками из Дырестуйского могильника // СА, № 4, 1988.

达维多娃A. V., 米尼亚耶夫S. S., 1988.德列斯图依墓地出土的带青铜牌饰的腰带[J].苏联考古学,1988（4）.

Давыдова А.В., Миняев С.С., 1993. Новые находки наборных поясов сюнну в Забайкалье // АВ, вып. 2. СПб, 1993.

达维多娃A. V., 米尼亚耶夫S. S., 1993.外贝加尔新发现的匈奴成套腰带具[A].考古通讯（2）[C].圣彼得堡,1993.

Данилов С.В., 1996. К проблеме городов хунну // Тезисы конференции «100 лет гуннской археологии». Улан- Удэ, 1996.

达尼洛夫 S. V., 1996.关于匈奴城郭的问题[A]."匈奴考古100年"学术会议提要[C].乌兰乌德,1996.

Дёрфер Г., 1986. О языке гуннов // Зарубежная тюркология. М., 1986.

焦尔费尔G.,1986.关于匈奴的语言[A].国外突厥学[C].莫斯科,1986.

Доржсурэн Ц., 1962. Раскопки могил хунну в горах Ноин-Ула на реке Хуни-Гол // Монгольский археологический сборник. М., 1962.

道尔吉苏荣Ts.,1962.呼尼河畔诺音乌拉山的匈奴墓葬的发掘[A].蒙古考古论文集[C].莫斯科,1962.

Дульзон А.П., 1966. Гунны и кеты // ИСОАН, серия общественных наук, № 11, вып. 3, 1966.

杜利宗A. P., 1966.匈奴与克特[J].科学院西伯利亚分院通报,社会科学系列(11),1966(3).

Коновалов П.Б., 1976. Хунну в Забайкалье. Улан-Удэ, 1976.

克诺瓦洛夫P. B.,1976.外贝加尔的匈奴[M].乌兰乌德,1976.

Коновалов П.Б., 1980. К коллекции хуннских бронз // СА, № 4, 1980.

克诺瓦洛夫P. B.,1980.匈奴青铜器采集品[J].苏联考古学,1980(4).

Коновалов П.Б., Цыбиктаров А.Д., 1988. Некоторые материалы из новых хуннских памятников Забайкалья и Монголии // Памятники эпохи полеометалла в Забайкалье. Улан-Удэ, 1988.

克诺瓦洛夫P. B., 齐毕克塔洛夫A. D., 1988.外贝加尔和蒙古新发现匈奴遗存中的一些材料[A].外贝加尔古金属时代遗存[C].乌兰乌德,1988.

Акад. наук СССР, 1925. Краткие отчеты экспедиций по исследованию Северной Монголии в связи с Монголии-Тибетсткой Экспедицией П. К. Козлова. Л., 1925.[1]

苏维埃社会主义共和国联盟科学院,1925.与P. K. 科兹洛夫蒙古高原-青藏高原考察相关的北部蒙古研究考察的简报[C].列宁格勒,1925.

---

[1] 本条参考文献中论文集的编者为中译本添加,中译本还补充了书名缺失的文字。

Кызласов Л.Р., 1969. О памятниках ранних гуннов // Древности Восточной Европы. МИА, № 119, М., 1969.

克兹拉索夫L. R., 1969.关于早期匈奴的遗存［A］.东欧的古代,苏联考古学材料与研究（119）［C］.莫斯科,1969.

Кызласов Л.Р., 1979. Древняя Тува. М., 1979.

克兹拉索夫L. R., 1979.古代的图瓦［M］.莫斯科,1979.

Лубо-Лесниченко Е.И., 1995. Китайская надпись на «гуннских штанах без мотни» из Ноин-Улы // 75 лет отделу Востока. Материалы научной сессии. СПб, 1995.

卢博-列斯尼琴科E. I., 1995.出自诺音乌拉的"匈奴无裤裆的裤子"上的中国文字［A］.东方部75年学术会议资料［C］.圣彼得堡,1995.

Мельхеев М.Н., 1969. Топонимика Бурятии. Улан-Удэ, 1969.

梅利赫耶夫M. N., 1969.布里亚特的地名［M］.乌兰乌德,1969.

Миняев С.С., 1977. Спектральный анализ бронз Дырестуйского молильника // Археология Южной Сибири. Кемерово. 1977, вып. IX.

米尼亚耶夫S. S., 1977.德列斯图依墓地青铜器的光谱分析［A］.南西伯利亚的考古学［C］.克麦罗沃,1977（IX）.

Миняев С.С., 1985. К проблеме происхождения сюнну // Информационный бюллетень МАИКЦА, вып. 9. М., 1985.

米尼亚耶夫S. S., 1985.关于匈奴起源的问题［A］.中央亚洲文化研究国际协会信息通报（9）［C］.莫斯科,1985.

Миняев С.С., 1985а. К топографии курганных памятников сюнну // КСИА, вып. 184. М., 1985.[1]

米尼亚耶夫S. S., 1985a.关于匈奴冢墓遗存的地形学研究［A］.考古研究所简讯（184）［C］.莫斯科,1985.

Миняев С.С., 1986. Сюнну // Природа, № 4, 1986.

米尼亚耶夫S. S., 1986.匈奴［J］.自然,1986（4）.

Миняев С.С., 1986а. Раскопки Дырестуйского могильника // АО 1985 года. М., 1986.

---

［1］ 本条参考文献中论文集的出版地点为中译本添加。

米尼亚耶夫 S. S., 1986a.德列斯图依墓地的发掘[A].1985年的考古发现[C].莫斯科,1986.

Миняев С.С., 1987. Раскопки Дырестуйского могильника // АО 1986 года. М., 1987.

米尼亚耶夫 S. S., 1987.德列斯图依墓地的发掘[A].1986年的考古发现[C].莫斯科,1987.

Миняев С.С., 1987а. Дырестуйский могильник и проблема периодизации сюннуских памятников // Исторические чтения памяти М. П. Грязнова. Омск, 1987.

米尼亚耶夫 S. S., 1987a.德列斯图依墓地及匈奴遗存的分期问题[A].纪念 M. P.格里亚兹诺夫的历史学读物[C].鄂木斯克,1987.

Миняев С.С., 1988. К проблеме ранних и поздних памятников сюнну // Древние культуры Северной Азии и их охранные раскопки. Новосибирск, 1988.

米尼亚耶夫 S. S., 1988.关于匈奴早期和晚期遗存的问题[A].北亚的古代文化及其保护性发掘[C].新西伯利亚,1988.

Миняев С.С., 1988а. Комплекс погребений 44 в Дырестуйском могильнике // КСИА, вып. 194.М., 1988.

米尼亚耶夫 S. S., 1988a.德列斯图依墓地的44号墓葬单元[A].考古研究所简讯(194)[C].莫斯科,1988.

Миняев С.С., 1989. «Социальная планиграфия» погребальных памятников сюнну // Проблемы археологии скифо -сибирского мира. Кемерово, 1989.

米尼亚耶夫 S. S., 1989.匈奴墓葬遗存的"社会平面布局"[A].斯基泰-西伯利亚世界的考古问题[C].克麦罗沃,1989.

Миняев С.С., 1990. «Сюннулечжуань» и проблема ранней истории сюнну // Общество и государство в Китае, вып. XXI . М., 1990.[1]

米尼亚耶夫 S. S., 1990.《匈奴列传》及匈奴早期历史的问题[A].中国社会和国家(XXI)[C].莫斯科,1990.

Миняев С.С., 1990а. К хронологии и периодизации скифских памятников Ордоса //

---

[1] 本条参考文献中论文集的出版地点为中译本添加。

Тезисы конференции «Периодизация и хронология археологических памятников Сибири». Барнаул. 1990.

米尼亚耶夫S. S., 1990a.关于鄂尔多斯的斯基泰遗存的年代和分期问题［A］."西伯利亚考古遗存的分期和断代"学术会议提要［C］.巴尔瑙尔,1990.

Миняев С.С., 1991. О дате появления сюнну в Ордосе // Проблемы хронологии в археолии и истории. Барнаул. 1991.

米尼亚耶夫S. S., 1991.关于匈奴在鄂尔多斯出现的时间问题［A］.考古学和历史学中的年代学问题［C］.巴尔瑙尔,1991.

Миняев С.С., 1991а. Дырестуйский могильник и основный проблемы археологии сюнну // Древние культуры и археологические изыскания. С-Пб, 1991.

米尼亚耶夫S. S., 1991a.德列斯图依墓地及匈奴考古的基本问题［A］.古代文化与考古研究［C］.圣彼得堡,1991.

Миняев С.С., 1991b. Зона скифского мира на северо-востоке КНР // Общества и государство в Китае, вып. XXII. М., 1991.[1]

米尼亚耶夫S. S., 1991b.中国东北地区的斯基泰世界区［A］.中国社会和国家（XXII）［C］.莫斯科,1991.

Миняев С.С., 1992. Изучение погребений сюнну в Забайкалье // АВ, вып. 1. СПб, 1992.

米尼亚耶夫S. S., 1992.外贝加尔匈奴墓葬研究［A］.考古通讯（1）［C］.圣彼得堡,1992.

Пуллиблэнк Э., 1986. Язык сюнну // Зарубежная тюркология. М., 1986.

普利布兰克E., 1986.匈奴的语言［A］.国外突厥学［C］.莫斯科,1986.[2]

Сосновский Г. П., 1935. Дырестуйский могильник // ПИДО. 1935. № 1～2.

索斯诺夫斯基G. P., 1935.德列斯图依墓地［J］.前资本主义社会历史问题,1935（1～2）.

---

［1］ 本条参考文献中论文集的出版地点为中译本添加。
［2］ 英文参考文献 "Pulleyblank E. G., 1983. The Chinese and Their Neighbors in Prehistoric and Early Historic Times // The Chinese Civilization. London, 1983." 的作者 "Pulleyblank E.G." 应与本条参考文献的作者 "Пуллиблэнк Э." 为同一人，根据俄文,作者名对译成英文后的简称应为 "E"。

Сосновский Г. П., 1946. Раскопки Ильмовой пади // СА, т. Ⅷ, 1946.

索斯诺夫斯基G. P.,1946.伊里莫瓦谷地的发掘[J].苏联考古学,1946(Ⅷ卷).

Талько-Гринцевич Ю.Д., 1899. Суджитское доисторическое кладбище в Ильмовой пади // Труды ТКО ПОРГО за 1898 г. Т. Ⅰ, вып. 2. М., 1899.

塔里克-格林采维奇 Yu. D., 1899.伊里莫瓦谷地的苏吉史前墓地[A].俄罗斯地理学会阿穆尔河沿岸分会特罗伊茨科萨夫斯克-恰克图分部1898年丛刊(Ⅰ卷2部)[C].莫斯科,1899.

Талько-Гринцевич Ю.Д., 1902. Материалы к палеоэтнологии Забайкалья // Труды ТКО ПОРГО за 1900 г. Т. Ⅲ, вып. 2,3. Иркутск, 1902.

塔里克-格林采维奇 Yu. D., 1902.外贝加尔的古民族学材料[A].俄罗斯地理学会阿穆尔河沿岸分会特罗伊茨科萨夫斯克-恰克图分部1900年丛刊(Ⅲ卷2/3部)[C].莫斯科,1902.

Талько-Гринцевич Ю.Д., 1902а. Материалы к палеоэтнологии Забайкалья // Труды ТКО ПОРГО за 1901 г. Т. Ⅳ, вып. 2,3. М., 1902.

塔里克-格林采维奇 Yu. D., 1902a.外贝加尔的古民族学材料[A].俄罗斯地理学会阿穆尔河沿岸分会特罗伊茨科萨夫斯克-恰克图分部1901年丛刊(Ⅳ卷2/3部)[C].莫斯科,1902.

Талько-Гринцевич Ю.Д., 1905. Археологические памятники Забайкалья // Труды ⅩⅡ археолонического съезда. СПб, 1905.

塔里克-格林采维奇 Yu. D., 1905.外贝加尔的考古遗存[A].第12届考古代表大会会刊[C].圣彼得堡,1905.

Талько-Гринцевич Ю.Д., 1906. Древние аборигены Забайкалья в сравнении с современными инородцами // Труды ТКО ПОРГО за 1905г. Т. Ⅷ, вып. 1. СПб, 1906.

塔里克-格林采维奇 Yu. D., 1906.外贝加尔的古代原住民与现代异族人的对比[A].俄罗斯地理学会阿穆尔河沿岸分会特罗伊茨科萨夫斯克-恰克图分部1905年丛刊(Ⅷ卷1部)[C].圣彼得堡,1906.

Талько-Гринцевич Ю.Д., 1928. Население древних могил и кладбищ Забайкальских. Улан-Удэ, 1928.

塔里克-格林采维奇 Yu. D., 1928.外贝加尔地区古代墓葬和墓地的居民[M].乌兰乌德,1928.

德列斯图依墓地

Таскин В.С., 1968. Материалы по истории сюнну, вып. 1. М., 1968.
塔斯金V. S.,1968.匈奴历史资料(Ⅰ)[M].莫斯科,1968.

Таскин В.С., 1989. Материалы по истории кочевых народов в Китае Ⅲ-Ⅳ вв., вып. 1. М., 1989.
塔斯金V. S.,1989.公元3至4世纪中国游牧民族的历史资料(Ⅰ)[M].莫斯科,1989.

Теплоухов С.А., 1925. Раскопки кургана в горах Ноин-Ула // Краткие отчеты экспедиций по исследованию Северной Монголии в связи с Монголии-Тибетсткой Экспедицией П. К. Козлова. Л., 1925.[1]
捷普劳霍夫S. A.,1925.诺音乌拉山冢墓的发掘[A].与P. K.科兹洛夫蒙古高原-青藏高原考察相关的北部蒙古研究考察的简报[C].列宁格勒,1925.

Худяков Ю.С., 1986. Вооружение средневековых кочевников Южной Сибири и Центральной Азии. Новосибирск, 1986.
胡佳科夫Yu. S.,1986.南西伯利亚和中央亚洲中世纪游牧民族的武器[M].新西伯利亚,1986.

Цэвендорж Д., 1995. Новые данные по археологии хунну // Древние культуры Монголии. Новосибирск, 1995.
策温道尔吉D.,1995.匈奴考古的新资料[A].蒙古的古代文化[C].新西伯利亚,1995.

Цэвендорж Д., 1996. Новые памятники хуннской знати // Тезисы конференции «100 лет гуннской археологии». Улан-Удэ, 1996.
策温道尔吉D.,1996.新发现的匈奴贵族遗存[A]."匈奴考古100年"学术会议提要[C].乌兰乌德,1996.

Doerfer G., 1973. Zur Sprache der Hunnen // CAJ, 17, Wiesbaden, 1973.[2]
焦尔费尔G.,1973.论匈奴的语言[A].中央亚洲杂志(第17辑)[C].威斯巴登,1973.

Minaev S. S., 1989. Neues zur Archologie Xiongnu // Das Altertum. Bd. 35. 1989. Heft 2.

---

[1] 中译本补充了书名缺失的文字。
[2] 本条参考文献中论文集的出版地点为中译本添加。

米尼亚耶夫 S. S., 1989. 匈奴考古的新进展［J］.古代（35卷），1989（2）.

Minaev S. S., 1995. The Excavation of Xiongnu Sites in the Buryatia Republic // Orientations, vol. 26, n. 10, November 1995, pp. 44～45.

米尼亚耶夫 S. S., 1995.布里亚特共和国匈奴遗址的发掘［J］.东方艺术（26卷），1995（10），第44～45页.

Minaev S. S., 1996a. Archaeologie des Xiongnu in Russie - nouvelles Decouvertes et Quelques Problemes //Arts Asiatiques, tome 51, Paris, 1996.[1]

米尼亚耶夫 S. S., 1996a.俄罗斯的匈奴考古学：新发现与若干问题［A］.亚洲艺术（51卷）［C］.巴黎，1996.

Pulleyblank E. G., 1983. The Chinese and Their Neighbors in Prehistoric and Early Historic Times // The Chinese Civilization. London, 1983.

普利布兰克 E. G., 1983.史前和早期历史时期的中国人及其邻居［A］.中国文明［C］.伦敦，1983.[2]

Trever R., 1932. Excavation in Northern Mongolia. Leningrad, 1932.

特雷弗 R., 1932.北部蒙古的发掘［M］.列宁格勒，1932.

中　文

Ван Говэй, 1927. Гуйфан, куньи, сяньюнь као // Гуаньтан цзилинь. т.2ю.Бэйцин, 1927.

王国维, 1927.鬼方昆夷猃狁考［A］.海宁王忠悫公遗书·观堂集林（卷二）［C］.北京：观堂遗书刊行会，1927.[3]

Тянь Гуаньцзинь, Го Сусить, 1986. Оэрдосы уци цитун ци. Бэйцин, 1986.

田广金,郭素新,1986.鄂尔多斯式青铜器［M］.北京：文物出版社，1986.[4]

---

［1］ 本条参考文献中论文集的出版地点为中译本添加。
［2］ 俄文参考文献 "Пуллиблэнк Э., 1986. Язык сюнну // Зарубежная тюркология. М., 1986." 的作者 "Пуллиблэнк Э." 应与本条参考文献的作者 "Pulleyblank E. G." 为同一人，但根据俄文，作者名对译成英文后的简称应为 "E"。
［3］ "海宁王忠悫公遗书" "观堂遗书刊行会" 为中译本添加。
［4］ "文物出版社" 为中译本添加。

Тянь Гуаньцзинь, 1983. Цзиньнянлай Нэймэнгу дицюй ды сюнну каогу // Каогу сюебао, № 1, 1983.

田广金,1983.近年来内蒙古地区的匈奴考古[J].考古学报,1983(1).

Цянь Фэньн, 1991. Цзюньдушань шаньжун вэньхуа мудицзанчжи юй чжуяо циу тэчжэн // Ляохай веньу сюекань, 1991, № 1.

靳枫毅,1991.军都山山戎文化墓地葬制与主要器物特征[J].辽海文物学刊,1991（1）.

文后插图

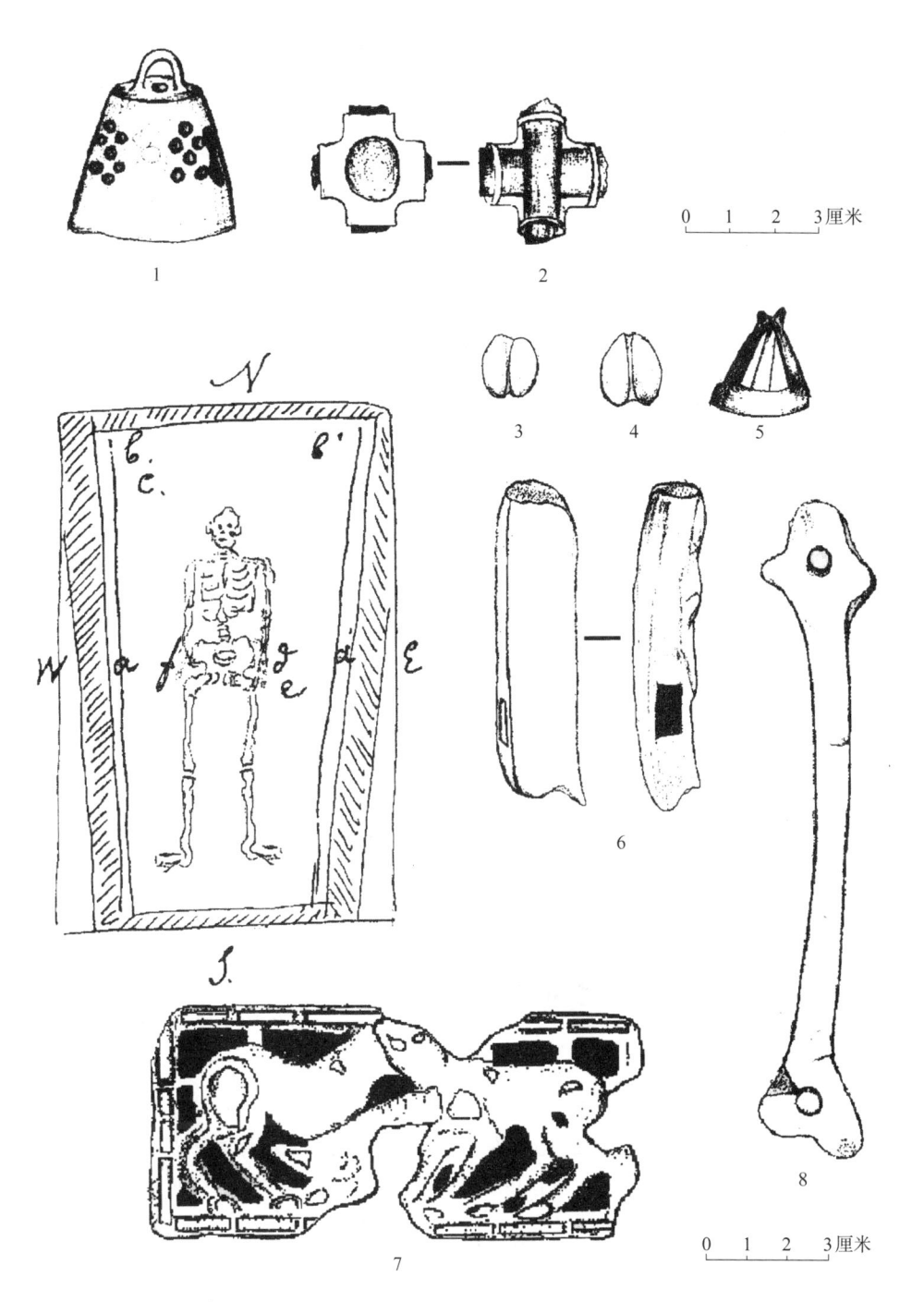

图一 M5出土器物、M9平面图及出土器物（Yu. D. 塔里克-格林采维奇发掘）

M5出土器物：1. 铃　2. 节约
M9墓葬平面图（Yu. D. 塔里克-格林采维奇日记中的图片）
M9出土器物（A. V. 达维多娃1949年绘制）：3、4. 仿制的贝壳（缝在腰带上）　5. 铃　6. 马镳残段
7. 片状带扣　8. 马镳
（1、2、5、7. 青铜　3、4. 河蚌壳　6. 角　8. 骨）

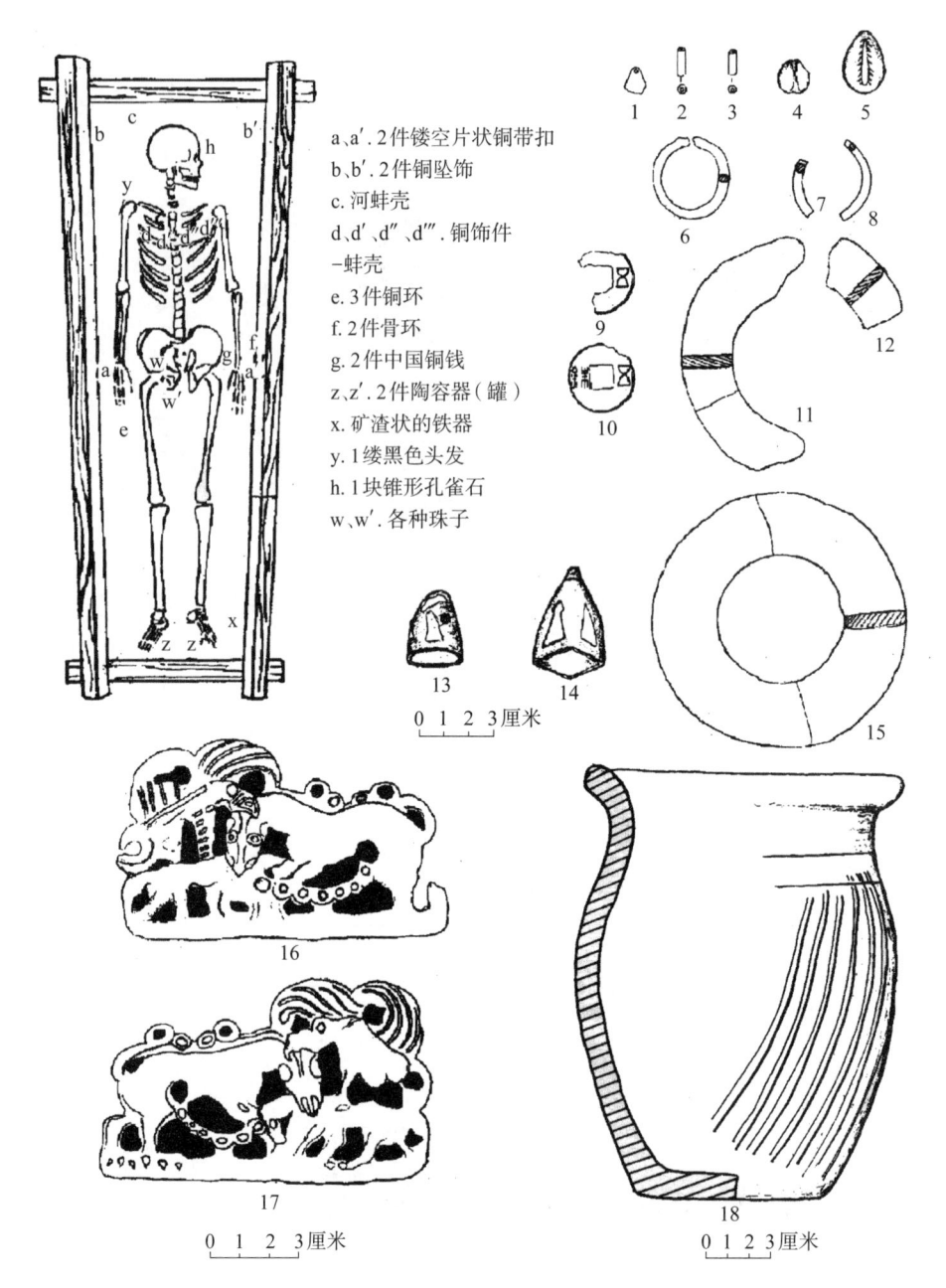

图二 M7平面图及出土器物（Yu. D. 塔里克-格林采维奇发掘）[1]

墓葬平面图（Yu. D. 塔里克-格林采维奇日记中的图片，摘自 G. P. 索斯诺夫斯基，1935）
出土器物（A. V. 达维多娃1949年绘制）：1. 坠饰　2、3. 珠子　4、5. 带饰
　　　　　　　　　　　　　　　　　6、7、8、11、12、15. 环及环的残段　9、10. 钱币
　　　　　　　　　　　　　　　　　13、14. 铃　16、17. 片状带扣　18. 容器（罐）
（1. 绿松石　2、3. 玻璃　4. 河蚌壳　5~10、13、14、16、17. 青铜　11、12、15. 泥质石灰岩　18. 陶）

---

[1] 图中左上角的墓葬平面图为原著作者根据Yu. D. 塔里克-格林采维奇的手稿制作。墓葬平面图上标注的手写英文字母不清晰，中译本将其改为印刷体字母。这些英文字母，有的在图中找不到对应的器物图；有的虽然能找到对应的器物图，但图注中标注的器物名与墓葬平面图右侧标注的器物名有出入。英文字母和器物图可对应上的有：a、a′对应图16、17；b、b′对应图13、14；e对应图6、7、8；g对应图9、10；z、z′中的一个对应图18。此外，h很可能对应图1，f有可能对应图11、12（墓葬平面图右侧标注的质地可能有误）。

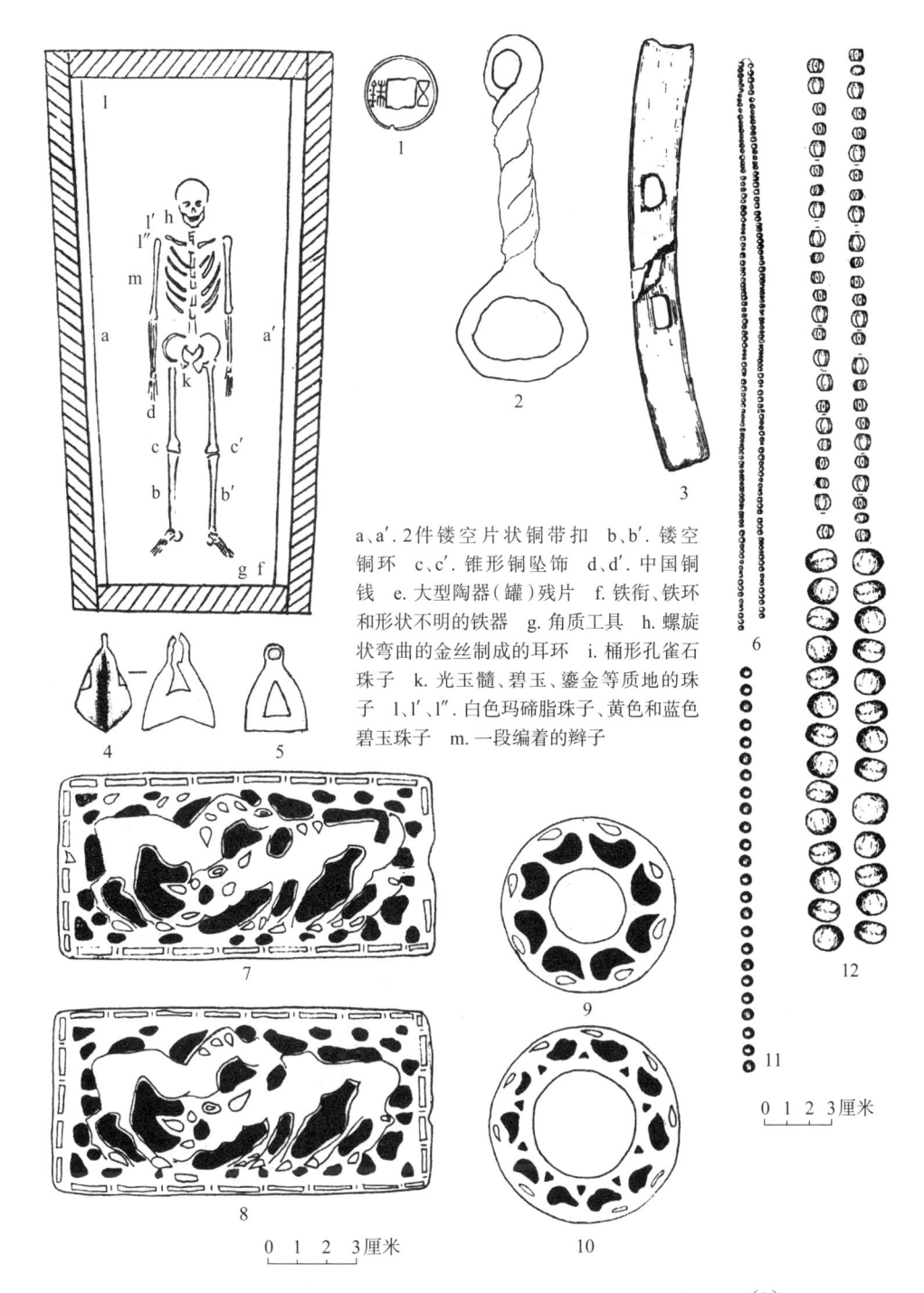

a、a′. 2件镂空片状铜带扣　b、b′. 镂空铜环　c、c′. 锥形铜坠饰　d、d′. 中国铜钱　e. 大型陶器（罐）残片　f. 铁衔、铁环和形状不明的铁器　g. 角质工具　h. 螺旋状弯曲的金丝制成的耳环　i. 桶形孔雀石珠子　k. 光玉髓、碧玉、鎏金等质地的珠子　l、l′、l″. 白色玛碯脂珠子、黄色和蓝色碧玉珠子　m. 一段编着的辫子

图三　M10平面图及出土器物（Yu. D. 塔里克-格林采维奇发掘）[1]

墓葬平面图（Yu. D. 塔里克-格林采维奇日记中的图片，摘自 G. P. 索斯诺夫斯基，1935）
出土器物（A. V. 达维多娃1949年绘制）: 1. 钱币　2. 马衔残段　3. 马镳　4、5. 铃　6. 小花玻璃珠
　　　　　　　　　　　　7、8. 片状带扣　9、10. 镂空环　11、12. 珠子
（1、4、5、7～10. 青铜　2. 铁　3. 角　6、11. 玻璃　12. 光玉髓）

---

[1] 图中左上角的墓葬平面图为原著作者根据Yu. D. 塔里克-格林采维奇的手稿制作。虽然墓葬平面图右下角标注了每个英文字母所代表的器物，但在图中只能找到一部分对应的器物图，且有的器物名与图注中标注的器物名有出入。英文字母和器物图可对应上的有：a、a′对应图7、8；b、b′对应图9、10；c、c′对应图4、5；d、d′对应图1；f对应图2。墓葬平面图中没有标出d′、e、i。

德列斯图依墓地

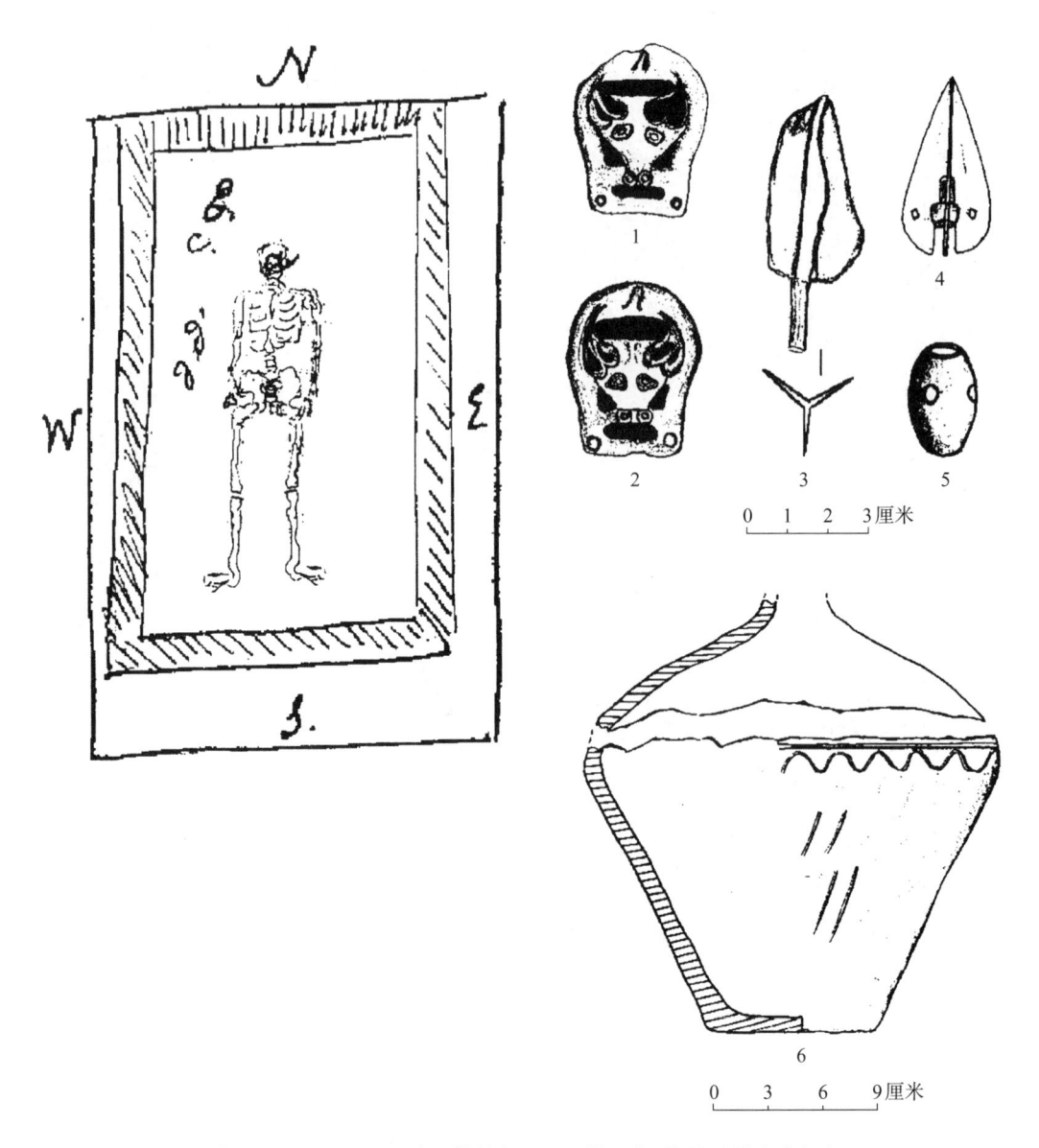

图四　M14平面图及出土器物（Yu. D. 塔里克-格林采维奇发掘）

墓葬平面图（Yu. D. 塔里克-格林采维奇日记中的图片）

出土器物（A. V. 达维多娃1949年绘制）：1、2. 带扣　3、4. 镞　5. 鸣镝　6. 容器（壶）

（1、2、4. 青铜　3. 铁　5. 角　6. 陶）

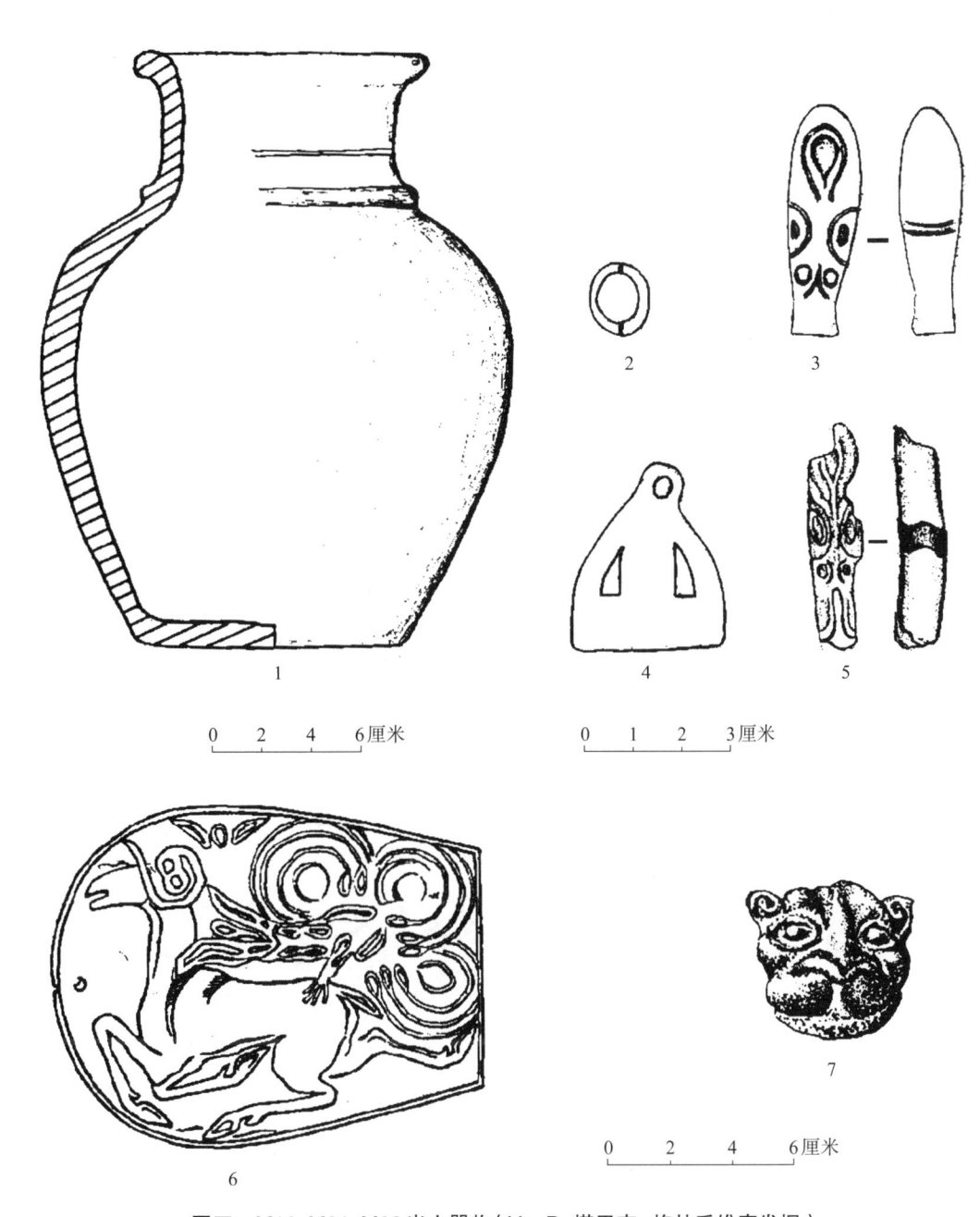

图五　M16、M21、M22出土器物（Yu. D. 塔里克-格林采维奇发掘）

M16：1. 容器（壶）　2. 环　3、5. 勺形带饰　4. 铃
M21：6. 片状带扣的包片
M22：7. 动物造型带扣
（1. 陶　2～5、7. 青铜　6. 金）

德列斯图依墓地

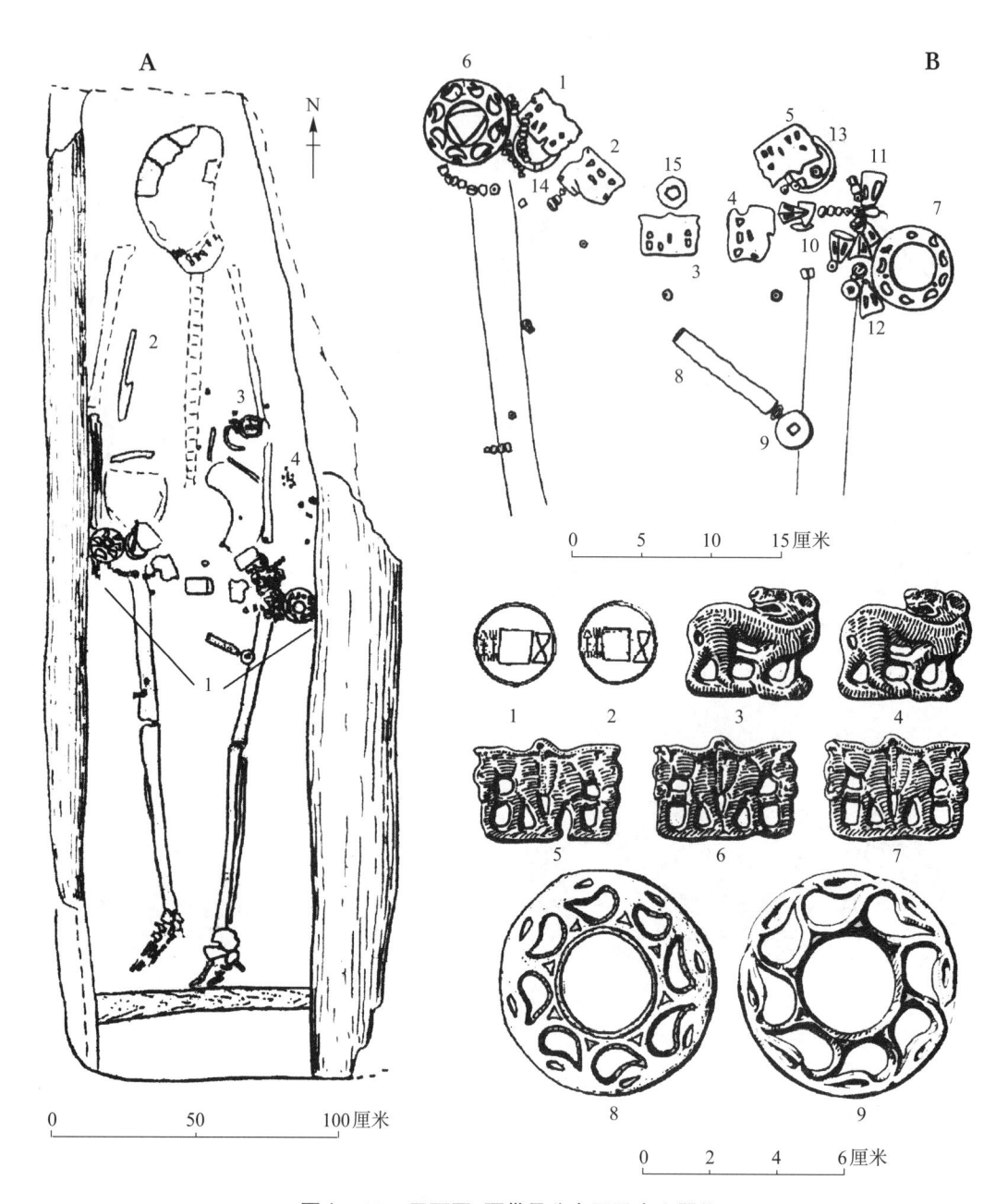

图六 M38平面图、腰带具分布图及出土器物

A.墓葬平面图：1.腰带（详见B） 2.腐烂的角质器物 3.铁带扣 4.堆在一起的珠子
B.腰带具分布图：1~5.青铜带饰 6、7.镂空青铜环 8.铁管 9.青铜钱币 10~12.青铜铃
　　　　　　 13、14.青铜环 15.小铁环
出土器物：1、2.钱币 3~7.带饰 8、9.镂空环（1~9.青铜）

文后插图

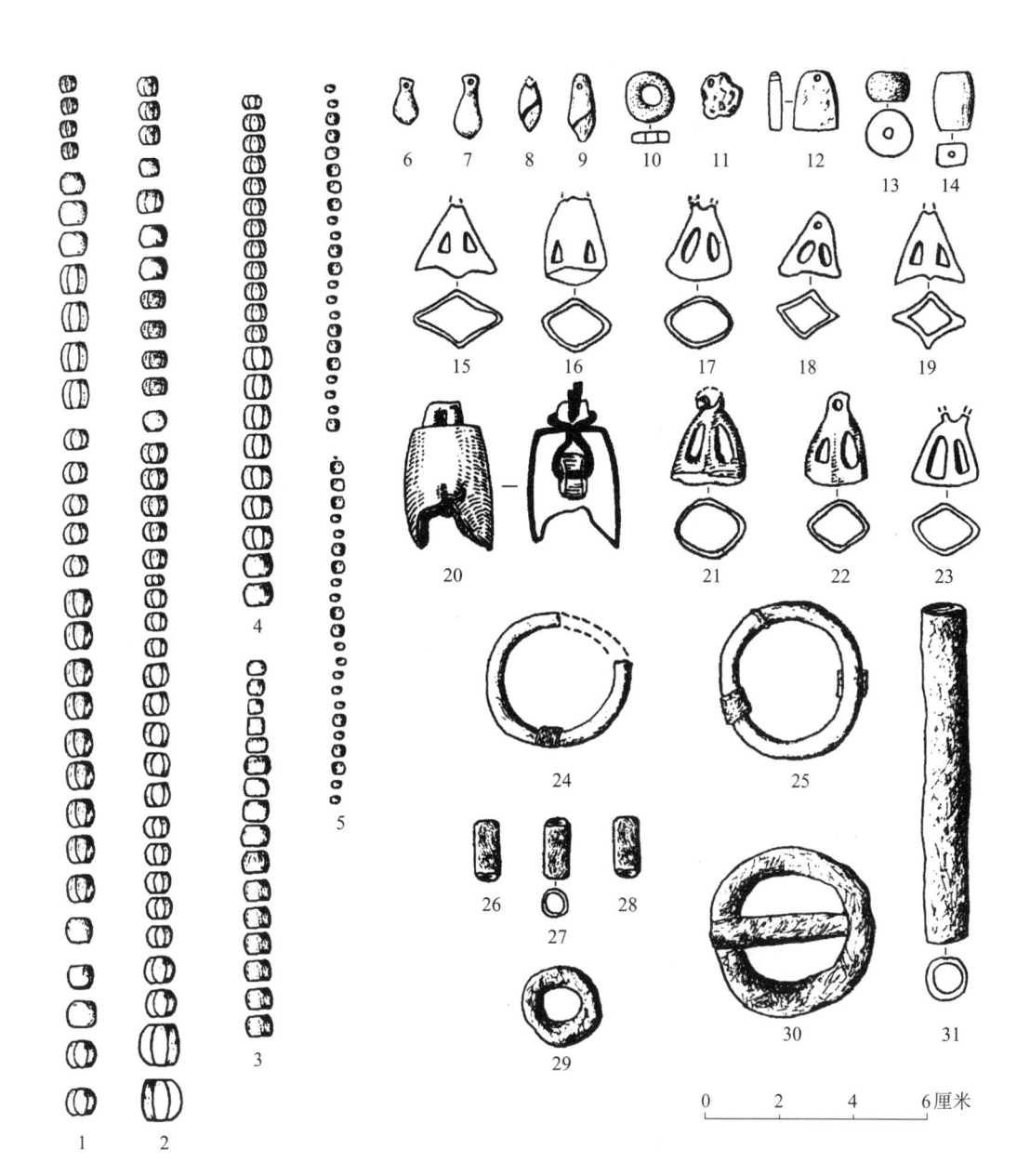

图七　M38出土器物

1～5、10、13、14. 珠子　6～9、11、12. 坠饰　15～23. 铃
24、25、29. 环　26～28. 串珠　30. 带扣　31. 管
[1、2、4、6、7、13. 光玉髓　3、5、8、9. 玻璃　10. 石(泥质石灰岩?)
11、12. 绿松石　14. 萤石　15～23. 青铜　24、25. 青铜上残留皮革　26～31. 铁]

189

德列斯图依墓地

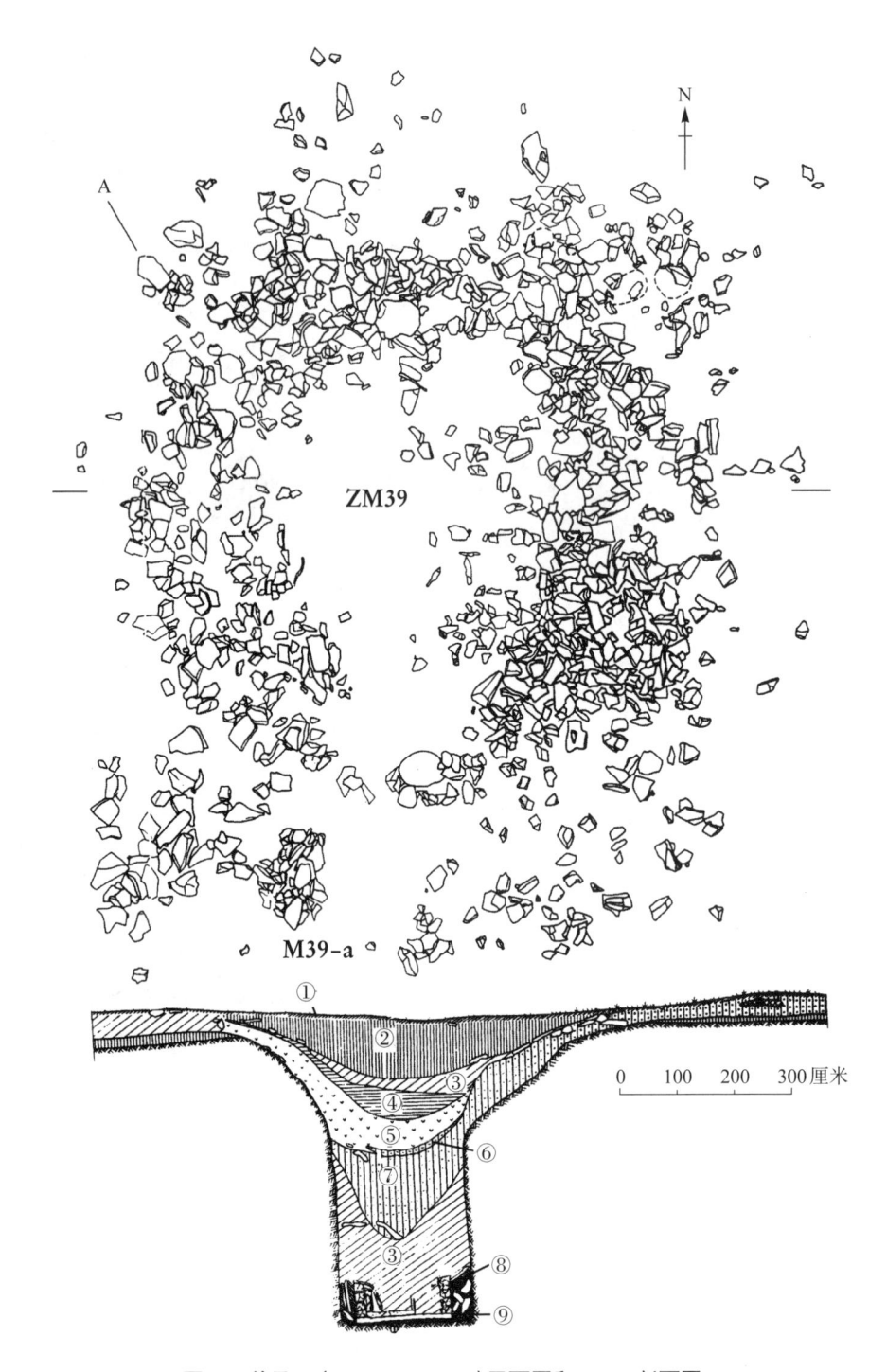

图八　单元39（ZM39、M39-a）平面图和ZM39剖面图
平面图：A. 推测为角石的石柱
剖面图：① 覆盖着草皮的表层沙土　② 灰色腐殖砂壤土　③ 深褐色砂壤土　④ 包含小碎石块的浅灰色腐殖砂壤土　⑤ 黄色砂壤土　⑥ 包含小碎石块的黄色砂壤土　⑦ 包含河卵石和木炭的灰色砂壤土　⑧ 木炭　⑨ 生土

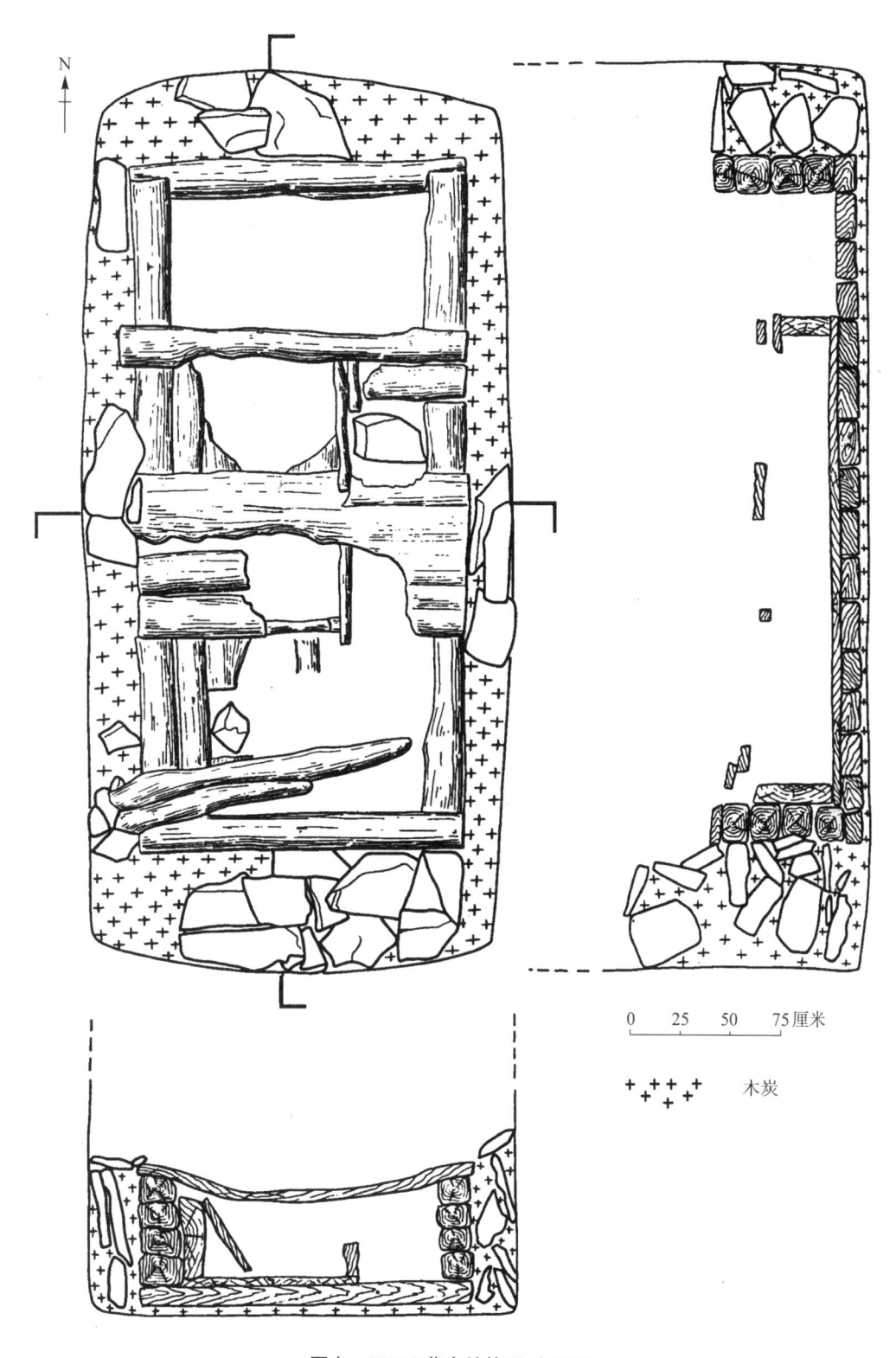

图九　ZM39墓内结构平、剖面图

德列斯图依墓地

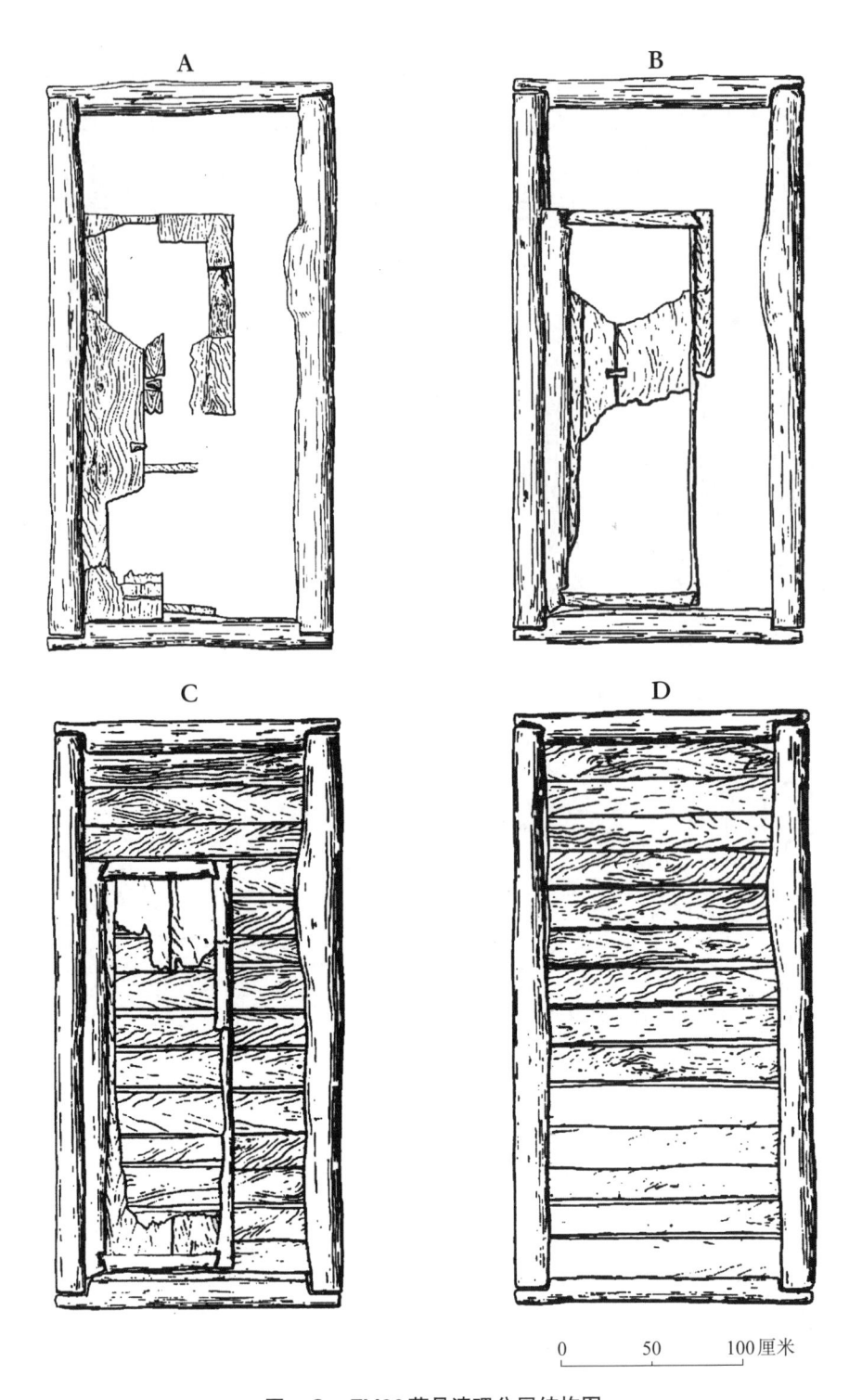

图一〇 ZM39葬具清理分层结构图
A. 木棺盖板水平层位　B. 木棺底板层位（木棺盖板的中部塌落到棺的中部）
C. 木棺底板层位　D. 木椁底板层位

文后插图

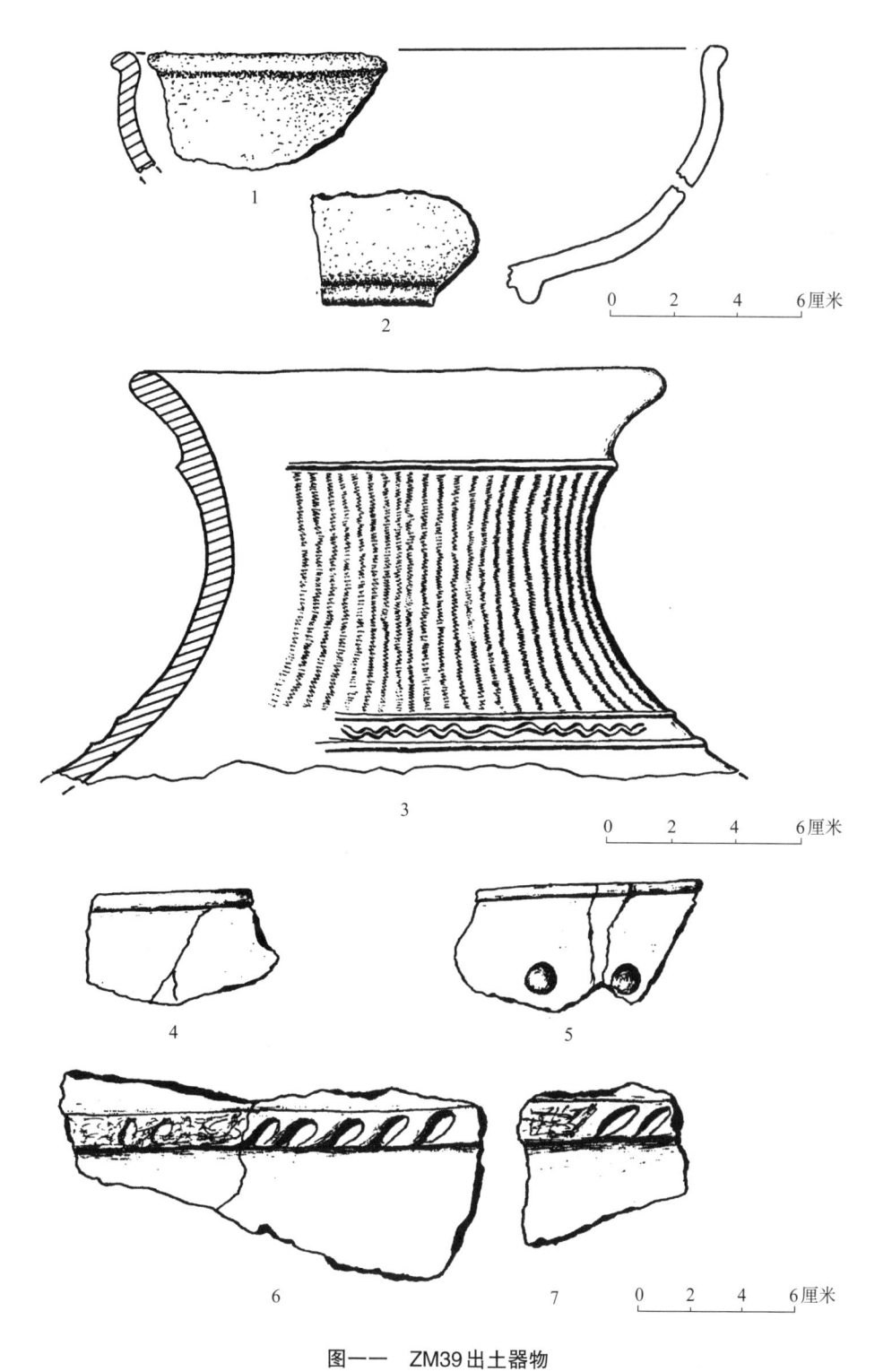

图一一 ZM39出土器物
1～3.出自墓内填土的容器残片　4～7.石堆北部石柱下的陶片
（1、2.泥质石灰岩　3～7.陶）

193

德列斯图依墓地

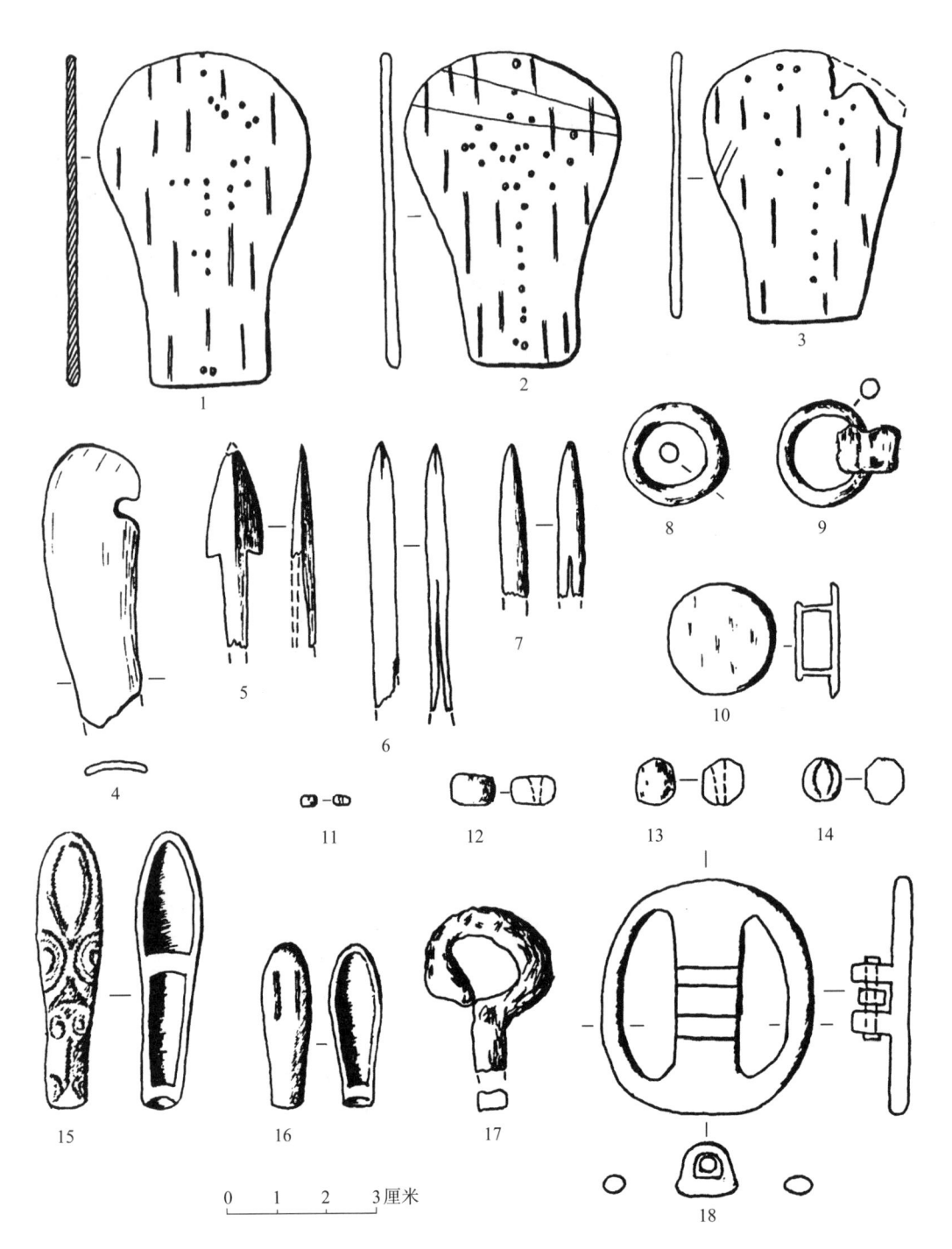

图一二 ZM39出土器物（在棺底部）

1~3.带饰 4.弓弣残片 5~7.镞残段 8、9.环 10.纽扣 11~13.珠子
14.镶嵌物 15、16.勺形带饰 17.环首锥残段 18.带扣
（1~3.桦树皮 4~7.角 8、10、15、16、18.青铜 9.青铜上残留皮革
11、12.绿松石 13、14.光玉髓 17.铁）

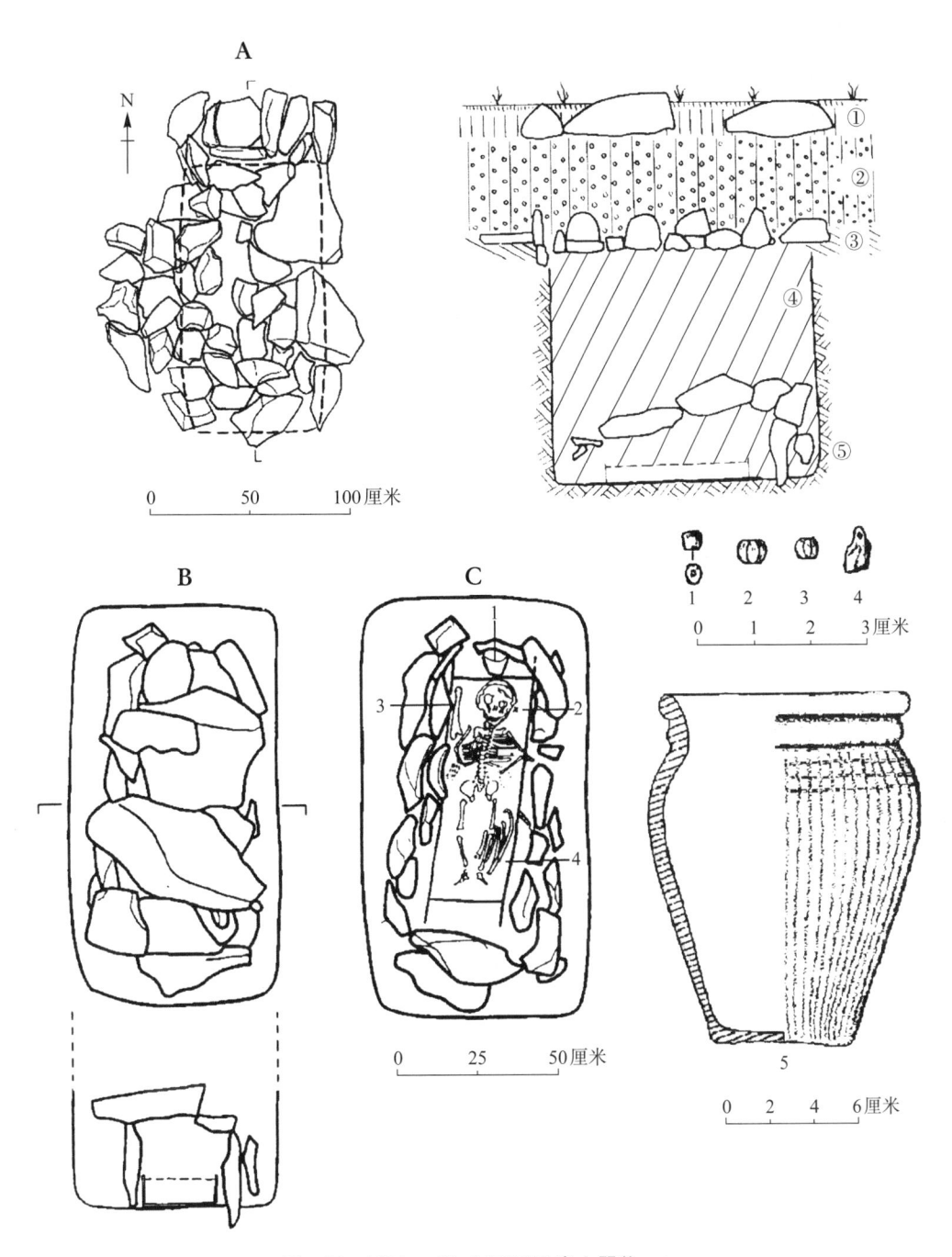

图一三　M39-a平、剖面图及出土器物

A. 平、剖面图：①覆盖草皮的表层沙土　②盗掘从ZM39扔出来的土
　　　　　　　③浅褐色砂壤土　④浅黄色砂壤土　⑤生土
B. 墓内结构平、剖面图
C. 墓葬平面图：1.容器　2.珠子　3、4.绵羊骨骼
出土器物：1~4.珠子　5.容器（罐）
　　　　（1.玻璃　2、3.光玉髓　4.绿松石　5.陶）

德列斯图依墓地

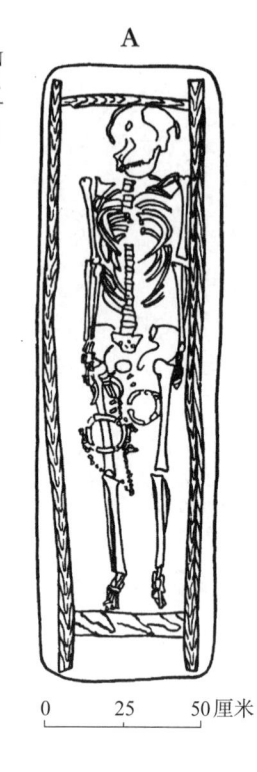

图一四　M40平面图及腰带具分布图
A. 墓葬平面图
B. 腰带具分布图：1. 泥质石灰岩珠子　2、3. 爪形玉髓坠饰
　　　　　　　4. 萤石珠子　5、6. 泥质石灰岩环
　　　　　　　7、8. 青铜铃　其余的为光玉髓珠和玻璃珠
C. 右侧股骨附近腰带装饰物下面的一串光玉髓珠子

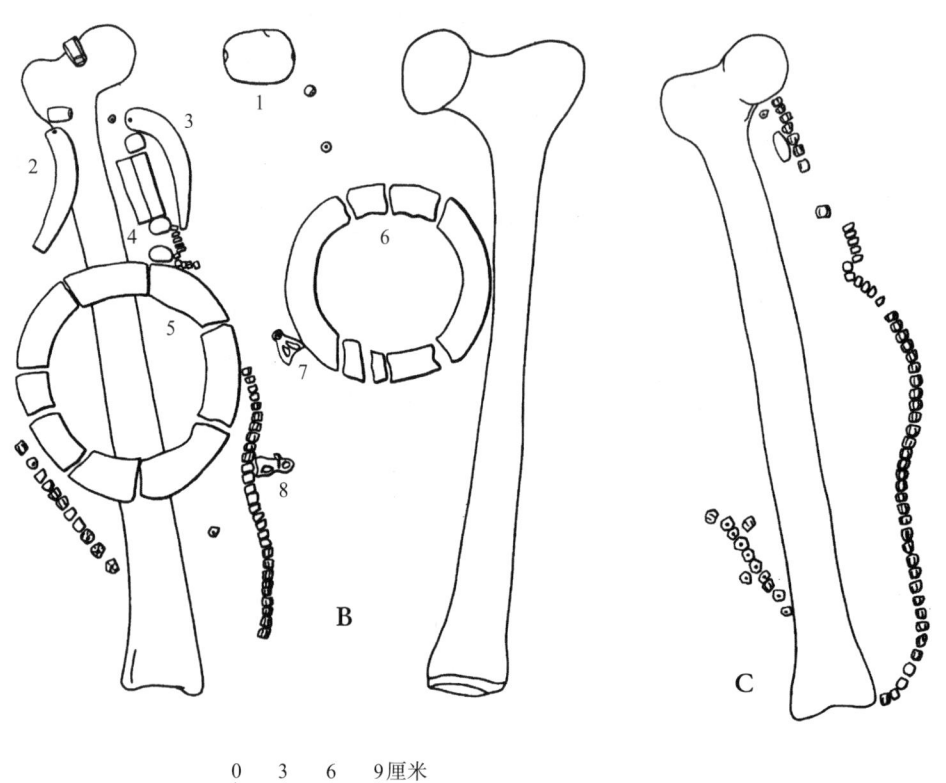

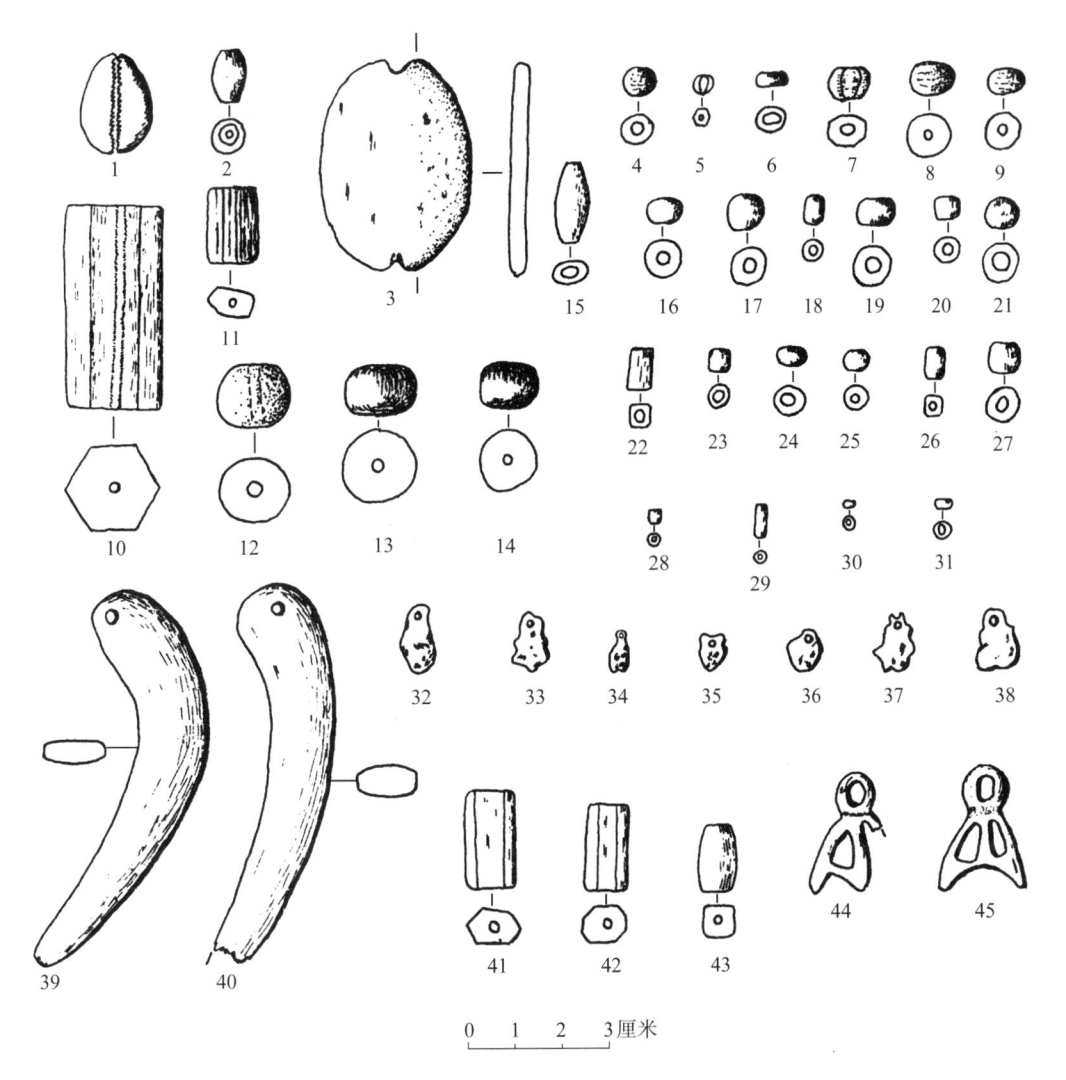

图一五　M40出土器物

1. 墓葬开口处的贝壳　2~31、41~43. 珠子　32~38. 坠饰　39、40. 爪形坠饰　44、45. 铃
（1. 贝壳　2、10、11、41~43. 萤石　3、12、15. 泥质石灰岩　4、6、8、9、13、14、16~31. 玻璃　5、7. 光玉髓　32~38. 绿松石　39、40. 玉髓　44、45. 青铜）

德列斯图依墓地

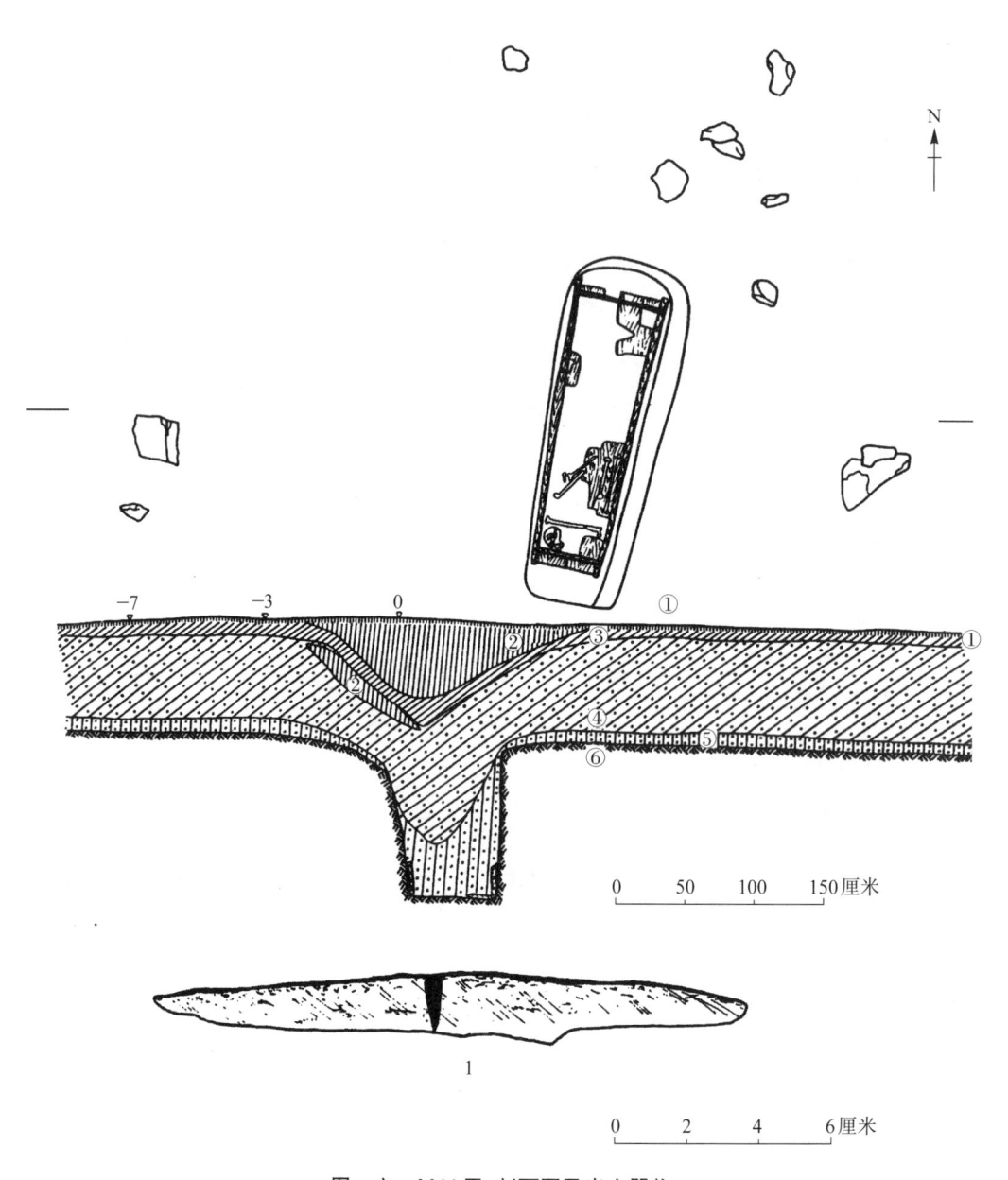

图一六 M41平、剖面图及出土器物
剖面图：①覆盖草皮的表层沙土 ②灰色腐殖砂壤土 ③深灰色腐殖砂壤土
④黄色砂壤土 ⑤包含碎石块的黄色砂壤土 ⑥生土
出土器物：1.铁刀

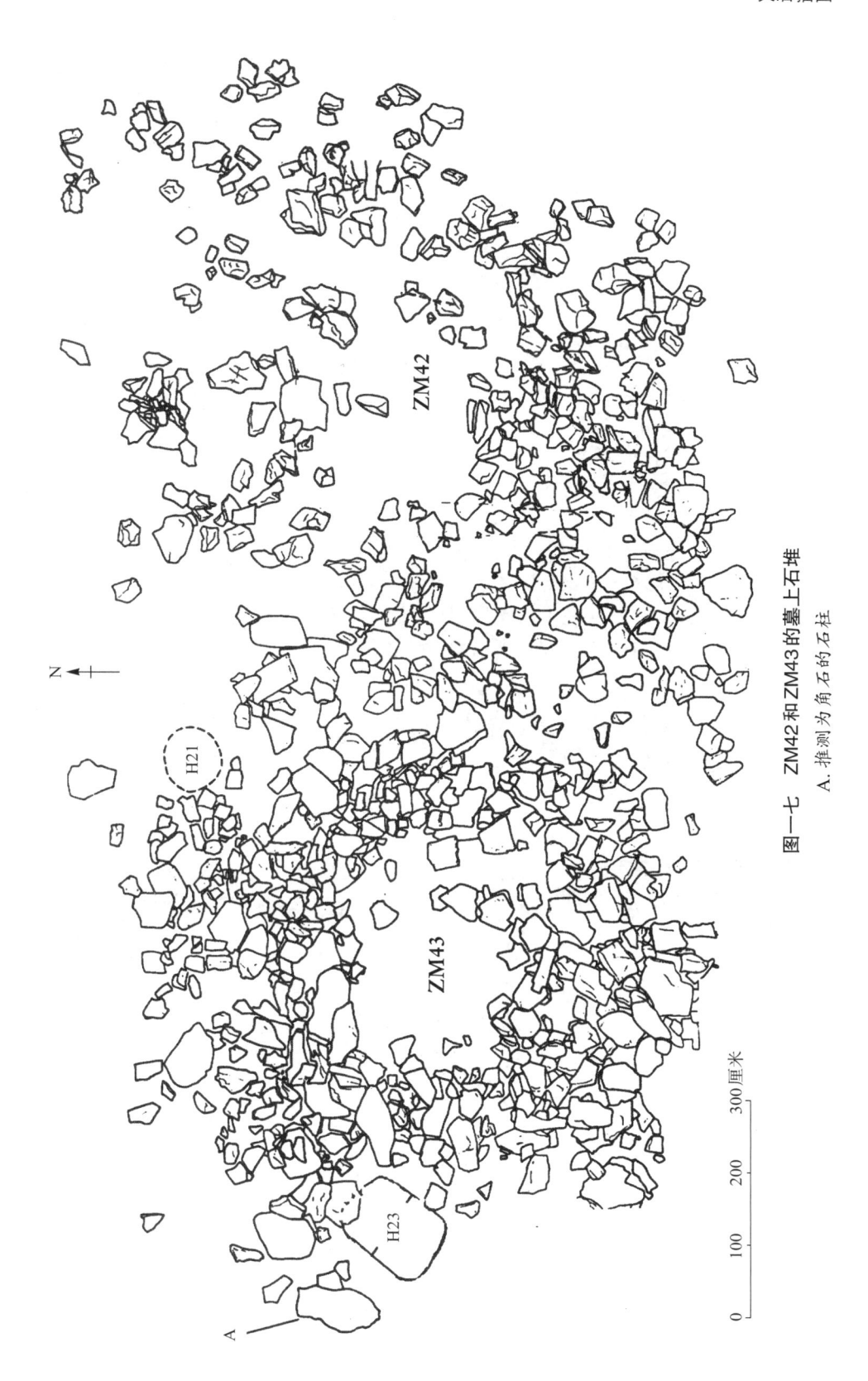

图一七 ZM42 和 ZM43 的墓上石堆
A. 推测为角石的石柱

德列斯图依墓地

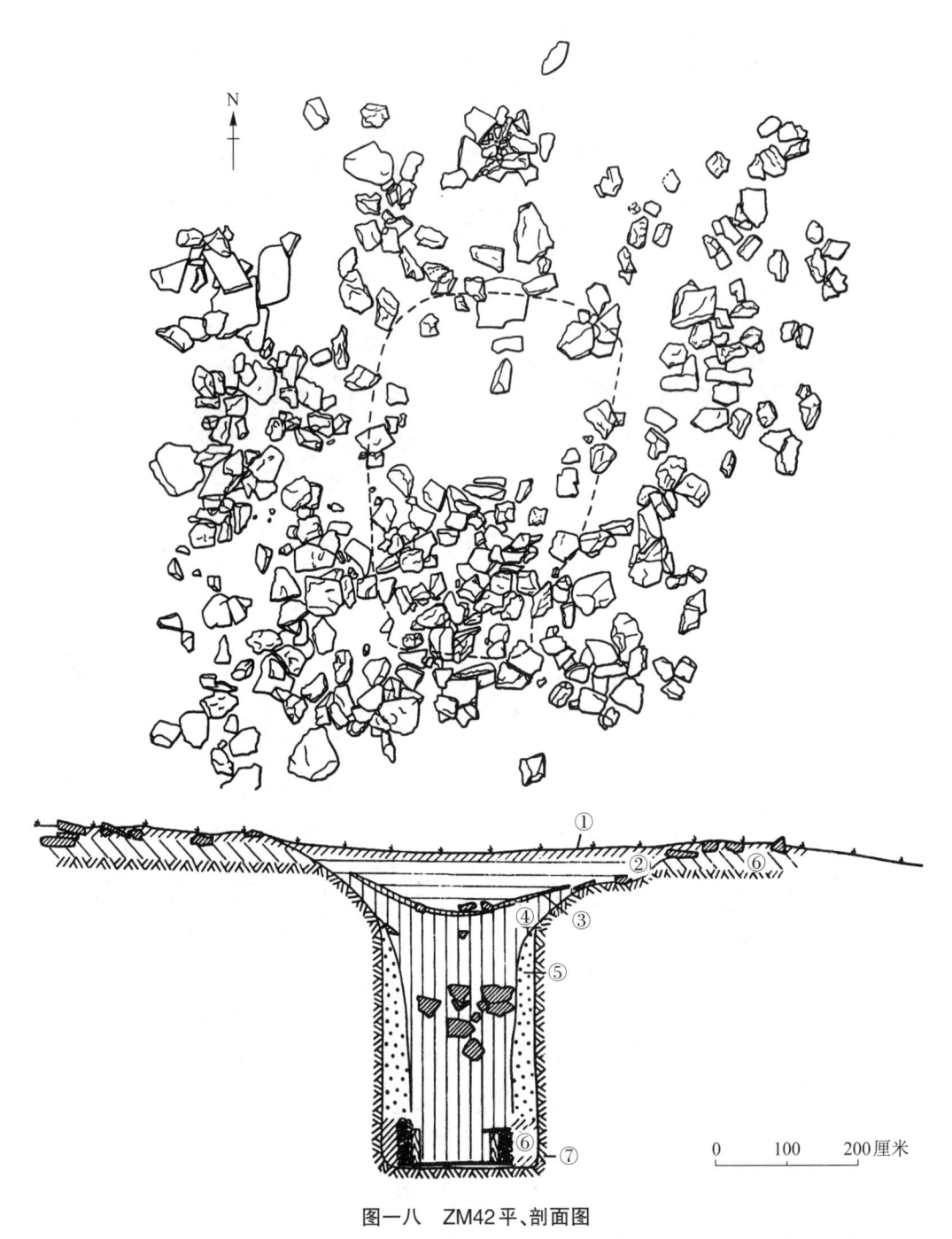

图一八 ZM42平、剖面图
①覆盖草皮的表层沙土 ②灰色腐殖砂壤土 ③深褐色砂壤土 ④包含碎石块的浅灰色腐殖砂壤土
⑤黄色砂壤土 ⑥包含碎石块的黄色砂壤土 ⑦生土

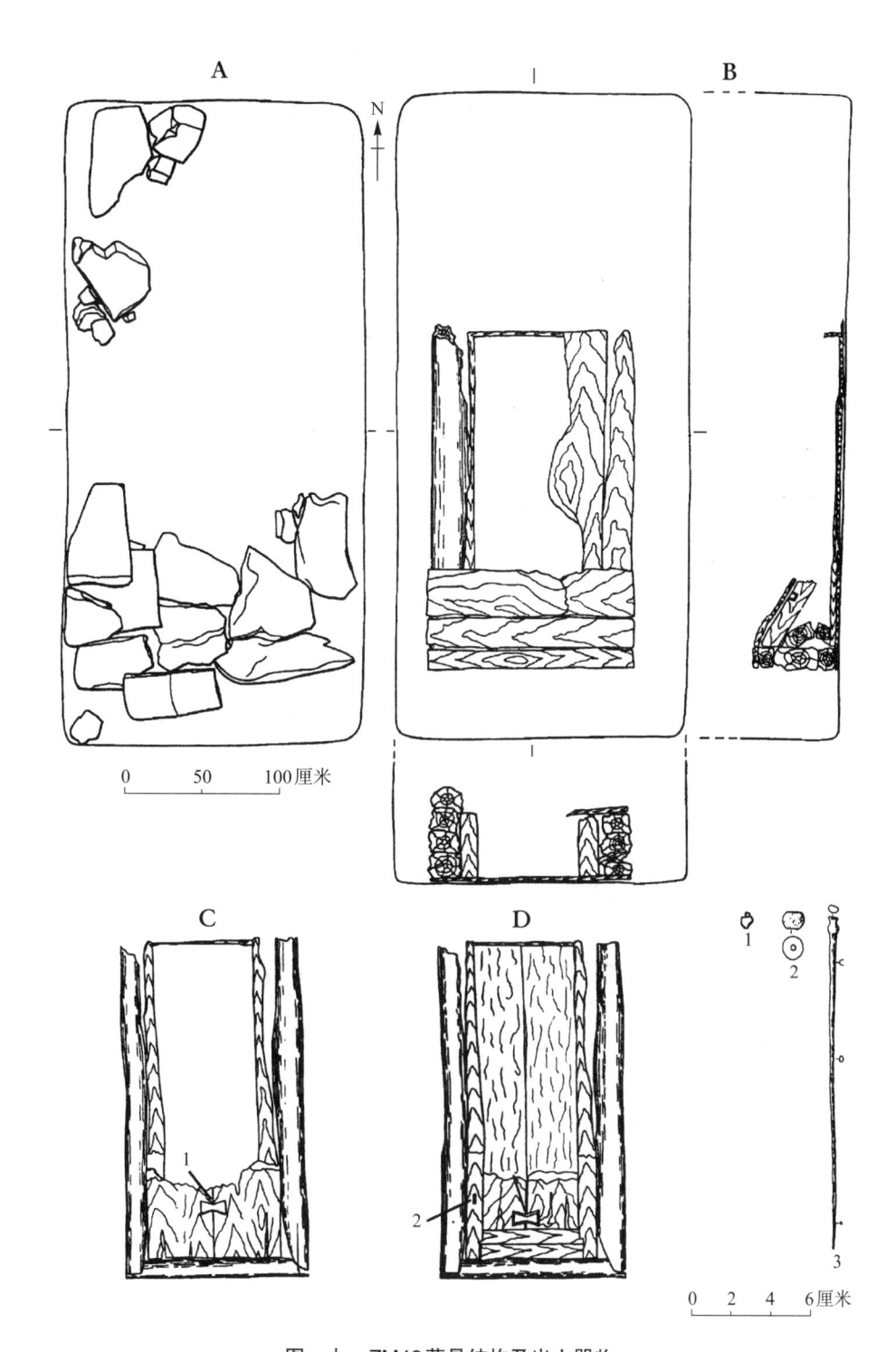

图一九　ZM42葬具结构及出土器物

A. 残留的墓坑内的填石　B. 葬具平、剖面图　C. 棺盖板层位的葬具结构平面图
D. 棺底部层位的葬具结构平面图：1. "蝴蝶结"形榫　2. 插暗榫的槽
出土器物：1、2. 珠子　3. 发簪（1. 绿松石　2. 光玉髓　3. 角）

德列斯图依墓地

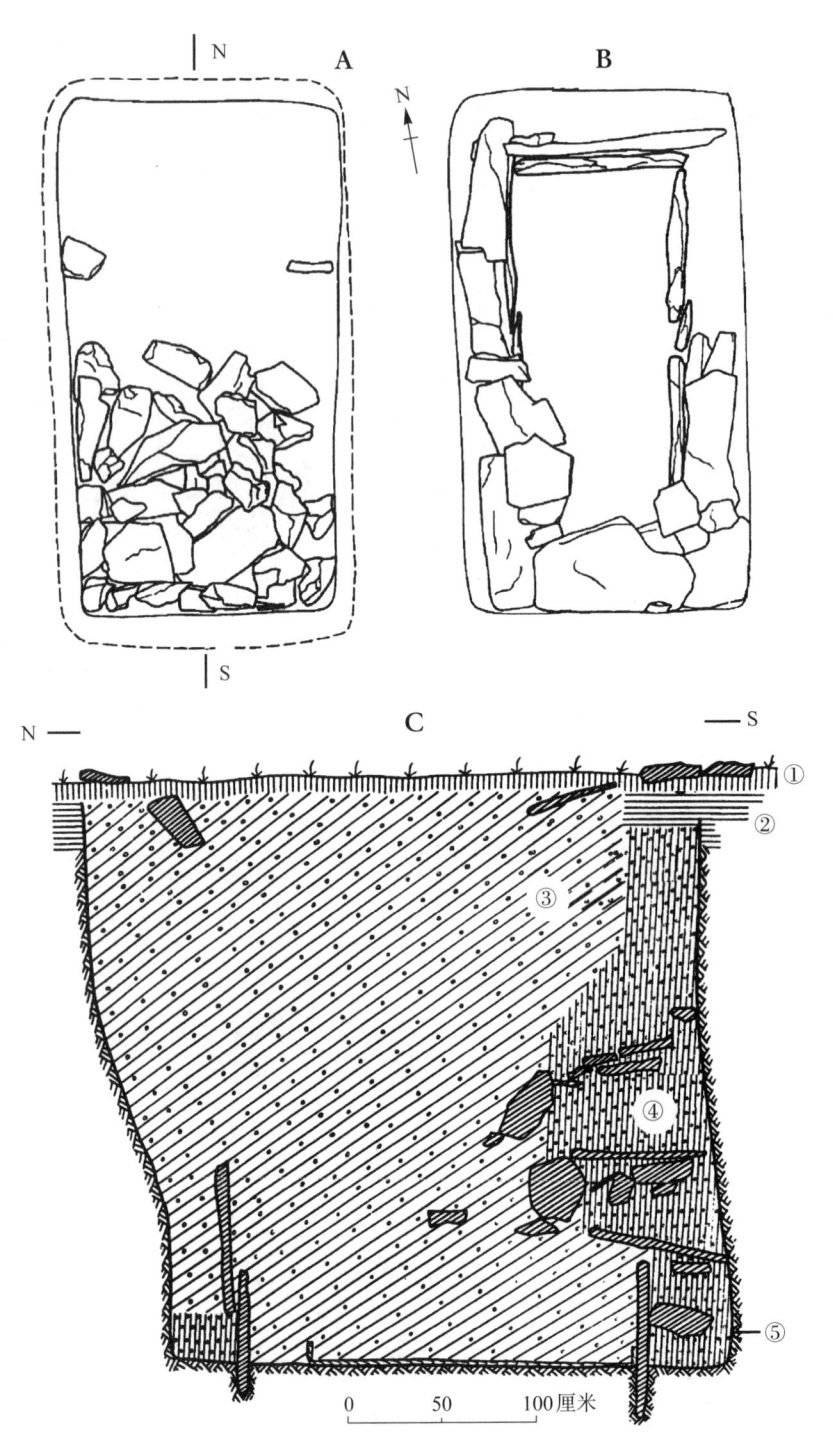

图二〇 ZM43平、剖面图
A. 墓坑南部残留的填石　B. 石箱盖板层位的葬具
C. 墓葬剖面图：①覆盖草皮的表层沙土　②浅褐色腐殖砂壤土　③包含碎石块的灰色砂壤土
　　④包含碎石块的黄色砂壤土　⑤生土

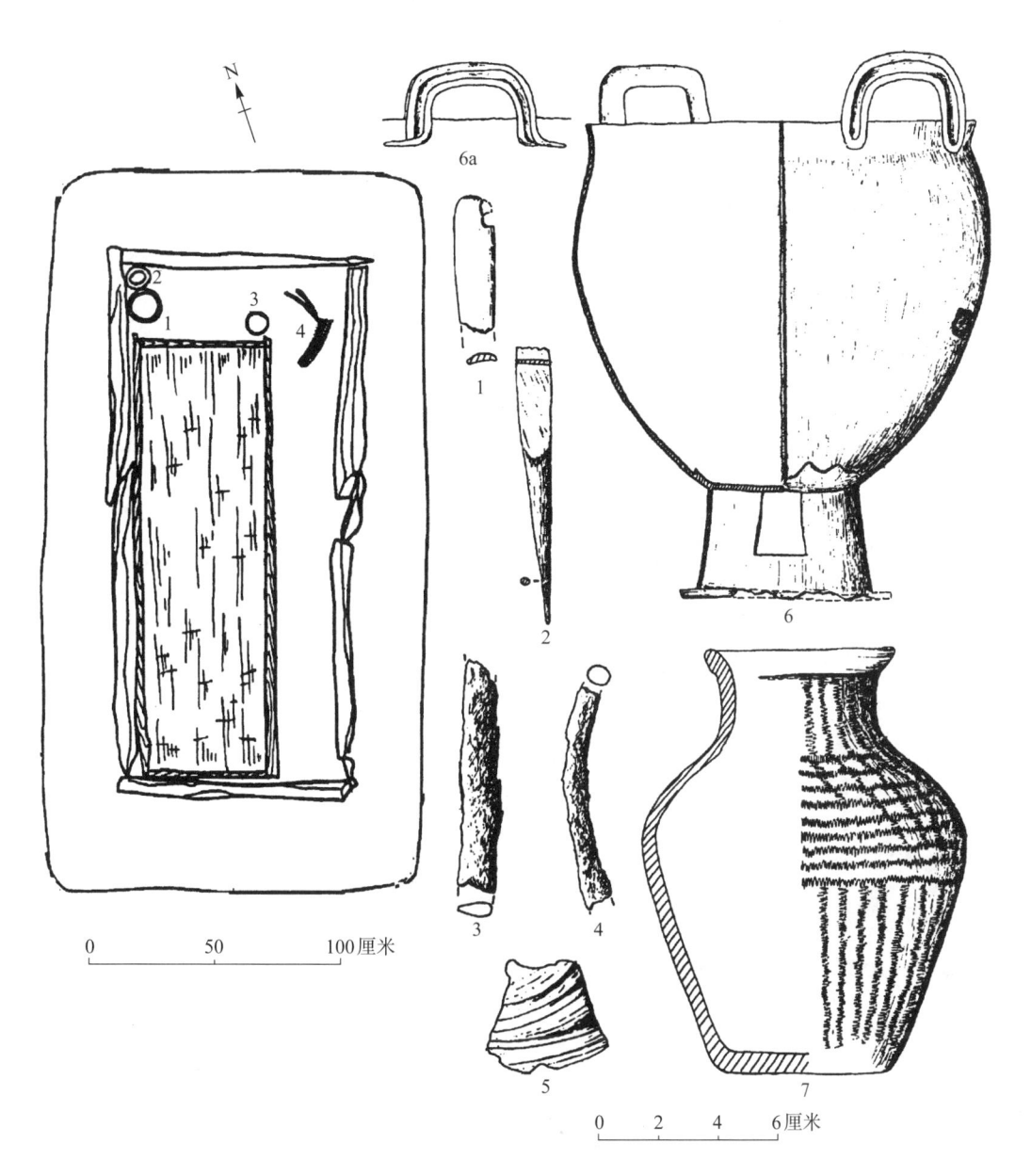

图二一 ZM43平面图及出土器物

葬具平面图：1. 青铜镄 2. 陶容器（壶） 3. 木质的漆耳杯 4. 绵羊肋骨
出土器物：1. 弓弭残段 2. 弓弭加长的末端 3、4. 器物残段 5. 贝壳残片
6. 镄（6a. 镄器耳局部） 7. 容器（壶）
（1、2. 角 3、4. 铁 5. 河蚌 6. 青铜 7. 陶）

德列斯图依墓地

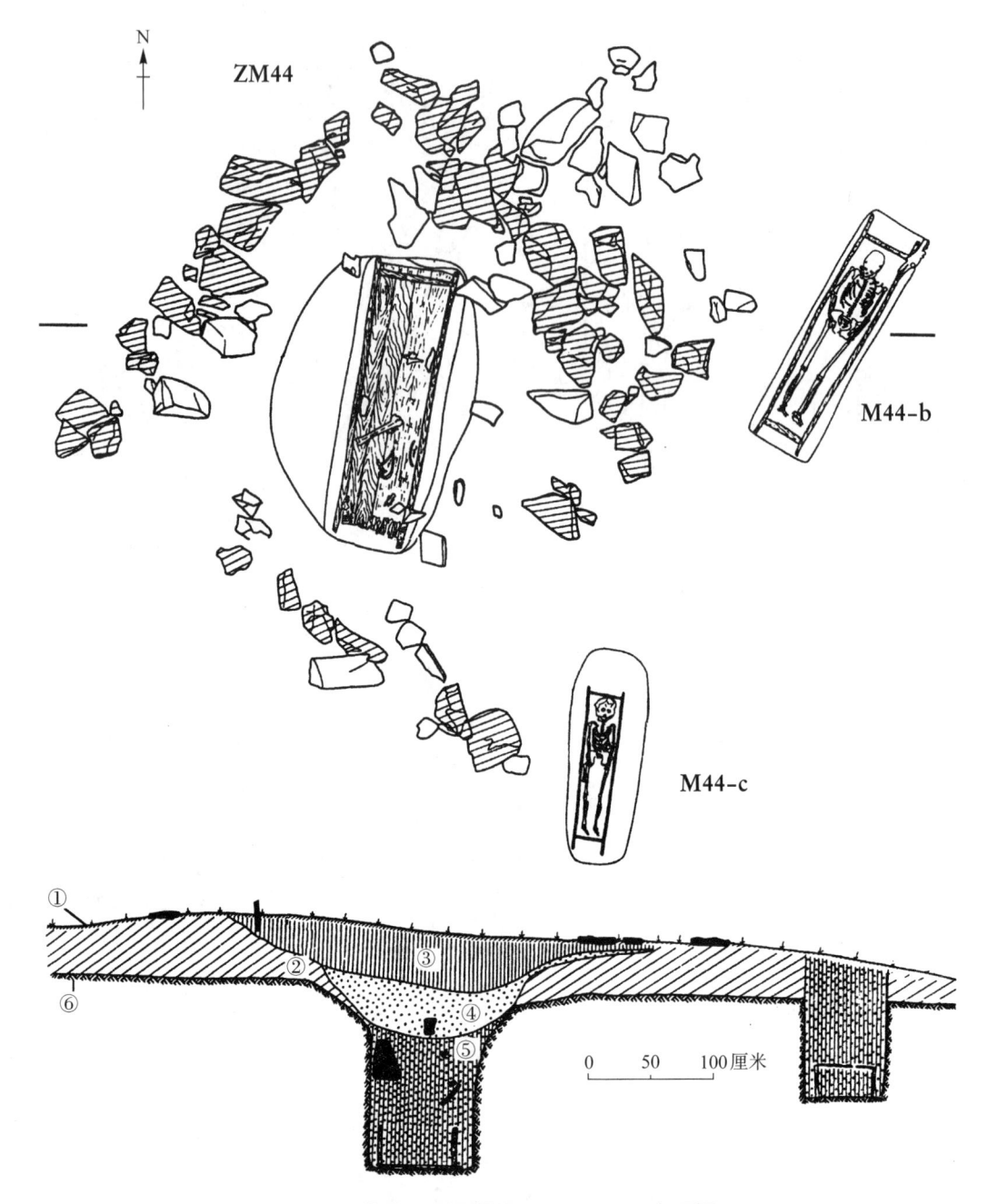

图二二 单元44平面图及ZM44、M44-b剖面图
（内填斜线的为推测保持原始位置的石块）
① 覆盖草皮的表层沙土　② 灰色腐殖砂壤土　③ 包含碎石块的灰色砂壤土
④ 包含碎石块的浅黄褐色砂壤土　⑤ 包含碎石块的褐色砂壤土　⑥ 生土

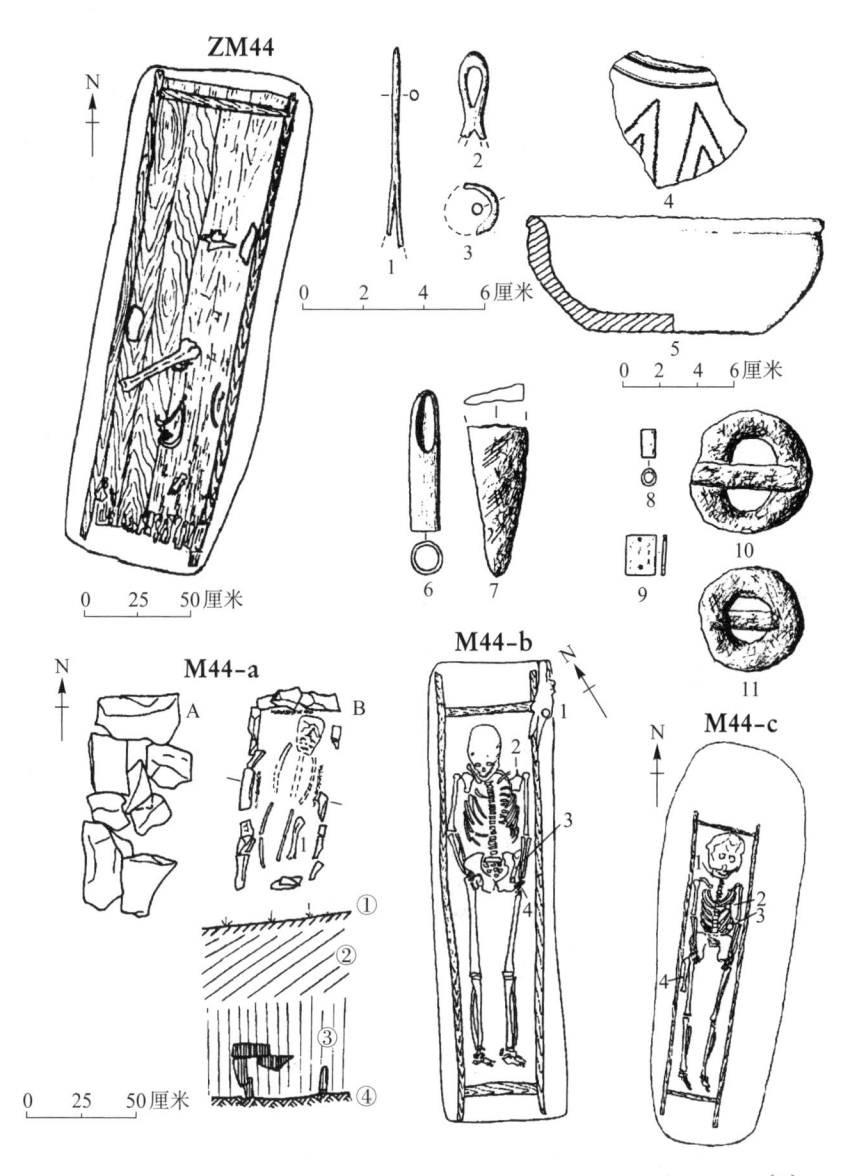

图二三 ZM44、M44-b、M44-c平面图及出土器物，M44-a平、剖面图[1]

ZM44棺底层位的平面图
ZM44出土器物：1. 镞　2. 坠饰残段　3. 环残段　4. 陶器残片　5. 盆（复原）
M44-a：A. 石箱平面图
　　　　B. 墓葬平、剖面图：1. 山羊骨
　　　　　　　　① 覆盖草皮的表层沙土　② 灰色腐殖砂壤土　③ 浅褐色砂壤土　④ 生土
M44-b墓葬平面图：1. 山羊头骨　2. 角质勺形带饰　3. 山羊肱骨　4. 刀残段
M44-b出土器物：6. 勺形带饰　7. 刀残段
M44-c墓葬平面图：1. 珠子　2、3. 铁带扣　4. 山羊肱骨
M44-c出土器物：8、9. 珠子　10、11. 带扣
（1、6. 角　2、3. 青铜　4、5. 陶　7、10、11. 铁　8. 骨　9. 河蚌壳）

---

[1] 中译本将原著M44-b墓葬平面图上的"角质扣"和出土器物中的"扣"分别改为"角质勺形带饰"和"勺形带饰"。

德列斯图依墓地

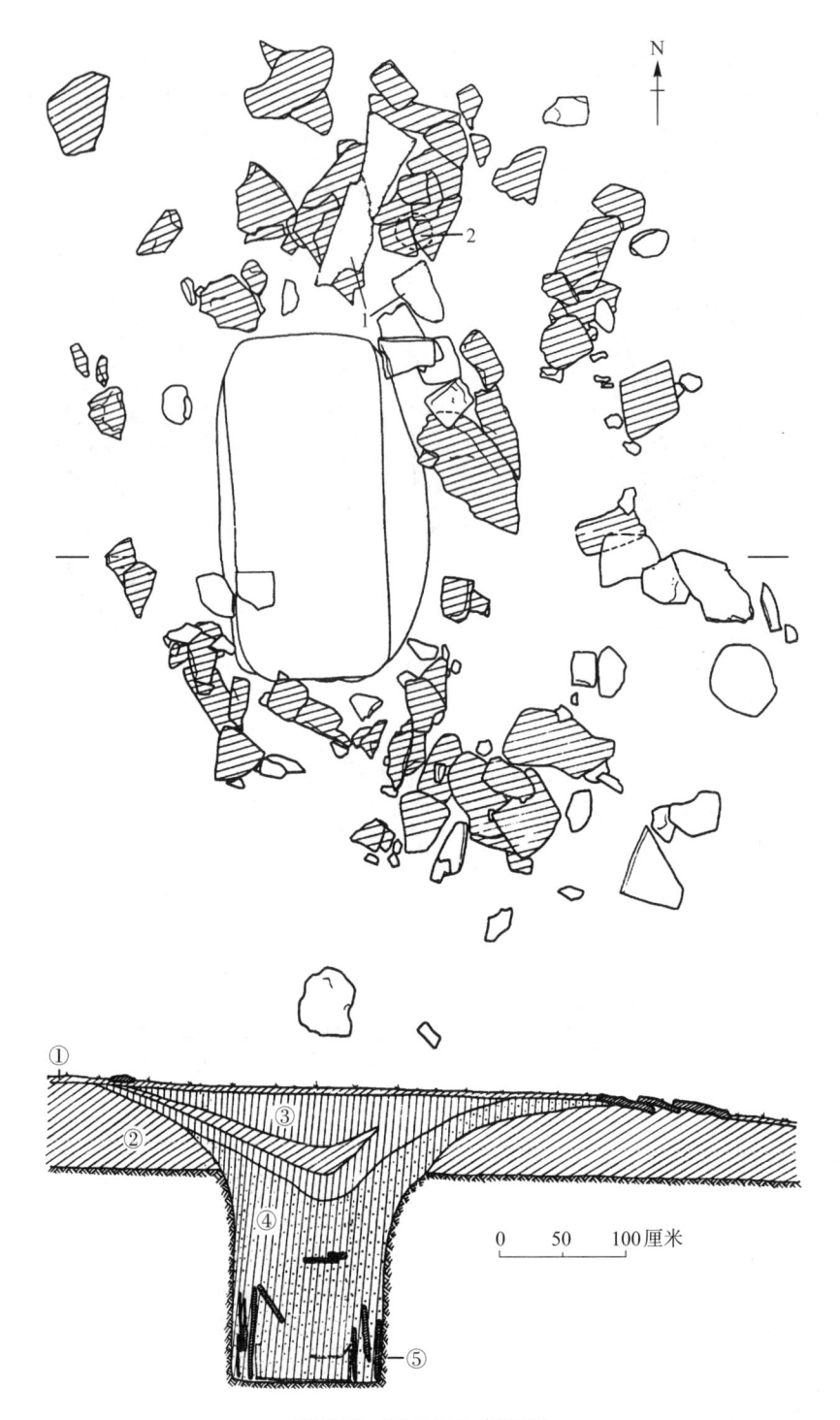

图二四　ZM45平、剖面图
平面图：1.倾倒的石柱　2.地面上的坑（内填斜线的为推测保持原始位置的石块）
剖面图：①覆盖草皮的表层沙土　②灰色腐殖砂壤土　③包含碎石块的灰色砂壤土　④包含碎石块的浅黄色砂壤土　⑤生土

0　25　50厘米

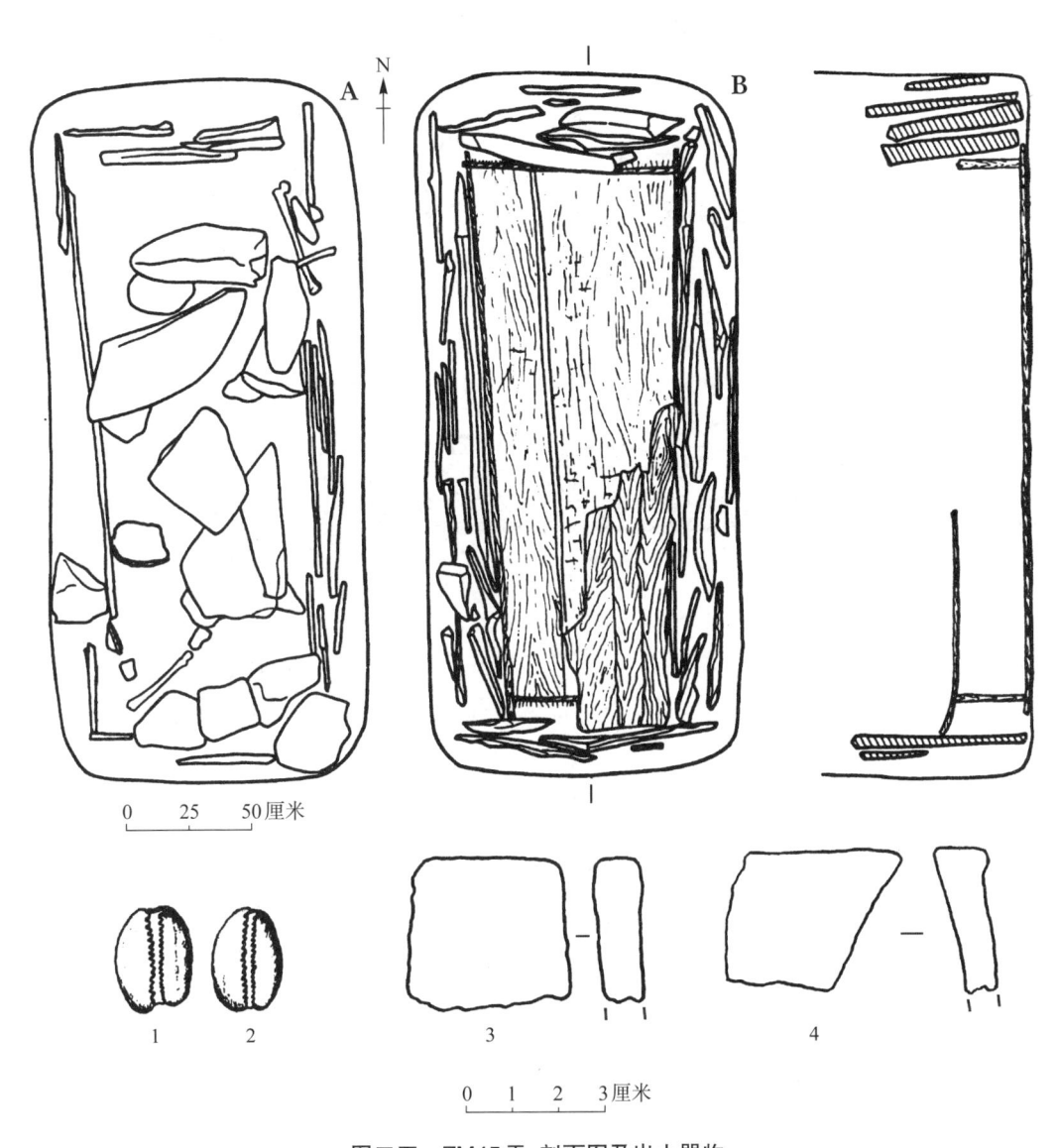

0　1　2　3厘米

图二五　ZM45平、剖面图及出土器物

A. 石箱盖板层位的葬具平面图　B. 葬具平、剖面图
出土器物（在墓上石堆内）：1、2. 贝壳　3、4. 陶器口沿残片

德列斯图依墓地

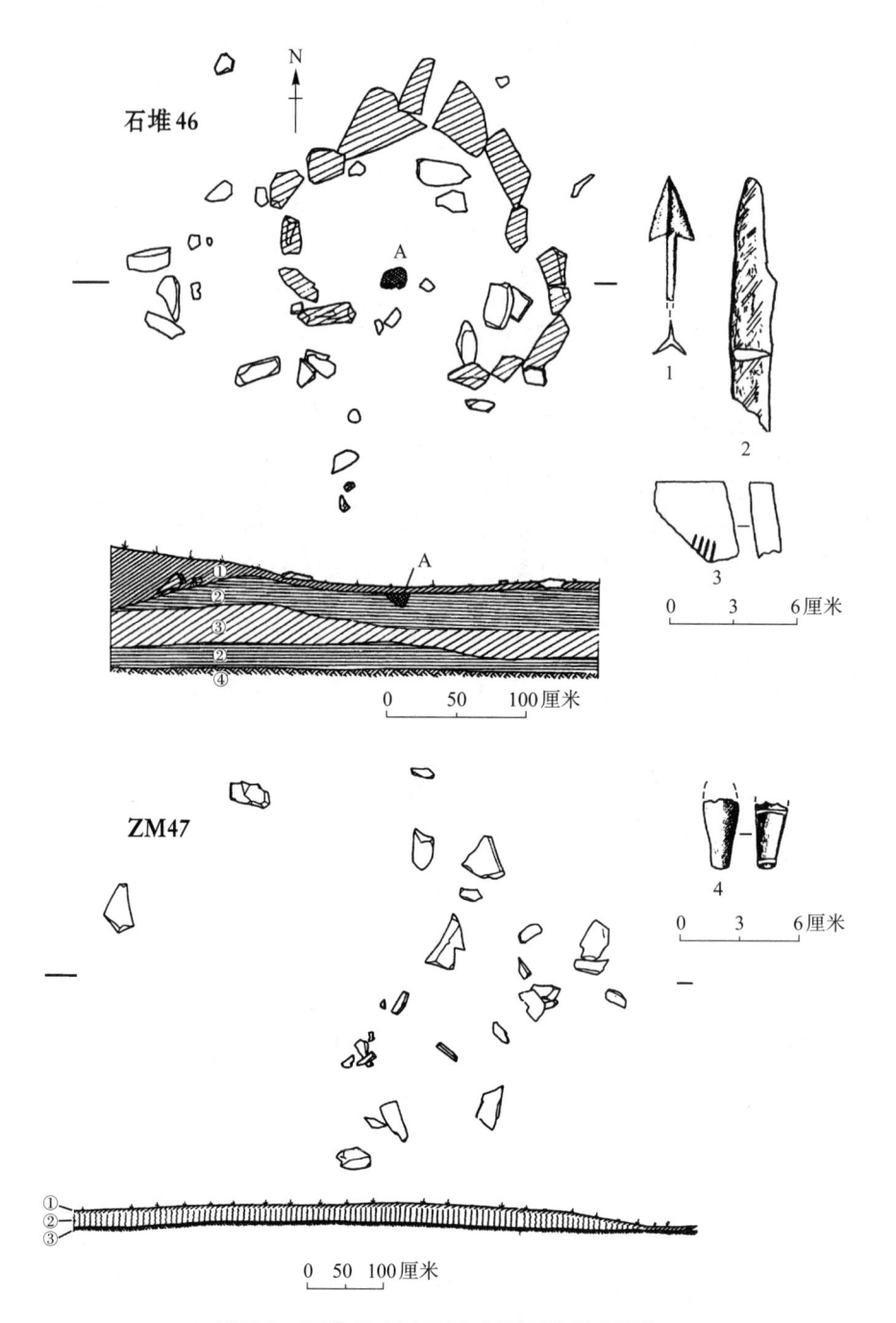

图二六　石堆46、ZM47平、剖面图及出土器物

石堆46平、剖面图：A.炭黑色砂壤土晶状体
①表层沙土　②灰色腐殖砂壤土　③包含碎石块的灰色砂壤土　④生土
石堆46出土器物（在石堆旁边的表层沙土层中）：1.镞　2.刀残段　3.陶片
ZM47平、剖面图：①表层沙土　②包含碎石块的灰色砂壤土　③生土
ZM47出土器物：4.勺形带饰
（1、4.青铜　2.铁　3.陶）

208

文后插图

图二七 ZM48平、剖面图
① 覆盖草皮的表层沙土 ② 灰色砂壤土 ③ 包含碎石块的深灰色砂壤土
④ 包含碎石块的深黄色腐殖砂壤土 ⑤ 浅黄色砂壤土 ⑥ 生土

209

德列斯图依墓地

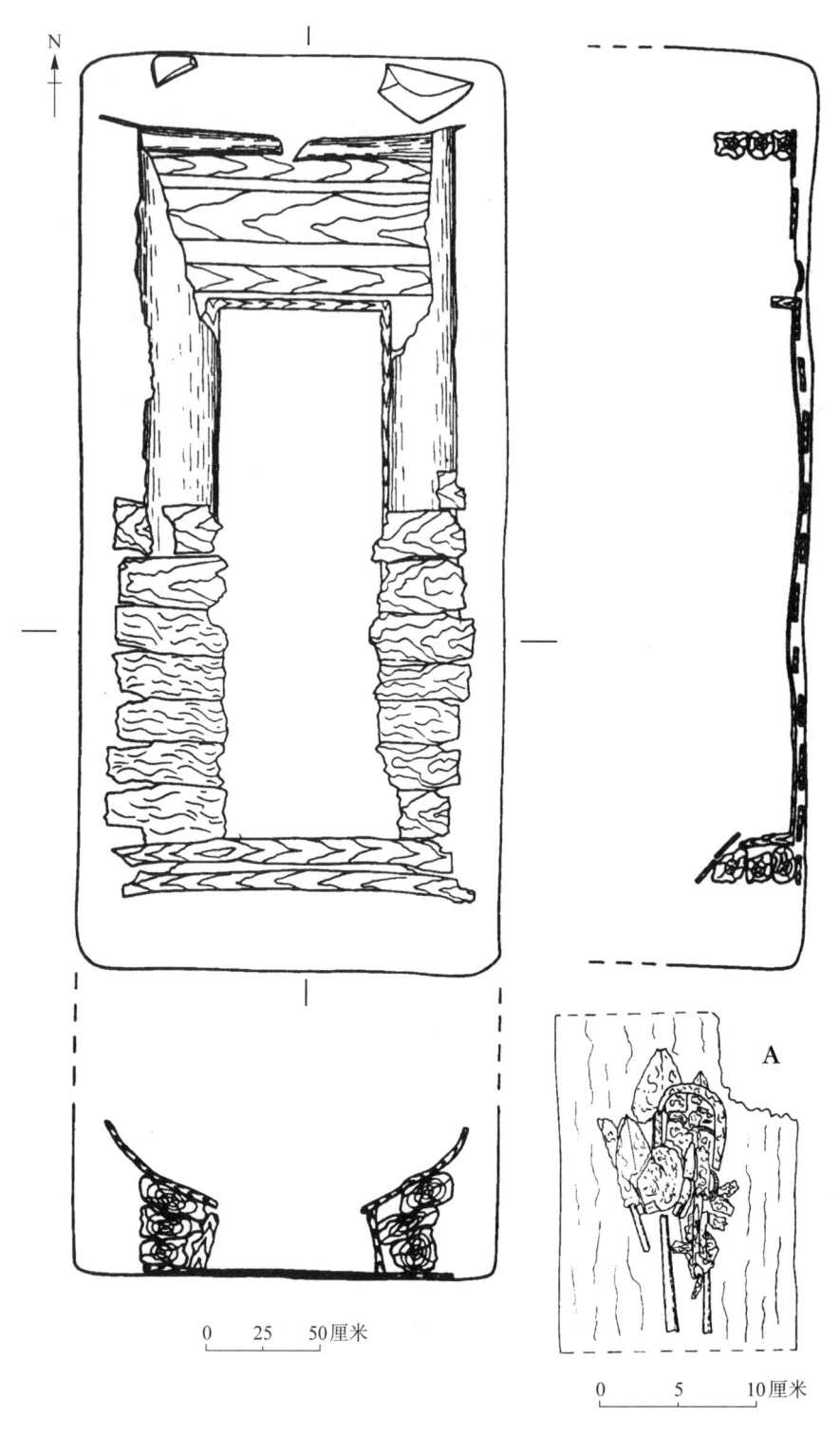

图二八 ZM48葬具平、剖面图
A. 木棺西壁附近的铁器堆

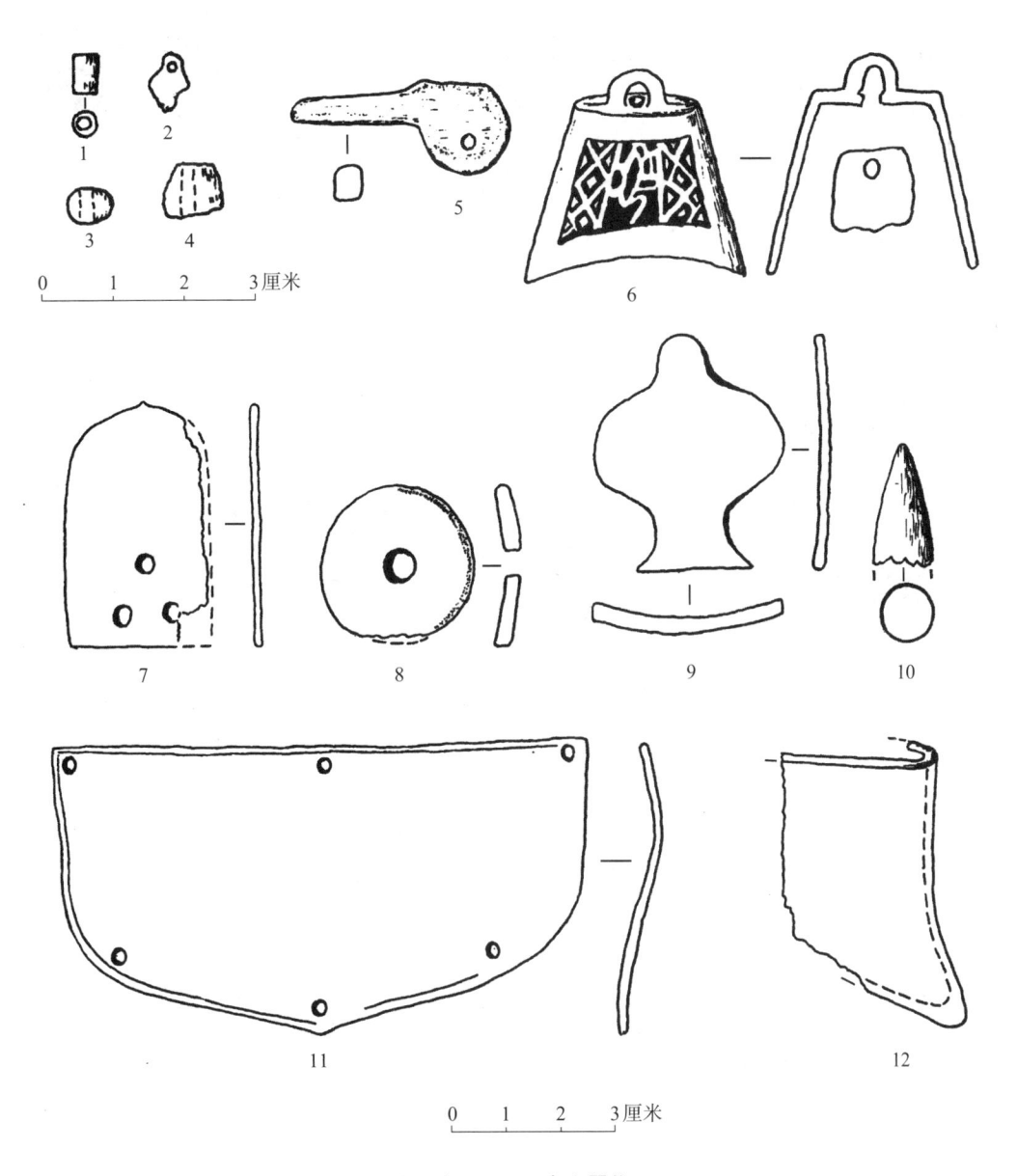

图二九 ZM48出土器物

1、3、4. 珠子　2. 坠饰　5. 带扣的扣针　6. 有残坠饰做成的舌的铃
7、9、11. 镶边物　8. 环　10. 镞残段　12. 套筒残段
[1. 骨　2. 绿松石　3、4. 玻璃　5、7～12. 角　6. 青铜（铃舌为泥质石灰岩）]

德列斯图依墓地

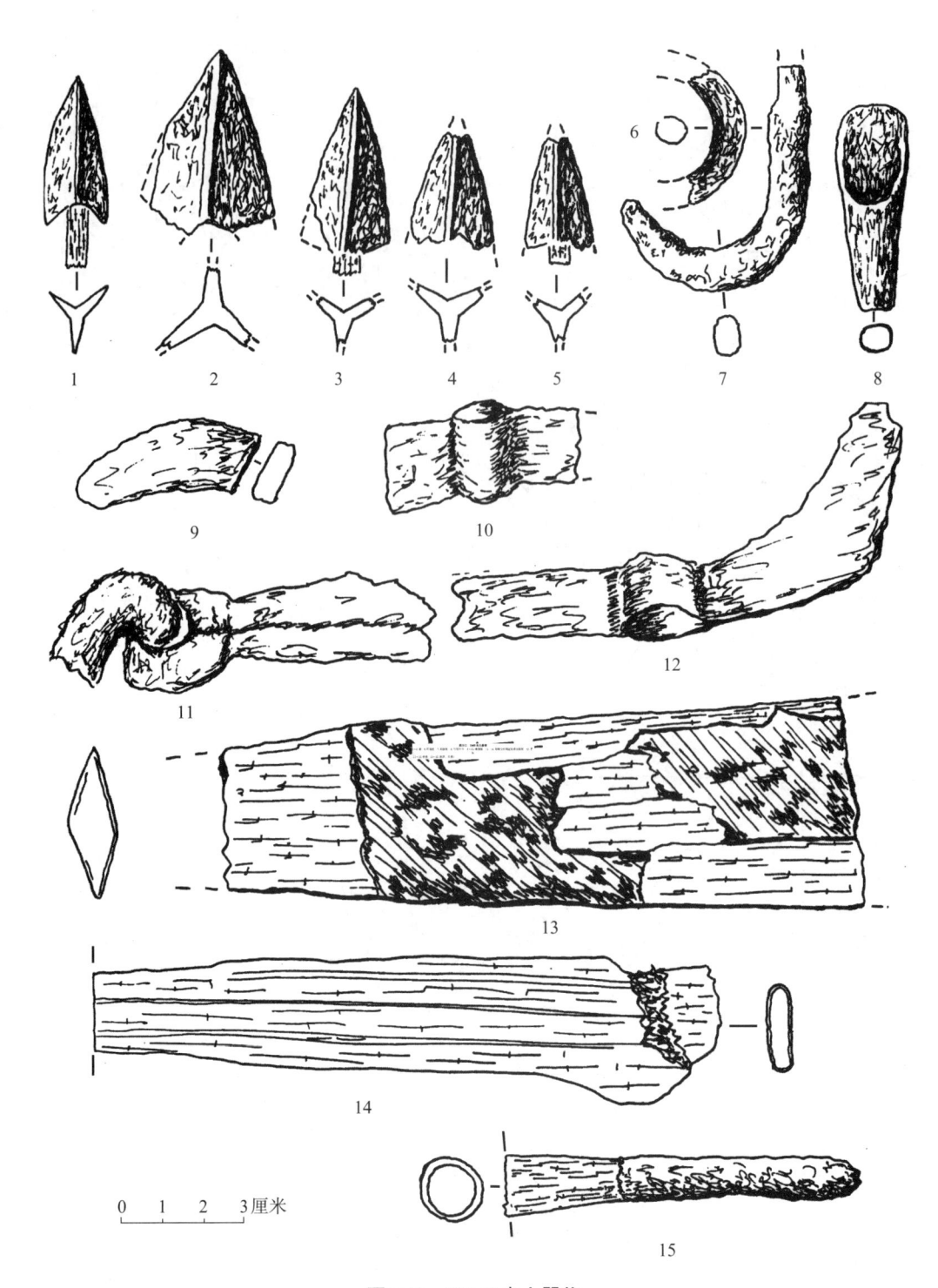

图三〇 ZM48出土器物
1～5. 镞 6. 环残段 7. 钩残段 8. 勺形带饰 9～12. 镳残段
13、14. 黏着剑鞘残迹的短剑残段 15. 矛头
（1～12. 铁 13～15. 铁、木）

文后插图

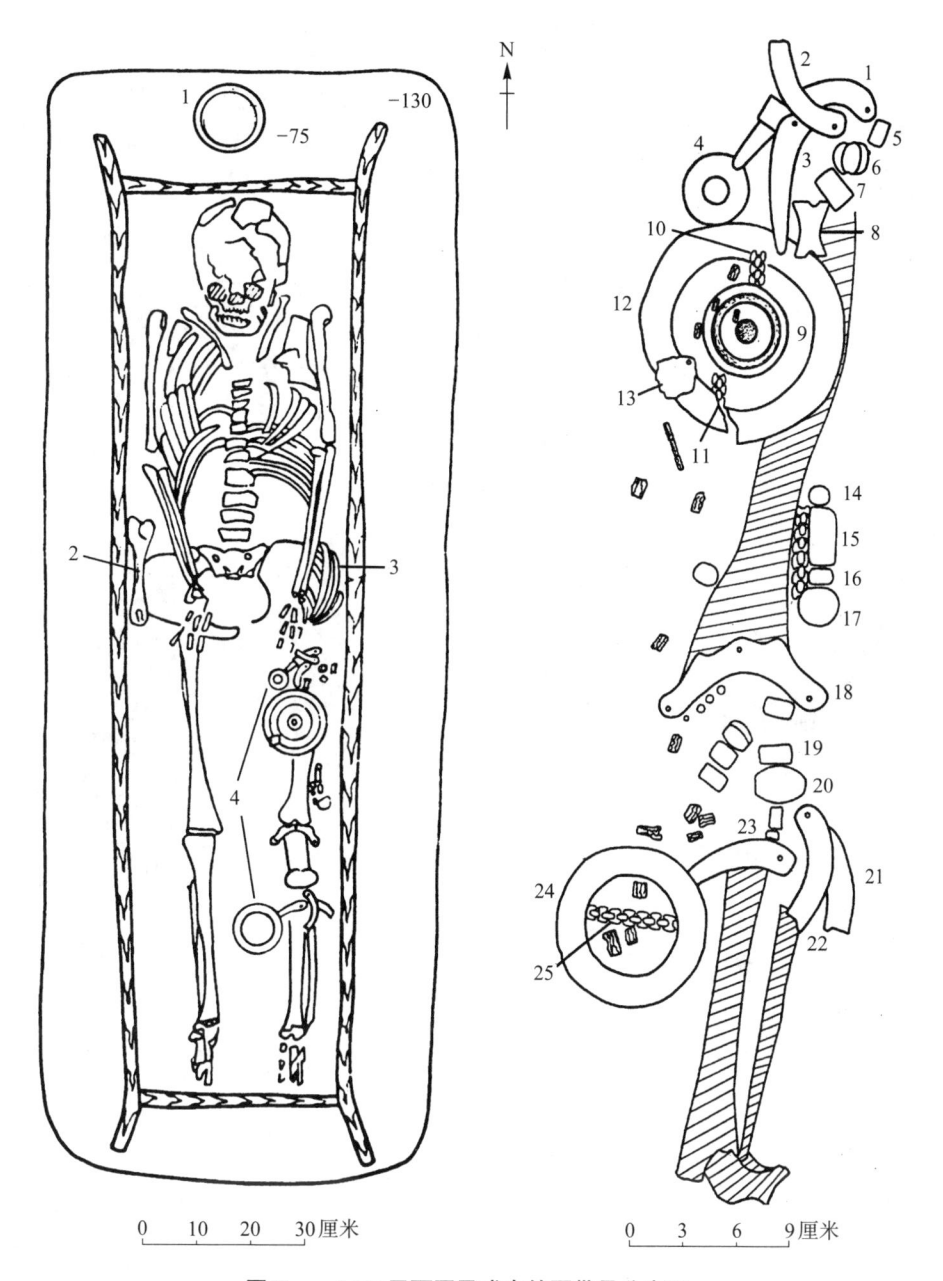

图三一　M49平面图及成套的腰带具分布图

墓葬平面图：1. 容器　2、3. 山羊骨骼[1]　4. 腰带（详见细部图）
腰带具分布图：1~3、21~23. 爪形坠饰　4、12、24. 环　5~8、10、11、13~17、19、20、25. 珠子[2]
　　　　　　9. 带扣　18. 扁担形坠饰
［1~3、21~23. 玉髓　4、9. 煤精　5、7、19、20. 萤石　6. 矿石水晶（？）　8、12、15、17、
18、24. 泥质石灰岩　10、11、25. 骨　13. 绿松石　14、16. 光玉髓］

---

[1] M49出土兽骨在原著中的记录有相互矛盾之处，详见第三章墓群Ⅲ单元36中M49的译者注。
[2] 腰带具分布图上数字13所代表的器物应为坠饰。

213

德列斯图依墓地

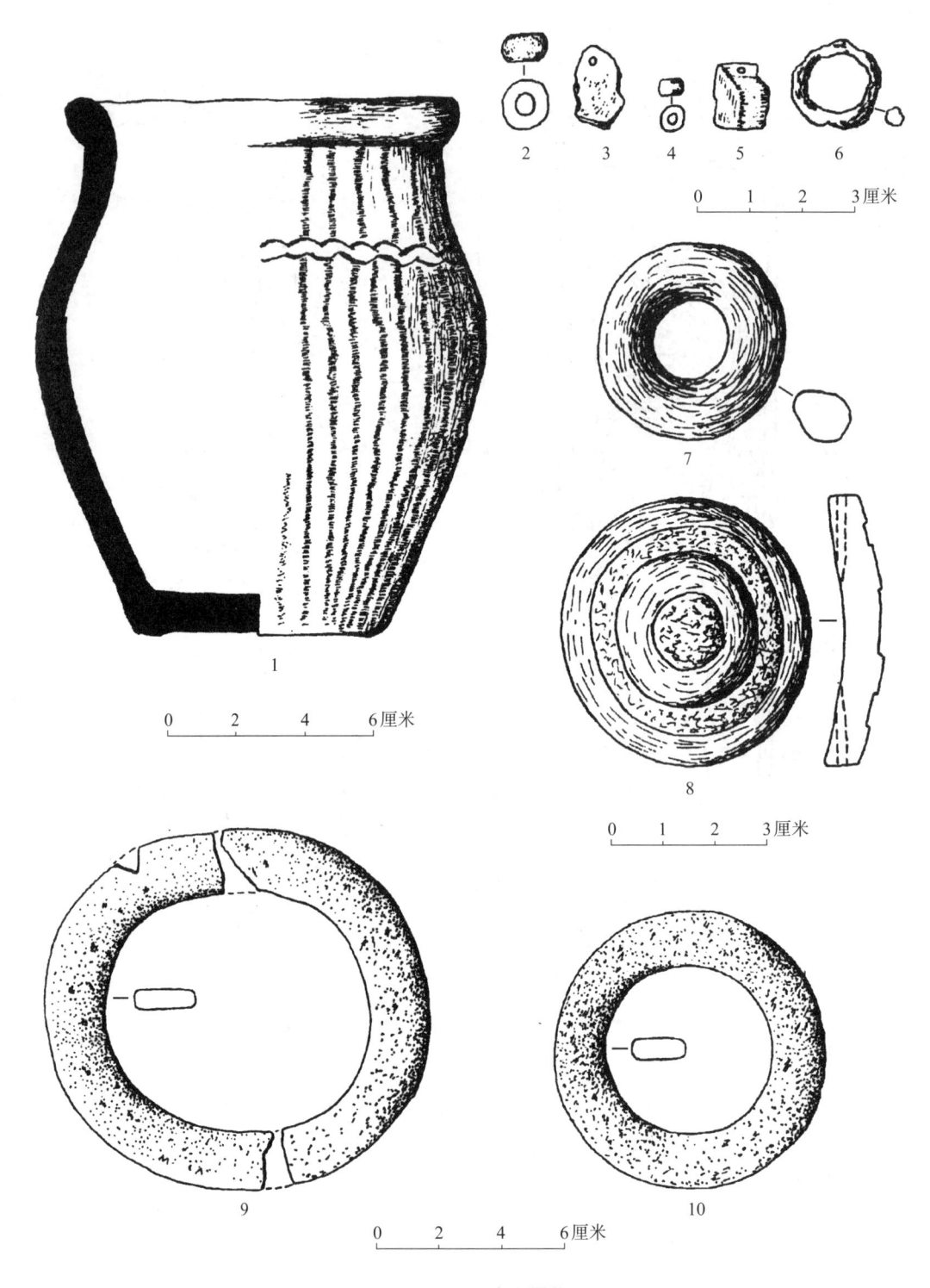

图三二　M49出土器物
1.容器（罐）　2、4.珠子　3、5.坠饰　6.环　7、9、10.环-坠饰　8.带扣
（1.陶　2、4.玻璃　3、5.绿松石　6.铁　7、8.煤精　9、10.泥质石灰岩）

214

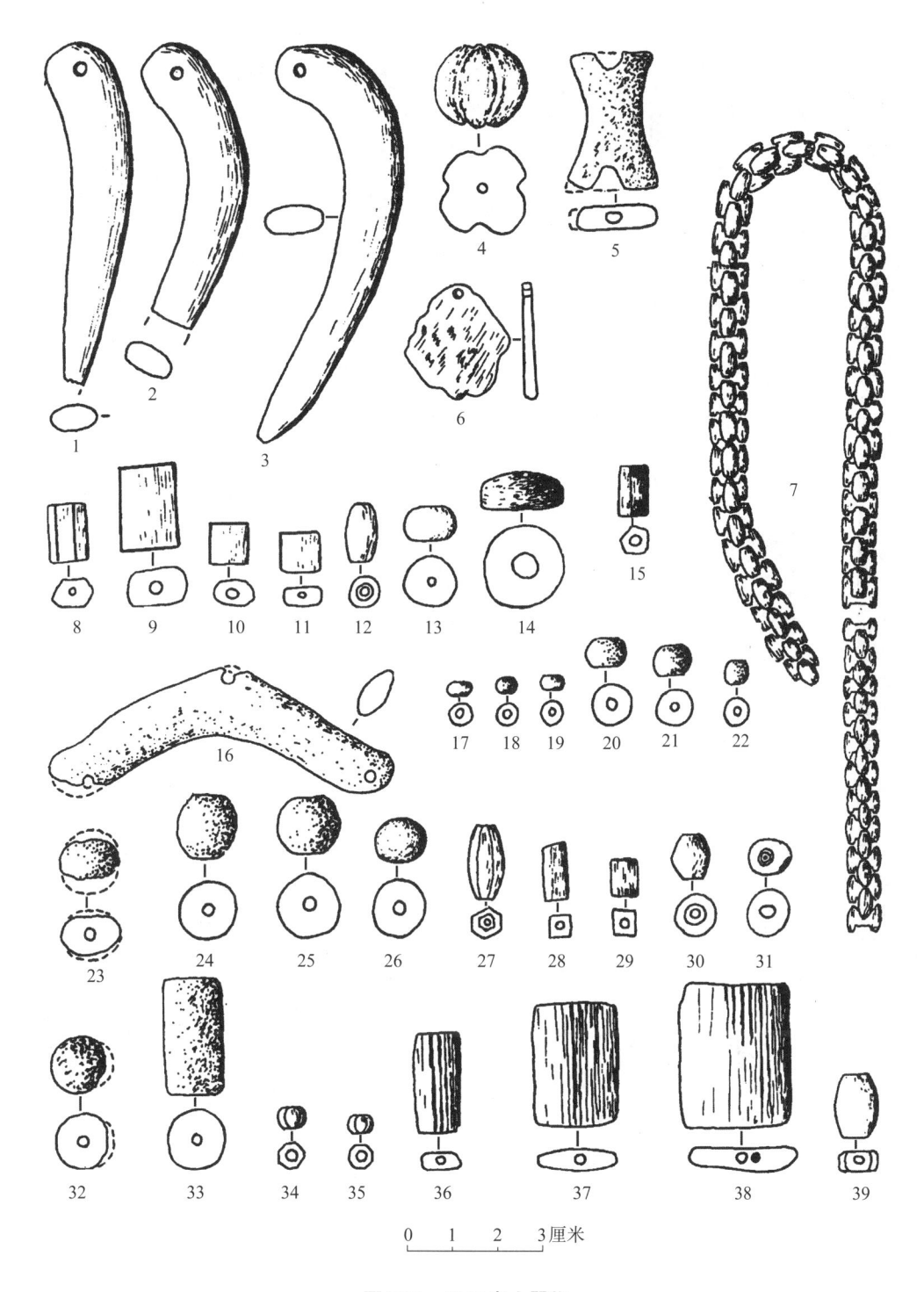

图三三 M49出土器物

1～3.爪形坠饰 4、5、7～15、17～39.珠子 6.坠饰 16.扁担形坠饰
[1～3.玉髓 4.矿石水晶(?) 5、16、21～26、32、33.泥质石灰岩 6.绿松石 7、17～20.骨
8～13.萤石 14、15.煤精 27～31、39.玻璃 34、35.光玉髓 36～38.蛇纹岩]

德列斯图依墓地

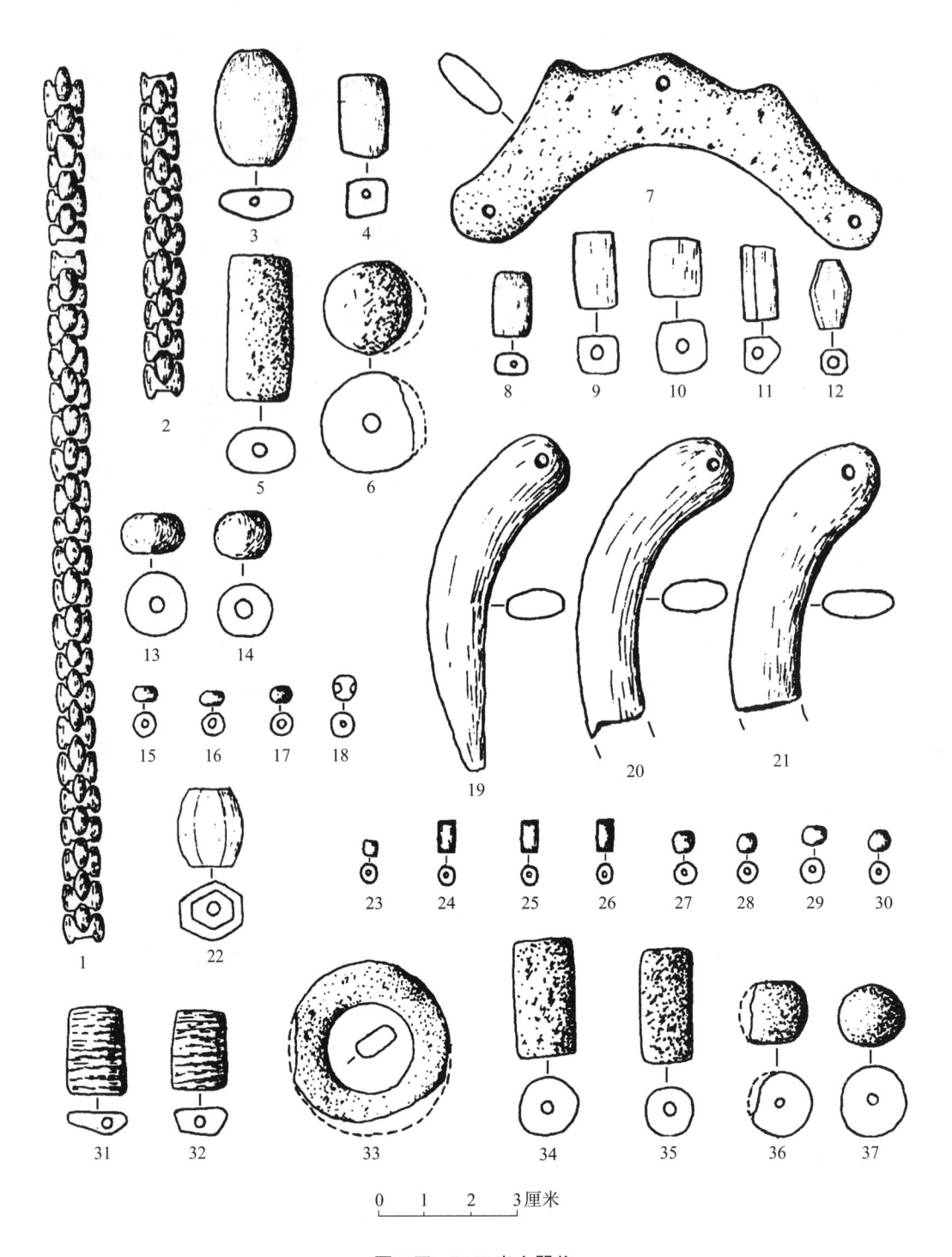

图三四 M49出土器物

1~6、8~18、22~32、34~37. 珠子 7. 扁担形坠饰 19~21. 爪形坠饰 33. 环
（1、2、23~30. 骨 3、4、8~12、22. 萤石 5~7、33~37. 泥质石灰岩 13、14. 光玉髓
15~17. 玻璃 18. 嵌色玻璃 19~21. 玉髓 31、32. 蛇纹岩）

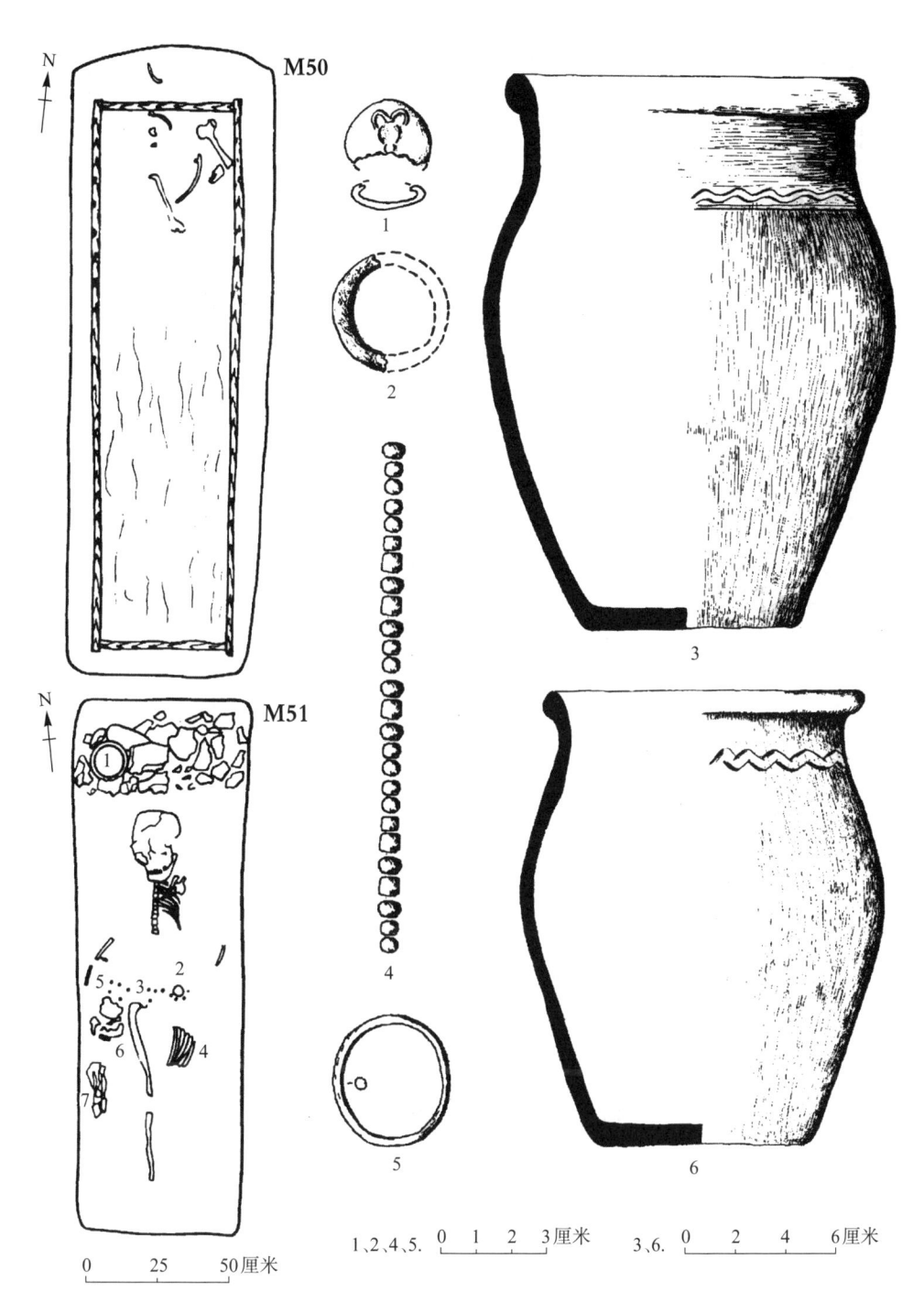

图三五　M50、M51平面图及出土器物

M50墓葬平面图及出土器物：1. 纽扣残片　2. 环残段　3. 容器（罐）
M51墓葬平面图：1. 陶容器　2. 青铜环　3. 珠子　4、5. 绵羊骨骼　6、7. 木炭
M51出土器物：4. 珠子　5. 环　6. 容器（罐）
（1、5. 青铜　2. 铁　3、6. 陶　4. 玻璃）

德列斯图依墓地

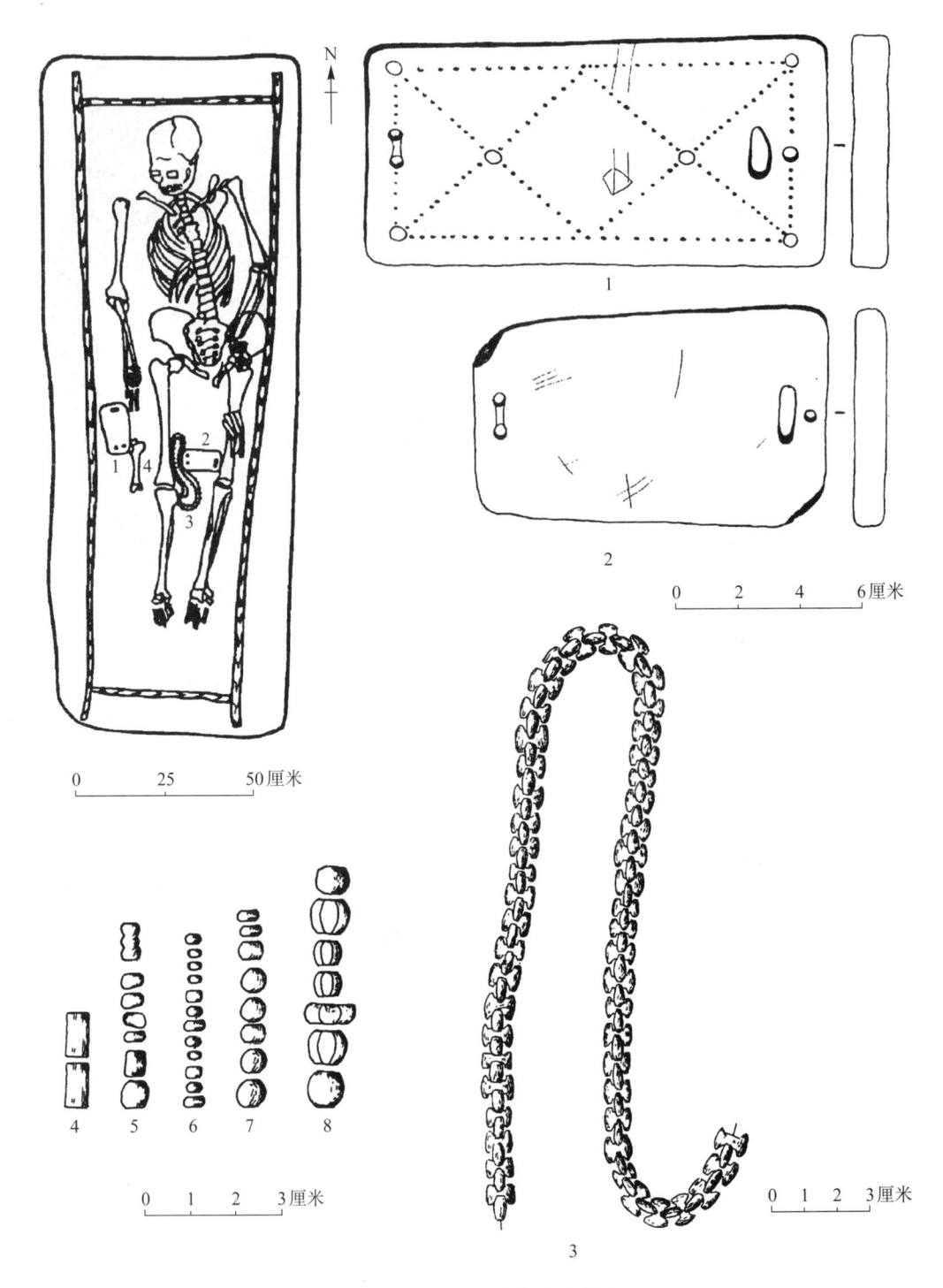

图三六　M52平面图及出土器物

墓葬平面图：1、2. 片状带扣　3. 珠子　4. 绵羊骨骼
出土器物：1、2. 片状带扣　3~8. 珠子
（1、2. 泥质页岩　3、4. 骨　5~7. 玻璃　8. 光玉髓）

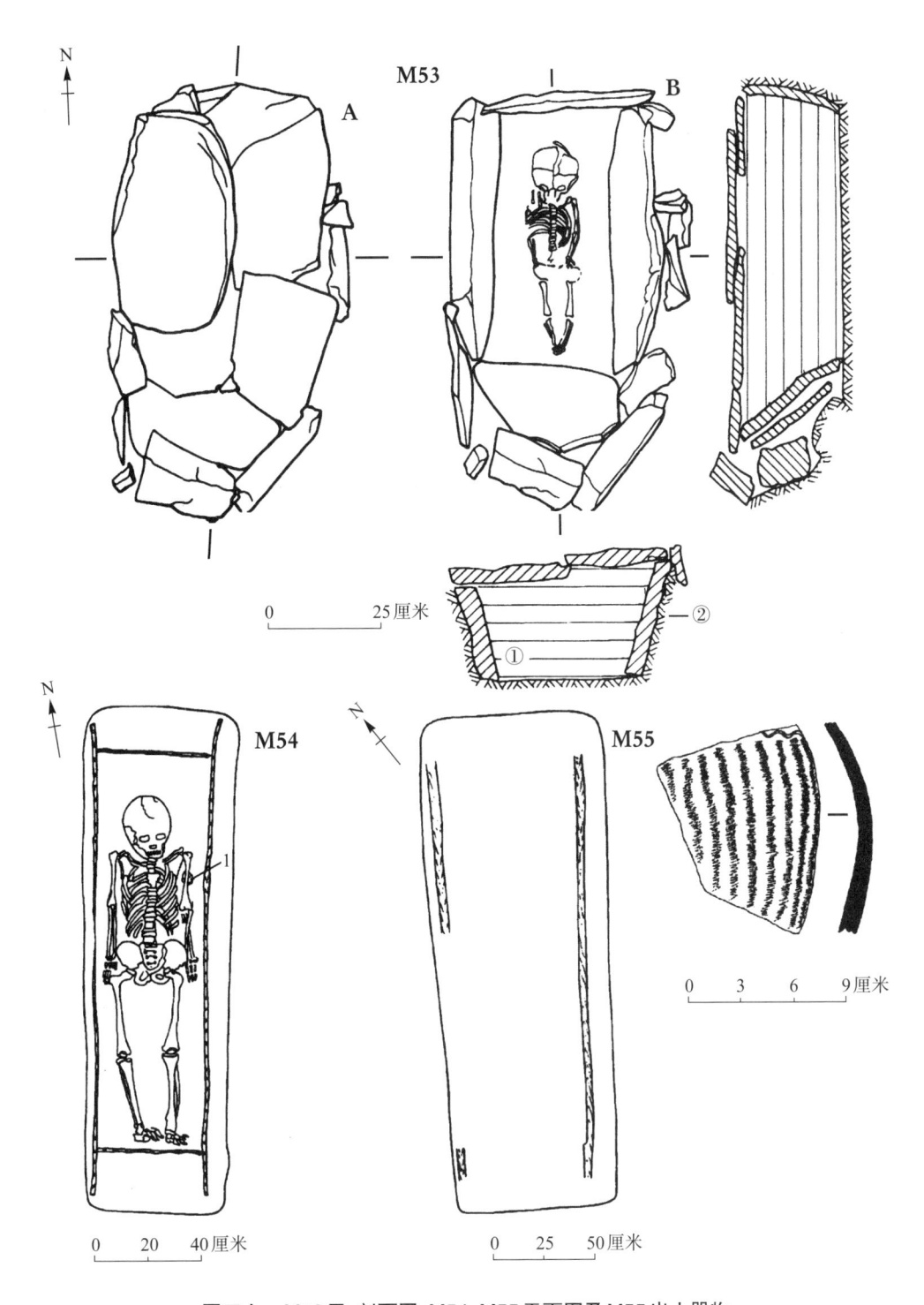

图三七　M53平、剖面图，M54、M55平面图及M55出土器物

M53：A. 石箱平面图　B. 墓葬平、剖面图（①浅灰色砂壤土　②生土）
M54：墓葬平面图（1. 锈蚀的铁器）
M55：墓葬平面图和陶器残片

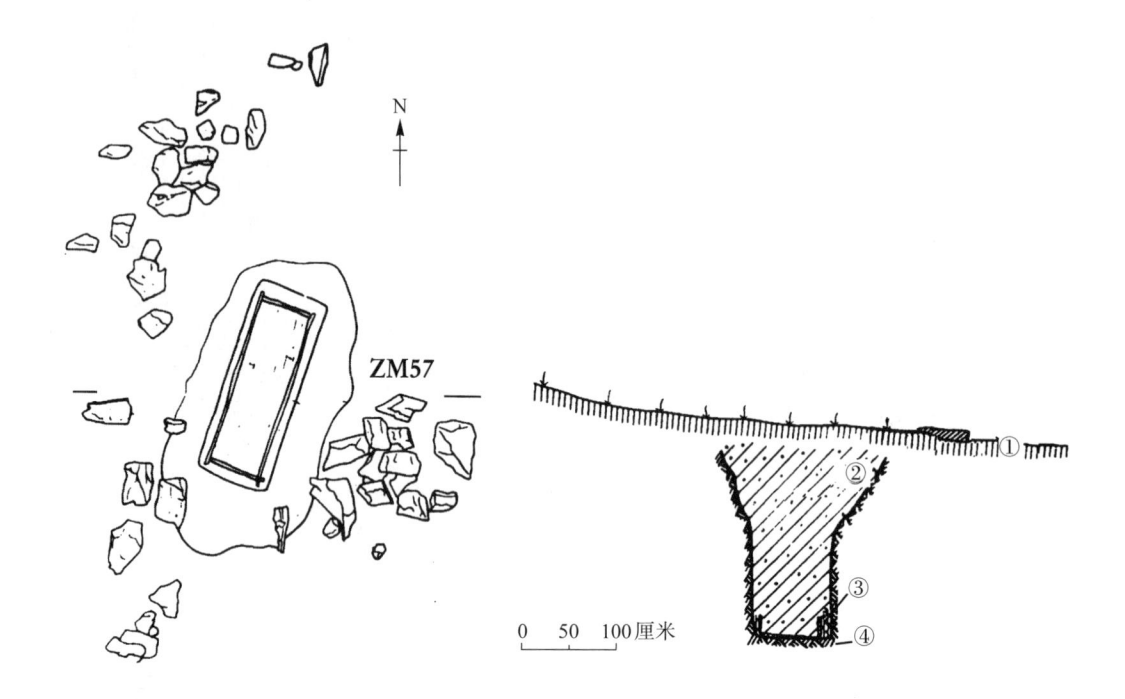

图三八　单元57平面图和ZM57剖面图

ZM57剖面图：① 覆盖草皮的表层沙土　② 包含碎石块的深灰色砂壤土
③ 包含碎石块的深黄色砂壤土　④ 生土

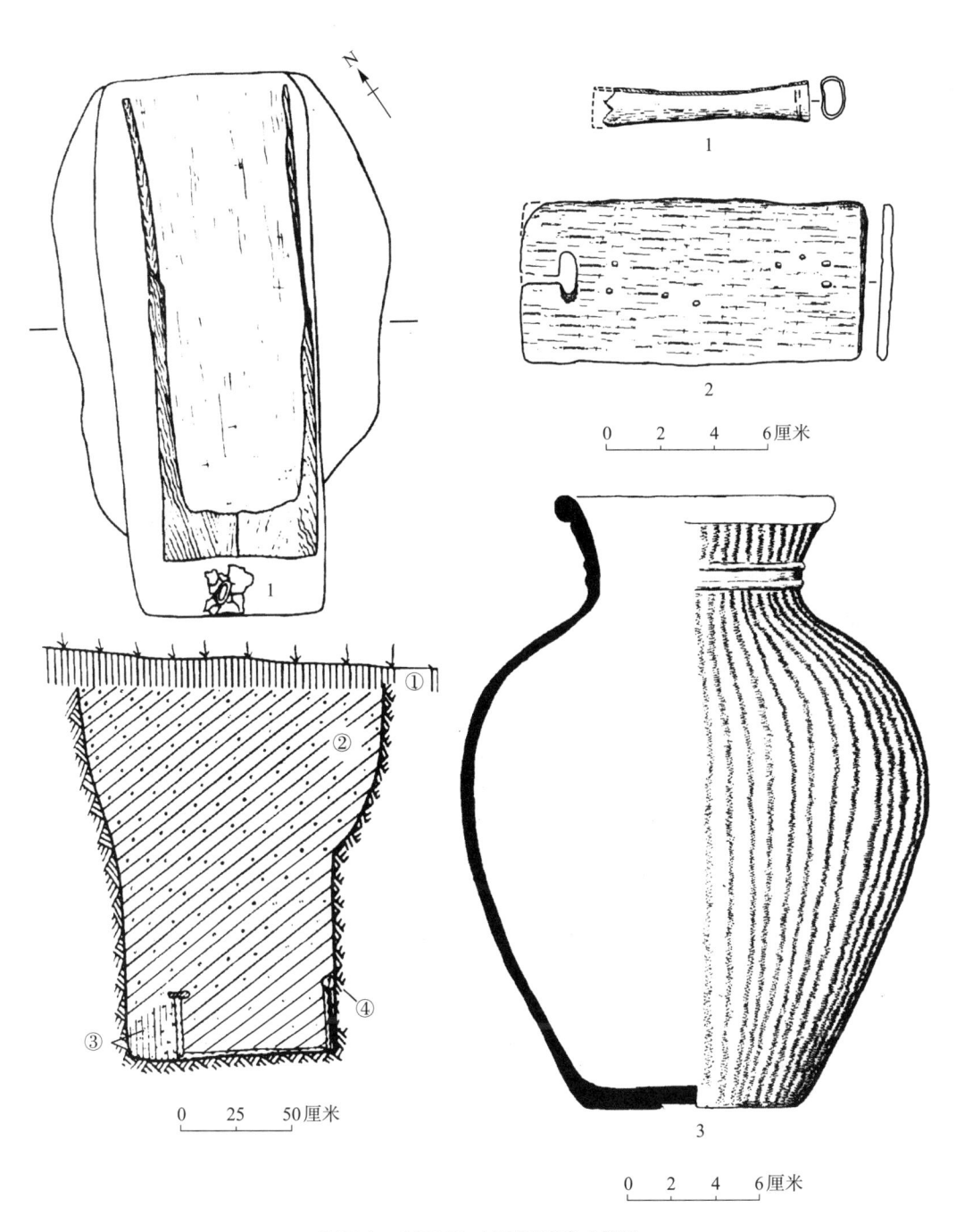

图三九　M56平、剖面图及出土器物

墓葬平面图：1. 容器
墓葬剖面图：① 覆盖草皮的表层沙土　② 包含碎石块的灰色砂壤土
　　　　　　③ 包含小砾石的黄色砂壤土　④ 生土
出土器物：1. 管　2. 片状带扣的衬板　3. 容器（壶）
　　　　　（1. 骨　2. 木　3. 陶）

德列斯图依墓地

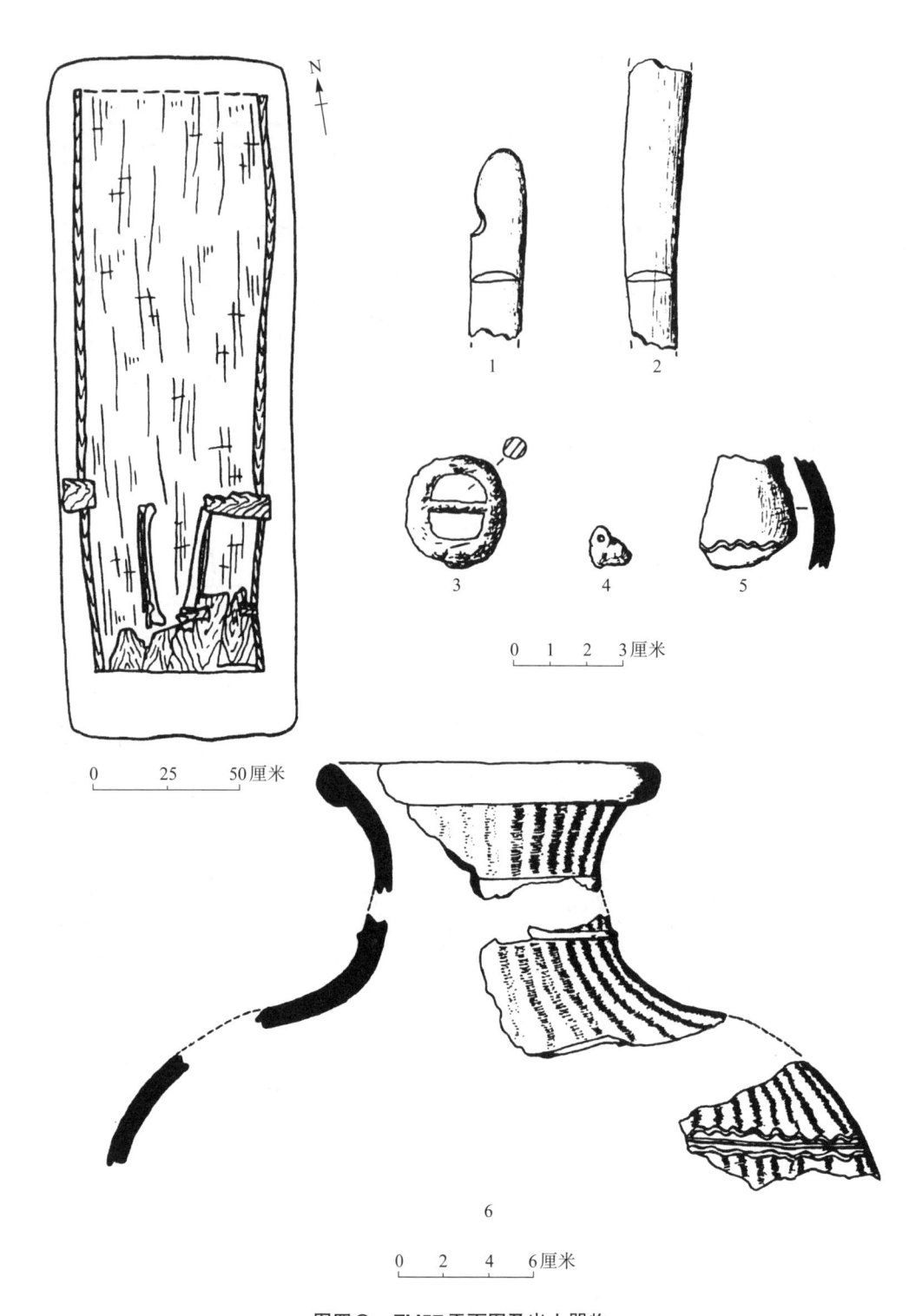

图四〇　ZM57平面图及出土器物
1、2.弓弭残段　3.带扣　4.坠饰　5.陶片　6.容器（壶）残片
（1、2.角　3.铁　4.绿松石　5、6.陶）

222

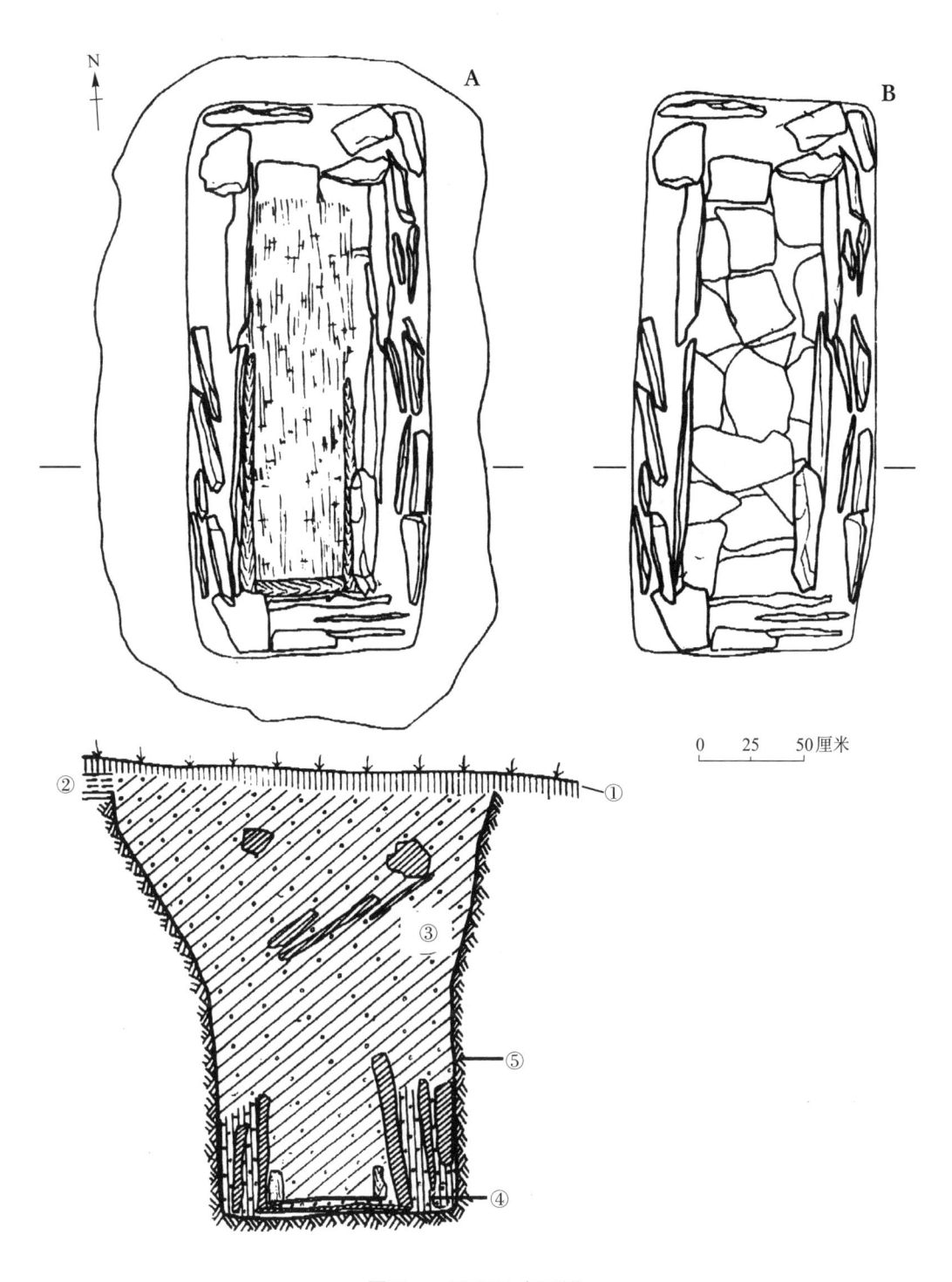

图四一　M58平、剖面图

A. 墓葬平、剖面图：① 覆盖草皮的表层沙土　② 浅褐色砂壤土　③ 包含碎石块的灰色砂壤土　④ 包含小砾石的黄色砂壤土　⑤ 生土

B. 清除木棺底板之后的石箱平面图

德列斯图依墓地

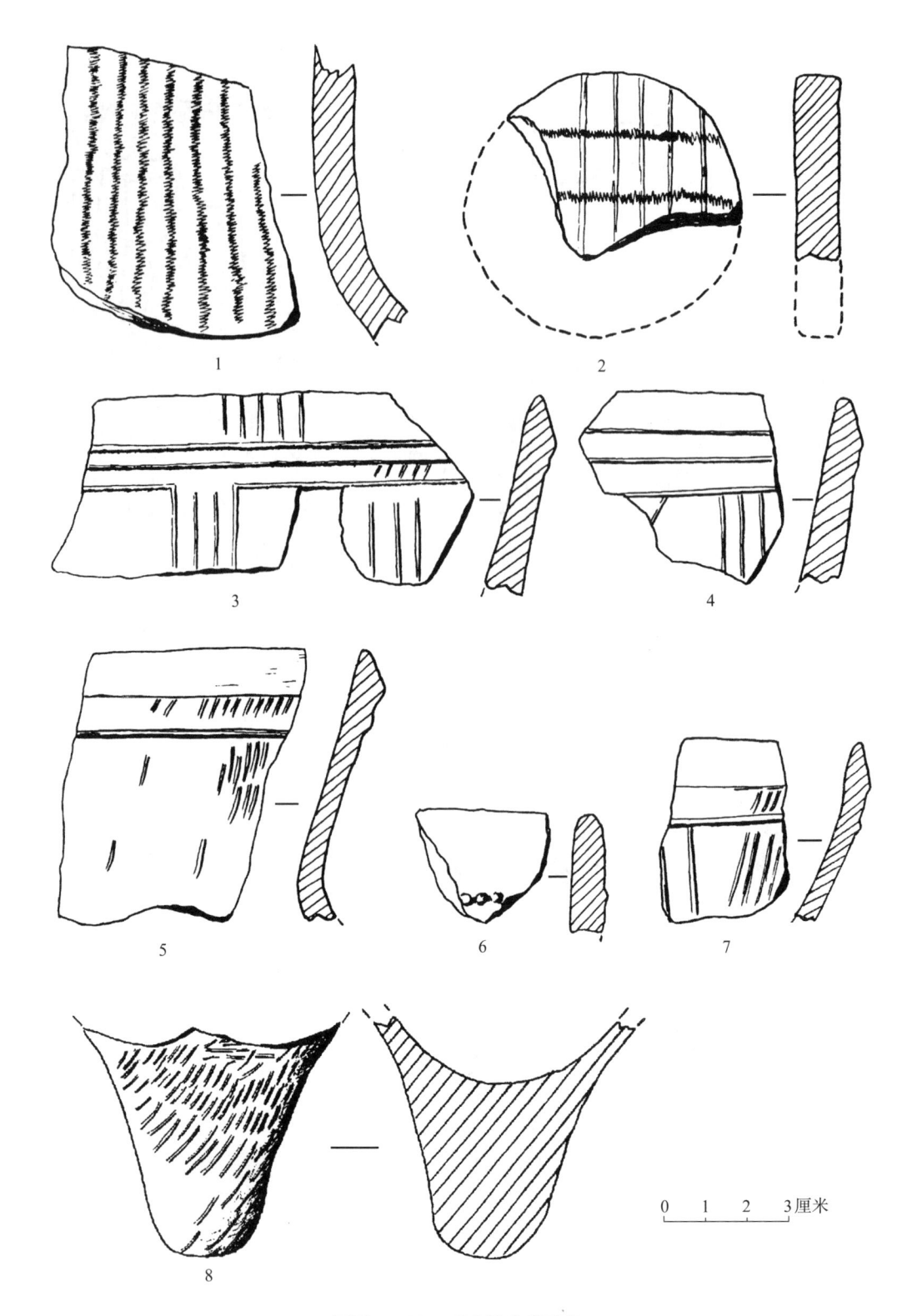

图四二 M58出土陶容器残片

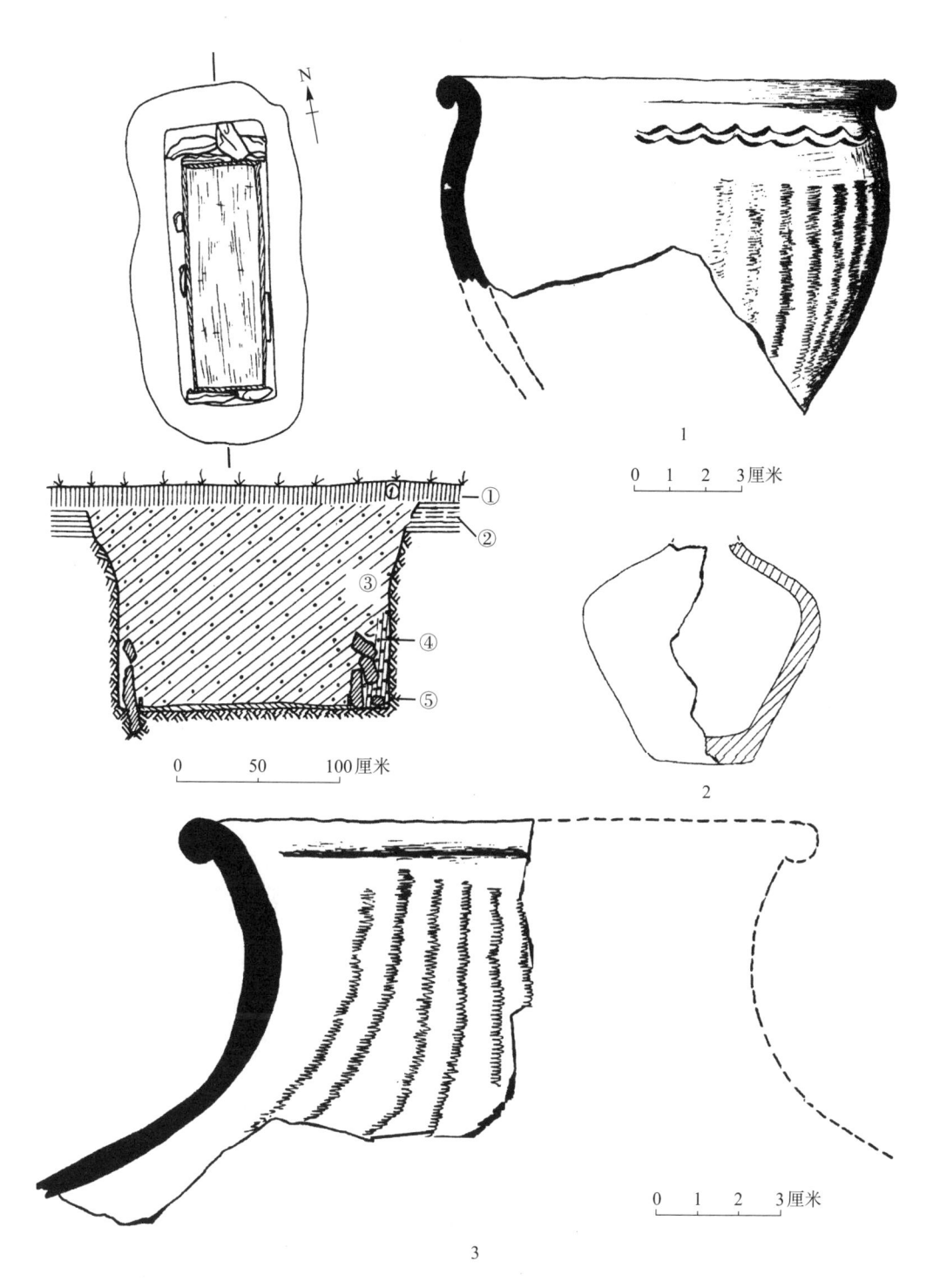

图四三 M59平、剖面图及出土器物

墓葬平、剖面图：① 覆盖草皮的表层沙土 ② 浅褐色砂壤土 ③ 包含碎石块的灰色砂壤土
④ 包含小砾石的黄色砂壤土 ⑤ 生土
出土器物：1～3.陶容器残片

德列斯图依墓地

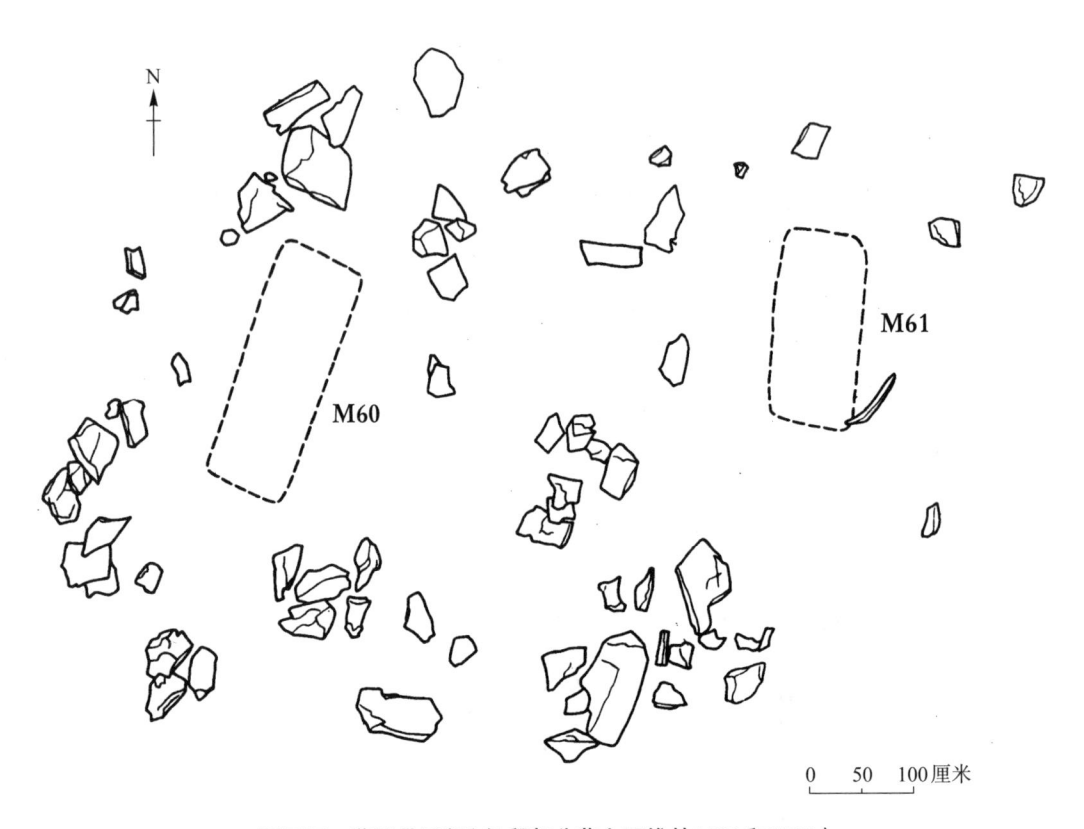

图四四 墓群Ⅲ局部（保留部分墓上石堆的M60和M61）

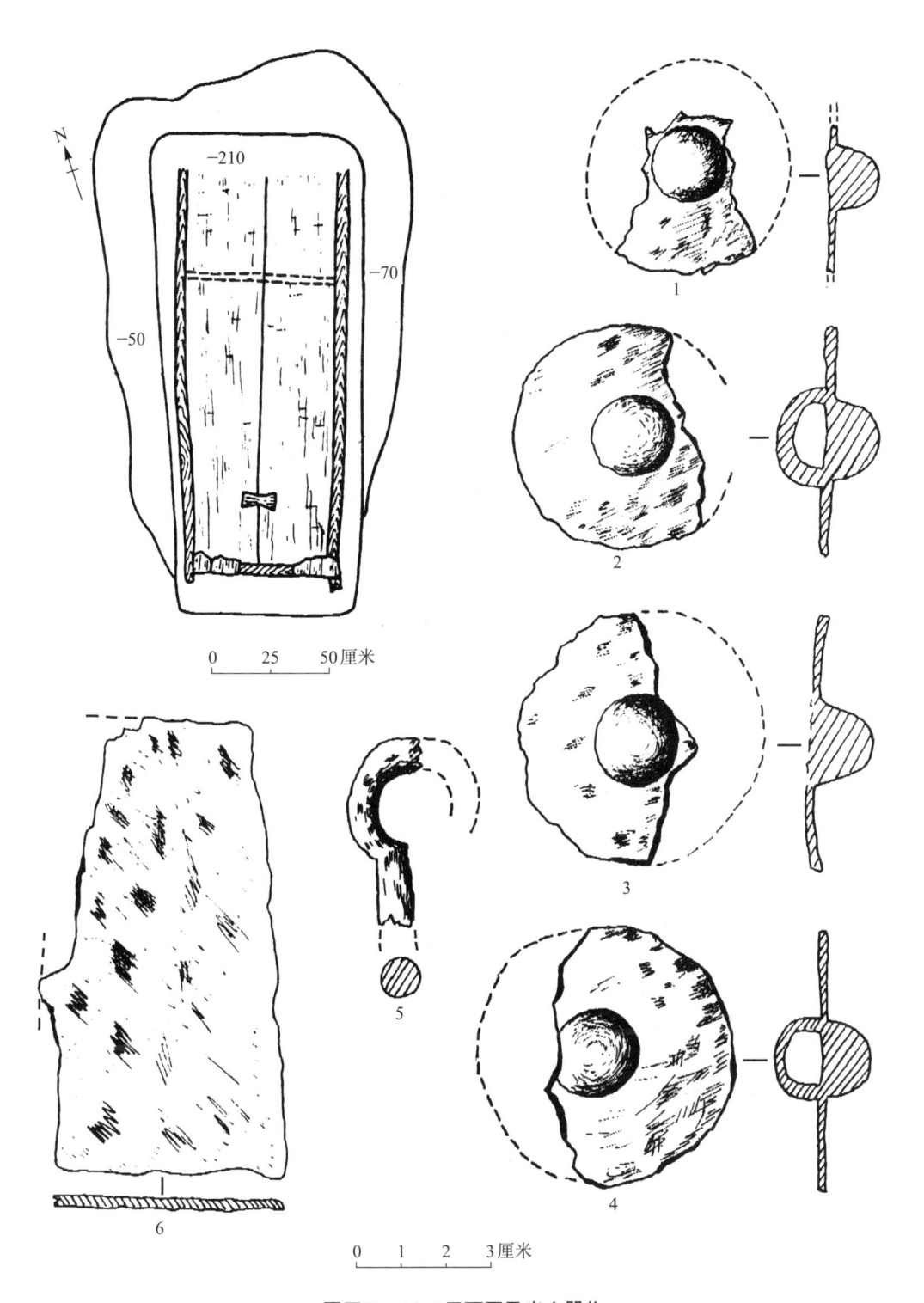

图四五　M60平面图及出土器物

1～4. 马具圆泡残片　5. 有环首的锥或刀的残段　6. 片状带扣残片

（1～6. 铁）

德列斯图依墓地

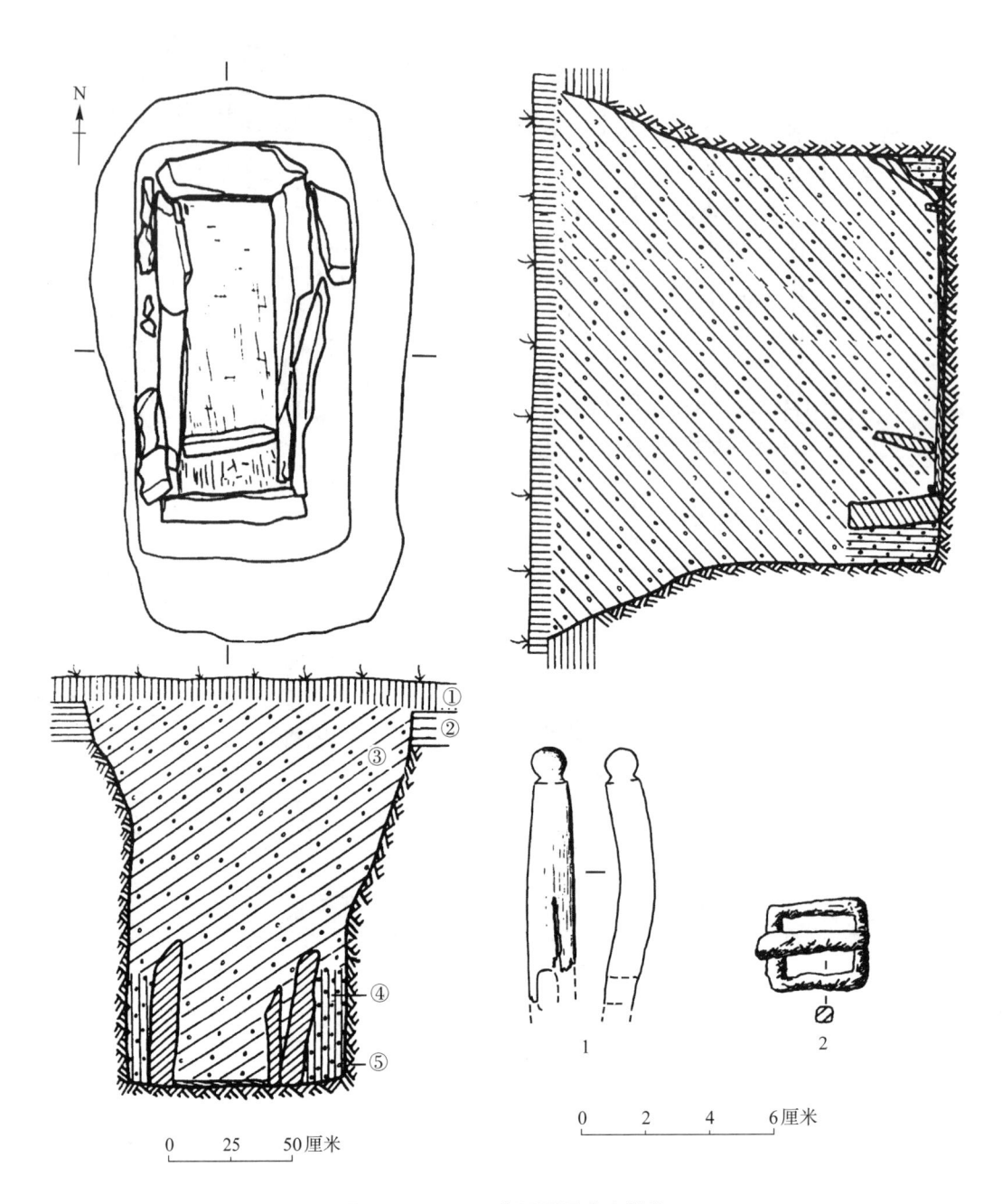

图四六　M61平、剖面图及出土器物

墓葬平、剖面图：①覆盖草皮的表层沙土　②浅褐色砂壤土　③包含碎石块的灰色砂壤土　④包含小砾石的黄色砂壤土　⑤生土

出土器物：1.镞残段　2.带扣(1.角　2.铁)

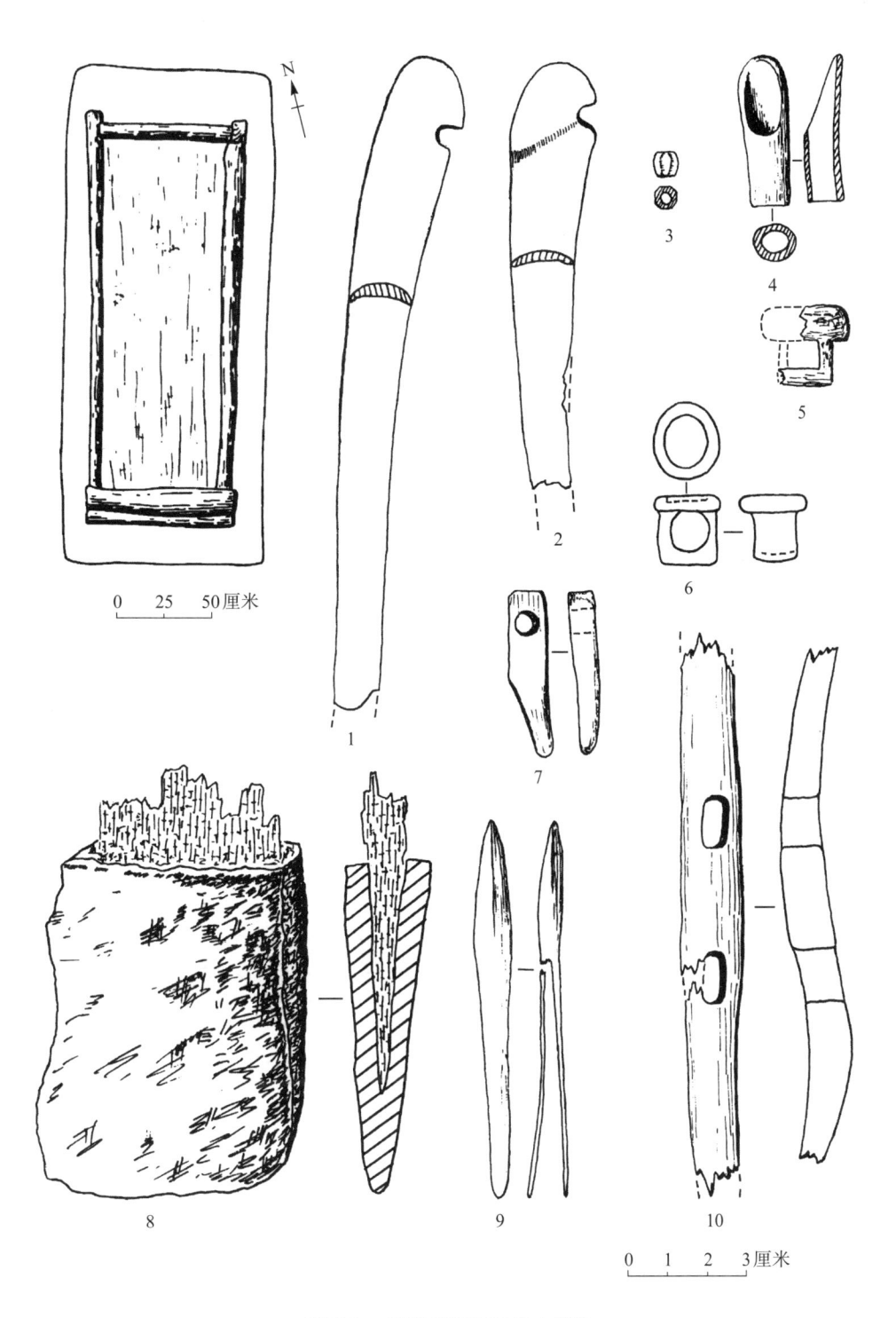

图四七　M62平面图及出土器物

1、2. 弓弭残段　3. 小珠子　4. 勺形带饰　5、6. 节约　7. 带扣的扣针
8. 残存柄部的镞　9. 镞　10. 镳残段
（1、2、4~7、9、10. 角　3. 光玉髓　8. 铁、木）

德列斯图依墓地

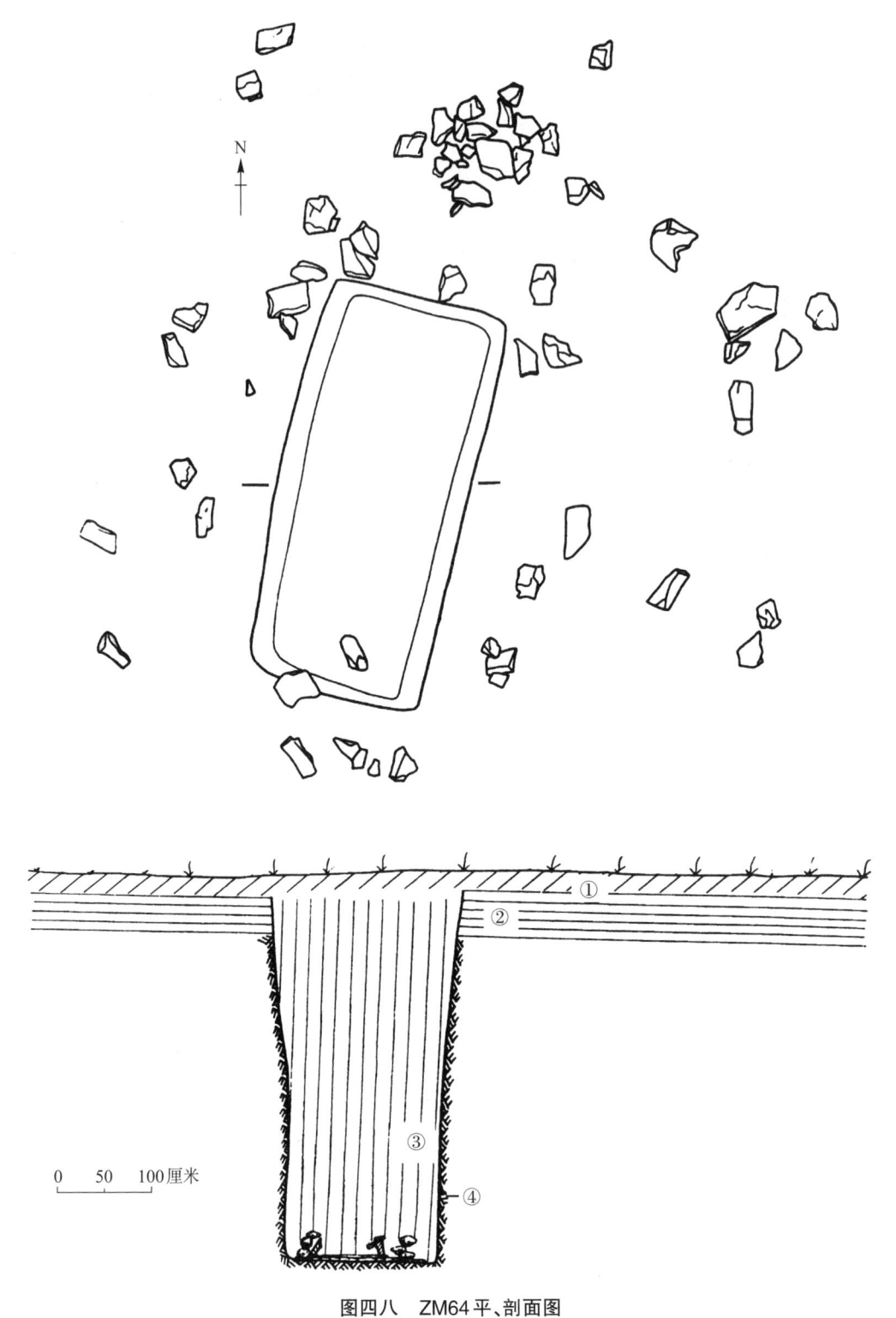

图四八　ZM64平、剖面图
① 覆盖草皮的表层沙土　② 浅褐色砂壤土　③ 包含碎石块的灰色砂壤土　④ 生土

0 25 50厘米

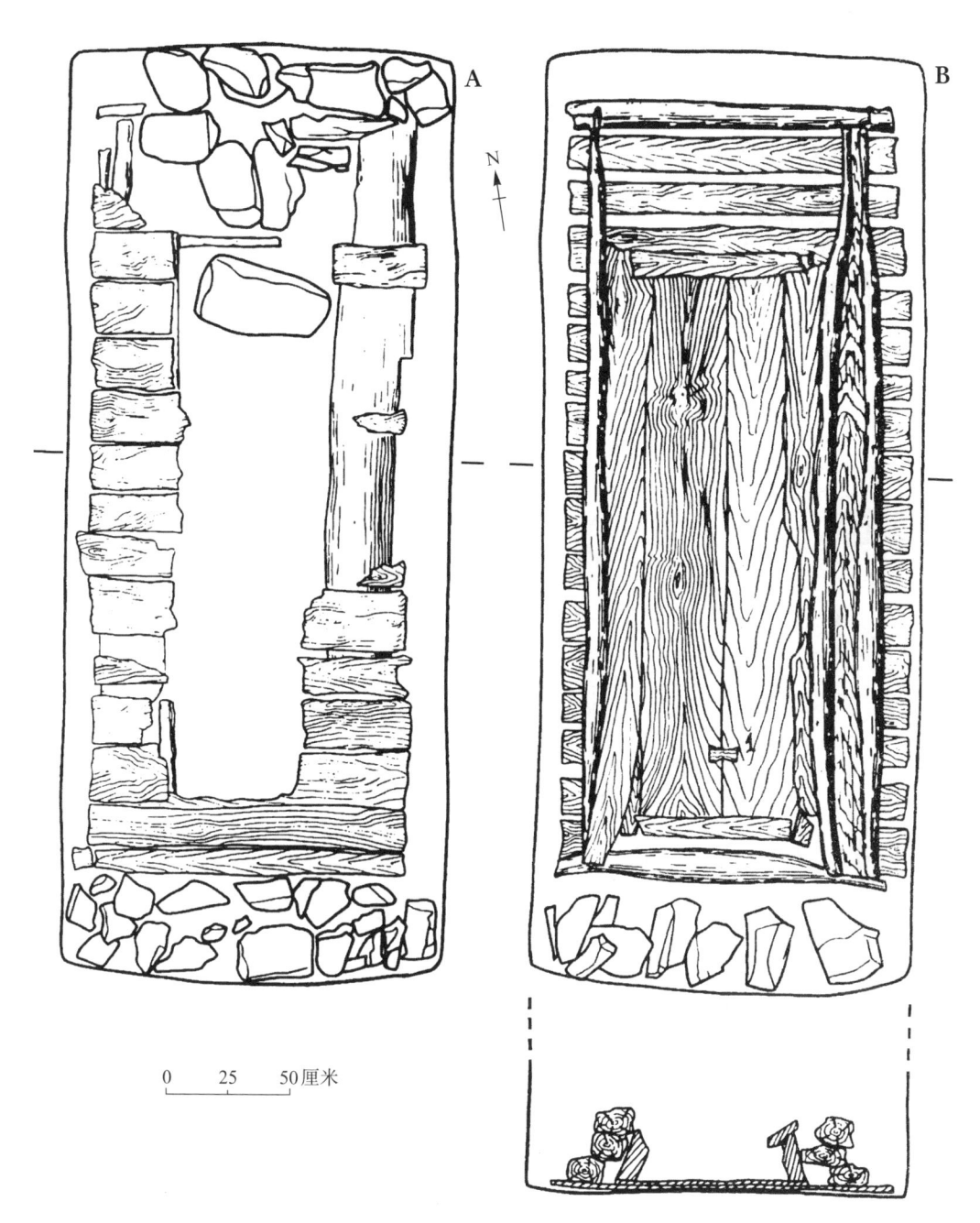

图四九　ZM64葬具平、剖面图
A. 椁盖板层位的葬具平面图　B. 清理后的葬具平、剖面图

231

德列斯图依墓地

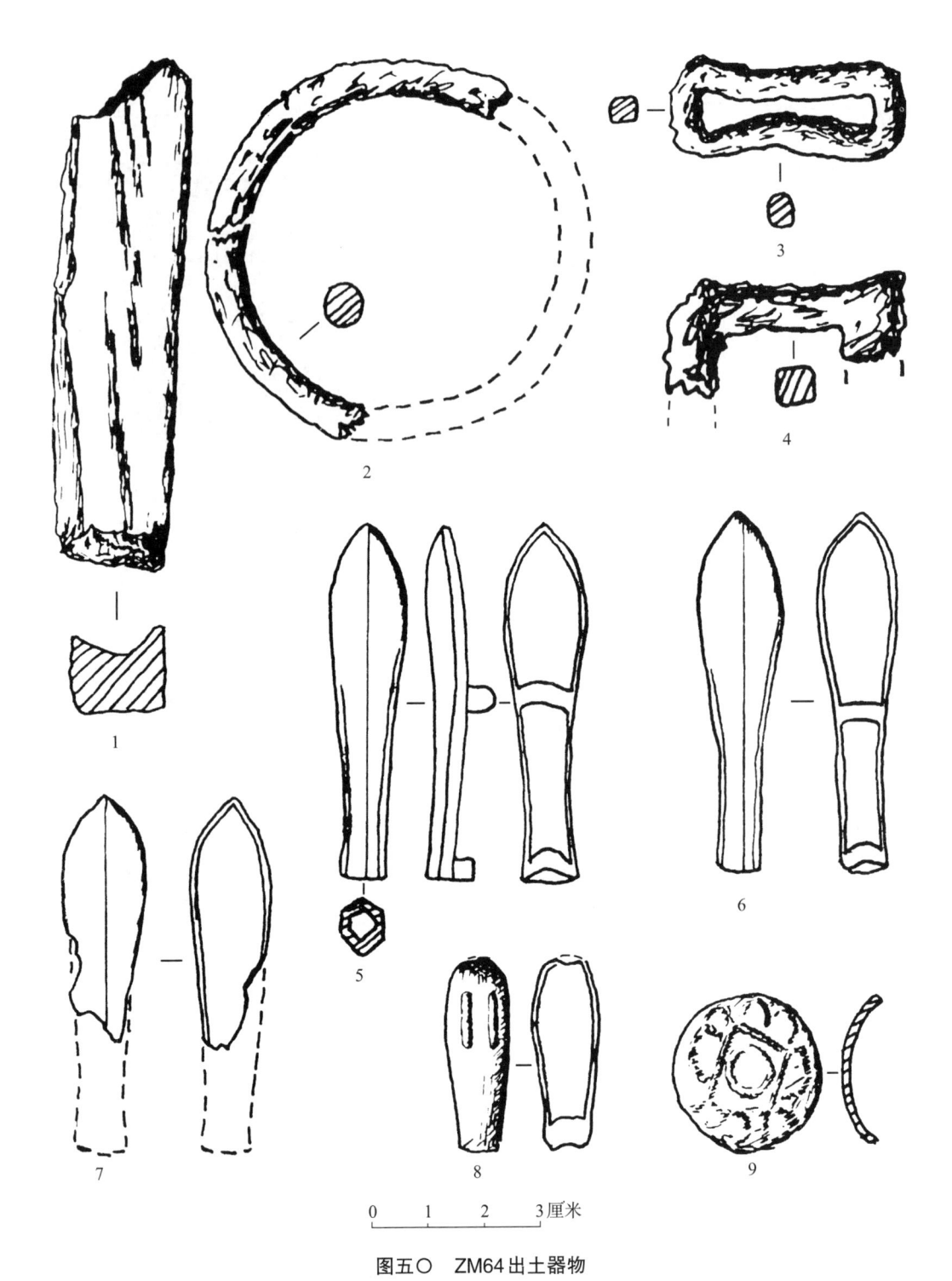

图五〇　ZM64出土器物
1.柄残段　2.环残段　3.带扣　4.带扣残段　5~8.勺形带饰　9.纽扣
（1.角　2~4.铁　5~9.青铜）

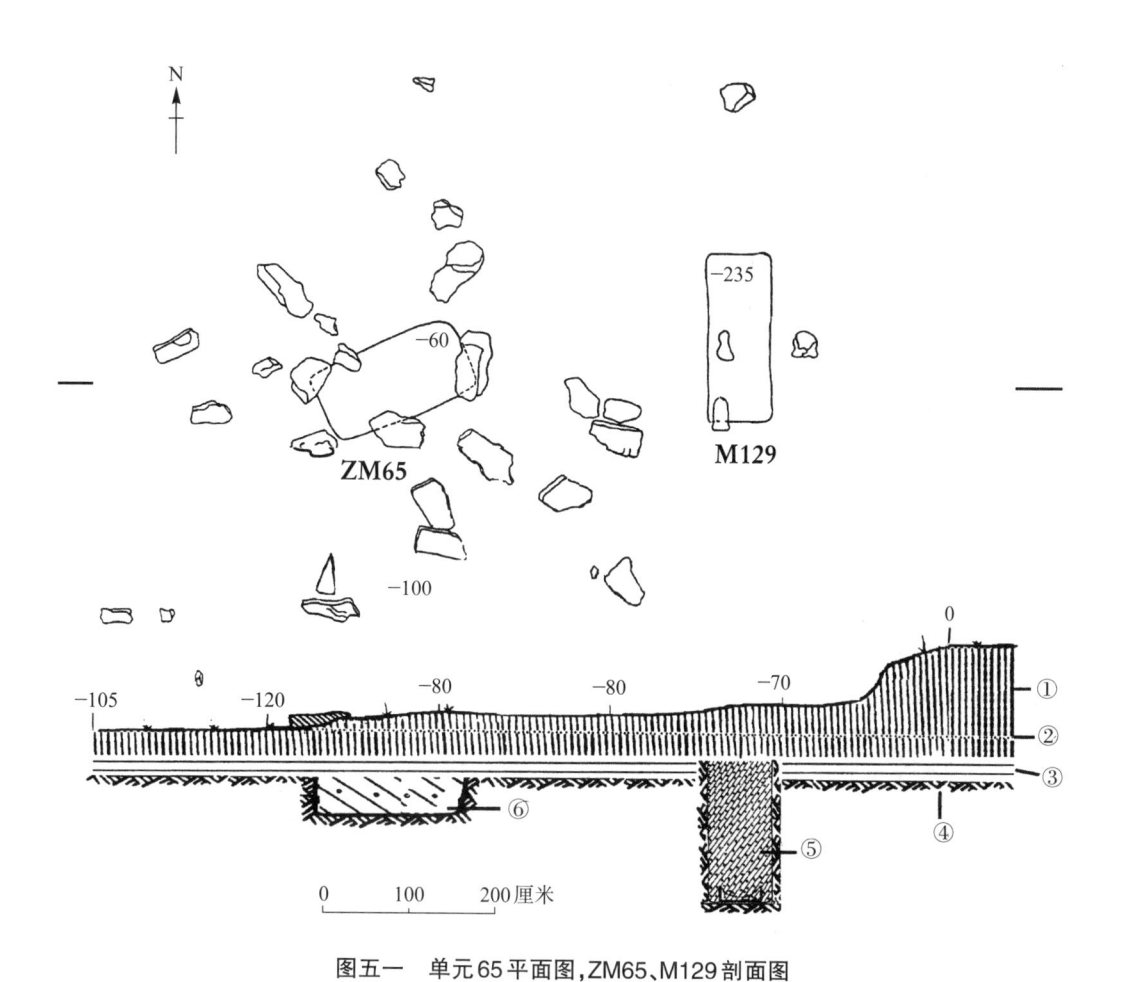

图五一　单元65平面图,ZM65、M129剖面图

①表层沙土　②大颗粒的灰色砂壤土　③浅褐色砂壤土　④生土
⑤包含黄色壤土的深灰色腐殖砂壤土　⑥黄色砂壤土

德列斯图依墓地

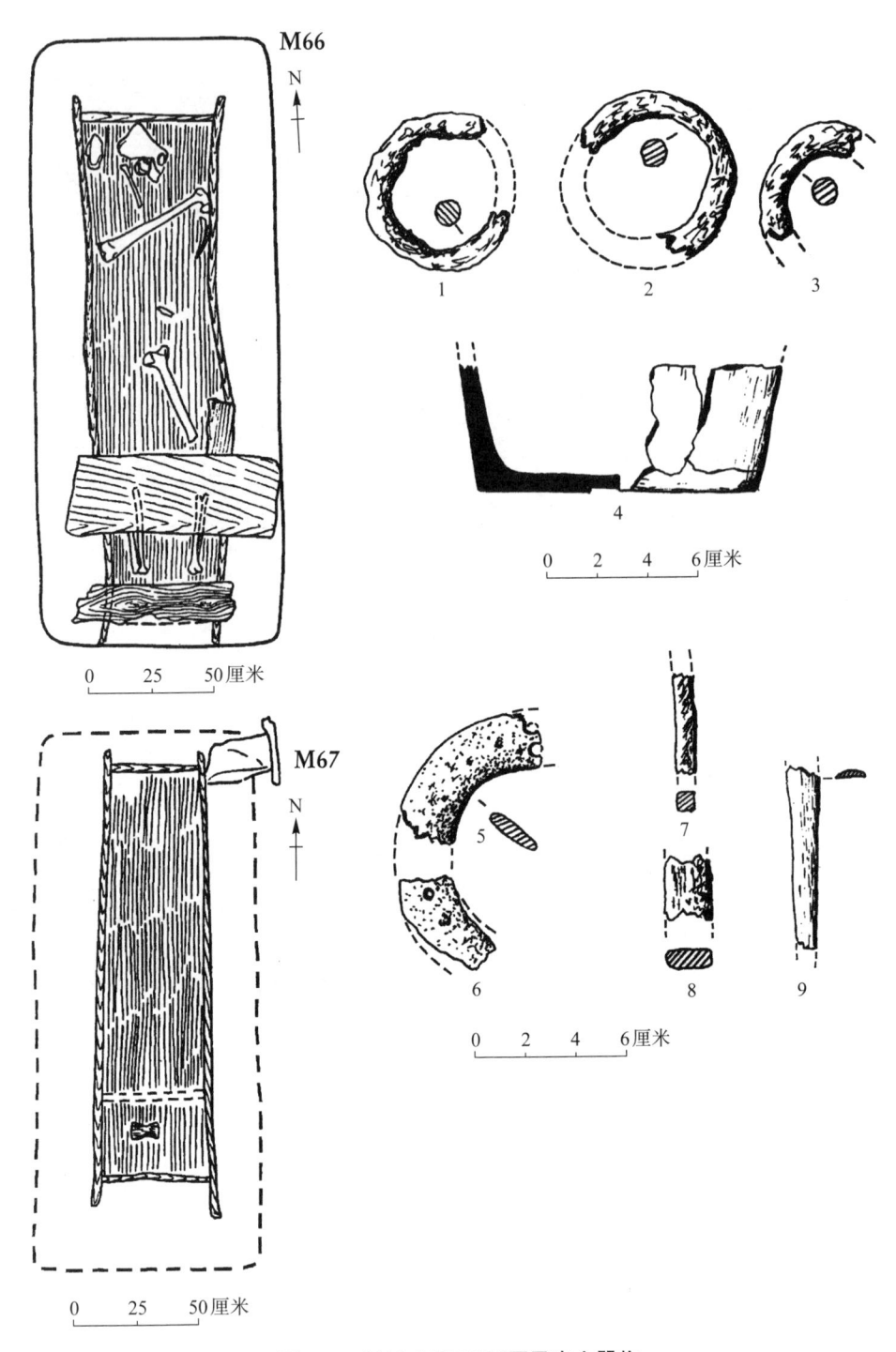

图五二　M66、M67平面图及出土器物

M66出土器物：1~3.环残段　4.残陶器
M67出土器物：5、6.环残段　7.锥残段（？）　8.刀残段　9.弓弭残段
（1~3、7、8.铁　4.陶　5、6.泥质石灰岩　9.角）

234

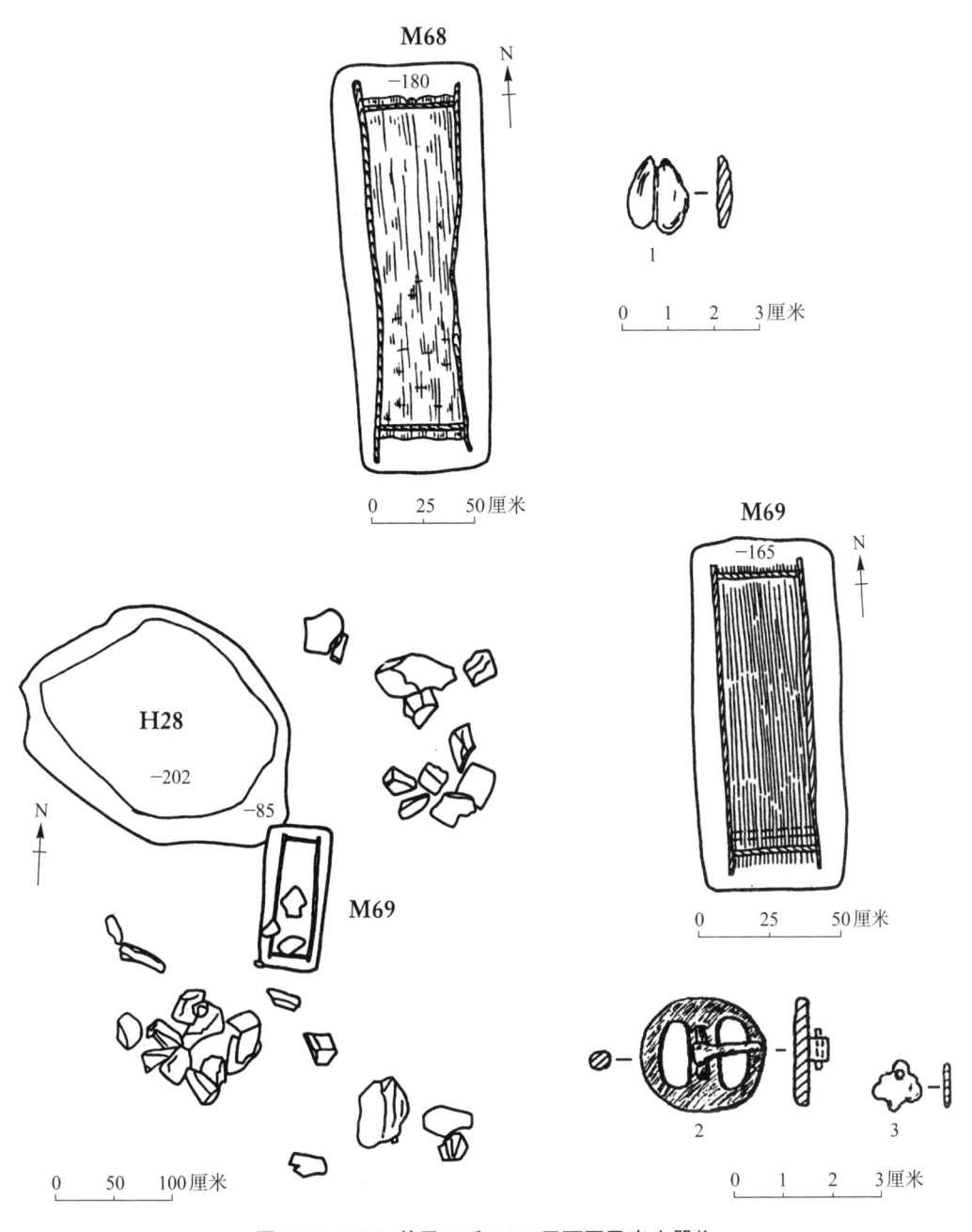

图五三　M68、单元69和M69平面图及出土器物

M68墓葬平面图及出土器物：1.仿制贝壳
单元69平面图和M69墓葬平面图
M69出土物：2.带扣　3.坠饰
（1.河蚌壳[1]　2.青铜框、铁扣针　3.绿松石）

---

[1] 原著图上没有标出该器物的编号，附录中M69的出土器物描述部分也没有说明出土器物有河蚌壳。

德列斯图依墓地

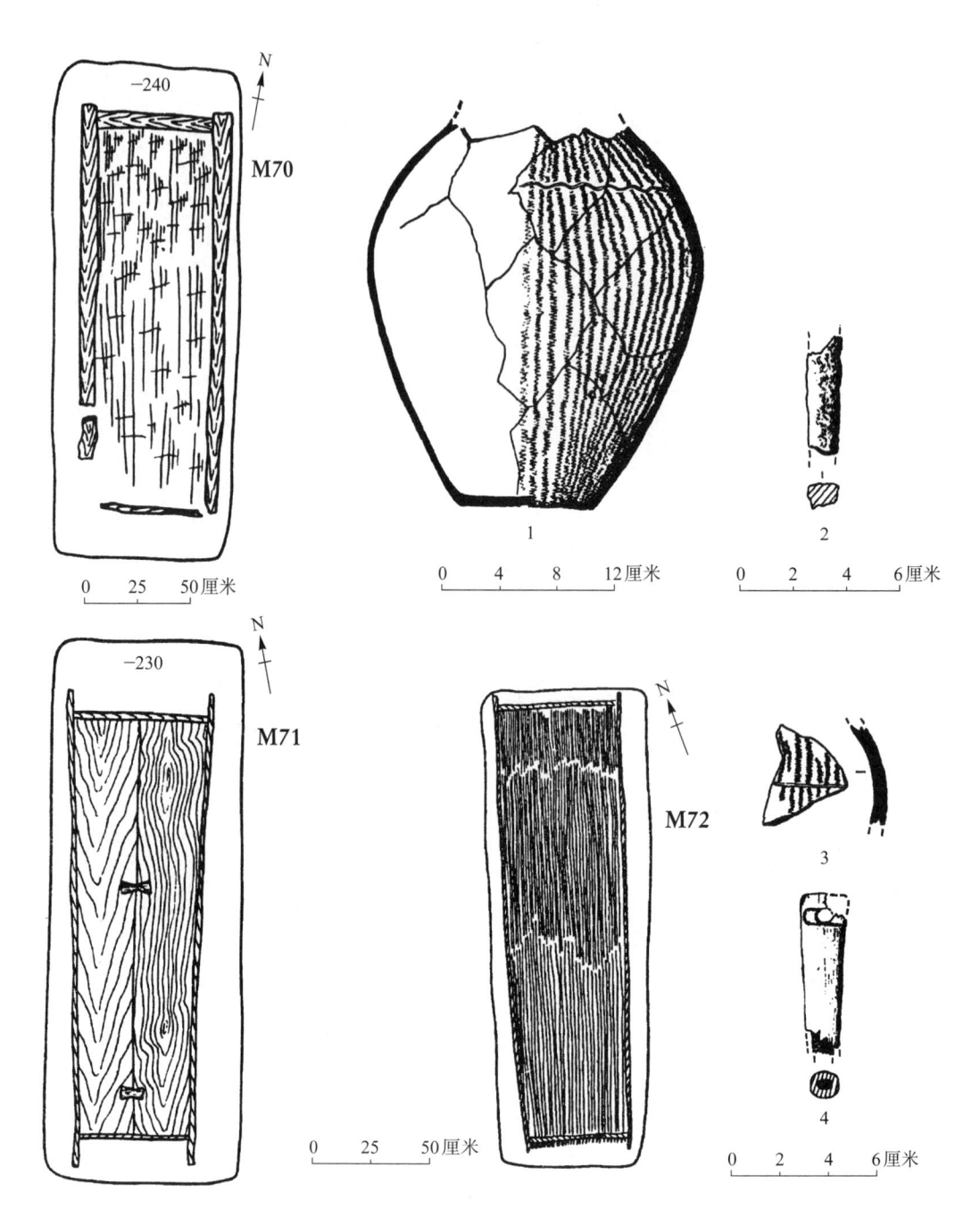

图五四　M70、M71、M72平面图及出土器物

M70墓葬平面图及出土器物：1.残容器（壶）　2.刀残段（？）
M71墓葬平面图
M72墓葬平面图及出土器物：3.陶片　4.柄残段
（1、3.陶　2.铁　4.角）

图五五　M73、M74平面图及M73出土器物

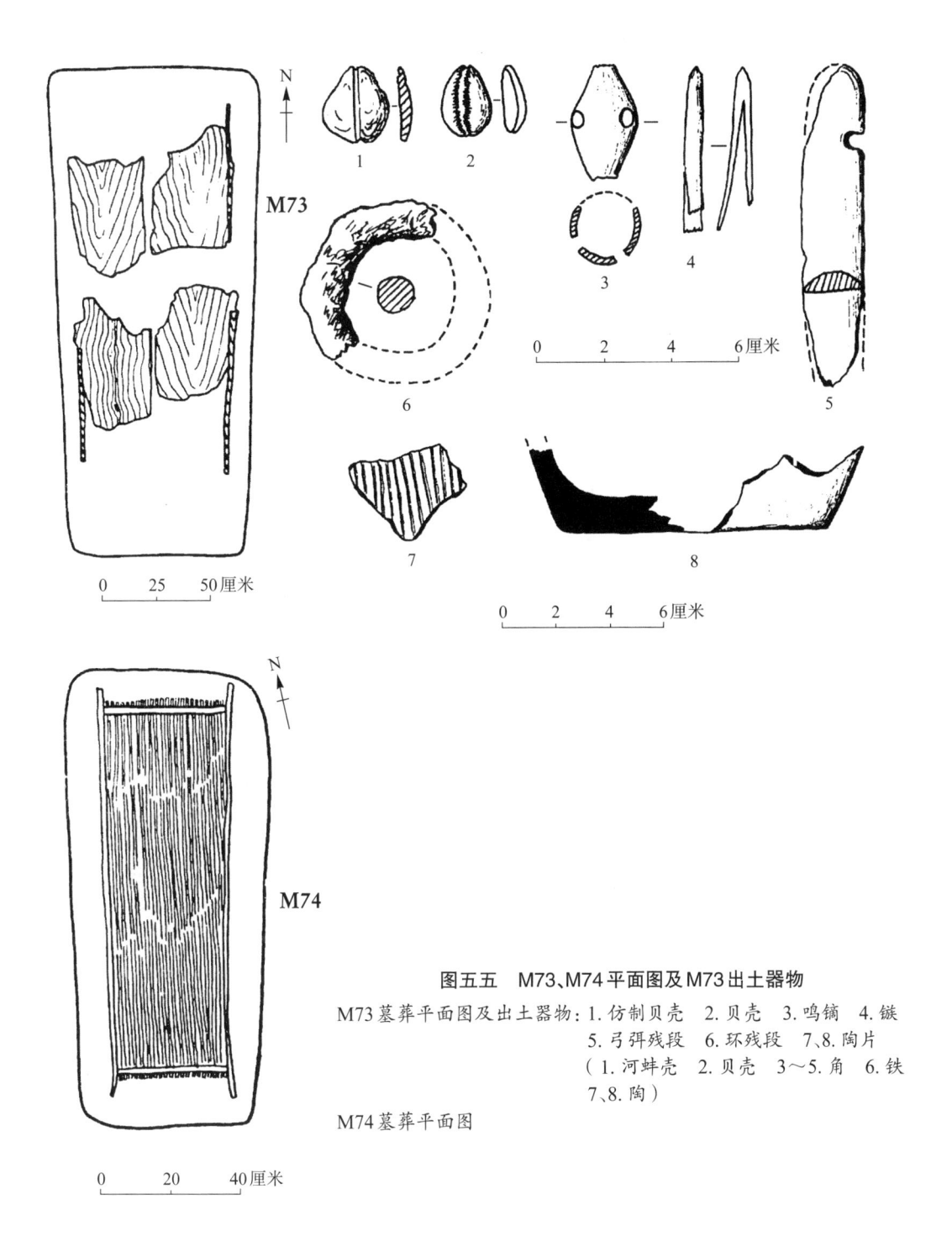

M73墓葬平面图及出土器物：1.仿制贝壳　2.贝壳　3.鸣镝　4.镞
　　5.弓弭残段　6.环残段　7、8.陶片
　　（1.河蚌壳　2.贝壳　3～5.角　6.铁
　　7、8.陶）

M74墓葬平面图

德列斯图依墓地

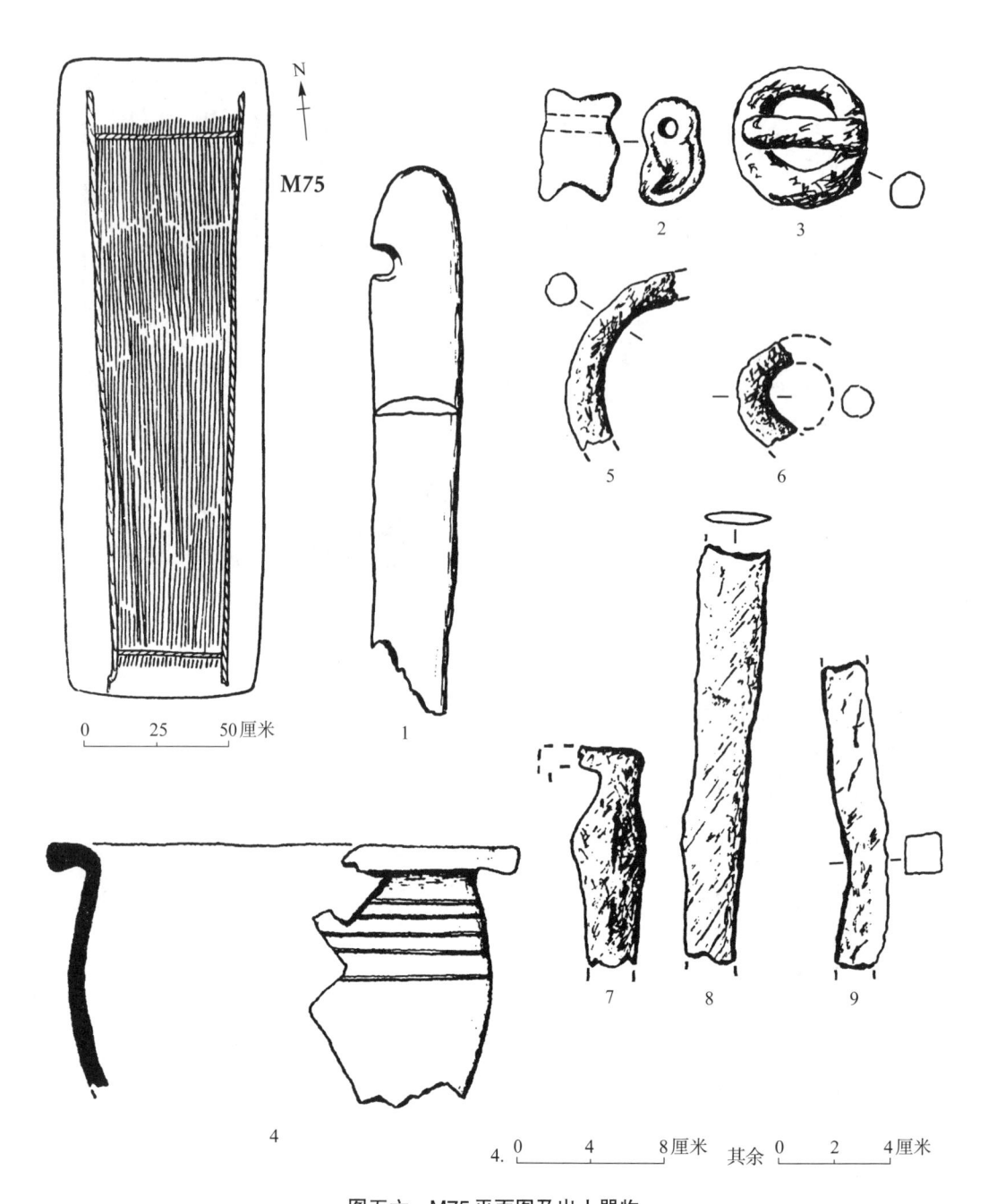

图五六 M75平面图及出土器物
1.弓弭残段 2.距骨 3.带扣 4.残陶盆 5、6.环残段 7、8.刀残段 9.锥残段(?)
(1.角 2.骨 3、5~9.铁 4.陶)

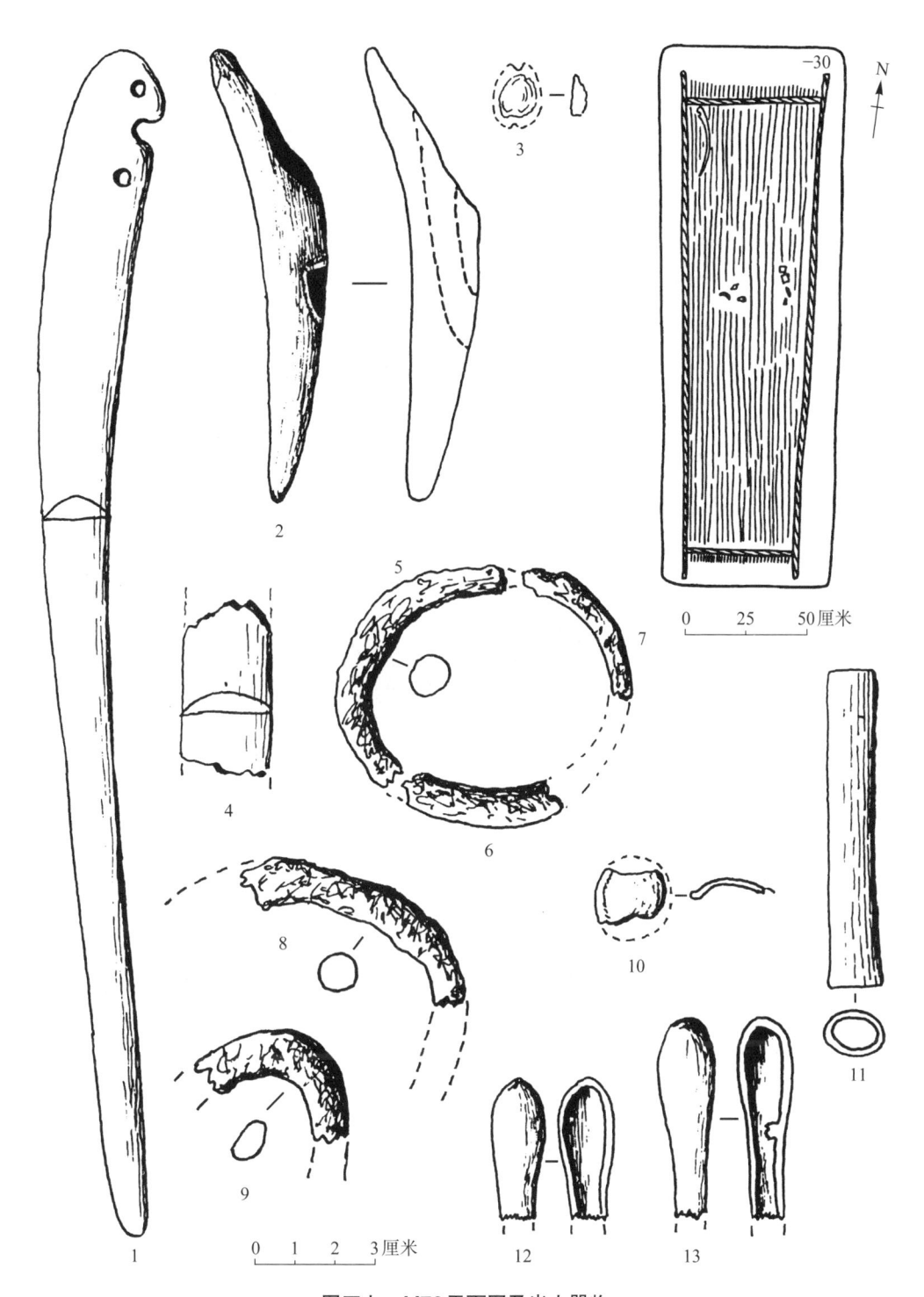

图五七　M76平面图及出土器物
1.弓弭　2.用途不明器物　3.仿制贝壳残片　4.弓贴片残段
5~9.环残段　10.纽扣残片　11.管　12、13.勺形带饰
（1、2、4.角　3.河蚌壳　5~9.铁　10、12、13.青铜　11.骨）

德列斯图依墓地

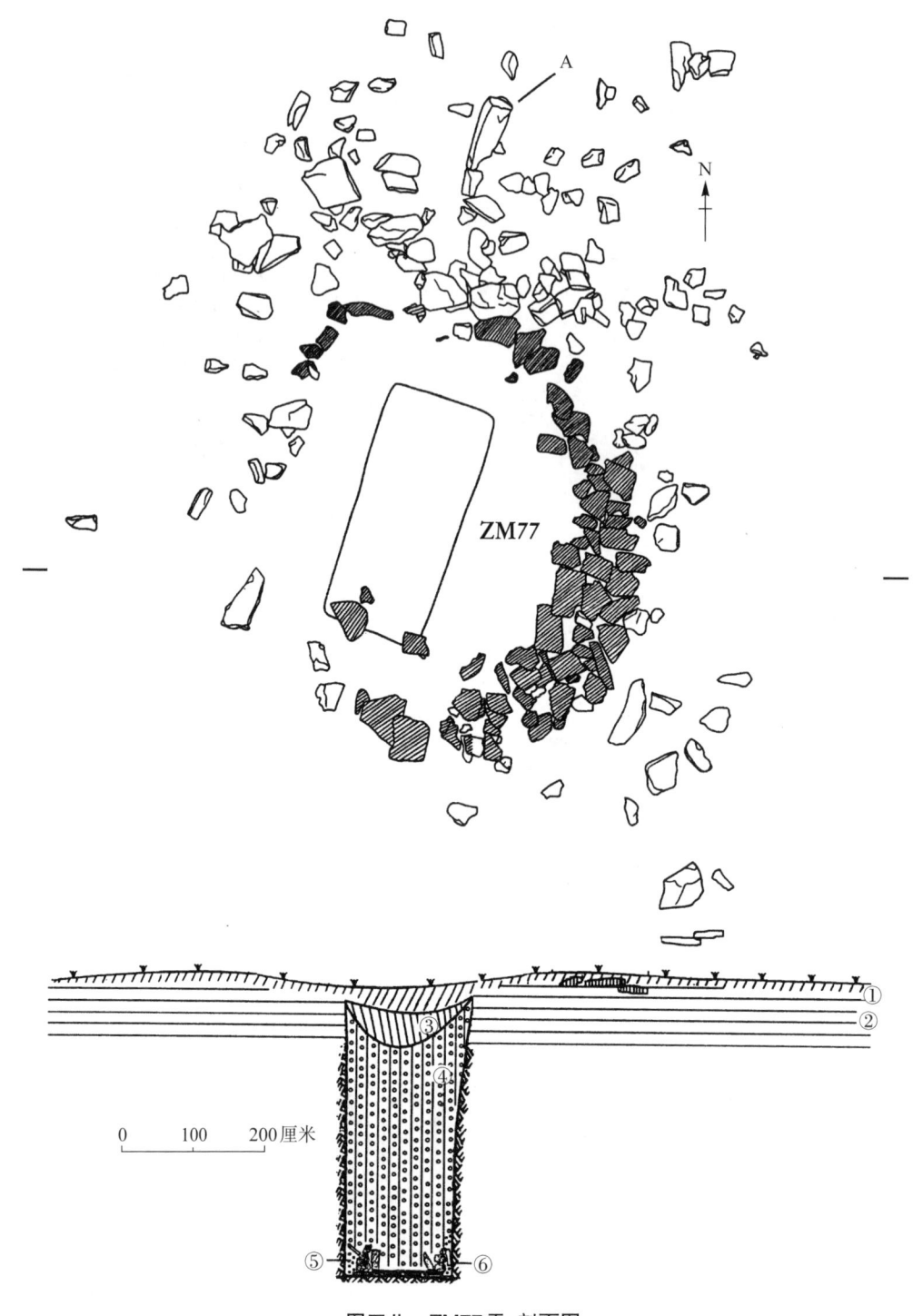

图五八 ZM77平、剖面图
平面图：A. 推测为石柱（内填斜线的为推测保持原始位置的石块）
剖面图：① 覆盖草皮的表层沙土 ② 浅褐色砂壤土 ③ 深灰色砂壤土
④ 包含碎石块的灰色砂壤土 ⑤ 黄色壤土 ⑥ 生土

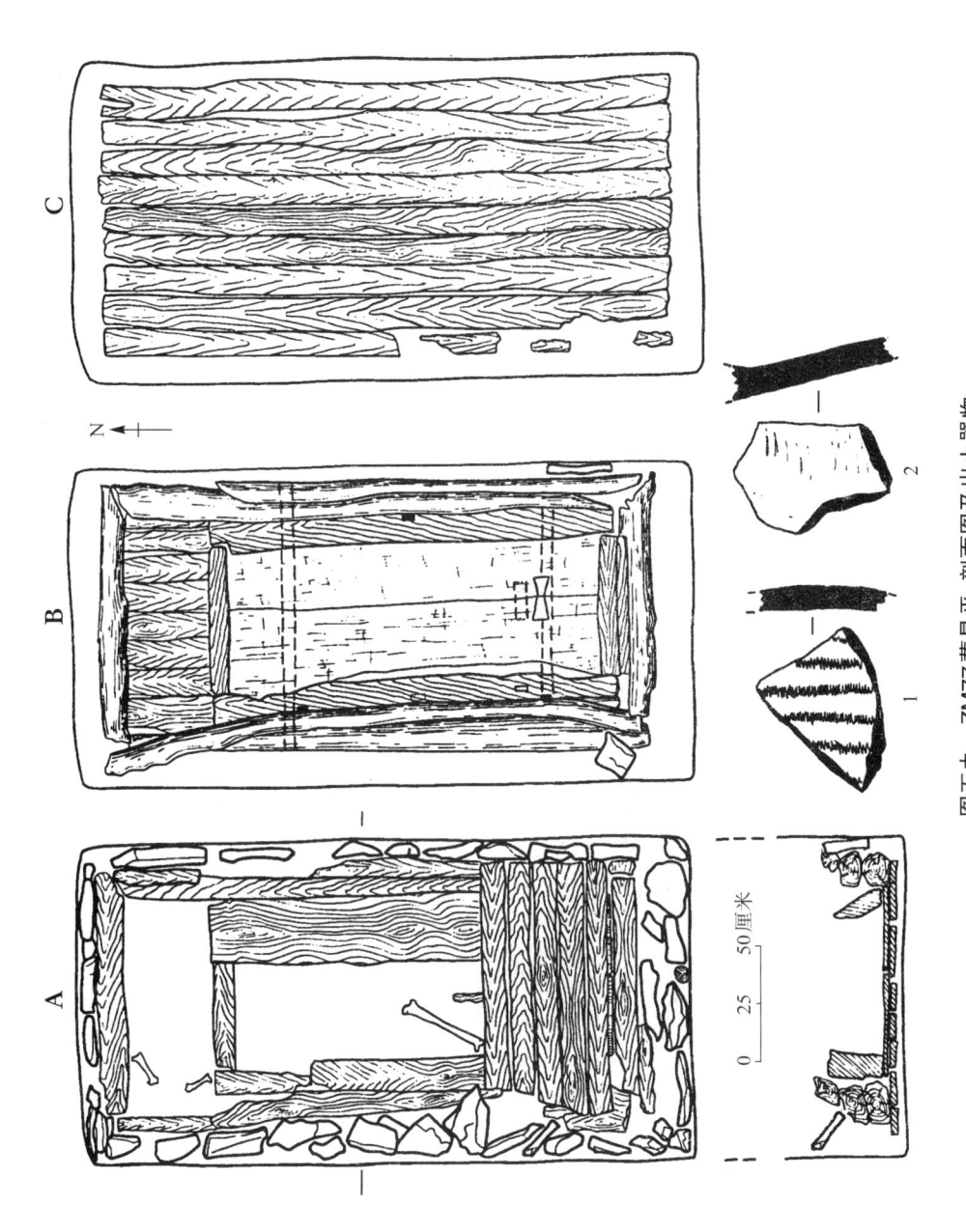

图五九　ZM77葬具平、剖面图及出土器物
A. 棺盖板层位的葬具平、剖面图　B. 清理后的葬具平面图　C. 清理后的椁底板
出土器物：1、2. 陶容器腹片

德列斯图依墓地

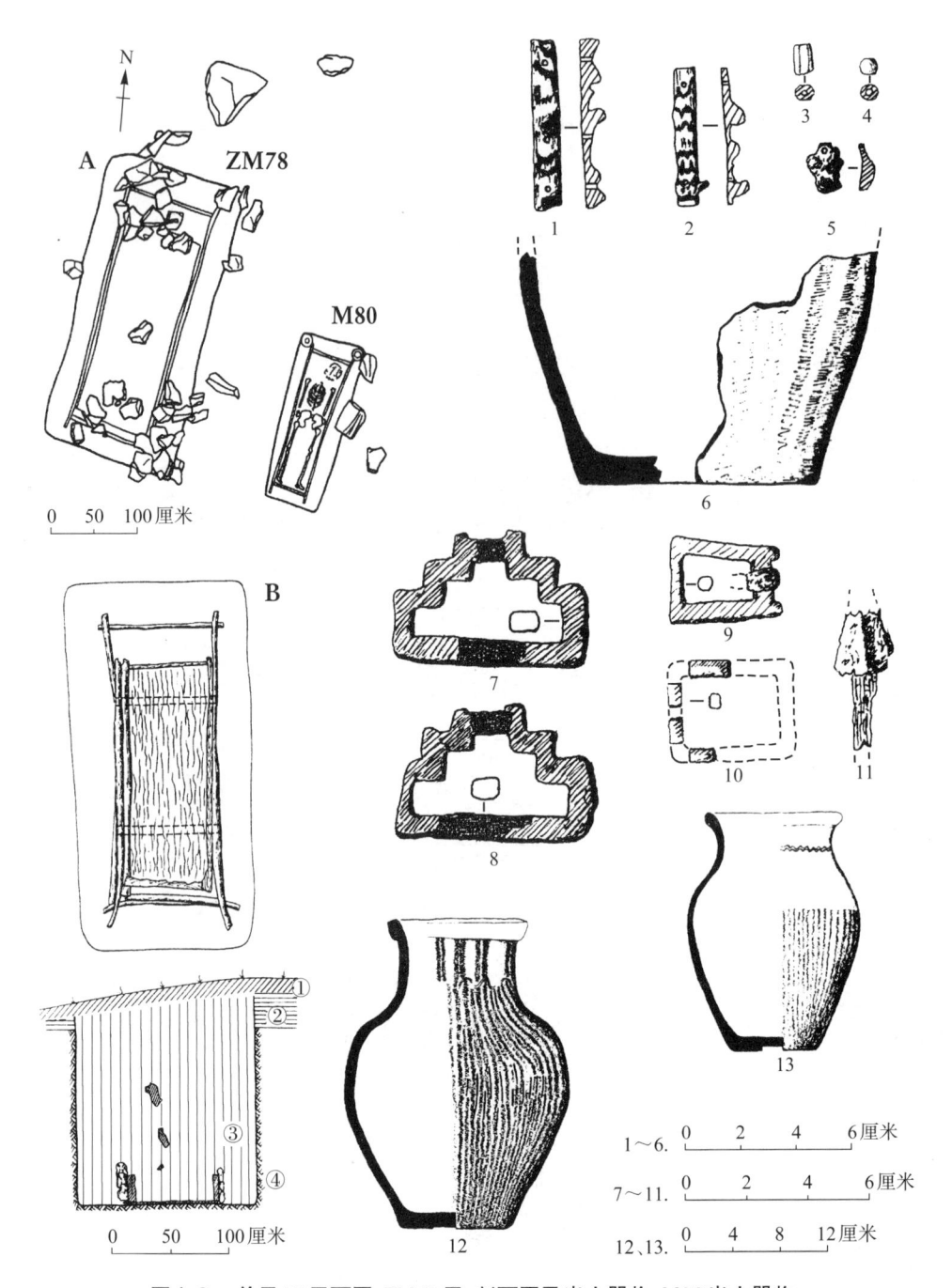

图六〇 单元78平面图,ZM78平、剖面图及出土器物,M80出土器物

A. 单元78平面图
B. ZM78墓葬平、剖面图:① 覆盖草皮的表层沙土　② 浅褐色砂壤土　③ 包含碎石块的灰色砂壤土　④ 生土
ZM78出土器物:1、2.带饰　3、4.珠子　5.坠饰　6.残容器
M80出土器物:7～10.带扣　11.镞残段(有木头残留)　12.容器(壶)　13.容器(罐)
(1、2.角　3.萤石　4.光玉髓　5.绿松石　6、12、13.陶　7、8、10.青铜　9.青铜框、铁扣针　11.铁、木)

242

图六一　M79平面图及出土器物

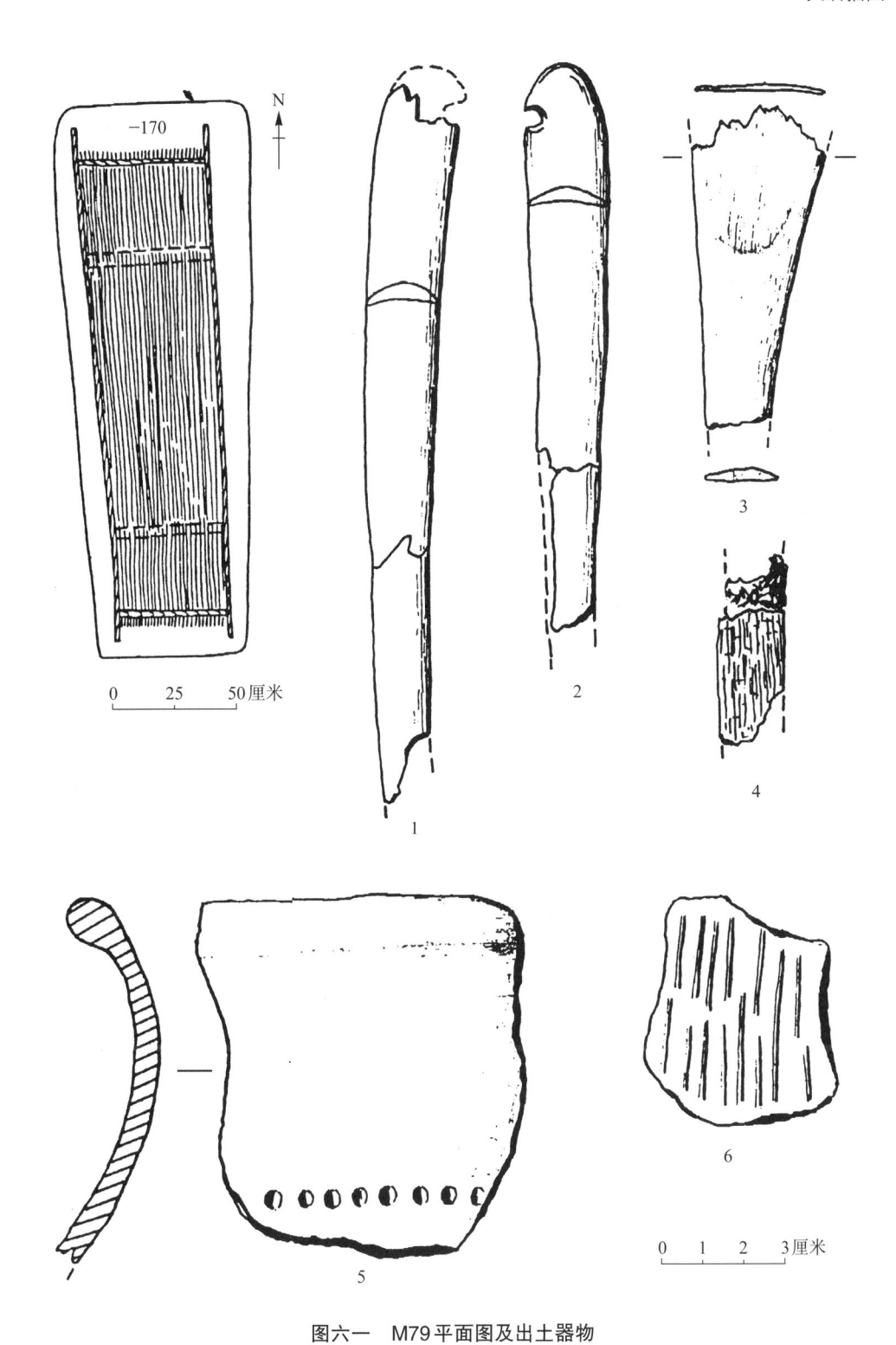

1、2. 弓弭残段　3. 弓中部贴片　4. 残留部分柄部的刀残段　5. 陶器口沿　6. 陶片
（1～3. 骨、角　4. 铁、木　5、6. 陶）

德列斯图依墓地

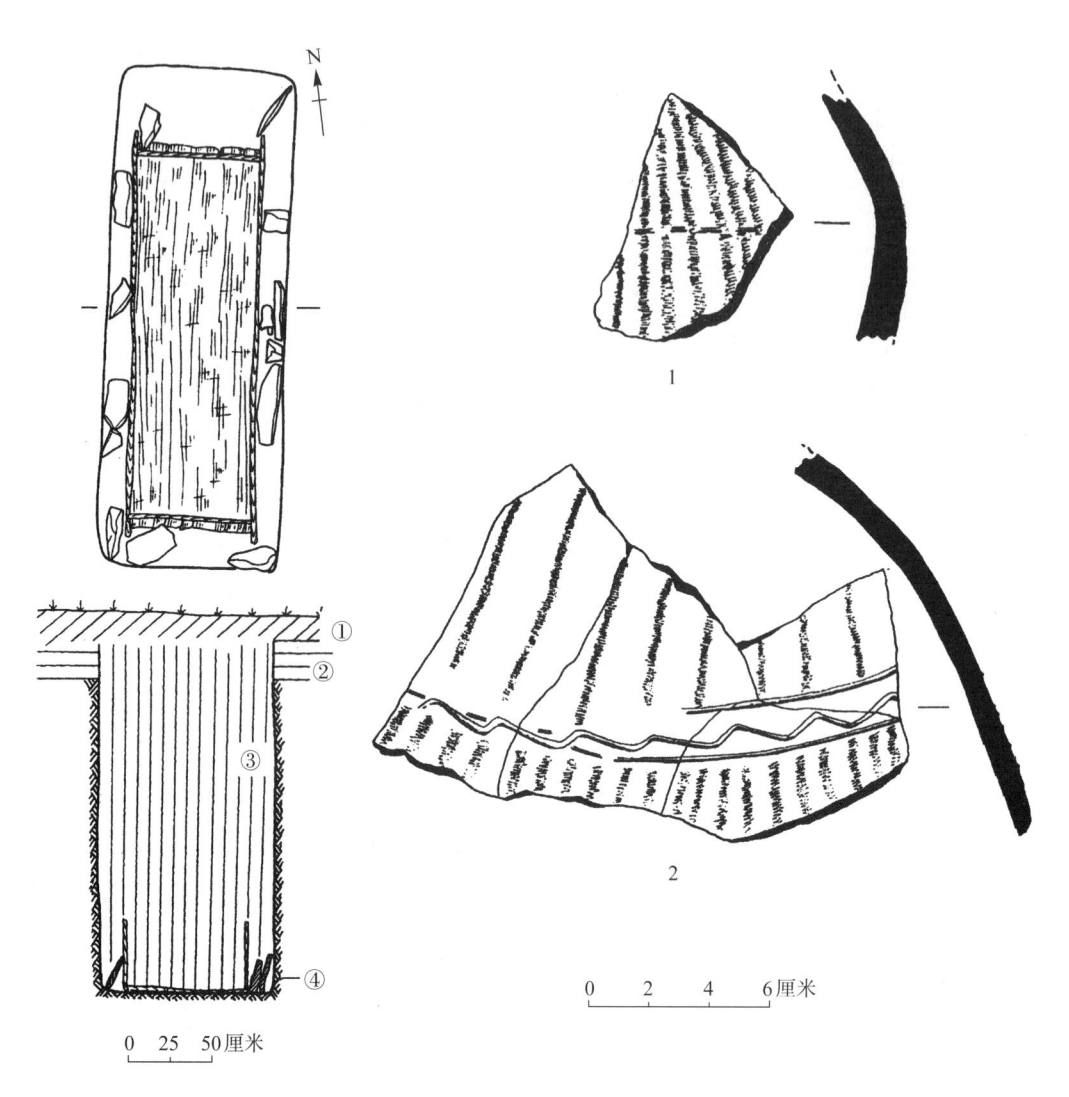

图六二 M81平、剖面图及出土器物

墓葬平、剖面图：①覆盖草皮的表层沙土 ②浅褐色砂壤土 ③包含碎石块的灰色砂壤土 ④生土
出土器物：1、2.陶容器残片

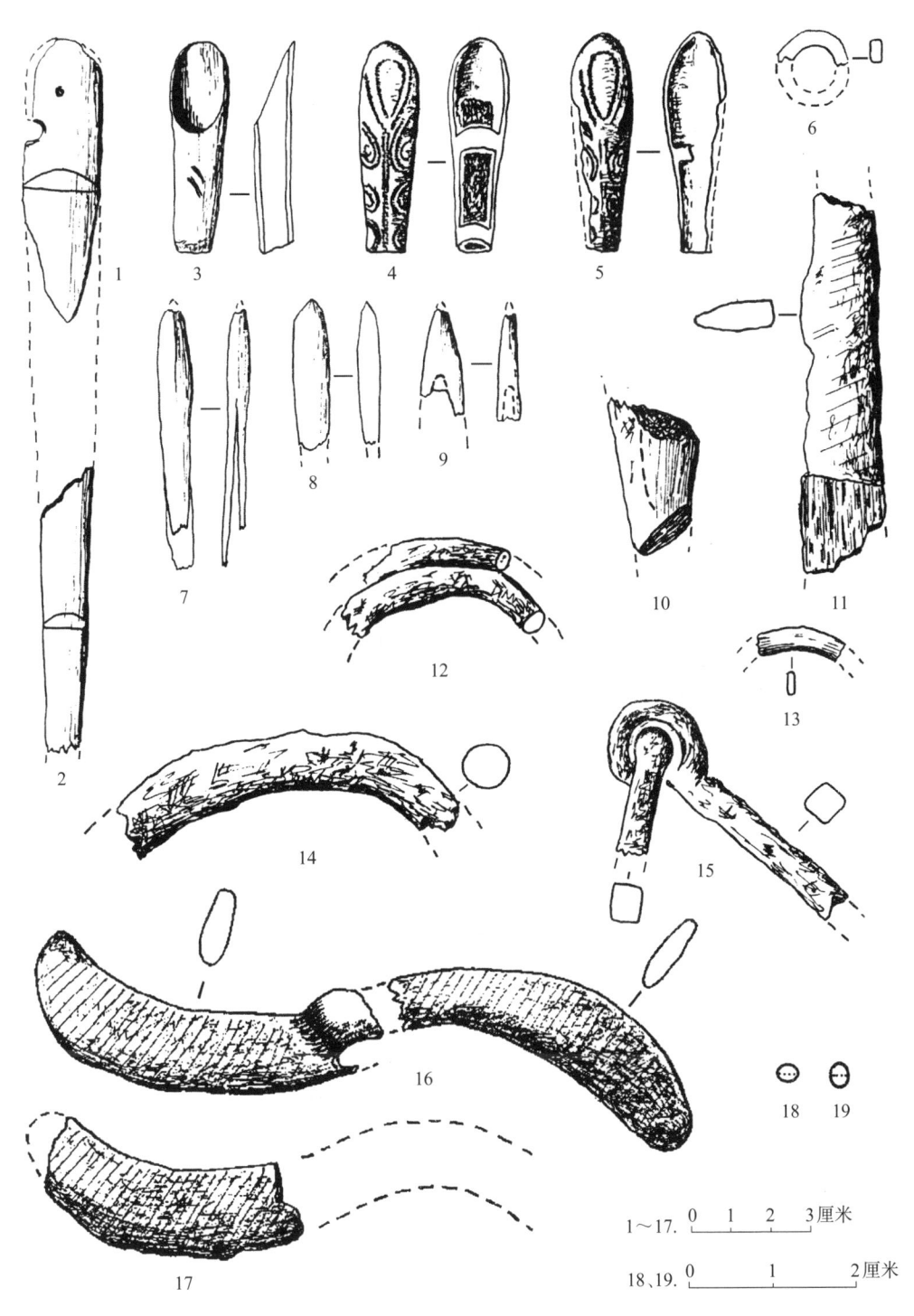

图六三　M81 出土器物

1、2. 弓弭残段　3～5. 勺形带饰　6、12～14. 环残段　7～9. 镞残段　10. 带套筒的器物残段
11. 残留柄部的刀残段　15. 衔残段　16、17. 镳残段　18、19. 小珠子
（1～3、7～10. 角　4～6、13. 青铜　11. 铁、木　12、14～17. 铁　18、19. 绿松石）

德列斯图依墓地

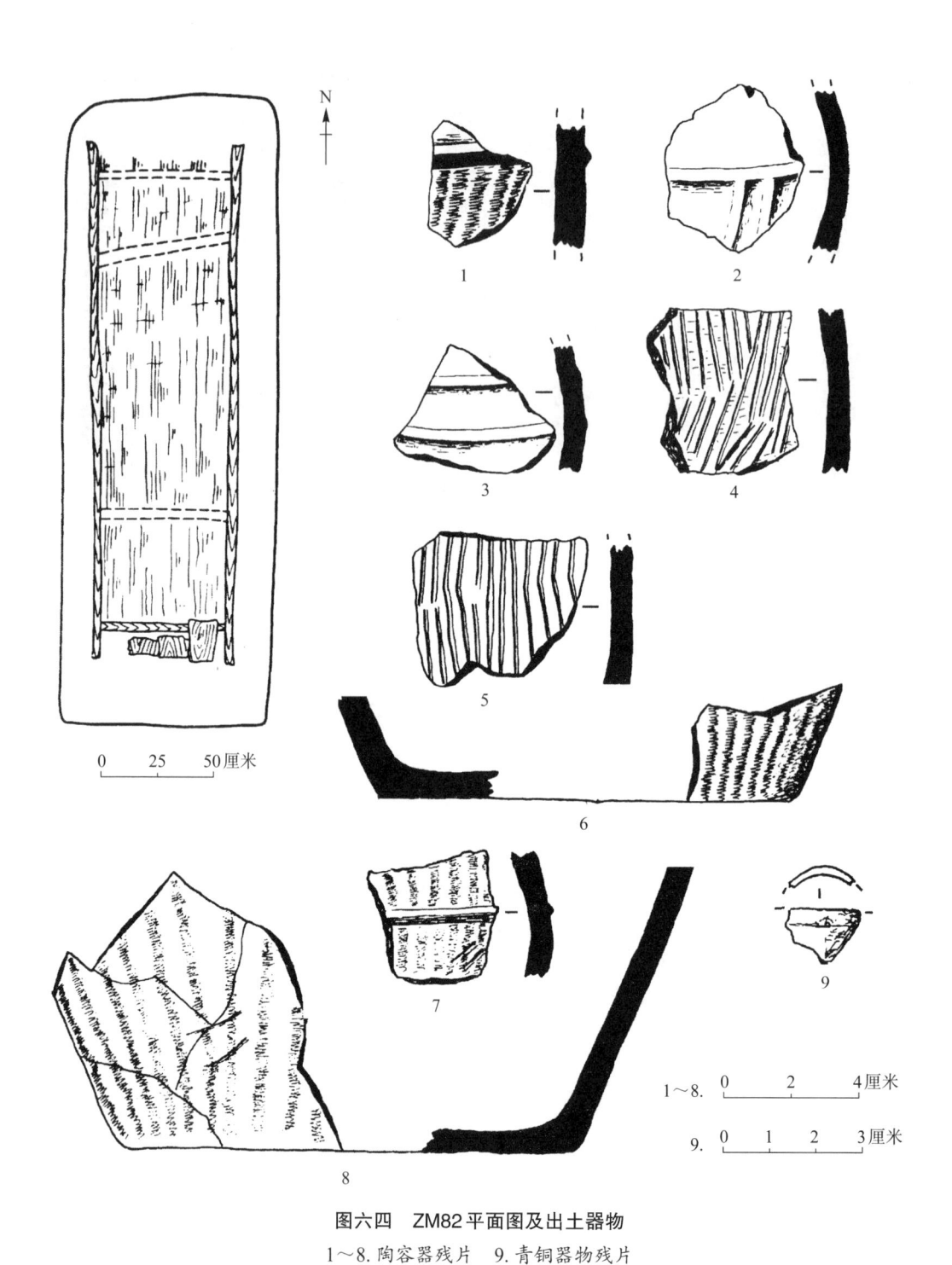

图六四　ZM82平面图及出土器物
1~8.陶容器残片　9.青铜器物残片

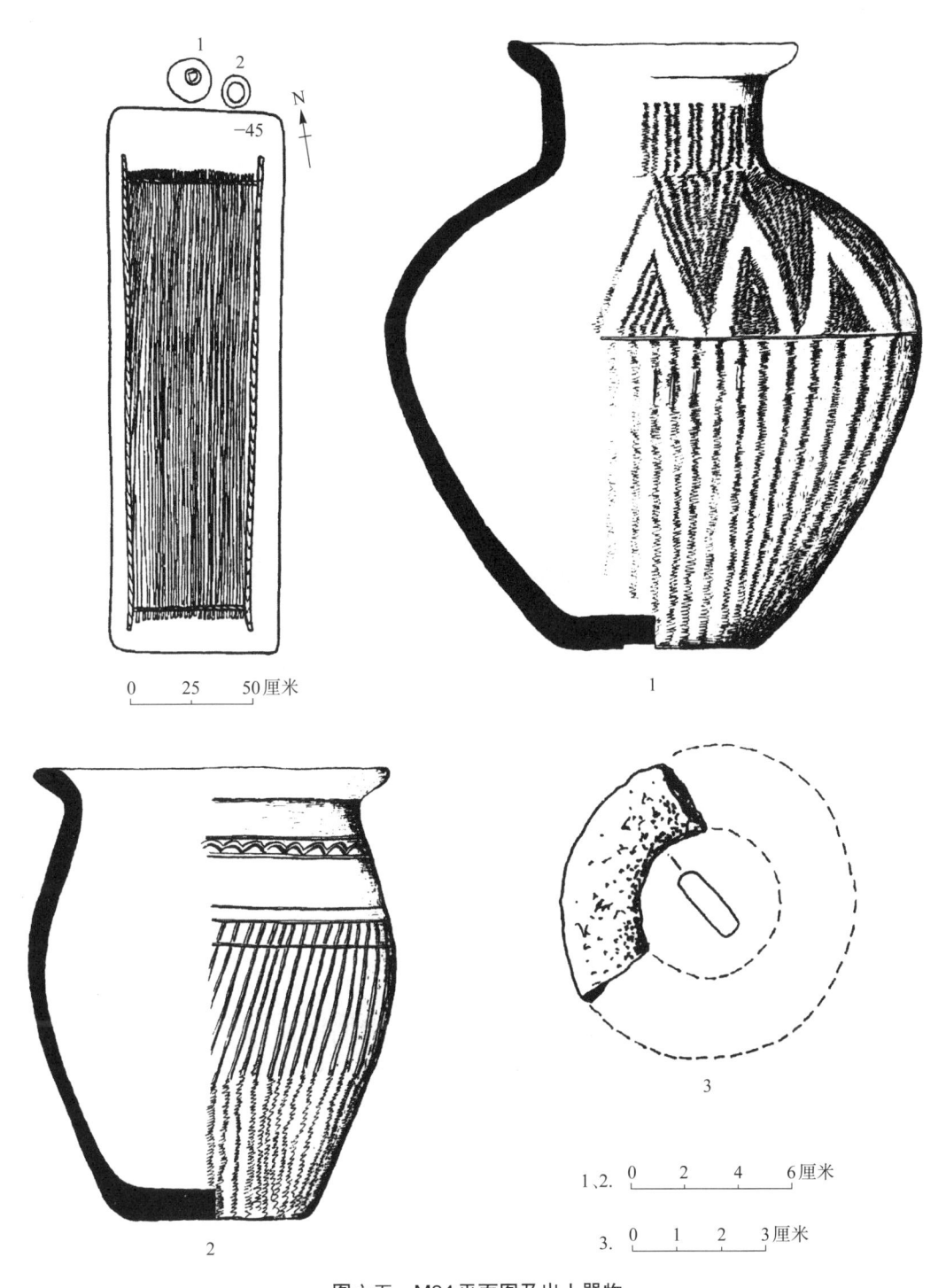

图六五 M84平面图及出土器物

墓葬平面图：1、2. 陶器
出土器物：1. 容器（壶） 2. 容器（罐） 3. 环残段
（1、2. 陶　3. 泥质石灰岩）

德列斯图依墓地

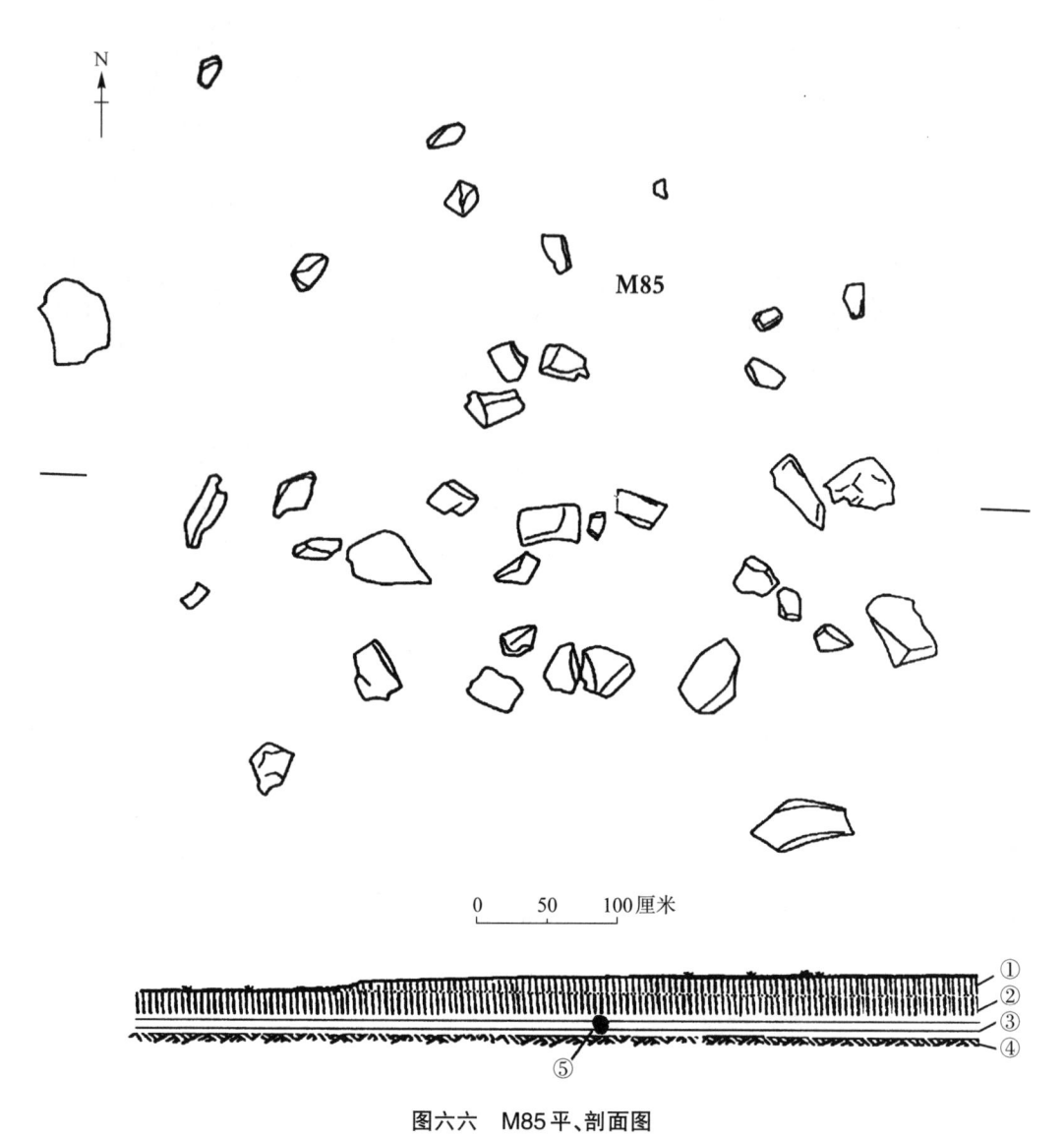

图六六　M85平、剖面图
① 表层沙土　② 大颗粒的灰色砂壤土　③ 浅褐色砂壤土　④ 生土　⑤ 含炭的砂壤土

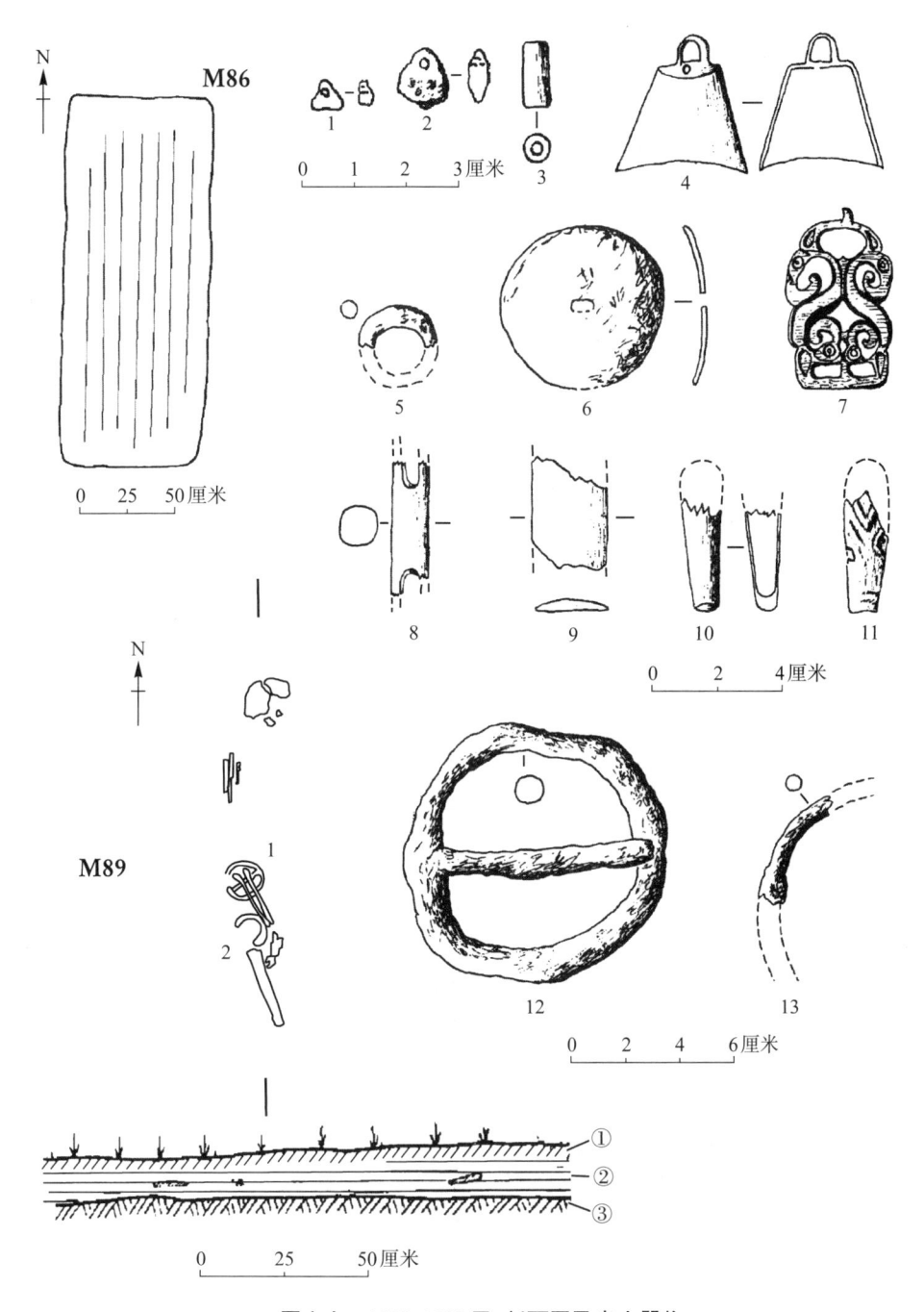

图六七 M86、M89平、剖面图及出土器物

M86墓葬平面图及出土器物：1、2.坠饰 3.串珠 4.铃 5.环残段 6.带穿孔的小牌 7.带扣
        8.双孔镞残段 9.弓贴片残段 10、11.勺形带饰残段

M89墓葬平面图：1.铁带扣 2.铁环

M89剖面图：①表层沙土 ②深褐色砂壤土 ③生土

M89出土器物：12.带扣 13.环残段

（1、2.绿松石 3.泥质页岩 4、7、10、11.青铜 5、6、12、13.铁 8、9.角）

249

德列斯图依墓地

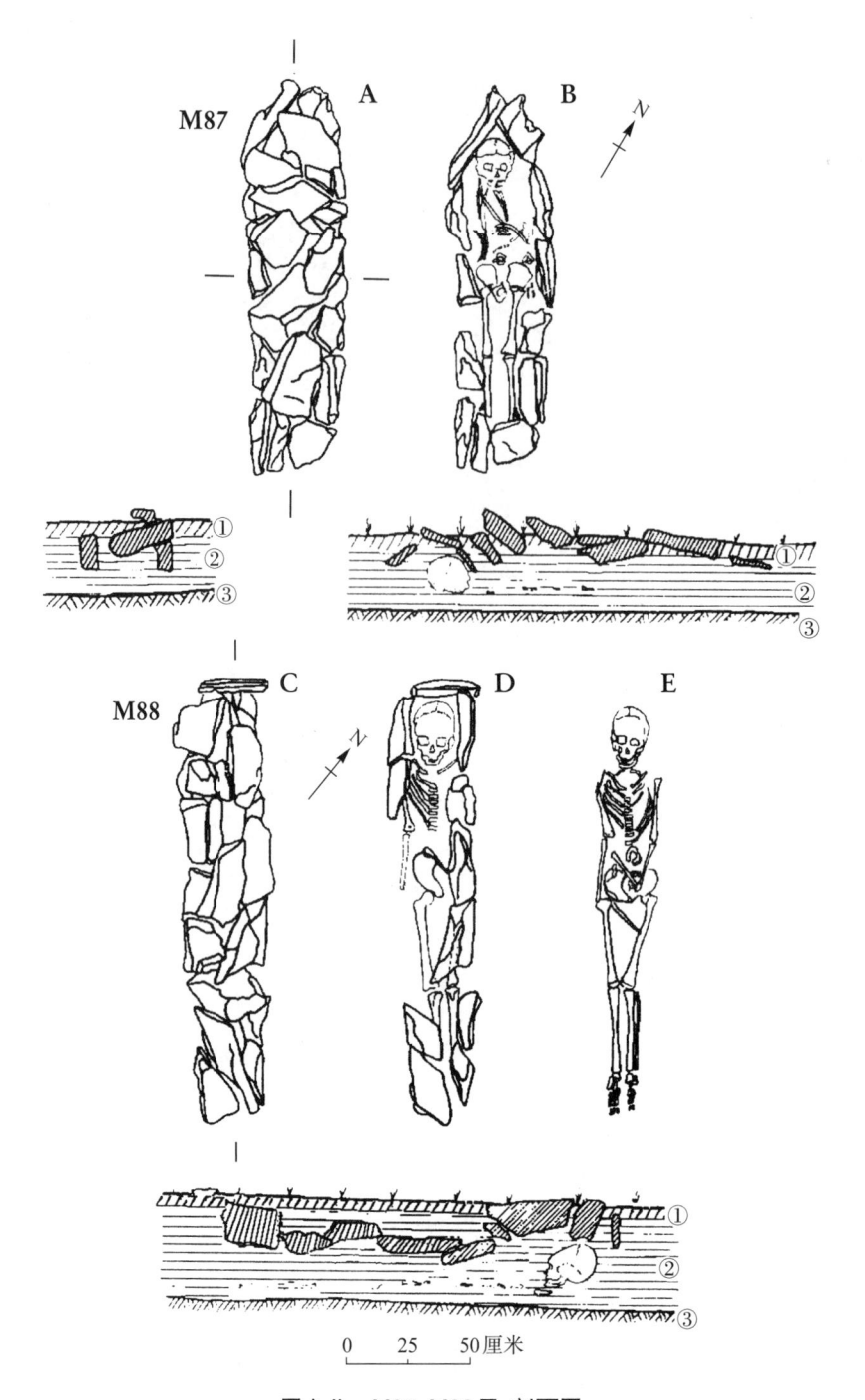

图六八　M87、M88平、剖面图
A. M87石箱平、剖面图　B. M87墓葬平、剖面图：① 覆盖草皮的表层沙土　② 浅灰色砂壤土　③ 生土
C. M88石箱平、剖面图：① 覆盖草皮的表层沙土　② 浅灰色砂壤土　③ 生土
D、E. M88清理后的墓葬平面图（E为清除石箱之后）

图六九 ZM90平、剖面图

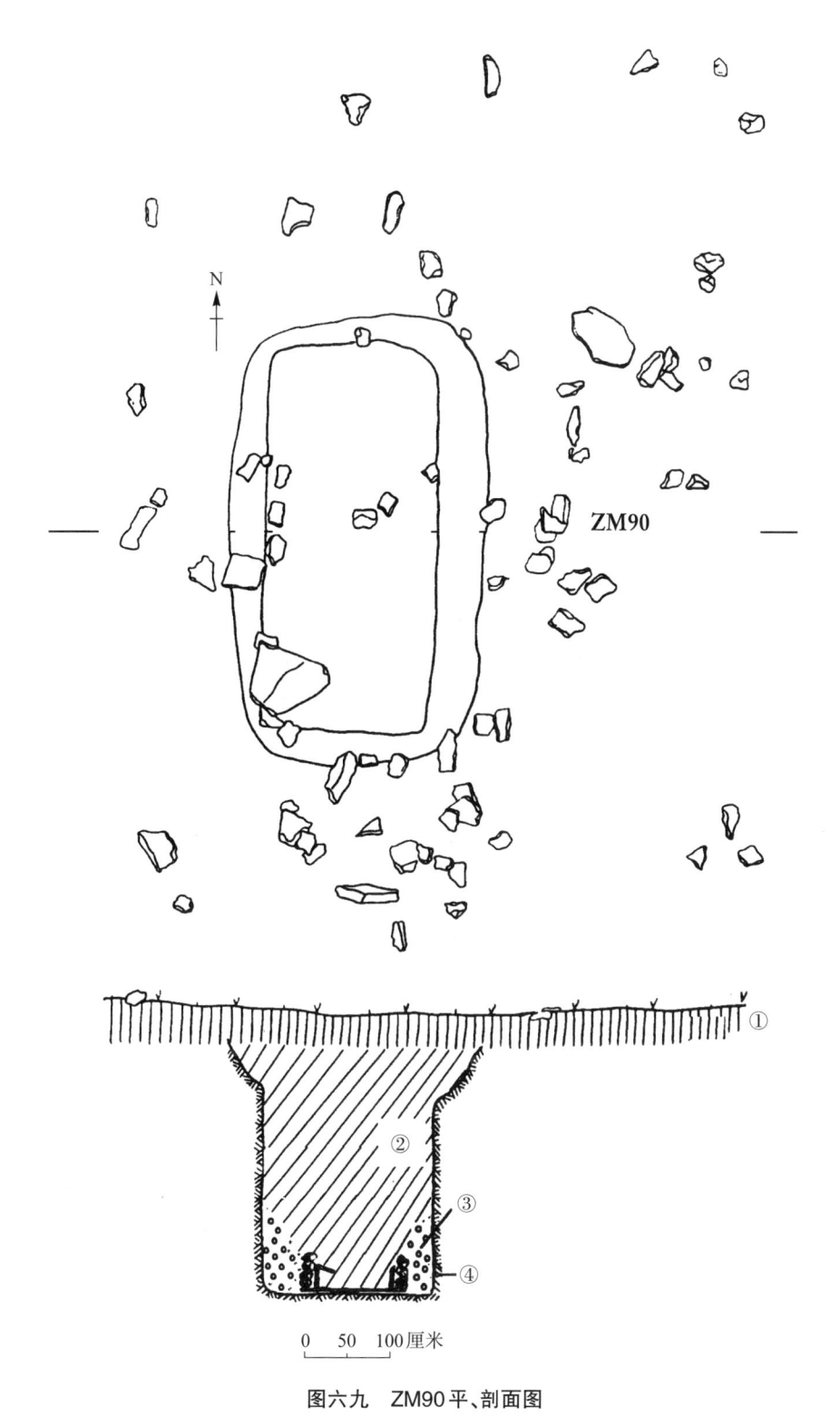

① 覆盖草皮的表层沙土 ② 浅褐色砂壤土 ③ 包含小砾石的黄色砂壤土 ④ 生土

德列斯图依墓地

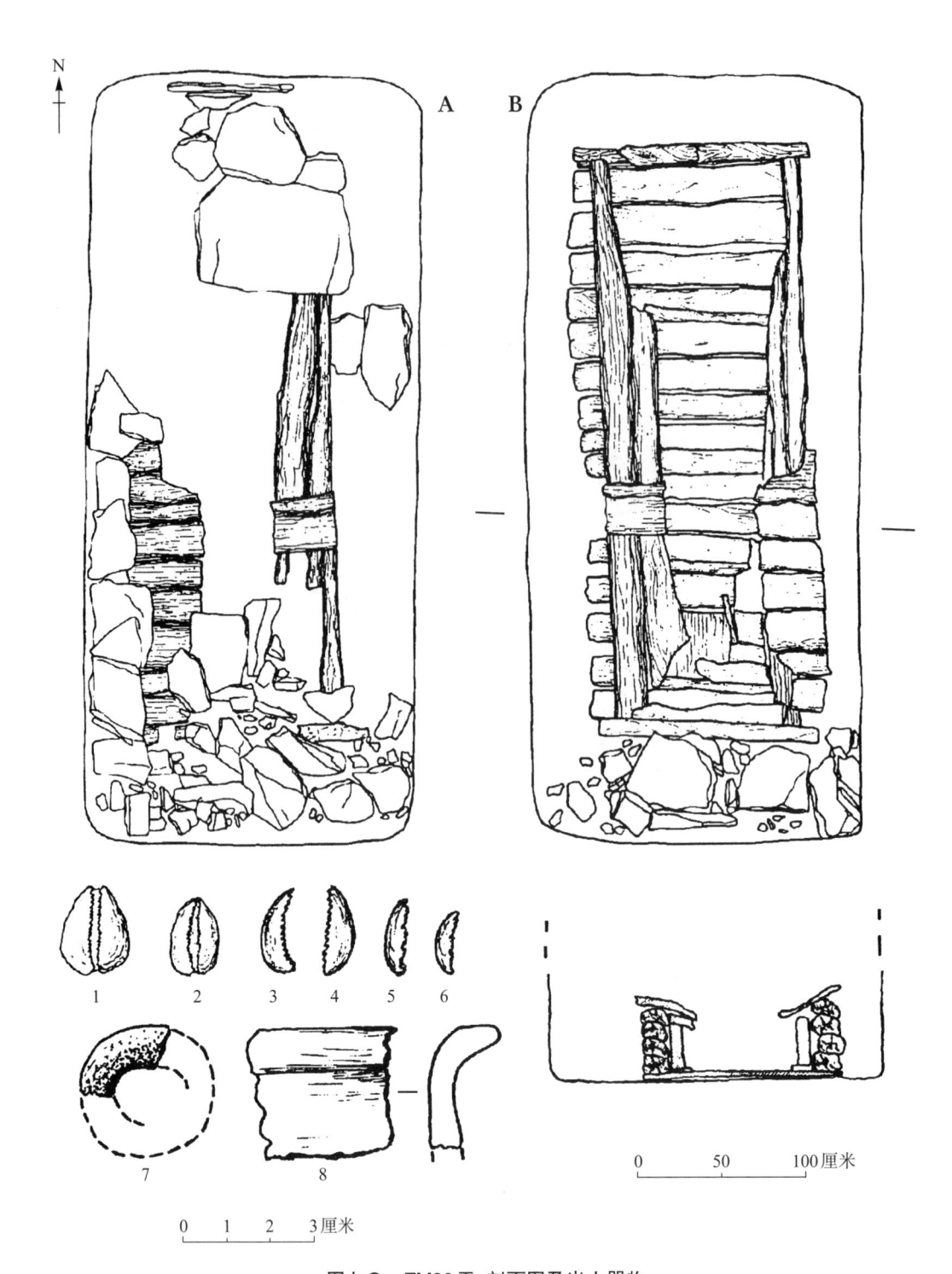

图七〇 ZM90平、剖面图及出土器物
A.椁盖板层位的葬具平面图 B.清理之后的葬具平、剖面图
出土器物：1、2.贝壳 3～6.贝壳残片 7.环残段 8.陶器口沿残片
（1～6.贝壳 7.泥质石灰岩 8.陶）

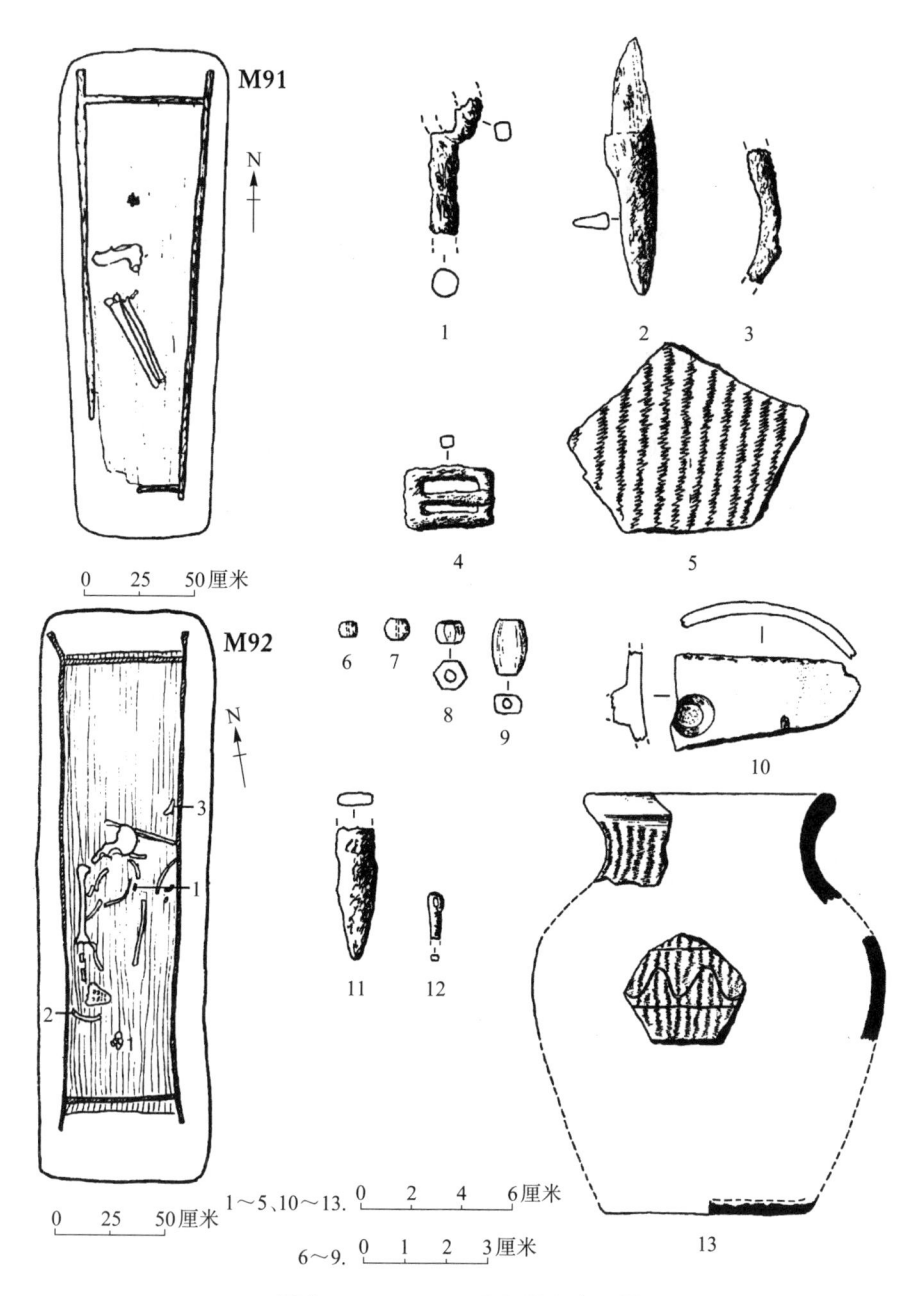

图七一　M91、M92平面图及出土器物

M91墓葬平面图及出土器物：1.衔残段（？）　2.残留柄部的刀　3.环残段　4.带扣　5.陶片
M92墓葬平面图：1.铁器残片　2.刀残段　3.杯残片[1]
M92出土器物：6~9.珠子　10.残留连接部的杯残片　11.刀残段　12.器物残段　13.陶罐（复原）
[1、3、4、11、12.铁　2.铁、木　5、13.陶　6.玻璃　7、8.光玉髓　9.琥珀（？）　10.泥质石灰岩，连接部为铁]

---

[1] 原著未标注M92墓葬平面图上数字3所代表的器物。中译本根据附录和图七一，10添加了其对应的器物名。

德列斯图依墓地

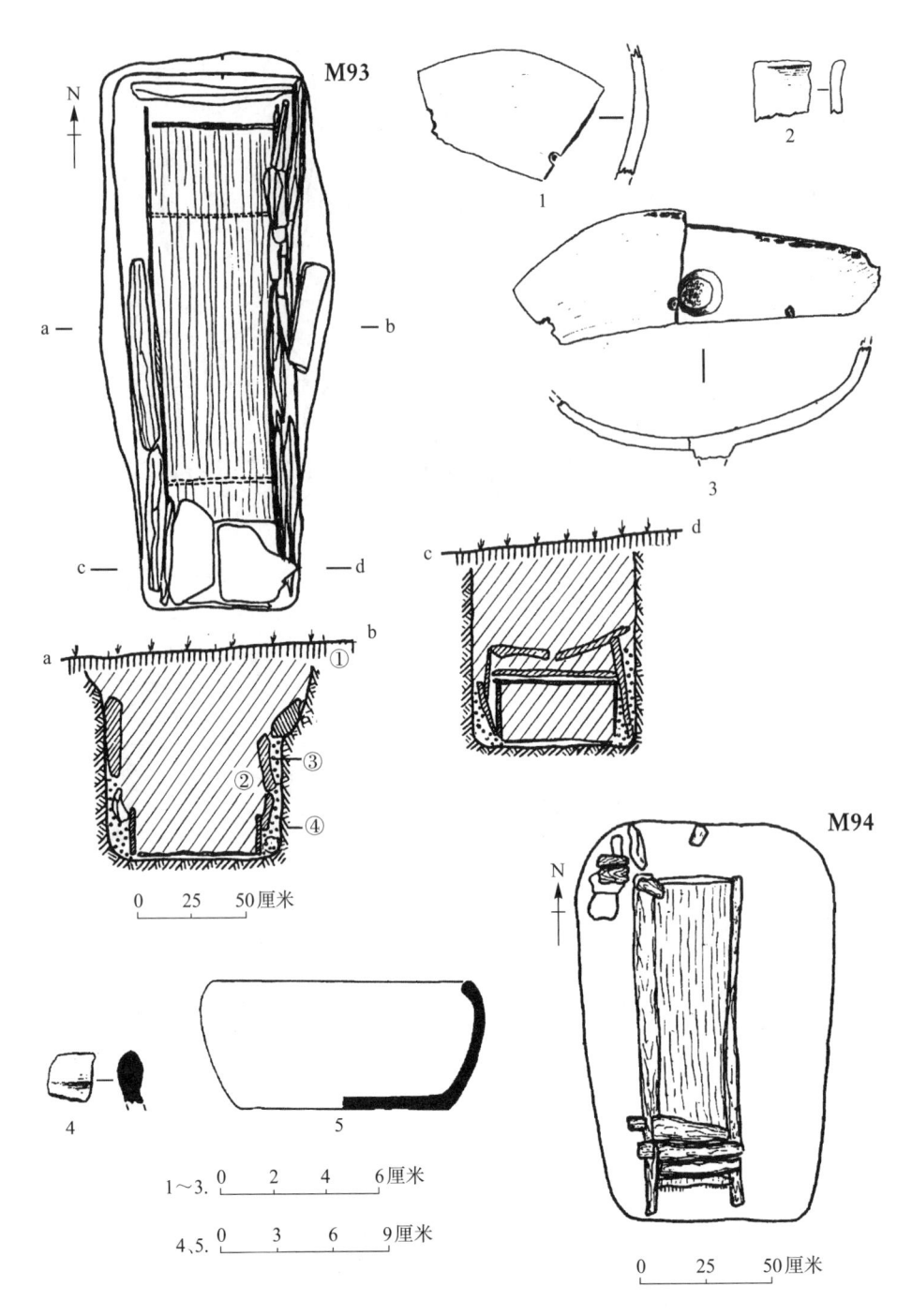

图七二　M93、M94平、剖面图及出土器物

M93墓葬平、剖面图：①覆盖草皮的表层沙土　②包含碎石块的灰色砂壤土　③包含小砾石的黄色砂壤土　④生土
M93出土器物：1～3.残留连接部的杯残片
M94墓葬平面图及出土器物：4.陶器口沿残片　5.陶钵（复原）
（1～3.泥质石灰岩，连接部为铁　4、5.陶）

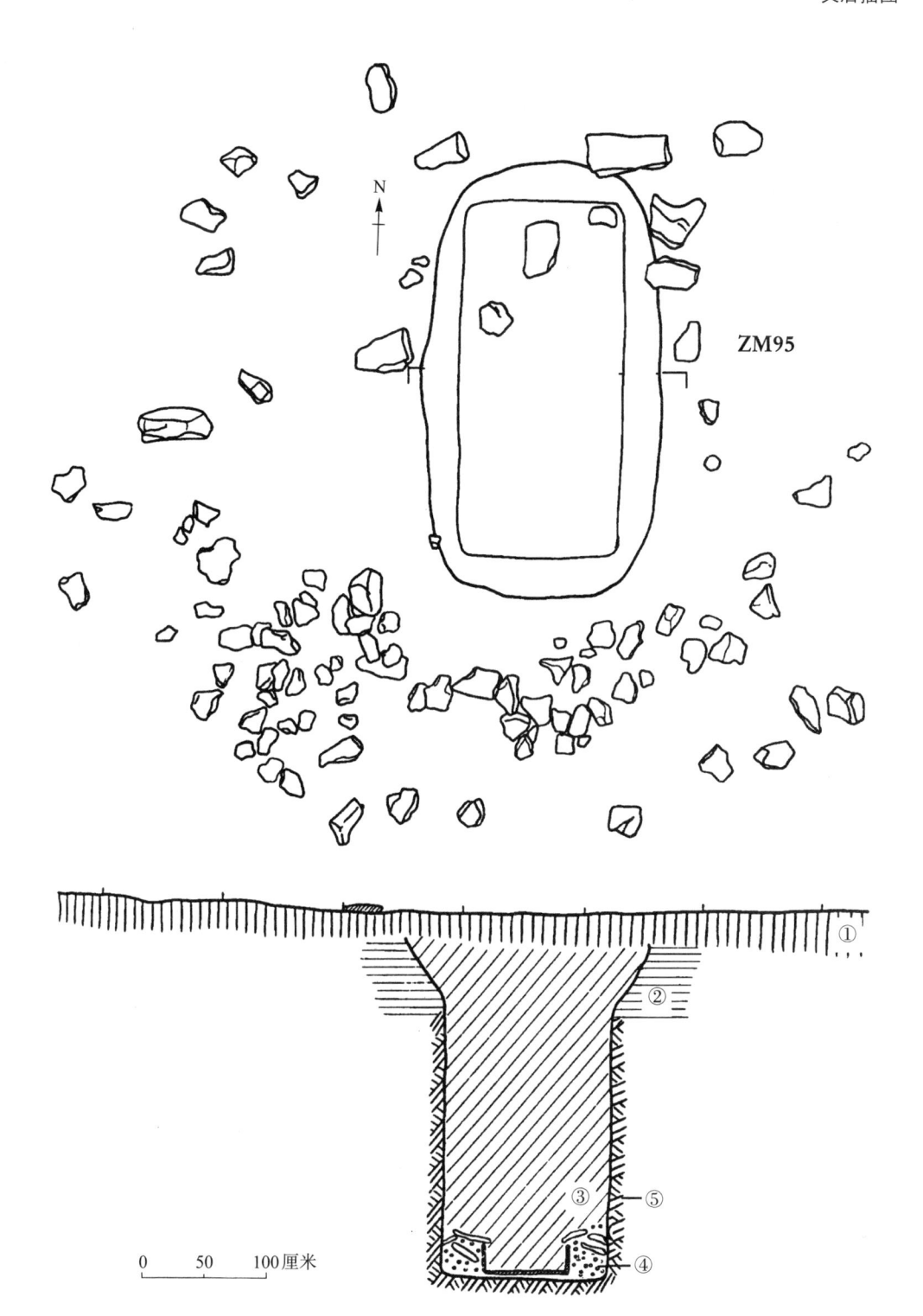

图七三　ZM95平、剖面图

① 覆盖草皮的表层沙土　② 浅褐色砂壤土　③ 包含碎石块的灰色砂壤土
④ 包含小砾石的黄色砂壤土　⑤ 生土

德列斯图依墓地

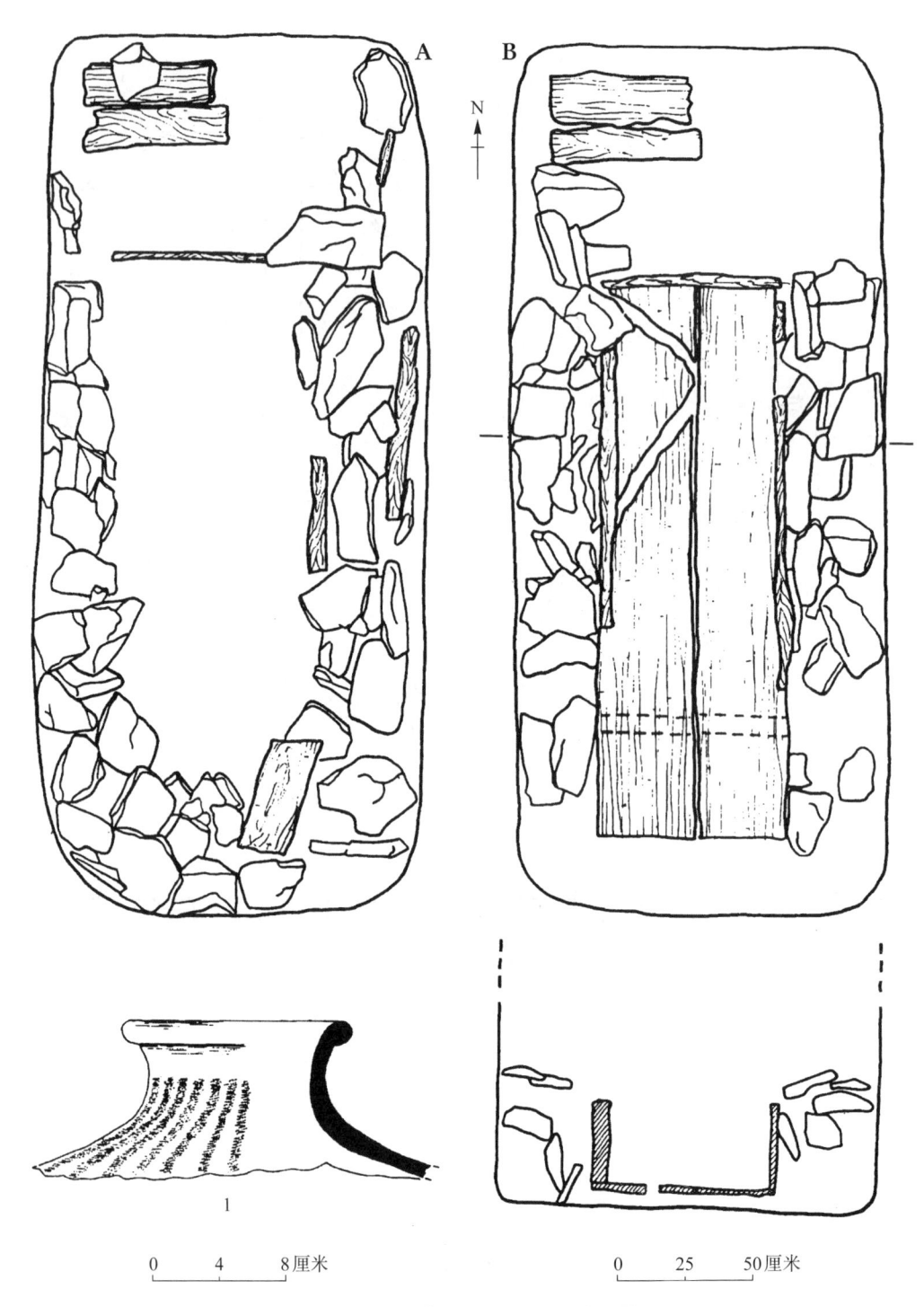

图七四　ZM95葬具平、剖面图及出土器物
A.石箱盖板层位的葬具平面图　B.清理之后的葬具平、剖面图
出土器物：1.陶容器（壶）的上部

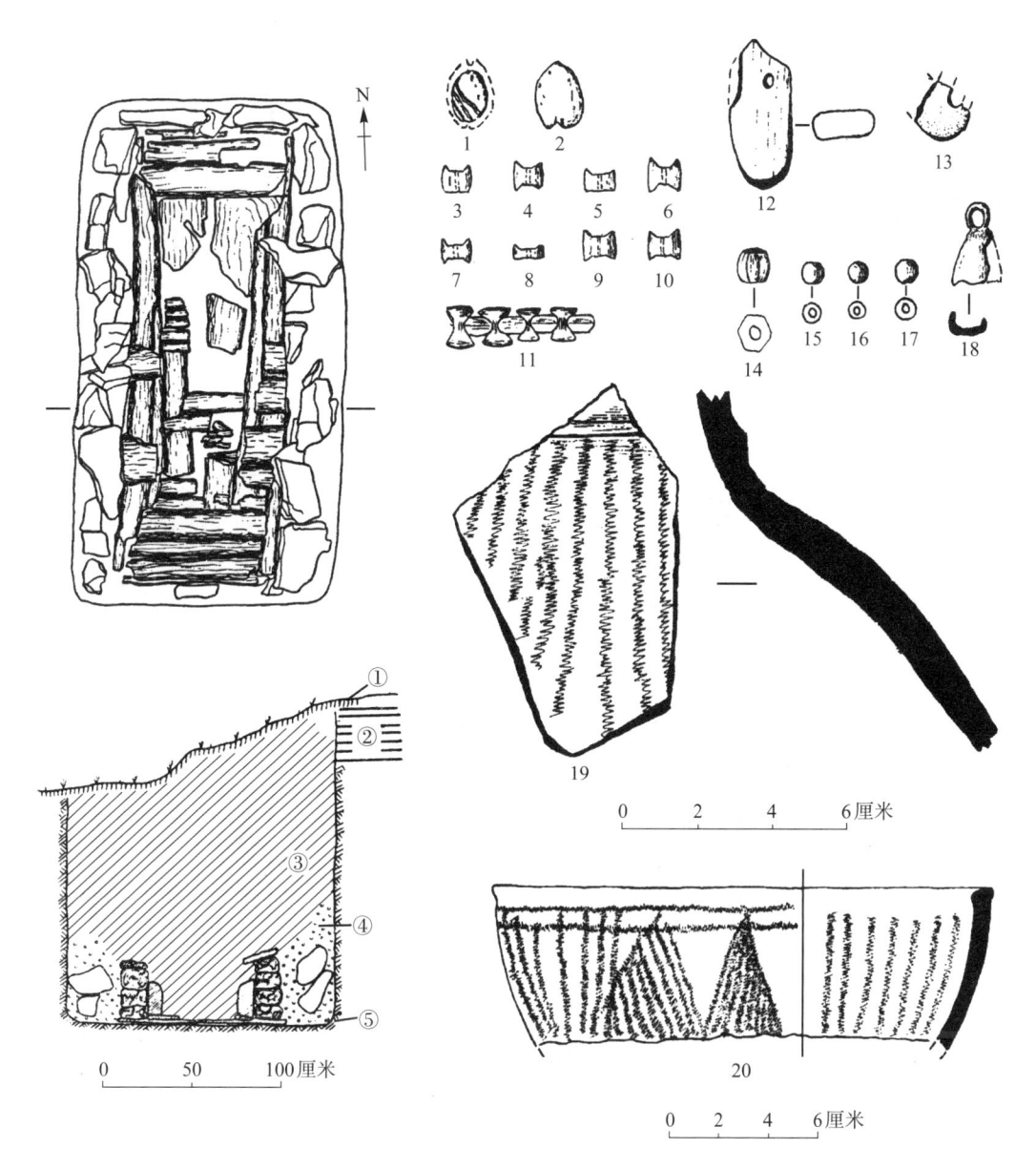

图七五　ZM96平、剖面图及出土器物

墓葬平、剖面图：① 覆盖草皮的表层沙土　② 浅褐色砂壤土　③ 包含碎石块的灰色砂壤土　④ 包含小砾石的黄色砂壤土　⑤ 生土

出土器物：1、2.仿制贝壳　3～10、14～17.珠子　11.珠串（复原）　12、13.残坠饰　18.铃　19、20.容器残片

（1、2.河蚌壳　3～11、15～17.骨　12、13.泥质石灰岩　14.光玉髓　18.青铜　19、20.陶）

德列斯图依墓地

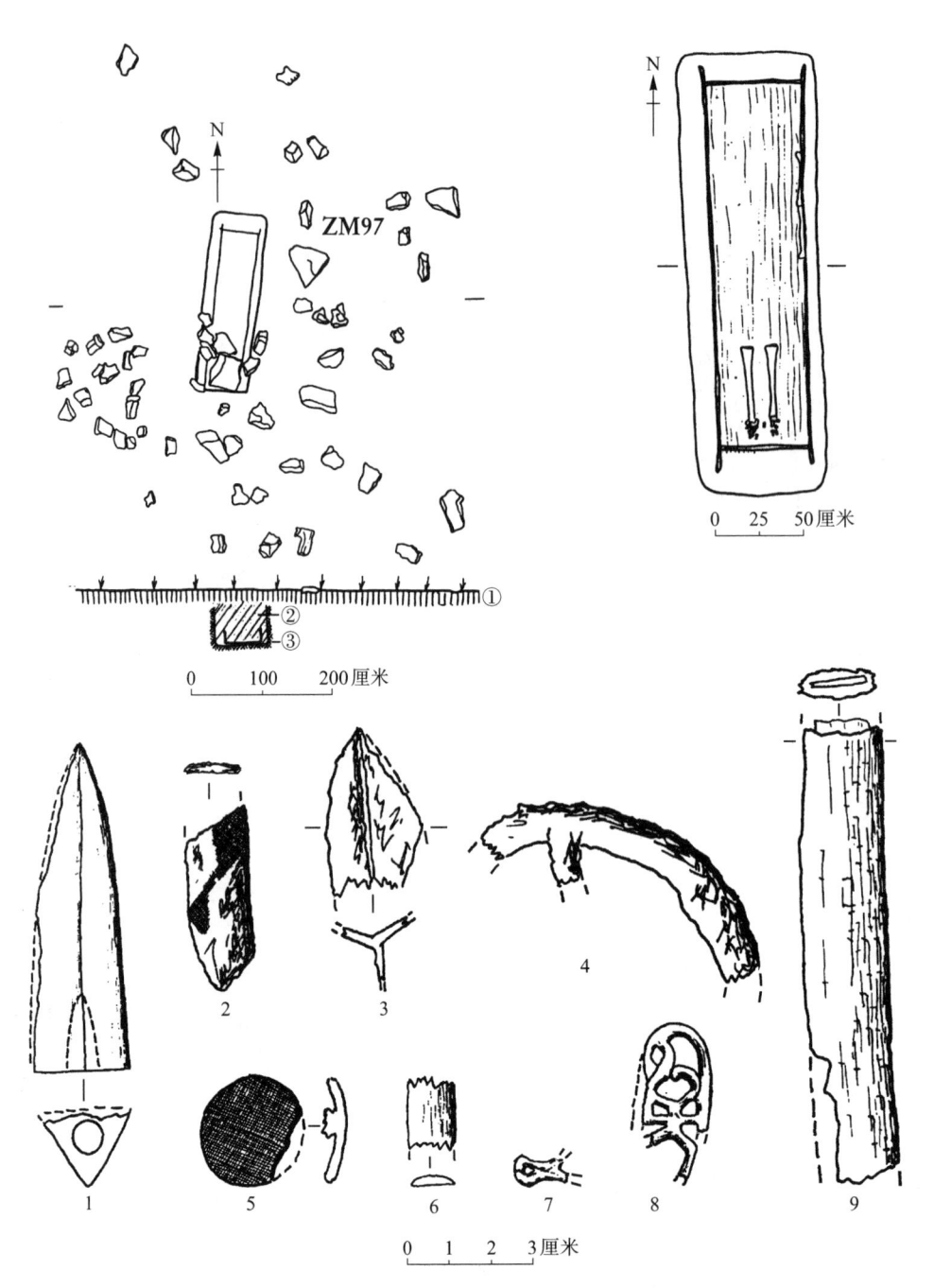

图七六 ZM97平、剖面图及出土器物[1]
残留的墓上石堆平面图和墓葬平面图
出土器物：1、3.镞 2.有织物残留的器物残段 4、7、8.带扣残段
5.残留织物的纽扣 6.弓弭残段 9.残留柄部的刀残段
（1、6.角 3、4.铁 2、5.铁、织物 7、8.青铜 9.铁、木）

---

[1] 原著未标注墓葬剖面图上①、②、③所代表的土质和土色。

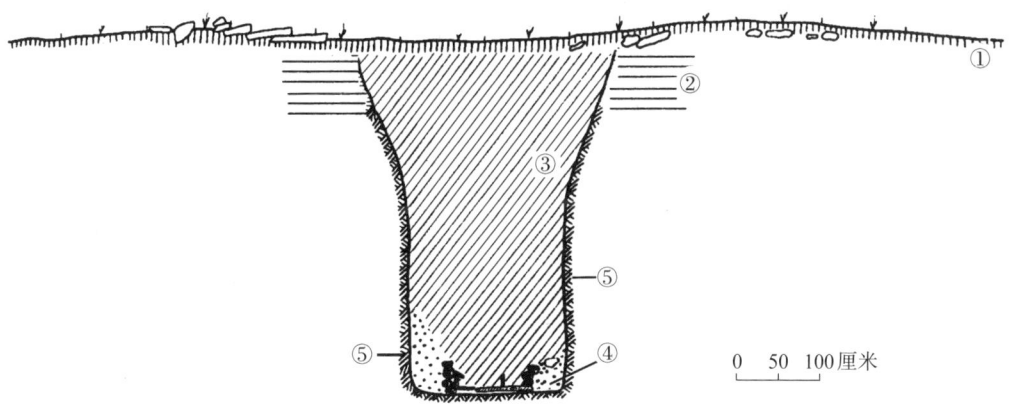

图七七　ZM98 平、剖面图

平面图：A. 推测为石柱
剖面图：① 覆盖草皮的表层沙土　② 浅褐色砂壤土　③ 包含碎石块的深灰色砂壤土
　　　　④ 包含小砾石的黄色砂壤土　⑤ 生土

德列斯图依墓地

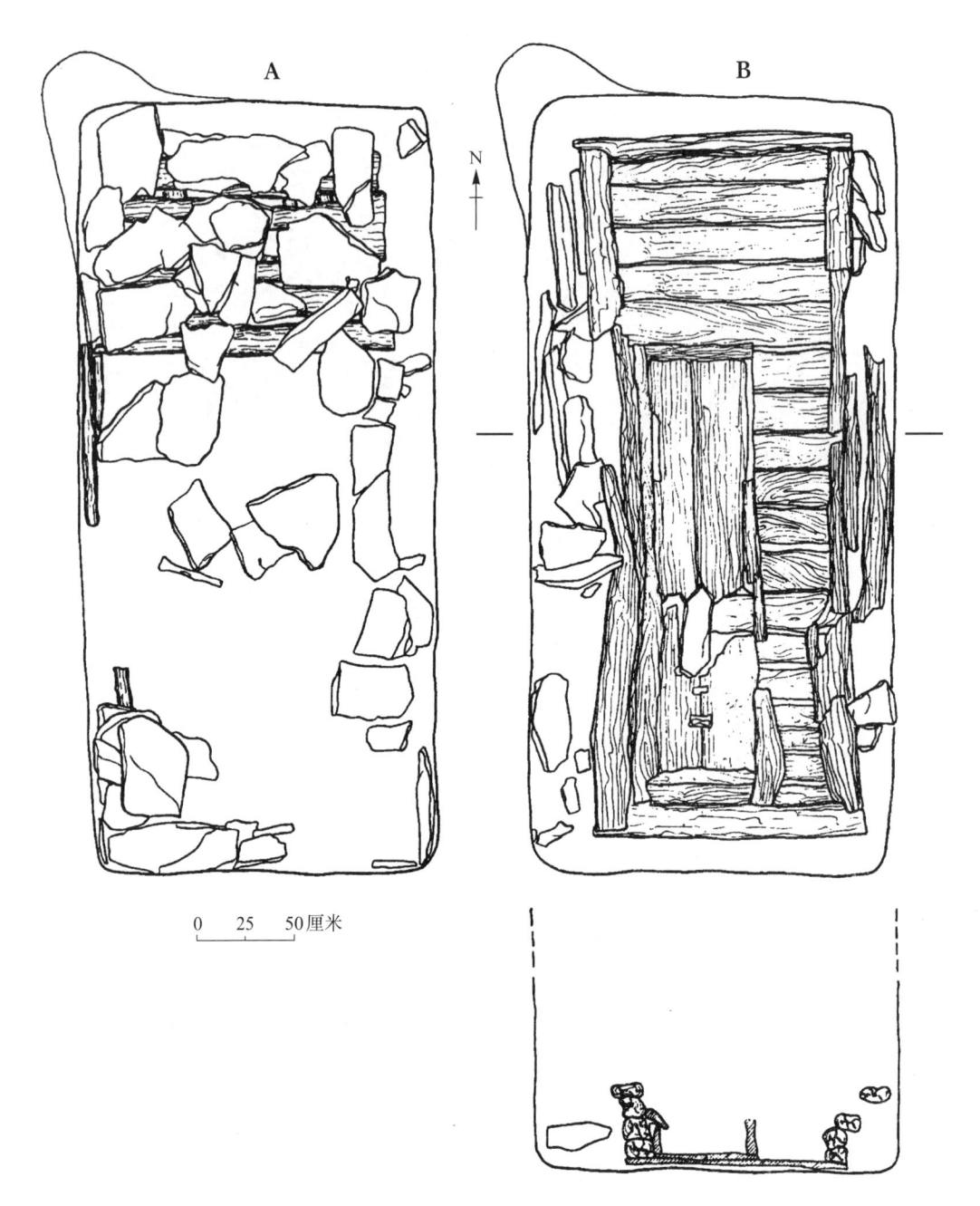

图七八　ZM98葬具平、剖面图
A.椁的石盖板层位的葬具平面图　B.清理后的葬具平、剖面图

文后插图

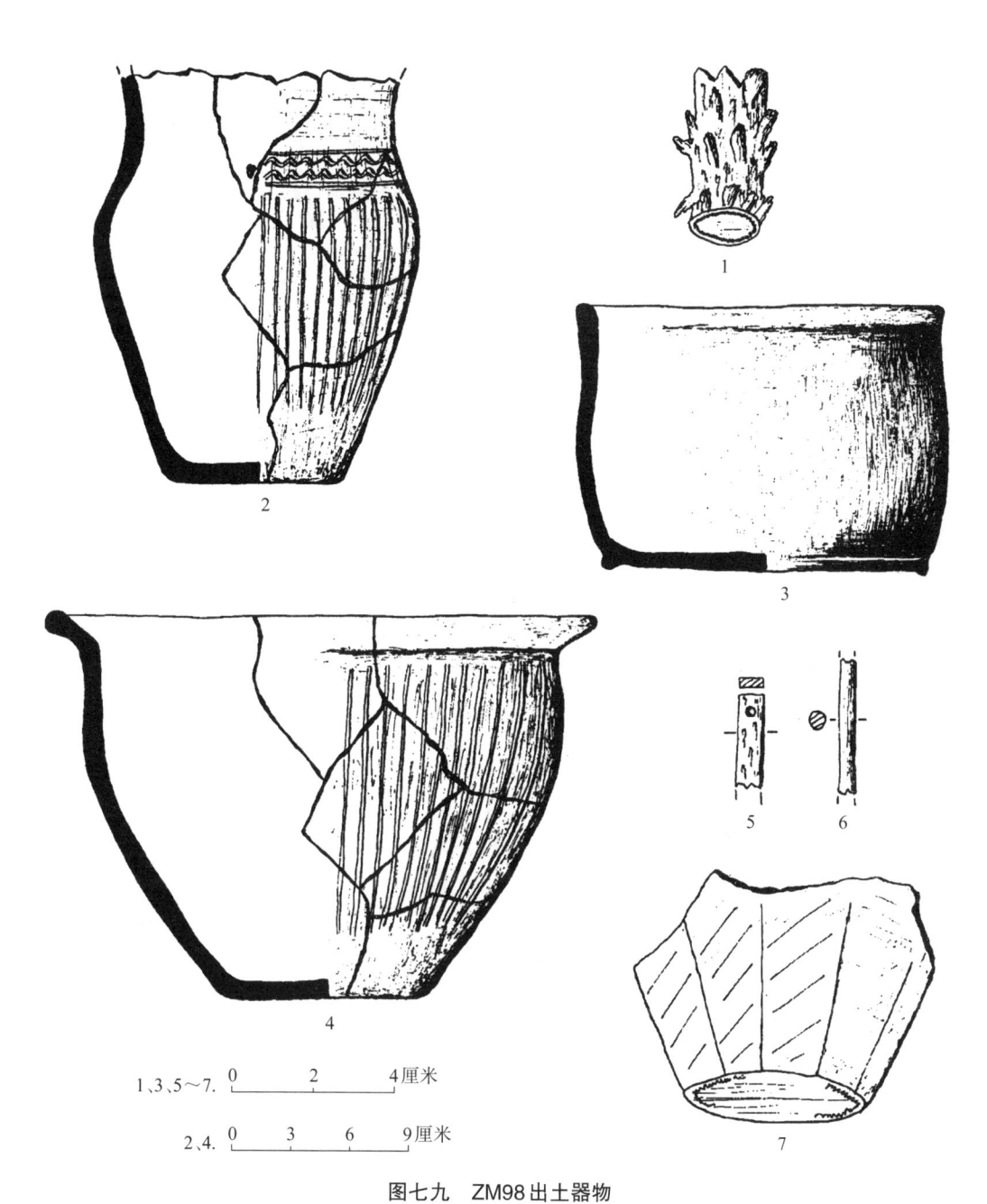

图七九　ZM98出土器物
1. 未加工的狍子角残段　2~4.容器(罐、盆)　5.贴条残段　6.针残段　7.残坯料
（1、5~7.角　2~4.陶）

261

德列斯图依墓地

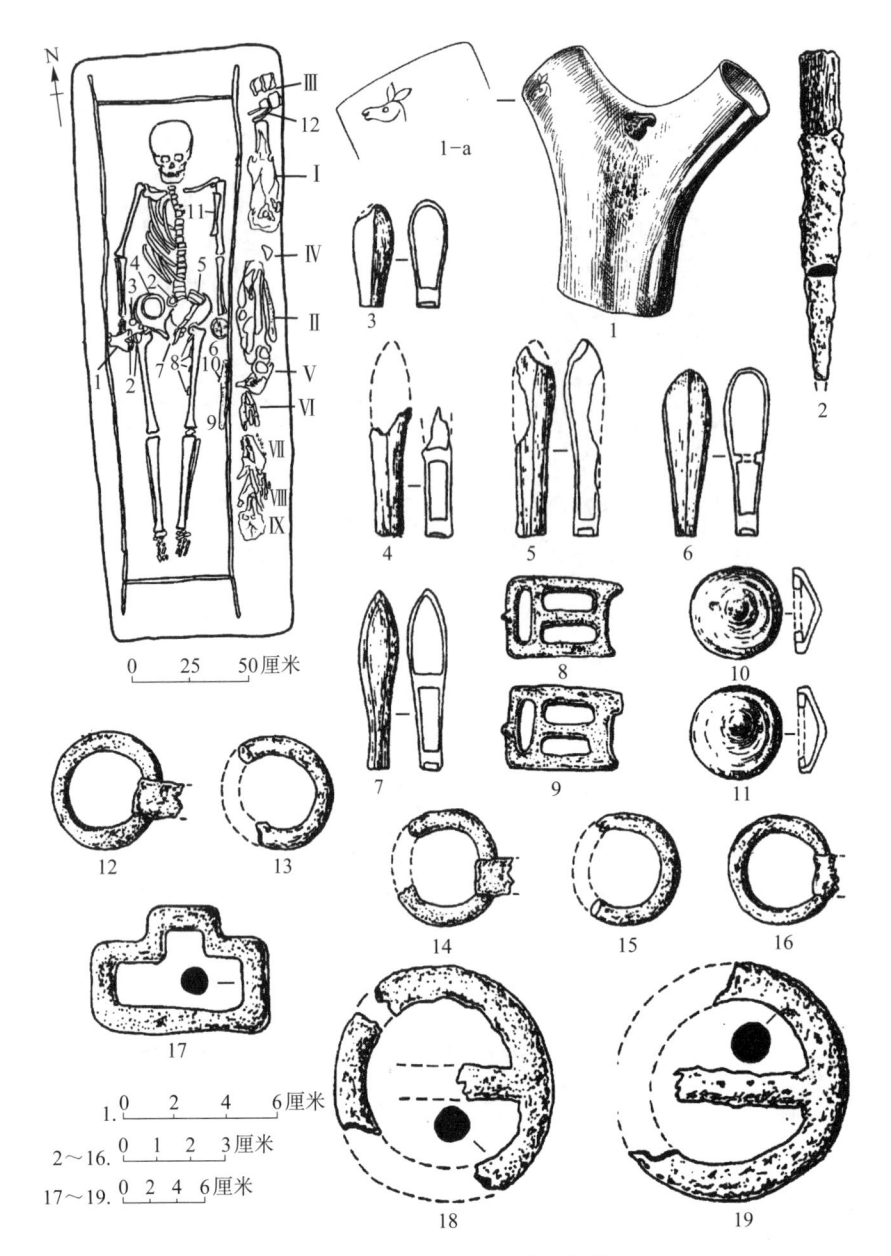

图八〇　M99平面图及出土器物

墓葬平面图：1. 腰带上的角质扣[1]　2、3. 青铜环　4~6. 铁带扣　7. 铁刀　8. 勺形青铜带饰
9. 桦树皮筒　10. 四边形青铜带扣　11. 绵羊[2]骨骼　12. 铁衔
Ⅰ、Ⅱ. 马头骨　Ⅲ、Ⅳ. 马趾骨　Ⅴ~Ⅸ. 绵羊头骨

出土器物：1. 刻出母驼鹿头图像的腰带扣（1-a. 图像绘图）　2. 残留柄部的刀　3~7. 勺形带饰
8、9、17~19. 带扣　10、11. 纽扣　12~16. 环
（1. 角　2. 铁、木　3~11、13、15. 青铜　12、14、16. 青铜上残留皮革　17~19. 铁）

---

[1] 此件器物在第三章描述为"'Y'字形角杈"，在附录中描述为"'Y'字形器物"。
[2] 原著这里为"山羊"。中译本根据第三章、附录和附表改正为"绵羊"。

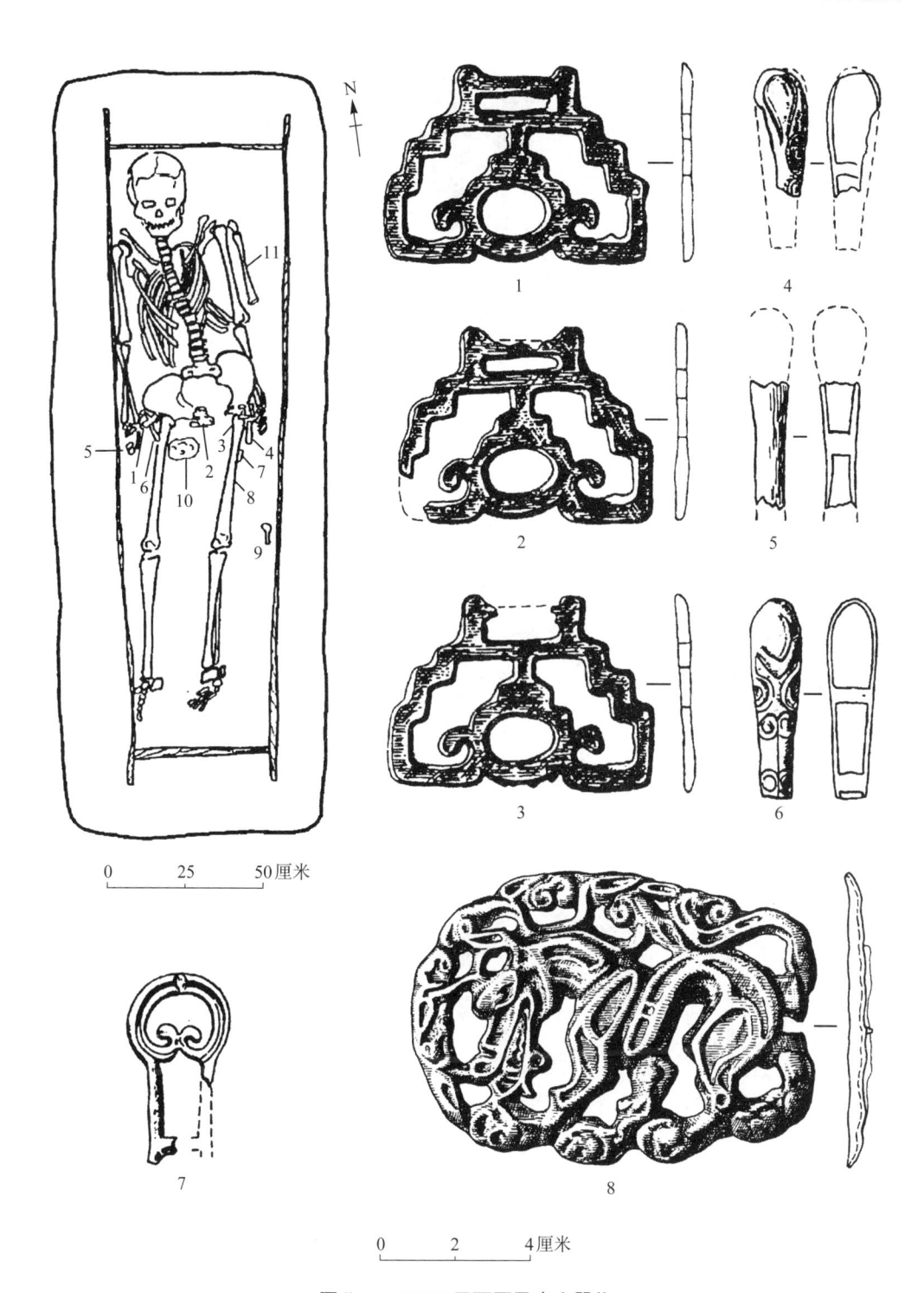

图八一　M100平面图及出土器物

墓葬平面图：1~3.镂空青铜带扣　4~8.勺形青铜带饰　9.青铜带扣　10.青铜片状带扣　11.山羊肱骨

出土器物：1~3、7.带扣　4~6.勺形带饰　8.片状带扣（1~8.青铜）

263

德列斯图依墓地

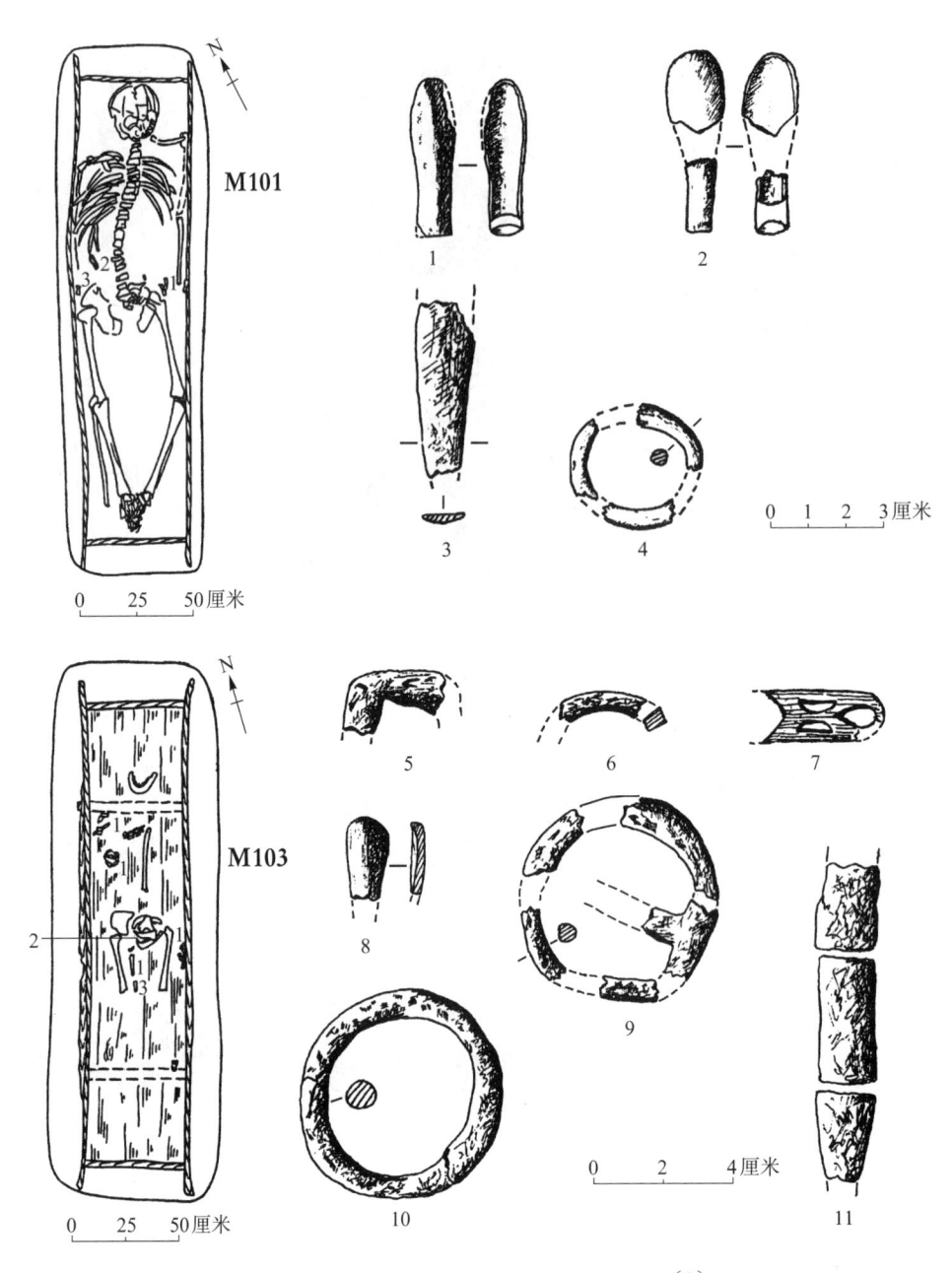

图八二 M101、M103平面图及出土器物[1]

M101墓葬平面图：1、2.勺形青铜带饰 3.铁刀
M101出土器物：1、2.勺形带饰 3.刀残段 4.环残段
M103墓葬平面图及出土器物：5、9.带扣残段 6.环残段 7.镂空扣环 8.勺形带饰残段 10.环 11.刀残段
（1、2、7、8.青铜 3～6、9～11.铁）

---

[1] 原著未标注M103墓葬平面图上数字1、2、3所代表的器物。推测1应为铁带扣及其残段，2有可能是勺形带饰残段。

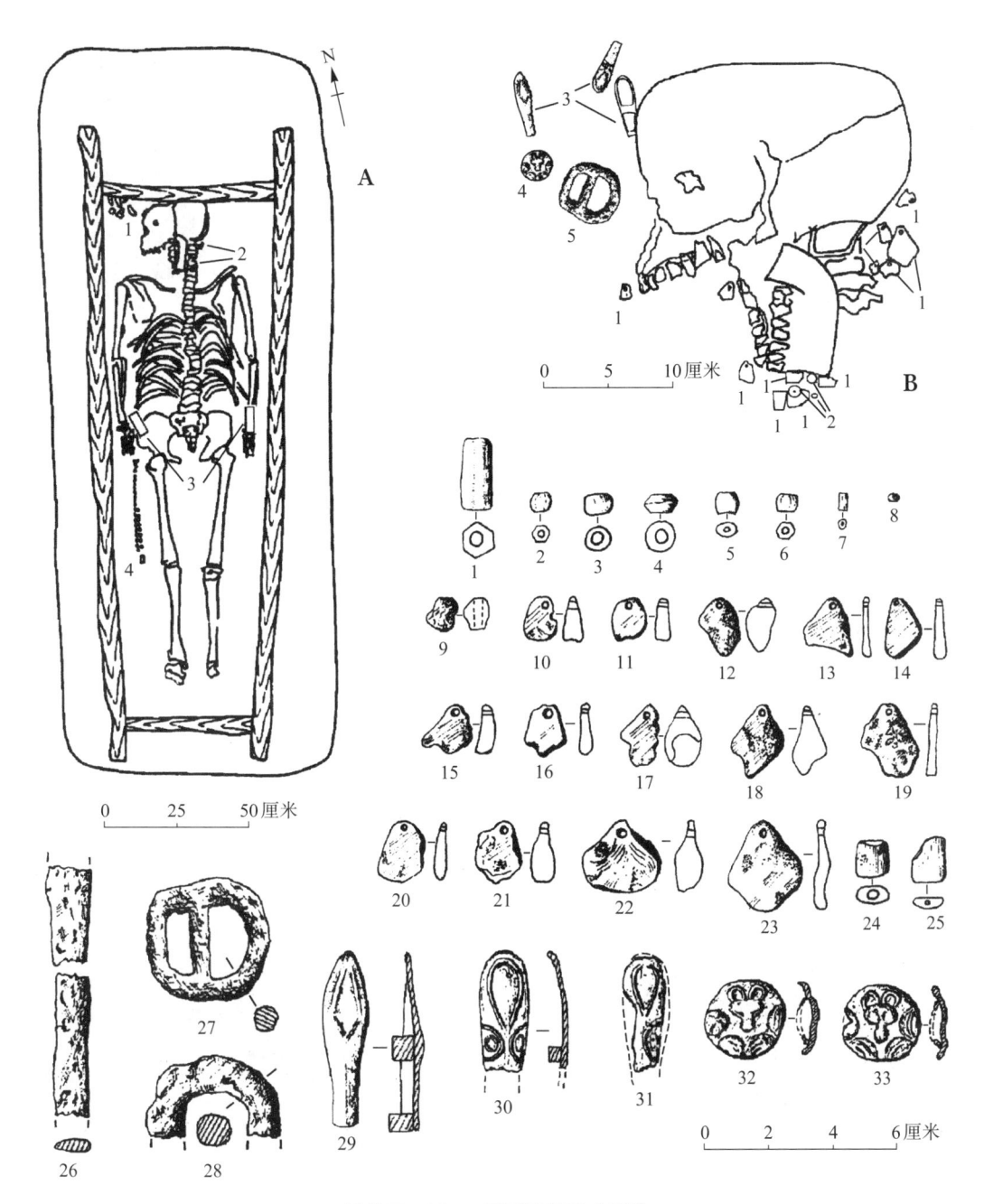

图八三　M102平面图及出土器物

A. 墓葬平面图：1、2. 头骨附近的珠子、青铜和铁质器物（详见B）　3. 腰带饰（详见图八四）　4. 串珠
B. 细部复原平面图：1. 绿松石坠饰　2. 光玉髓珠子　3. 勺形青铜带饰　4. 青铜纽扣　5. 铁带扣
出土器物：1～8、24、25. 珠子　9～23. 坠饰　26. 刀残段　27. 带扣　28. 环残段　29. 勺形带饰
　　　　　30、31. 勺形带饰残段　32、33. 纽扣
　　　　（1. 萤石　2、3、8. 玻璃　4～6. 光玉髓　7. 骨　9～25. 绿松石　26～28. 铁　29～33. 青铜）

265

德列斯图依墓地

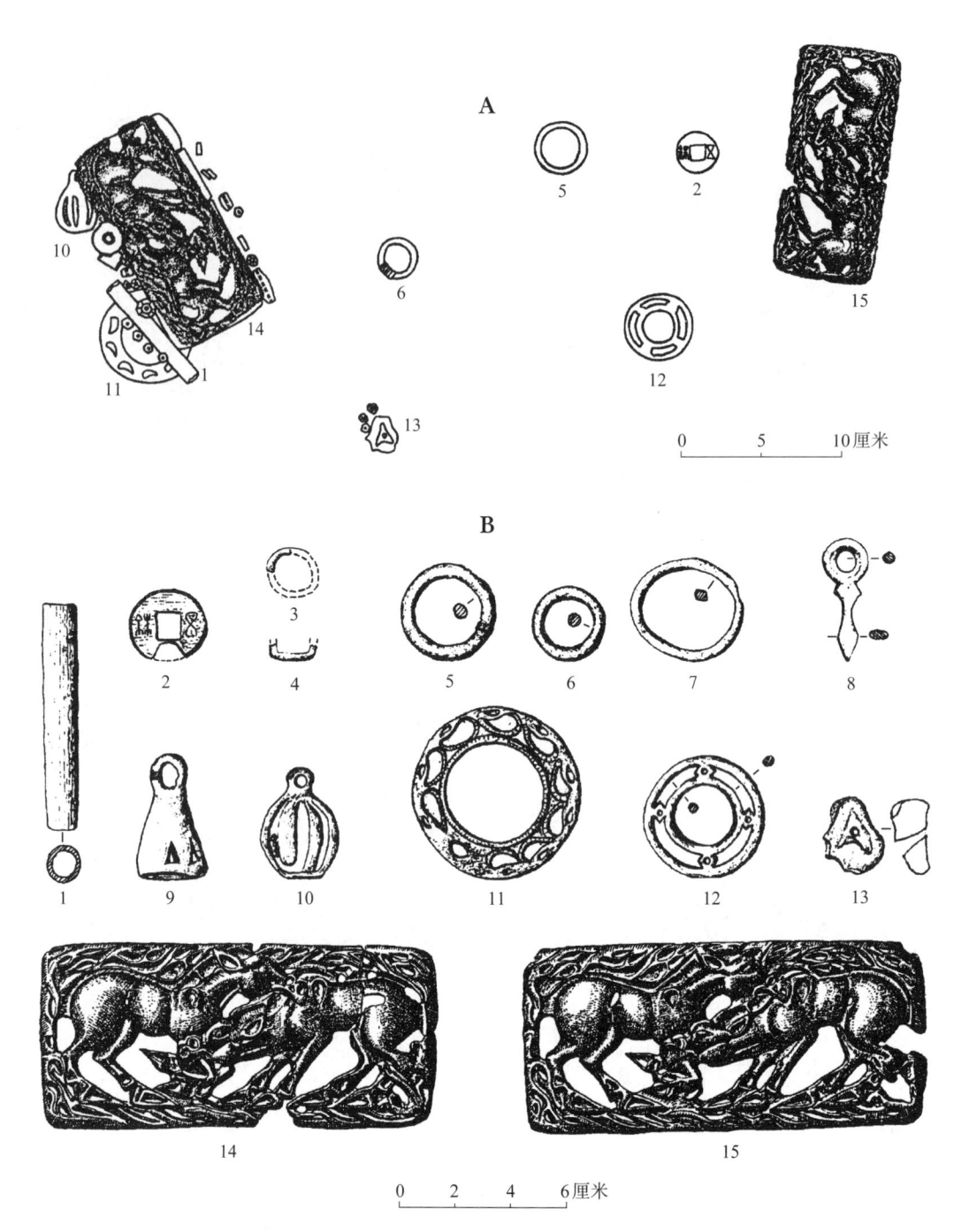

图八四 M102腰带具分布图及出土器物

A. 腰带具分布图（图上编号与本图出土器物的编号相同）
B. 出土器物：1. 管 2. 钱币 3、4. 器物残段 5～7. 环 8. 带扣上的扣针 9、10. 铃 11、12. 镂空环 13. 中部有穿孔的碧玉团块 14、15. 有相互噬咬的马纹饰的片状带扣
（1～12、14、15. 青铜 13. 碧玉）

图八五　M102出土器物

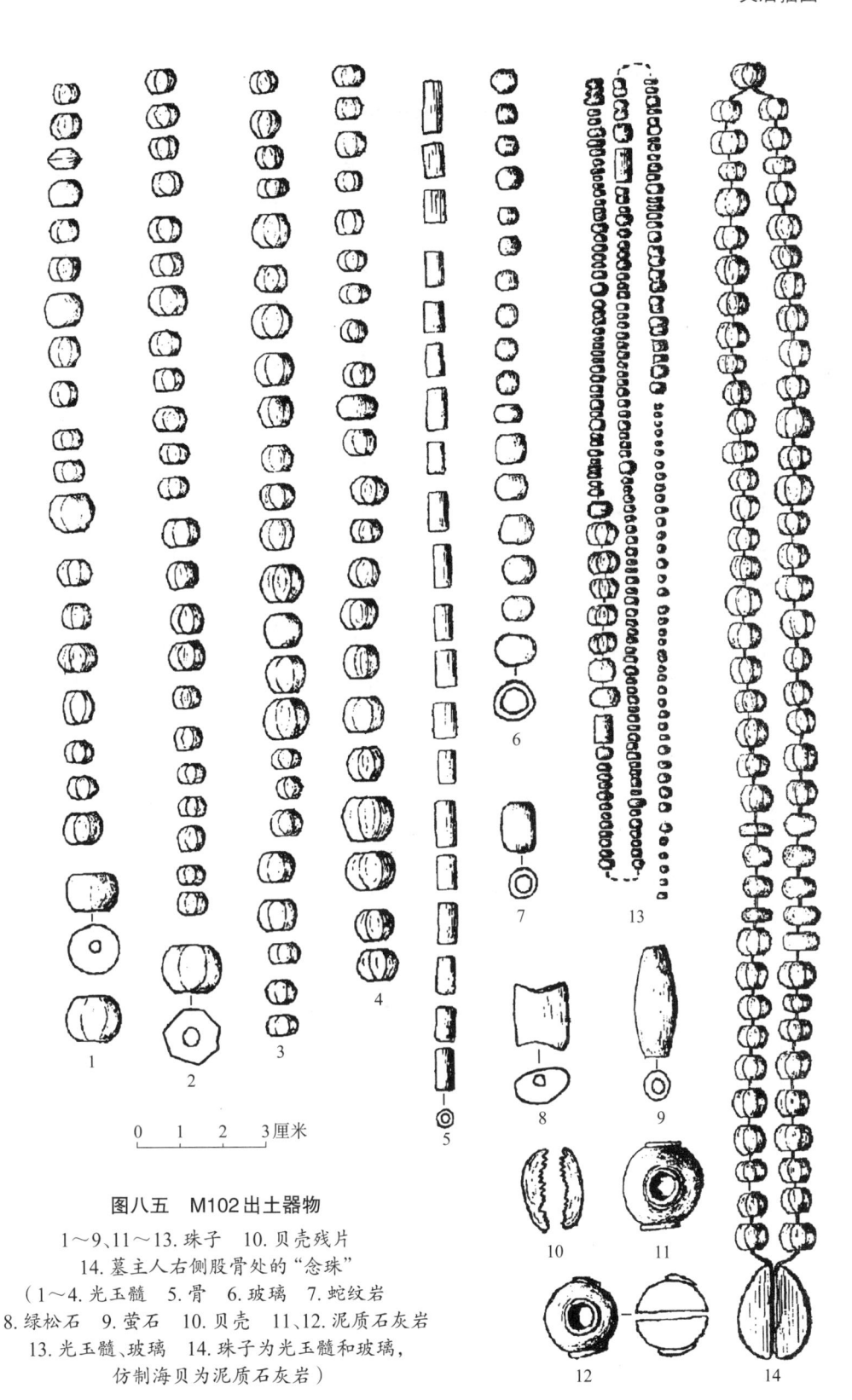

1～9、11～13. 珠子　10. 贝壳残片
14. 墓主人右侧股骨处的"念珠"
（1～4. 光玉髓　5. 骨　6. 玻璃　7. 蛇纹岩
8. 绿松石　9. 萤石　10. 贝壳　11、12. 泥质石灰岩
13. 光玉髓、玻璃　14. 珠子为光玉髓和玻璃，
仿制海贝为泥质石灰岩）

德列斯图依墓地

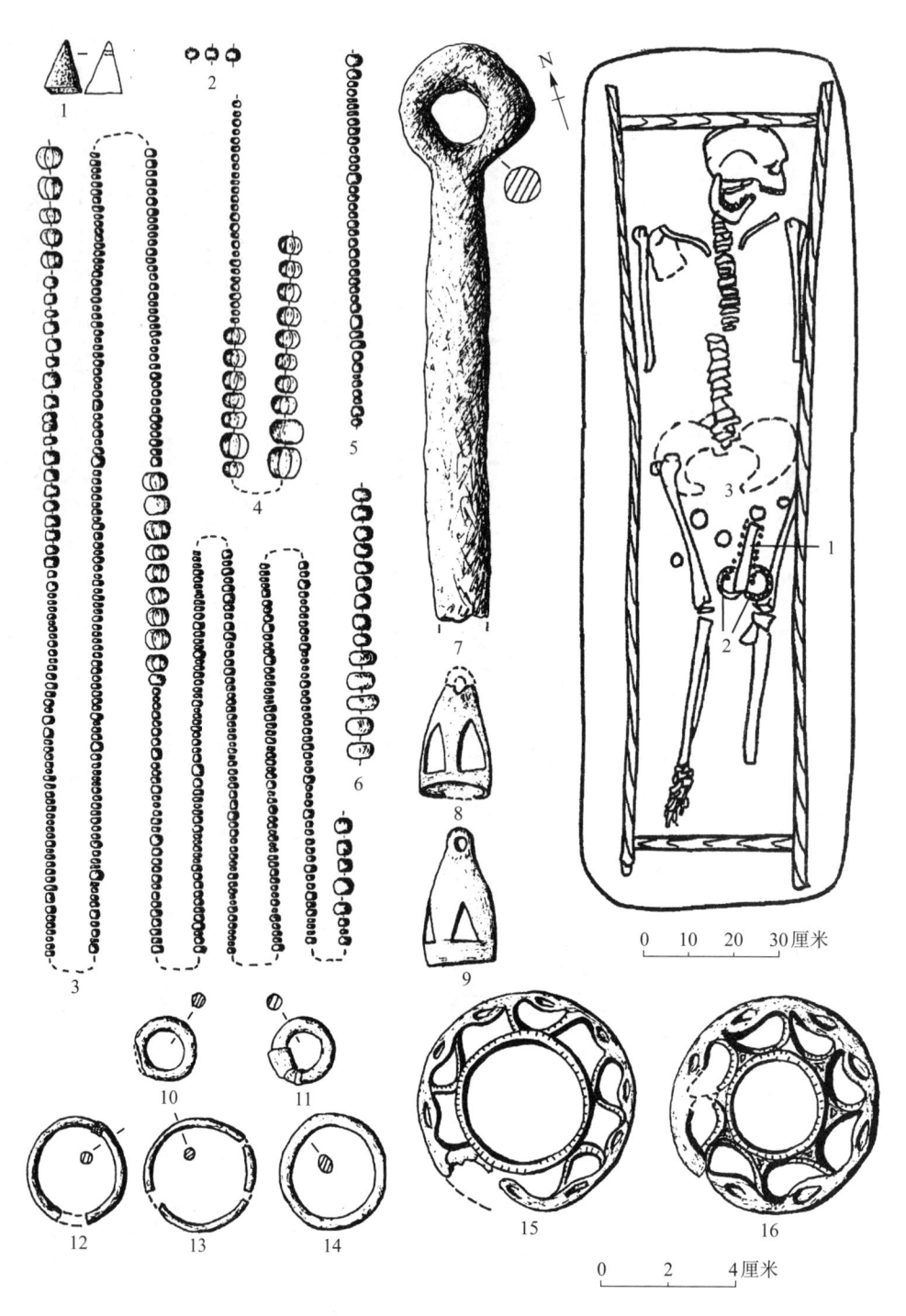

图八六　M106平面图及出土器物

墓葬平面图：1.铁刀　2.镂空青铜环　3.青铜环

出土器物：1.坠饰　2~6.珠子　7.刀　8、9.铃　10~14.环　15、16.镂空环
（1.泥质石灰岩　2、5、6.玻璃　3、4.光玉髓、玻璃　7.铁　8~10、13~16.青铜
11、12.青铜上残留皮革）

268

文后插图

图八七　M107平面图、腰带具分布图及出土器物

墓葬平面图：1.腰带（详见细部图）　2.小的胫骨　3.跟骨
腰带具分布图（A为上层腰带上的装饰，B为下层腰带上的装饰）：

1、18.青铜片状带扣　2.青铜镂空环　3、14.衬在青铜片状带扣下面的木板　4、20.仿制贝壳　5.铁刀　6~12.马形青铜小牌　13、19.青铜环　15.皮革残片　16、21.玻璃和光玉髓珠子　17.骨管
出土器物：1.墓口处的贝壳

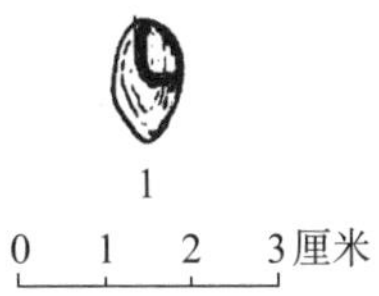

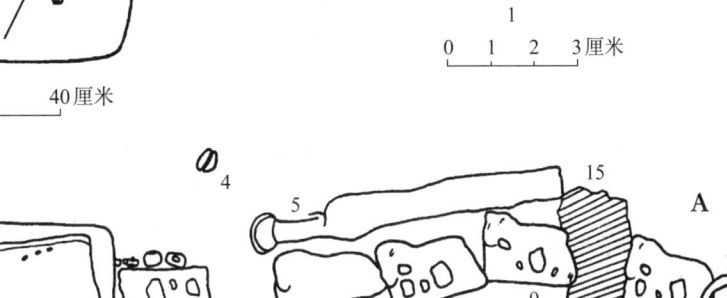

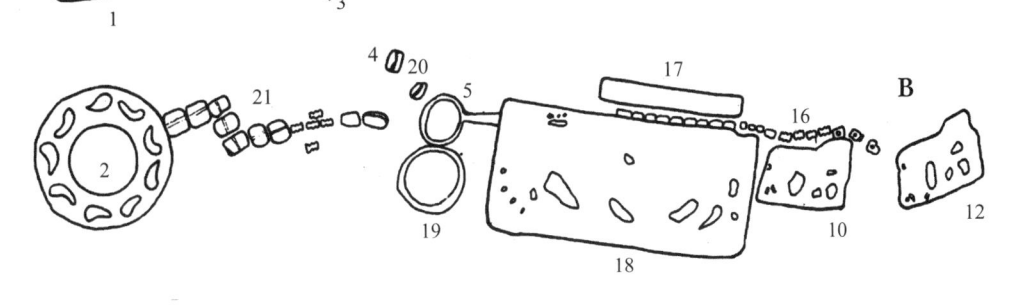

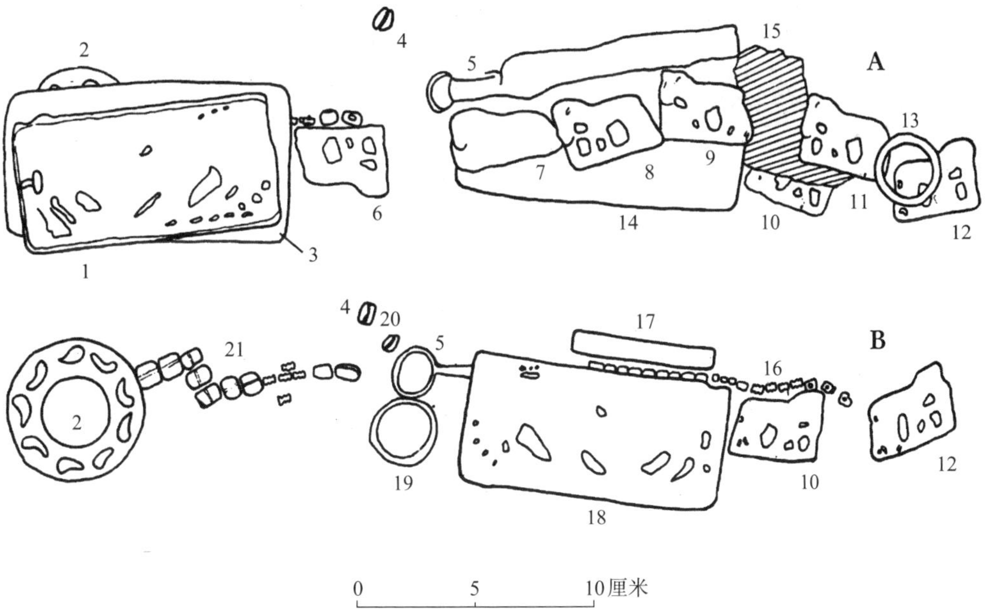

269

图八八 M107出土器物

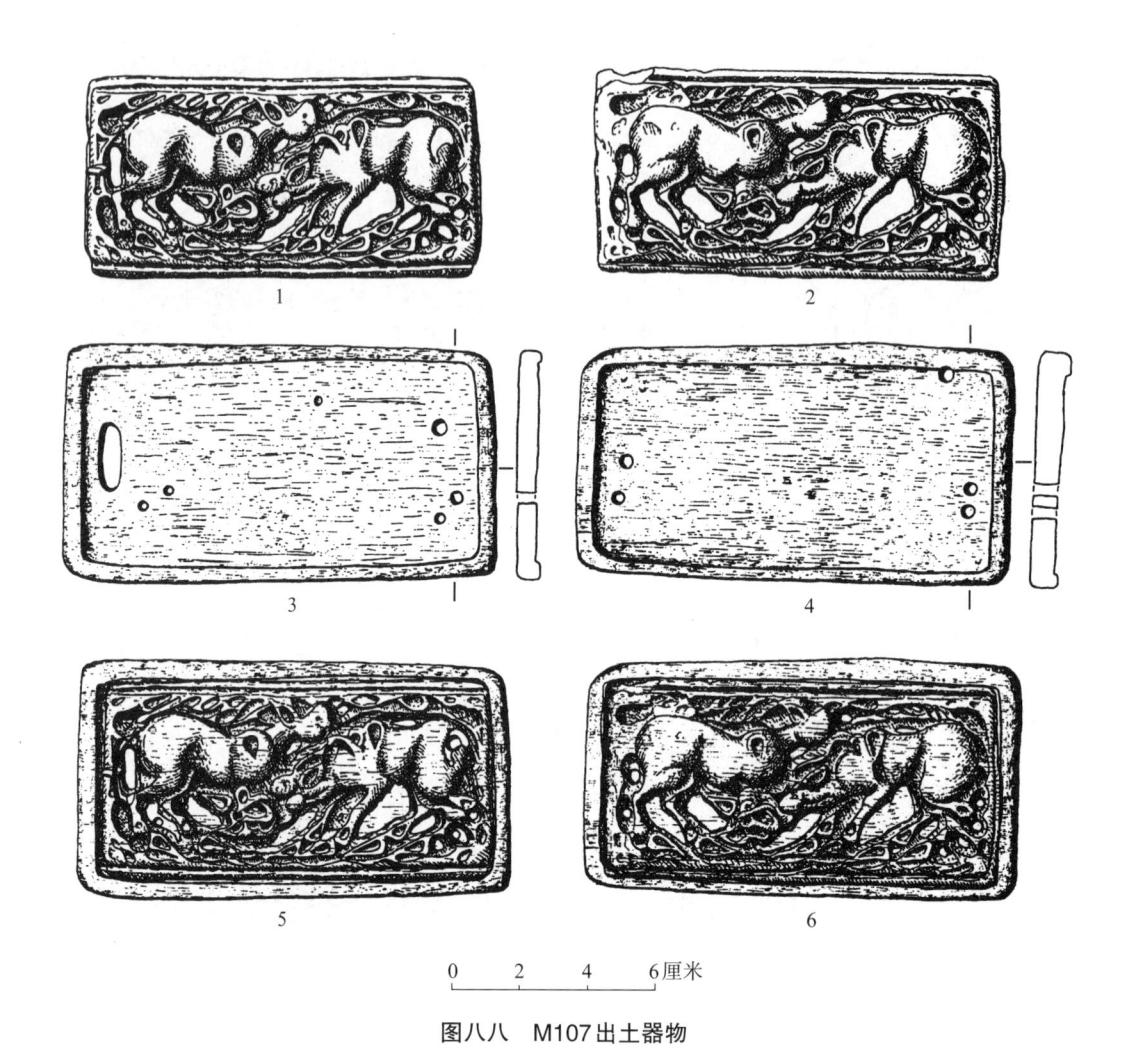

1、2.有马纹的片状带扣 3、4.1号和2号片状带扣的衬板 5、6.放在衬板内的1号和2号片状带扣
（1、2.青铜 3、4.木 5、6.青铜、木）

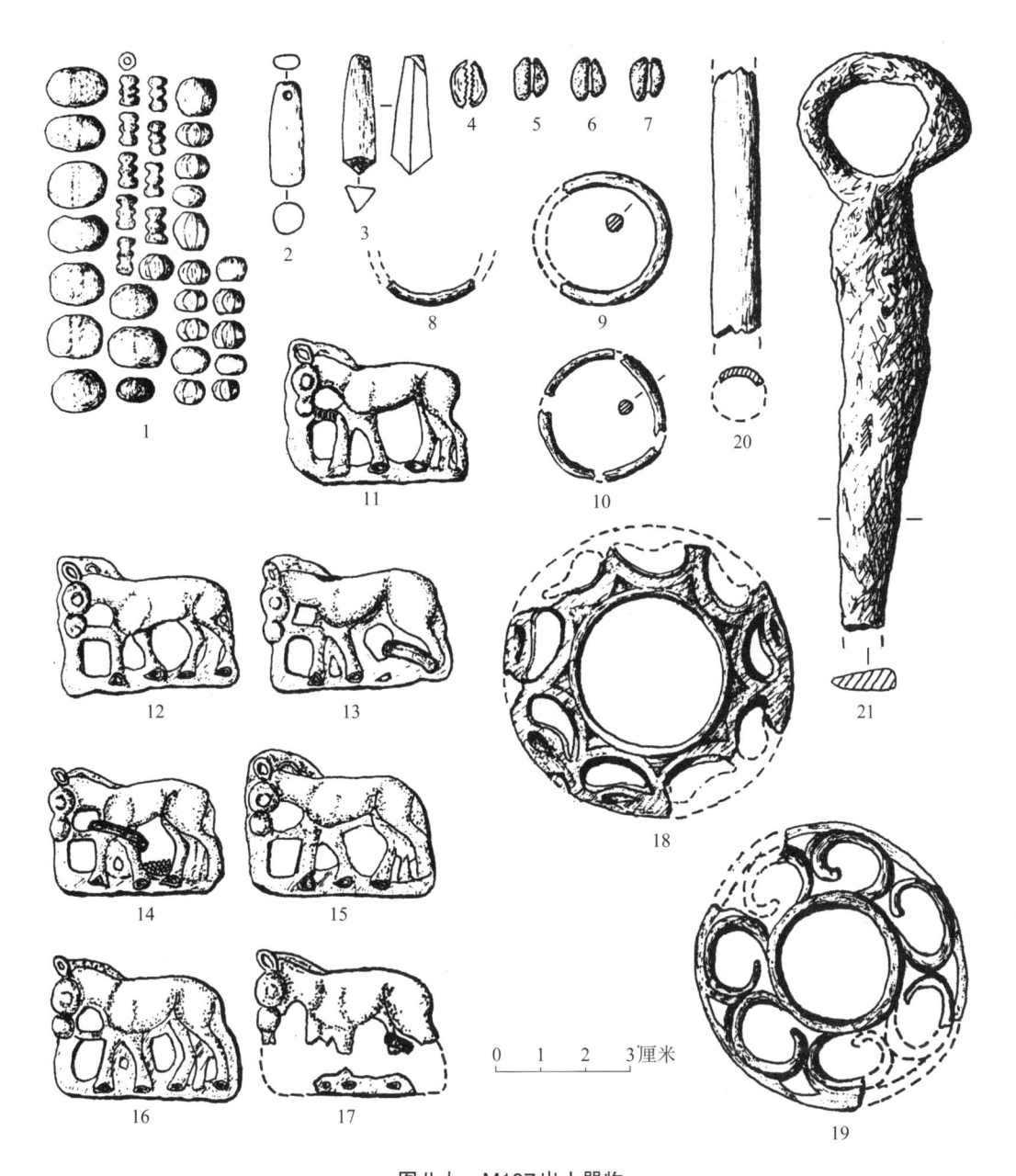

图八九　M107出土器物

1.珠子　2、3.耳环　4.贝壳　5～7.仿制贝壳　8～10.环
11～17.有走马形象的牌饰　18、19.镂空环　20.管　21.刀
（1.光玉髓、玻璃　2、3.光玉髓　4.贝壳[1]　5～7.泥质石灰岩　8～12、15、16、18、19.青铜
13、14、17.青铜上残留皮革　20.骨　21.铁）

---

[1]　"4.贝壳"为中译本根据附录添加。

德列斯图依墓地

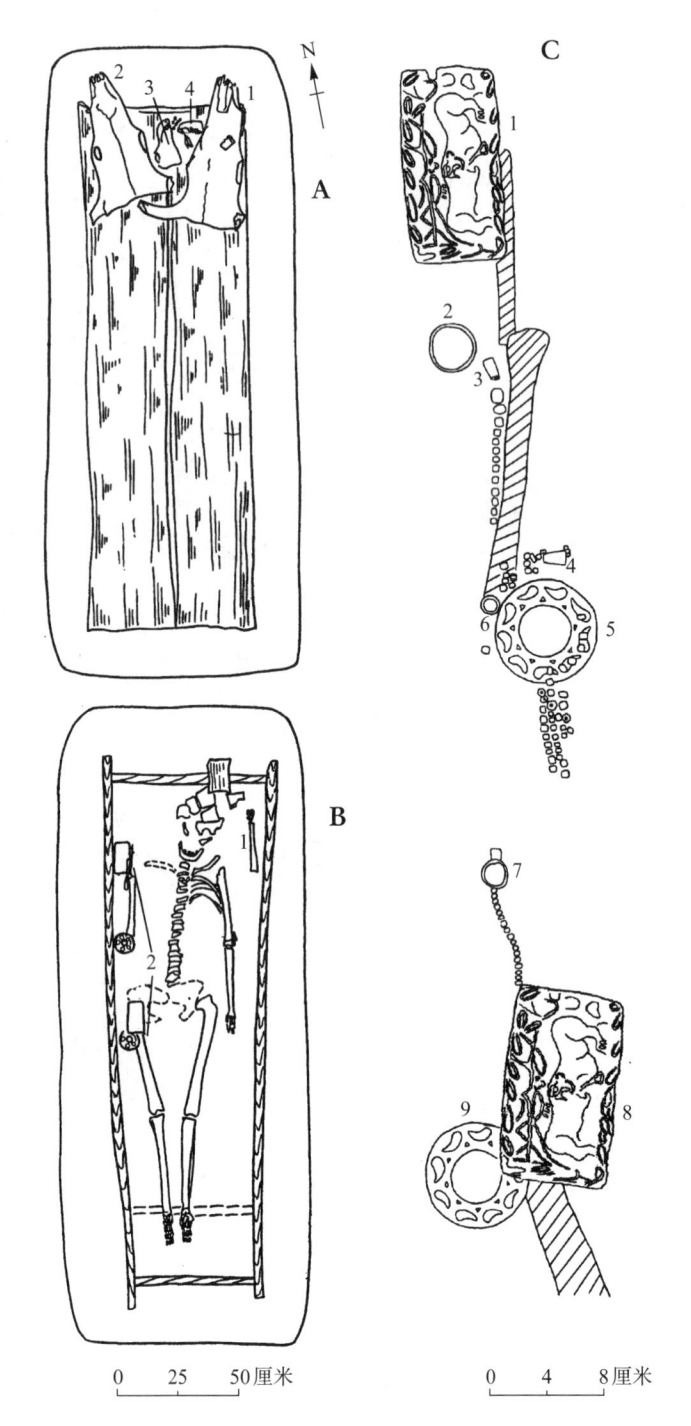

图九〇 M108平面图及腰带具分布图
A.棺盖板层位的墓葬平面图：1～3.动物头骨 4.动物末节趾骨
B.清理完的墓葬平面图：1.绵羊肱骨 2.腰带（详见C）
C.腰带具分布图（斜线部分为人骨架）：1、8.青铜片状带扣 2、6.青铜环 3、4.绿松石珠
　　　　　　　　5、9.镂空青铜环 7.青铜带扣 其余的为光玉髓珠和玻璃珠

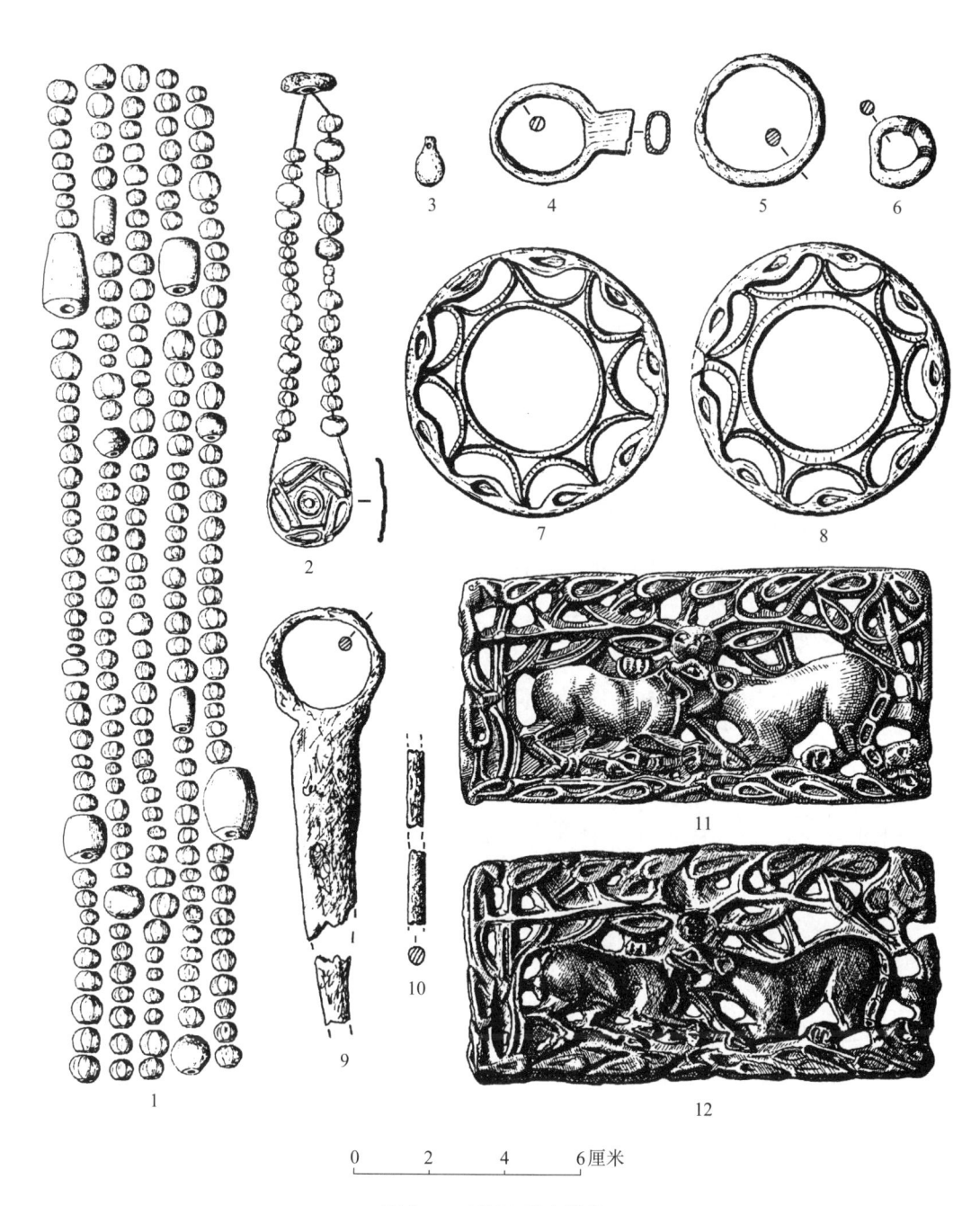

图九一　M108出土器物

1. 墓主人腰带上的串珠　2. 项链　3. 坠饰　4. 带扣　5、6. 环　7、8. 镂空环
9. 刀残段　10. 锥残段　11、12. 有猛兽袭击鹿图案的片状带扣
（1. 光玉髓、蛇纹岩、绿松石、青铜、玻璃　2. 小牌为金，其余为光玉髓、玻璃、绿松石
3. 光玉髓　4、5、7、8、11、12. 青铜　6. 青铜上残留皮革　9、10. 铁）

德列斯图依墓地

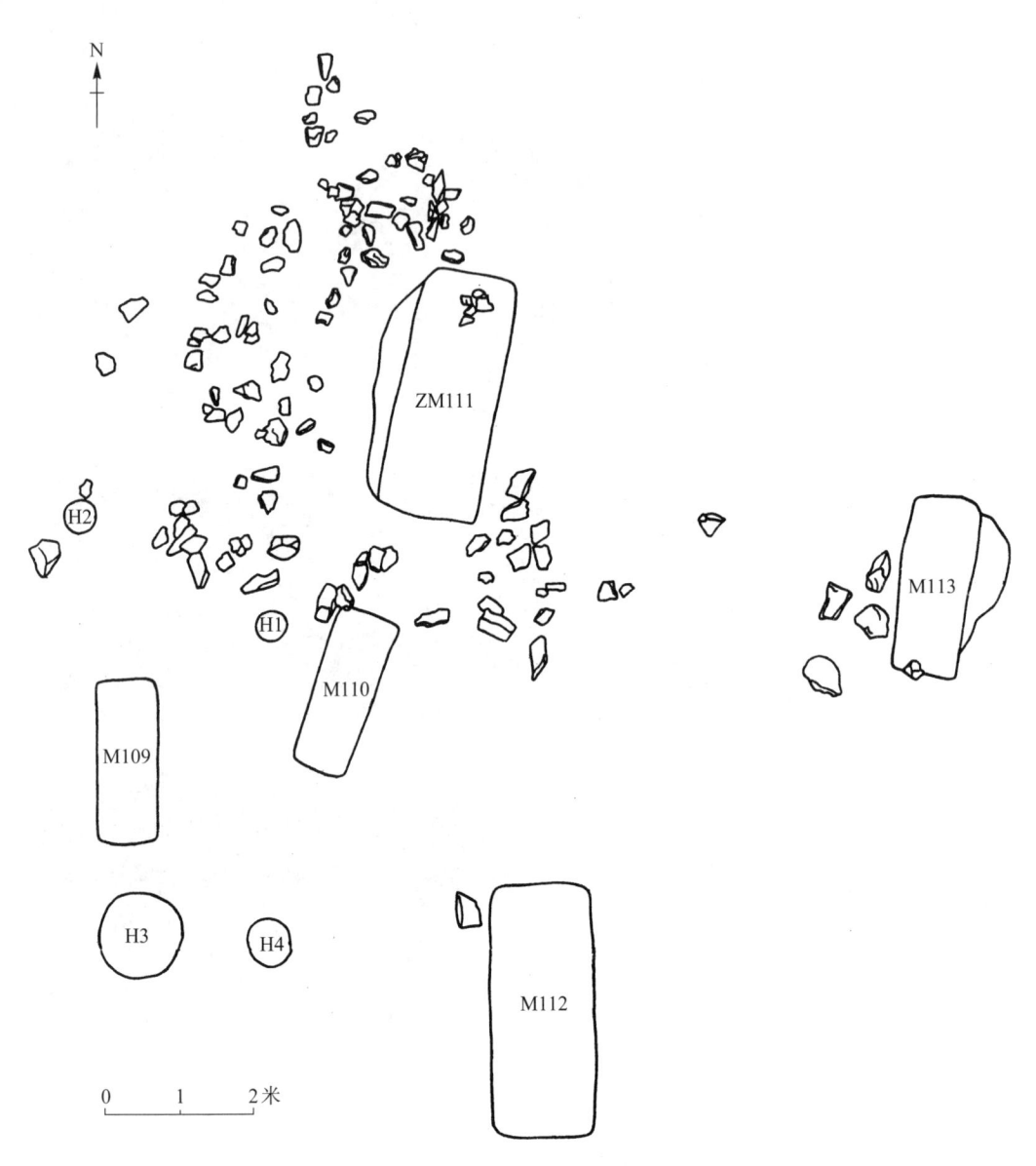

图九二　由M109、M110、ZM111、M112、M113组成的单元111平面图

文后插图

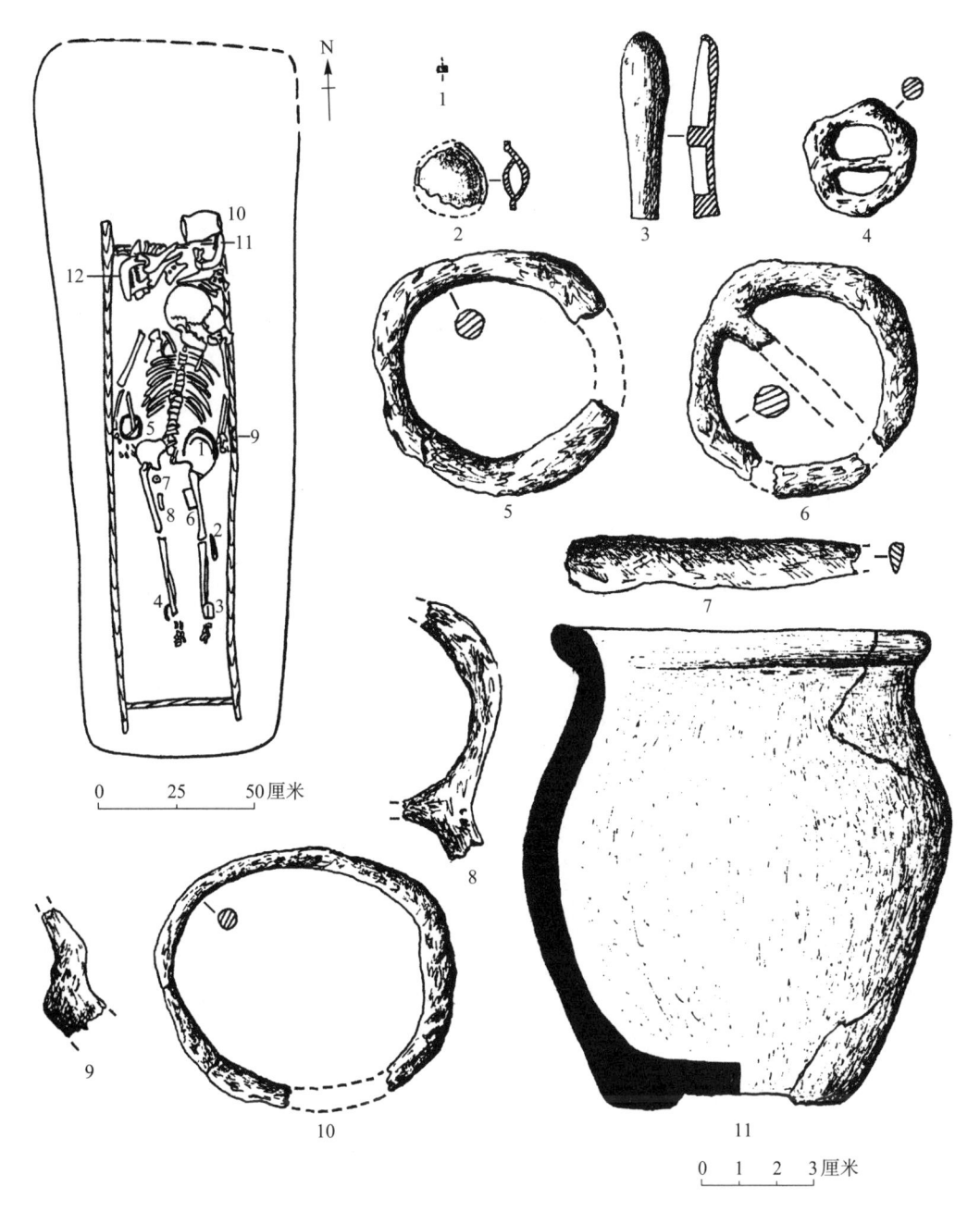

图九三　M109平面图及出土器物

墓葬平面图：1、9. 铁环　2. 铁刀　3～5. 铁带扣　6. 铁器残段　7. 青铜纽扣
　　　　　　8. 勺形青铜带饰　10. 陶器　11、12. 小型有角家畜的头骨和趾骨[1]
出土器物：1. 小珠子　2. 纽扣残片　3. 勺形带饰　4、6. 带扣　5、10. 环残段
　　　　　7. 刀残段　8、9. 器物残段　11. 容器（罐）
　　　　（1. 绿松石　2、3. 青铜　4～10. 铁　11. 陶）

---

[1] 附录、附表和第三章均未提及M103内出土动物的趾骨。

275

德列斯图依墓地

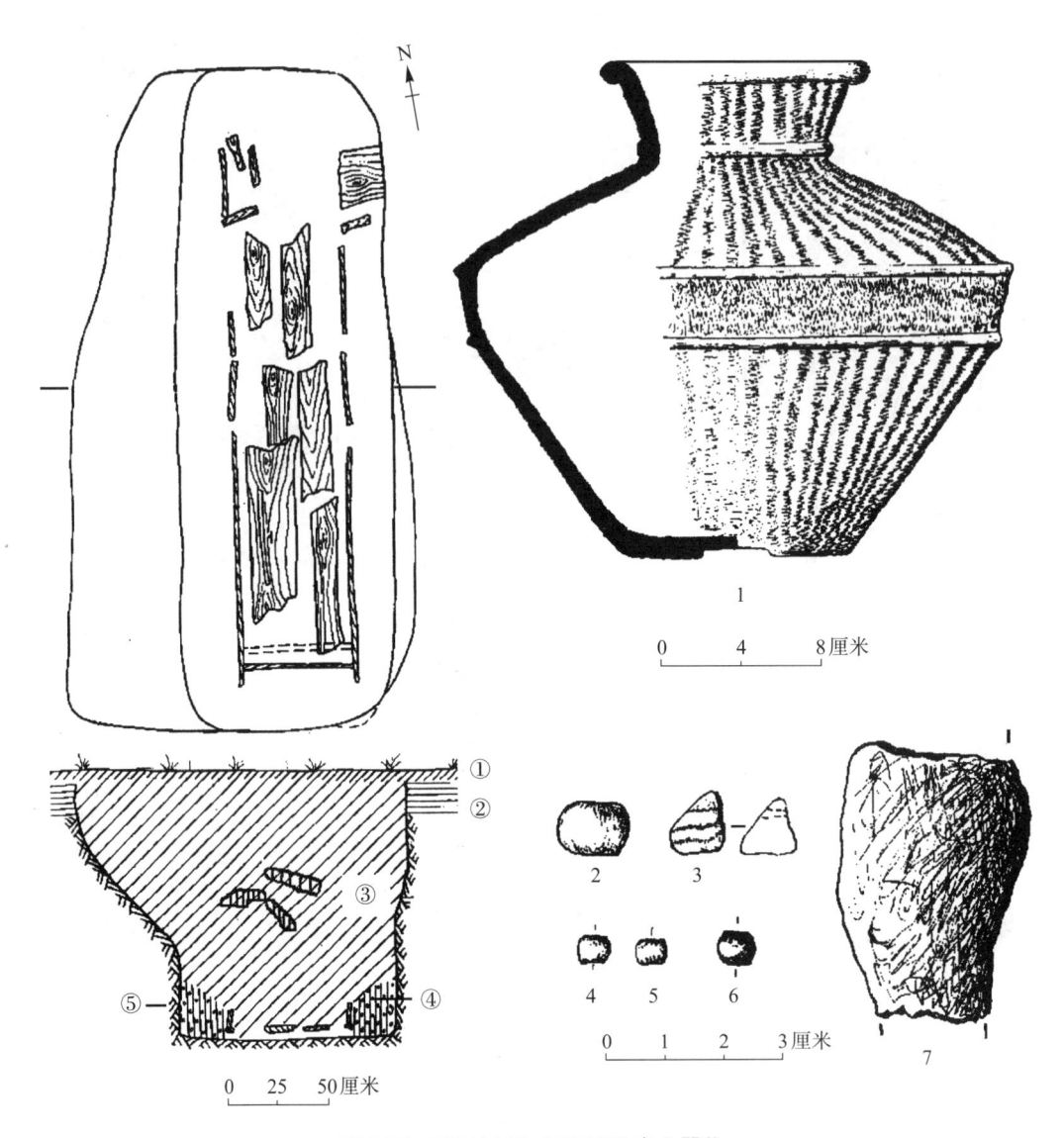

图九四 ZM111平、剖面图及出土器物

墓葬剖面图：①覆盖草皮的表层沙土 ②浅褐色砂壤土 ③包含小碎石块的浅灰色砂壤土
④包含碎石块的浅黄色砂壤土 ⑤生土

出土器物：1.容器（壶） 2~6.珠子 7.刀残段
（1.陶 2、4、5.光玉髓 3.蓝色带白条纹的嵌色玻璃 6.煤精 7.铁）

文后插图

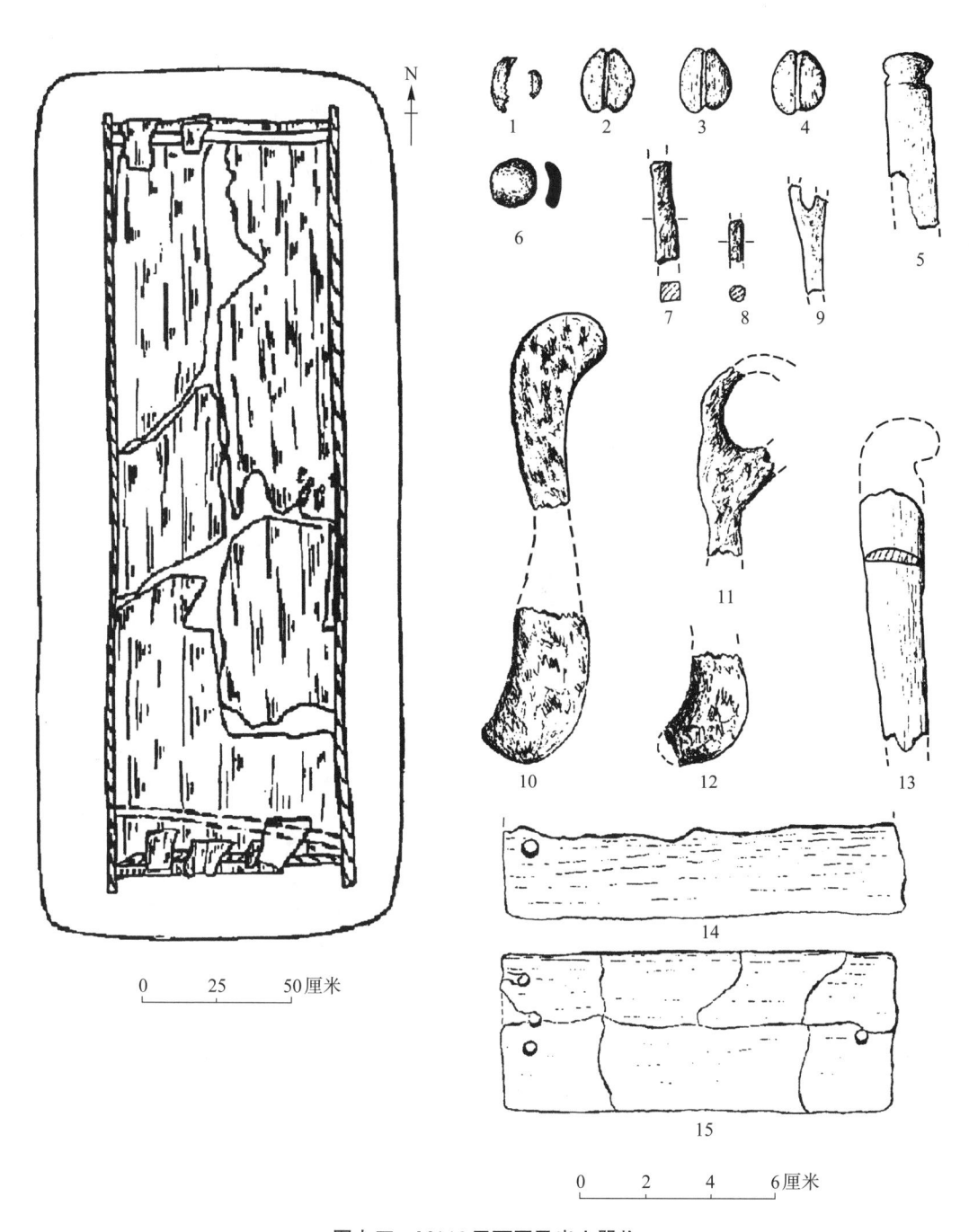

图九五　M112平面图及出土器物
1. 贝壳残片　2~4.仿制贝壳　5、10、12.镞残段　6.纽扣　7~9.器物残段
11. 衔残段　13.弓弭残段　14、15.片状带扣衬板残片
（1.贝壳　2~4.泥质石灰岩　5、14、15.木　6.青铜　7~12.铁　13.角）

德列斯图依墓地

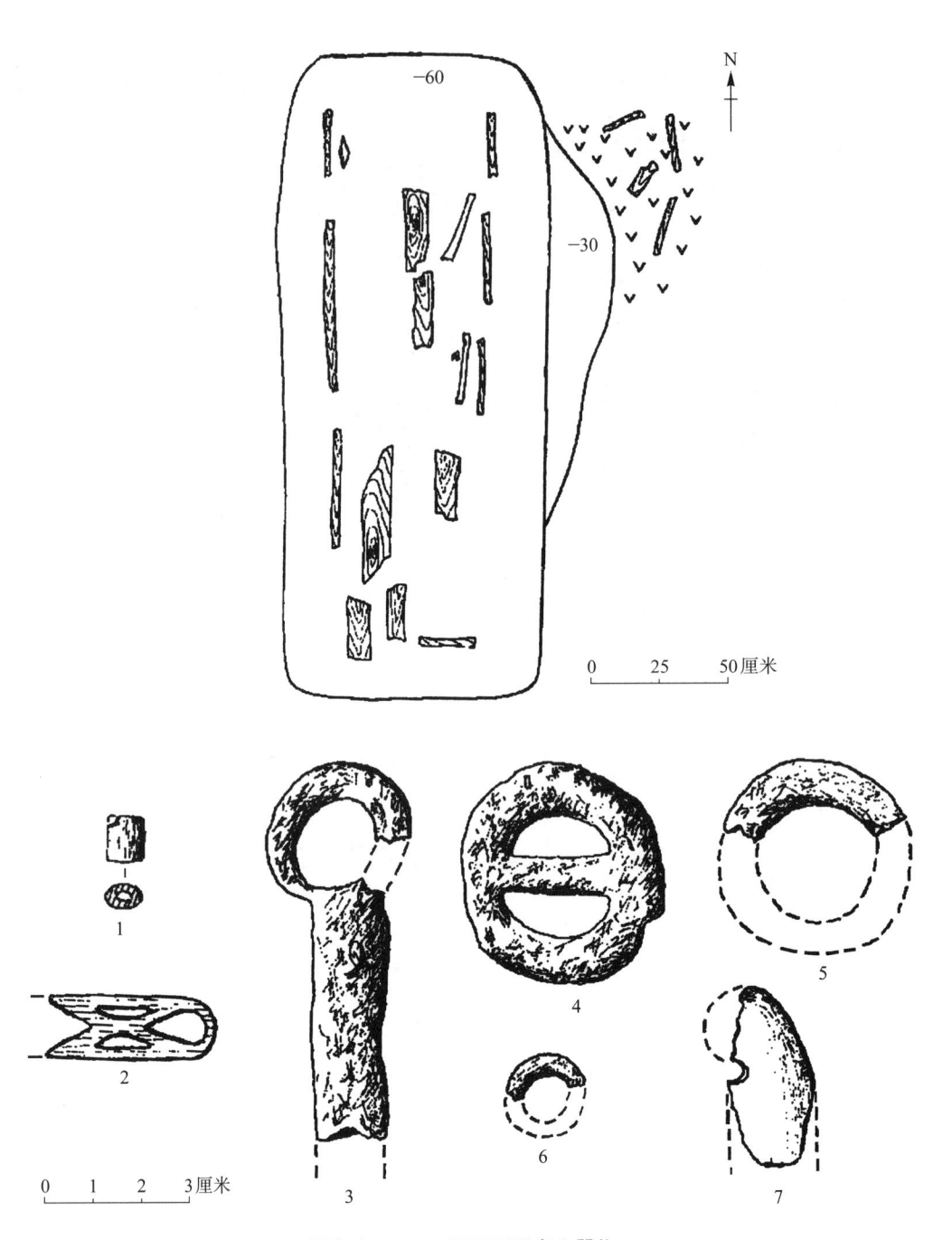

图九六 M113平面图及出土器物

墓葬平面图：v v.盗墓者扔出物
出土器物：1.珠子 2.镂空带扣残段 3.刀残段 4.带扣 5、6.环残段 7.弓弭残段
　　　　　[1.蛇纹岩（？） 2.青铜 3~6.铁 7.角]

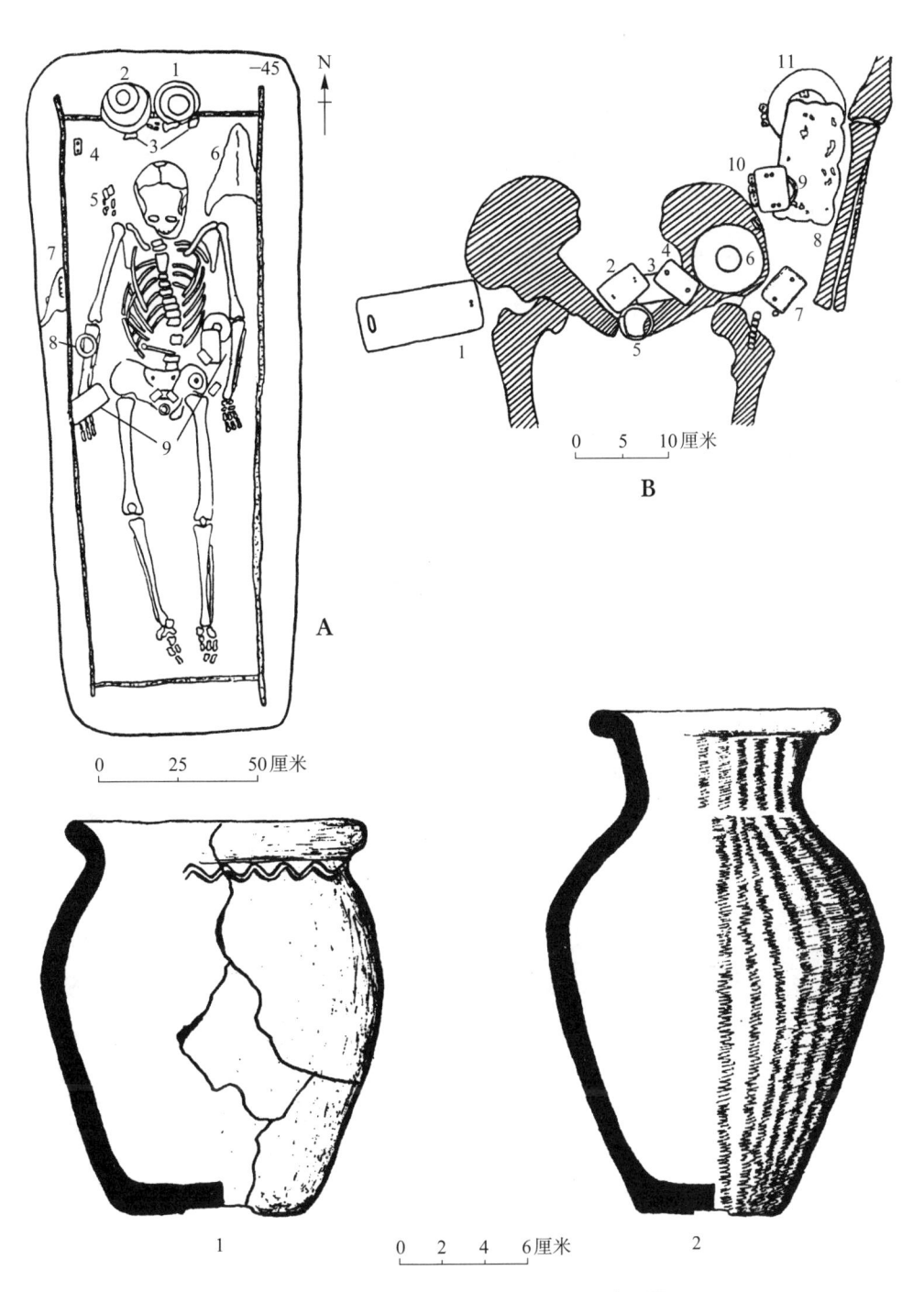

图九七　M114平面图、腰带具分布图及出土器物

A.墓葬平面图：1.陶容器（罐）　2.陶容器（壶）　3.山羊肱骨和动物趾骨　4.煤精带饰
　　5.珠子　6、7.动物头骨　8.煤精环　9.腰带（详见B）
B.腰带具分布图：1.煤精片状带扣　2~4、7、10.煤精带饰　5、9.青铜环　6、11.煤精环
　　8.青铜片状带扣
出土器物：1.陶容器（罐）　2.陶容器（壶）

德列斯图依墓地

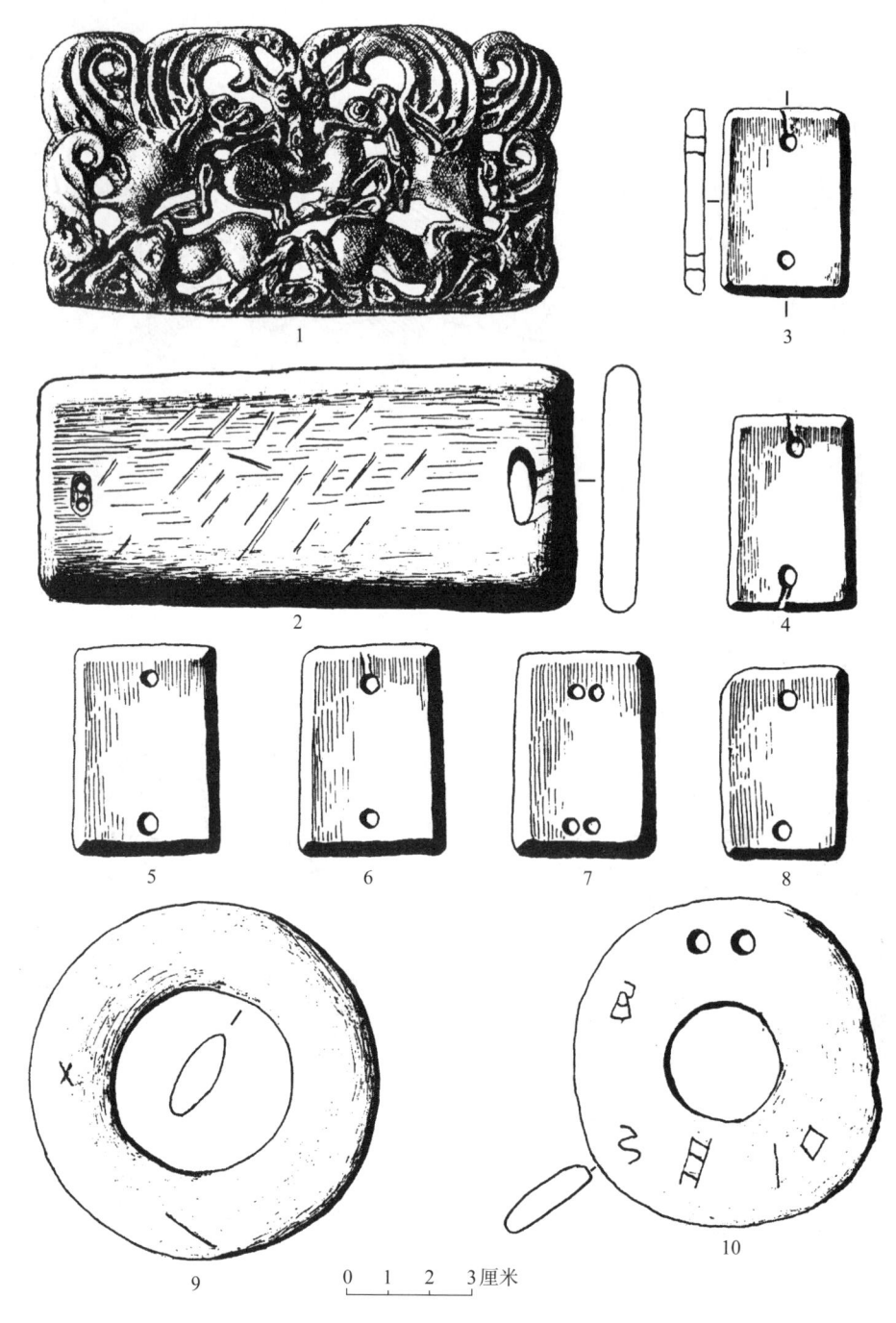

图九八 M114出土器物
1. 有撕咬场景图案的片状带扣 2. 片状带扣 3~8. 带饰 9、10. 环
（1. 青铜 2. 煤精[1] 3~10. 泥质页岩）

---

[1] "2. 煤精"为中译本根据正文添加。

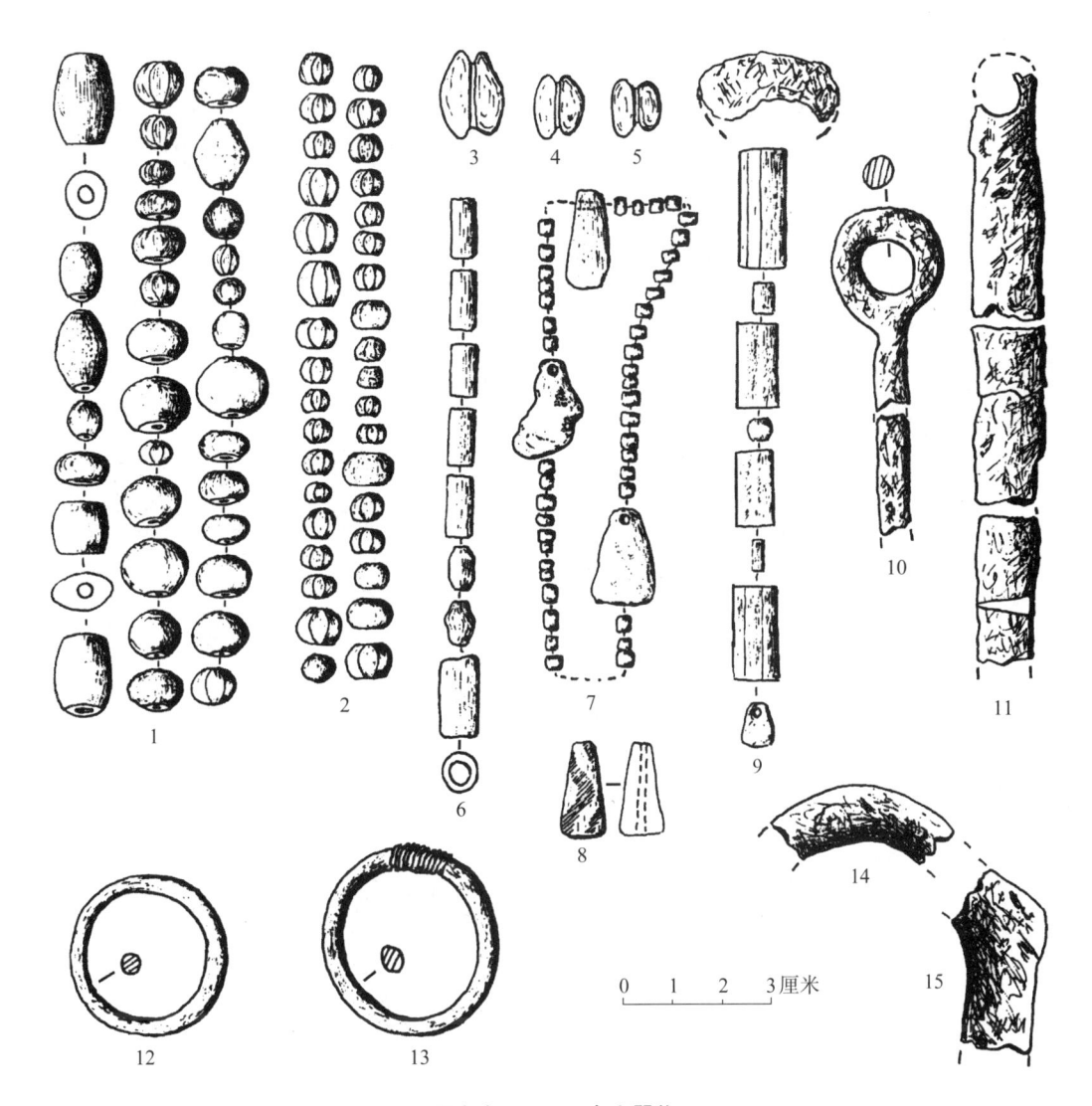

图九九　M114出土器物

1. 项链　2、6~8. 珠子　3~5. 仿制贝壳　9. 耳环　10. 锥残段
11. 刀残段　12、13. 环　14. 环残段　15. 带扣残段

（1. 光玉髓、蛇纹岩　2. 光玉髓、玻璃、碧玉　3~5. 河蚌壳　6. 骨、蛇纹岩　7. 绿松石、玻璃
8. 嵌色玻璃　9. 铁、萤石、绿松石、玉髓、玻璃　10、11、14、15. 铁　12. 青铜　13. 残留细绳的青铜）

德列斯图依墓地

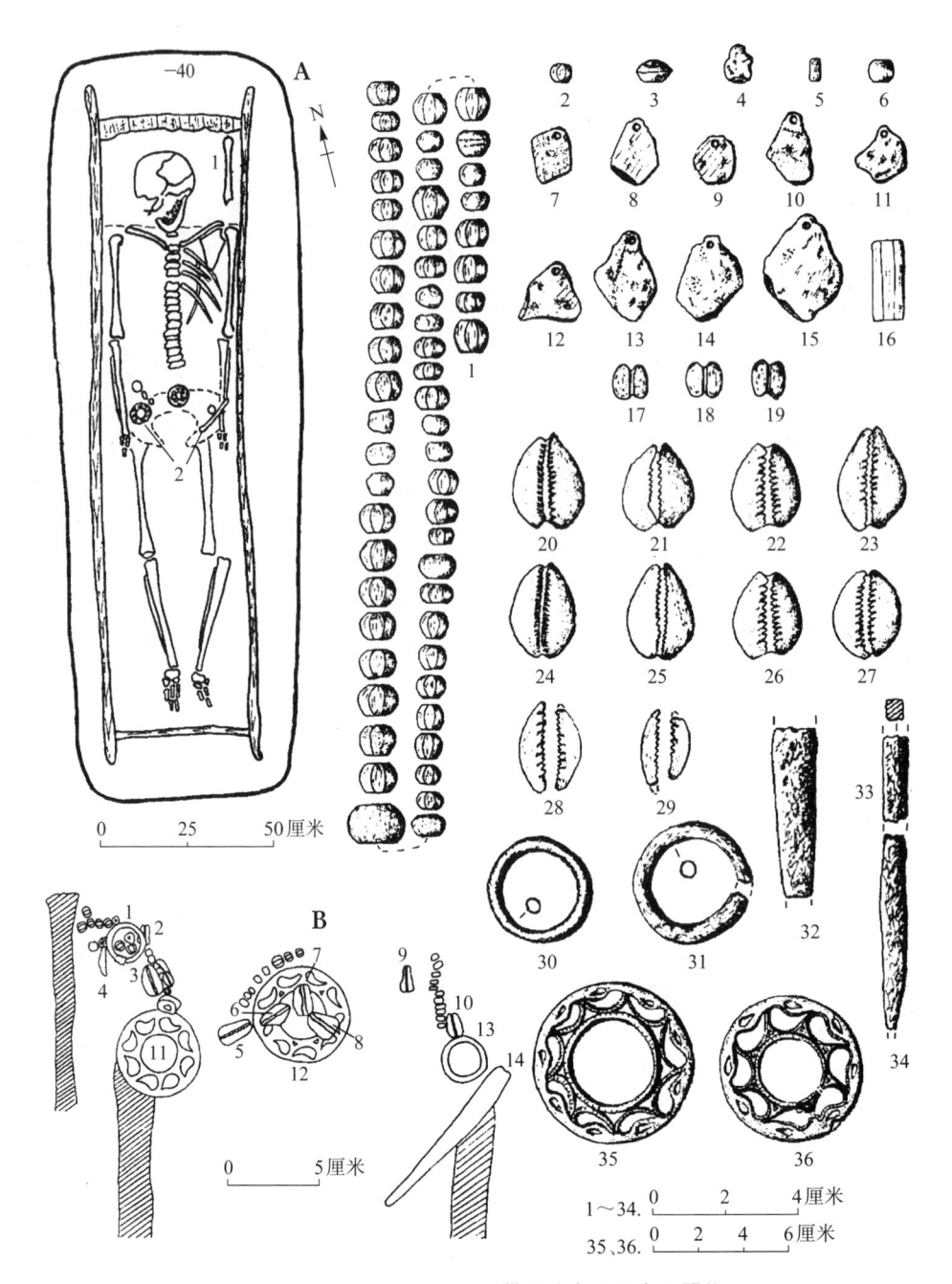

图一〇〇　M115平面图、腰带具分布图及出土器物

A. 墓葬平面图：1. 绵羊肱骨　2. 腰带（详见B）
B. 腰带具分布图（斜线部分为人骨架）：1、13. 青铜环　2～8. 贝壳　9、10. 仿制贝壳
　　　　　　　　　　　　　　　　　　11、12. 镂空青铜环　14. 铁刀　其余的为光玉髓珠和玻璃珠
出土器物：1～3、5、6、16. 腰带上的珠子　4、7～15. 坠饰　17～19. 仿制贝壳　20～29. 贝壳
　　　　　30、31. 环　32. 刀残段　33、34. 锥残段　35、36. 镂空环
　　　　（1. 光玉髓、玻璃　2、3. 光玉髓　4、7～15. 绿松石　5. 骨　6. 玻璃　16. 萤石　17～19. 河
　　　　蚌壳　20～29. 贝壳　30、31、35、36. 青铜　32～34. 铁）

282

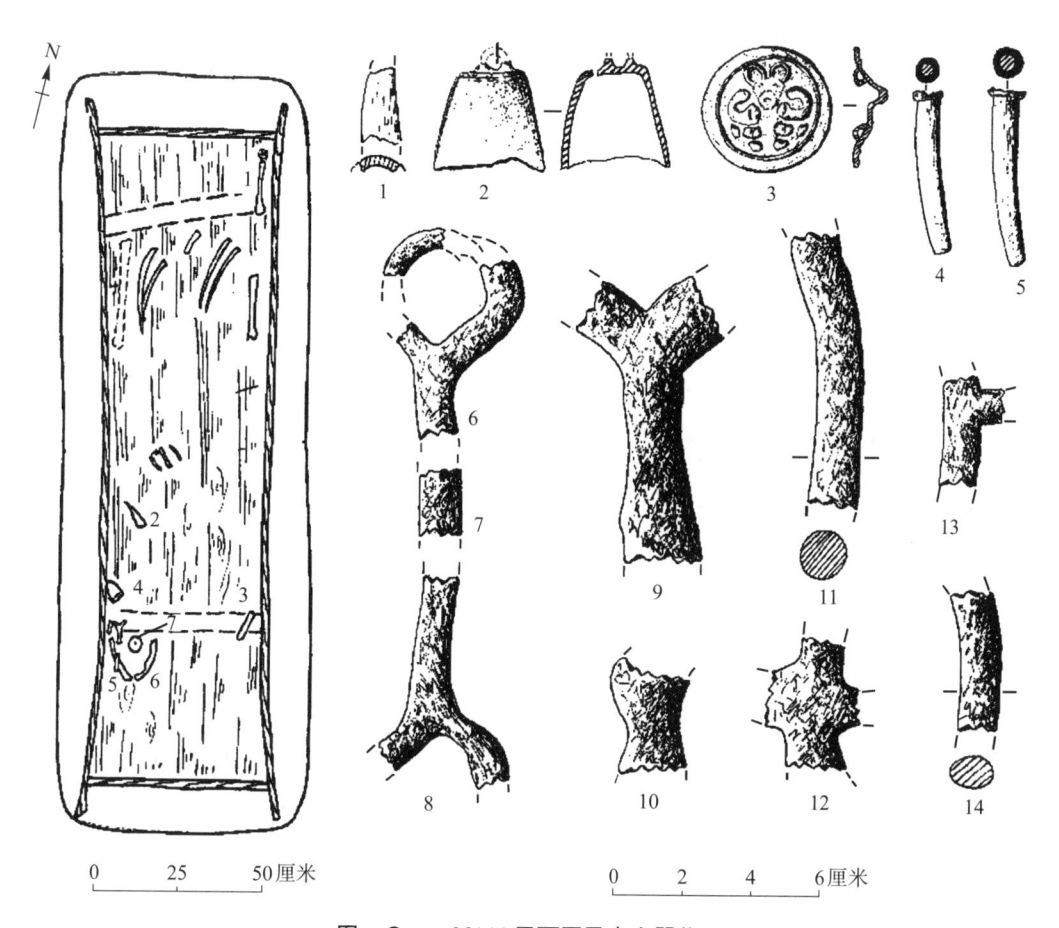

图一〇一　M116平面图及出土器物

墓葬平面图：1.绵羊肱骨　2、3.铁器残段　4.青铜铃　5、6.铁衔和带青铜末端的铁镳　7.青铜纽扣
出土器物：1.器物残段　2.铃　3.有坐着的熊图案的纽扣　4、5.镳末端　6～14.衔和镳残段
　　　　　（1～3.青铜　4、5.青铜、铁　6～14.铁）

德列斯图依墓地

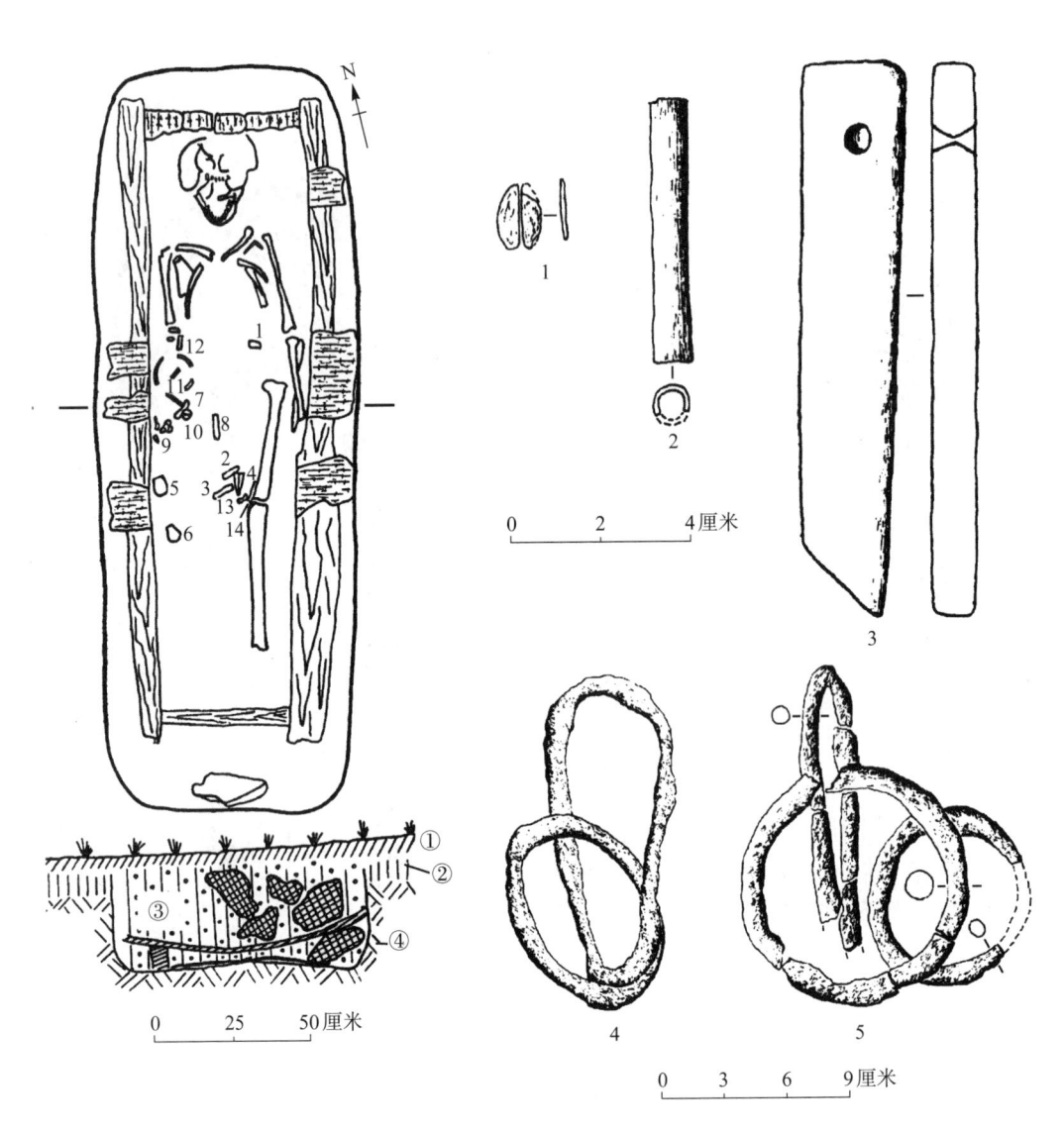

图一〇二 M117平、剖面图及出土器物
墓葬平面图：1.青铜纽扣 2、3、11~14.勺形青铜带饰 4.青铜镞 5、6.有牛头图案的青铜带扣 7.青铜带扣 8.砺石 9.青铜小牌饰-花结 10.驴形青铜小牌
墓葬剖面图：①覆盖草皮的表层沙土 ②浅褐色砂壤土 ③包含小碎石块的灰色砂壤土 ④生土
出土器物：1.仿制贝壳 2.管 3.砺石 4、5.环残段（1.河蚌壳 2.骨 3.石 4、5.铁）

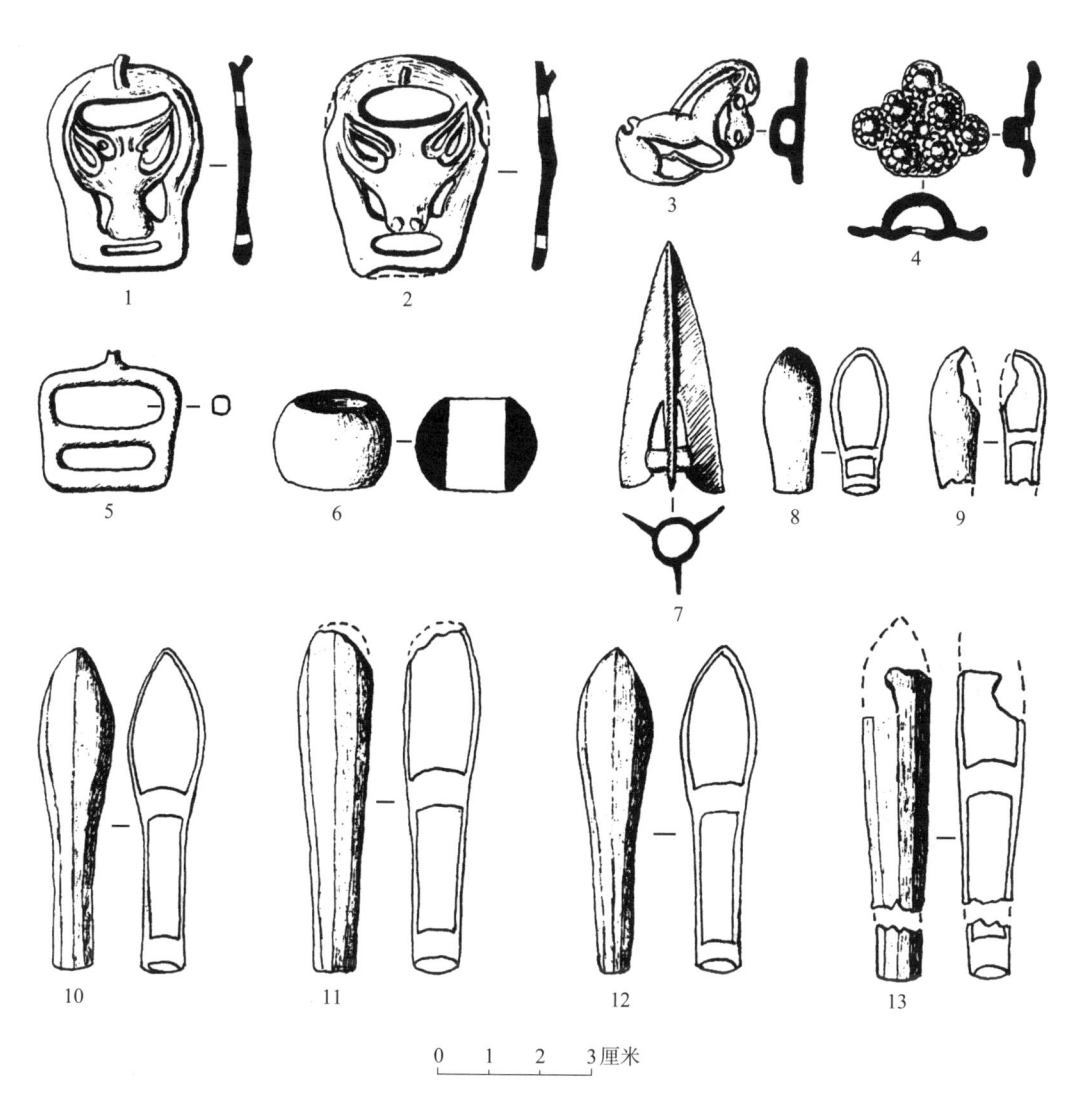

图一〇三　M117出土器物

1、2、5. 带扣　3、4. 小牌饰　6."圆槌"　7. 镞　8～13. 勺形带饰
（1～13. 青铜）

德列斯图依墓地

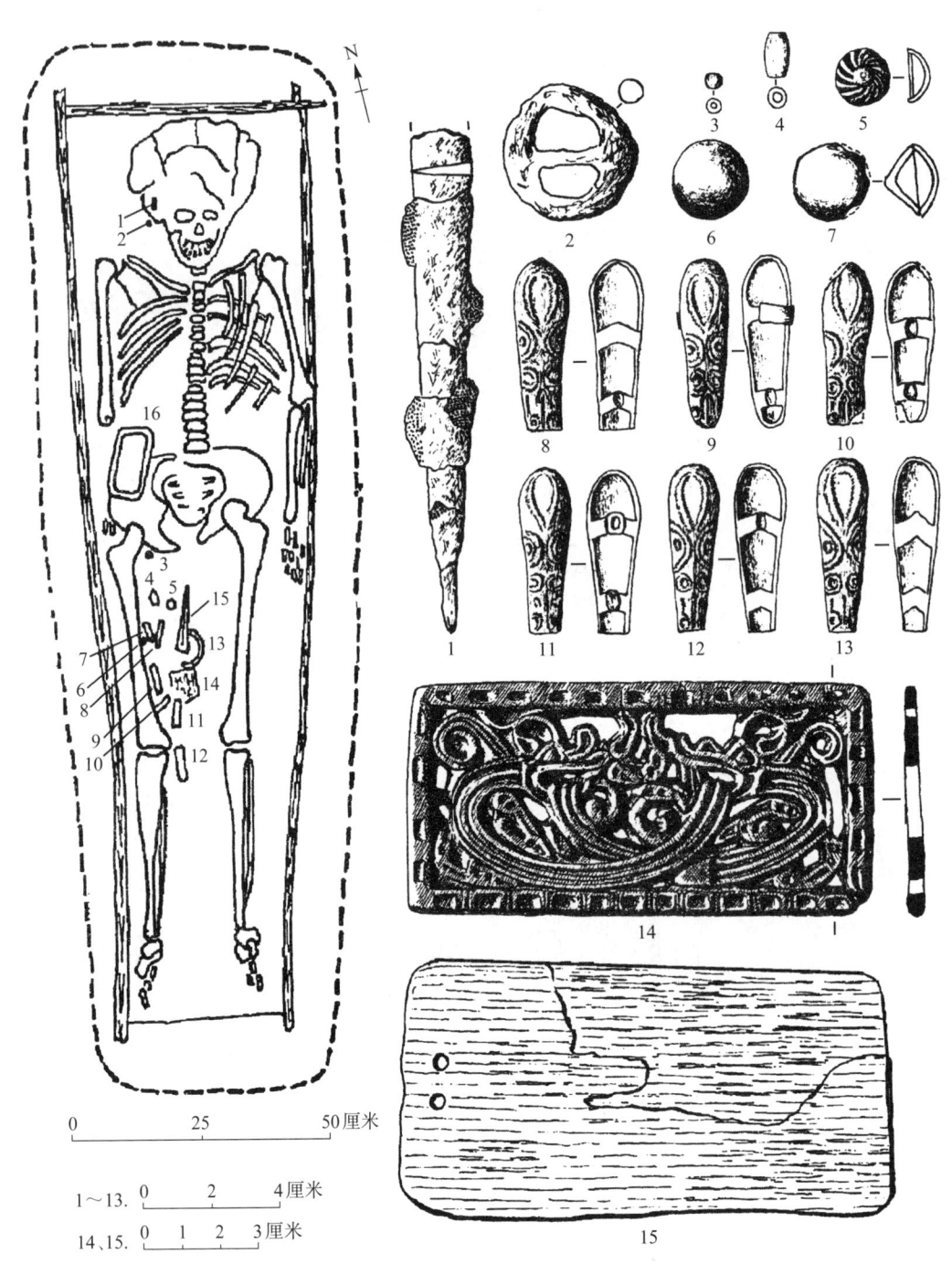

图一〇四 M118平面图及出土器物

墓葬平面图：1、4、5.青铜纽扣 2、6.珠子 3.仿制贝壳 7~12.勺形青铜带饰
13.铁环 14.铁器 15.铁刀 16.在木衬板上的青铜片状带扣
出土器物：1.刀 2.带扣 3、4.珠子 5~7.纽扣 8~13.勺形带饰
14.有二龙相斗图案的片状带扣 15.14号带扣下面的衬板
（1.铁，表面残留织物 2.铁 3.玻璃 4.蛇纹岩 5~14.青铜 15.木）

286

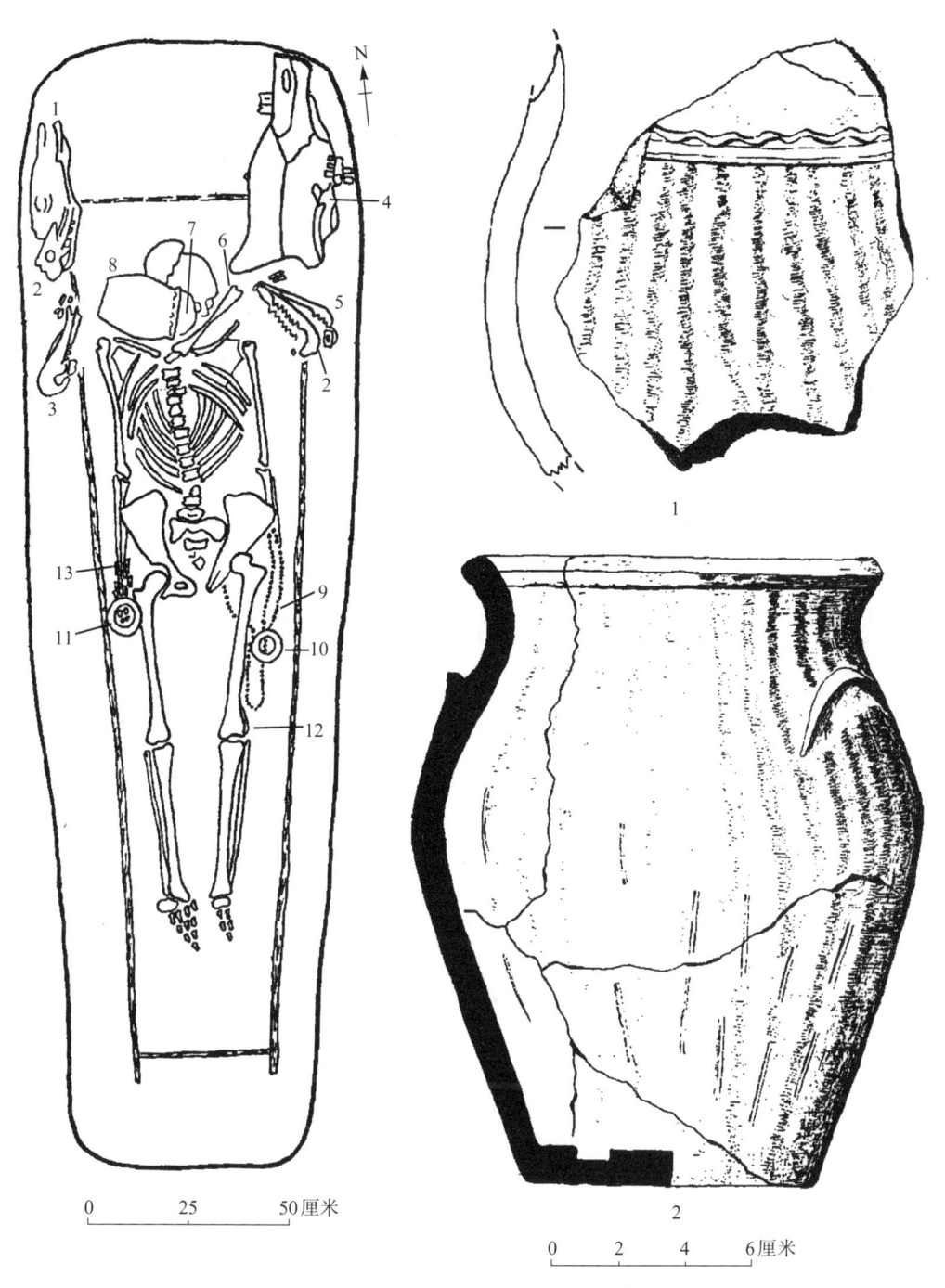

图一〇五 M119平面图及出土器物

墓葬平面图：1～5.动物头骨和趾骨 6.小型有角家畜的肱骨[1] 7.陶片 8.陶容器（罐）
9.串珠 10、11.环 12.铁器残片 13.在鞘内的铁锥
出土器物：1.陶容器（罐）腹片 2.带贴塑耳的陶器（罐）

---

[1] 原著这里为"绵羊肱骨"。中译本根据第三章、附录和附表改正为"小型有角家畜的肱骨"。

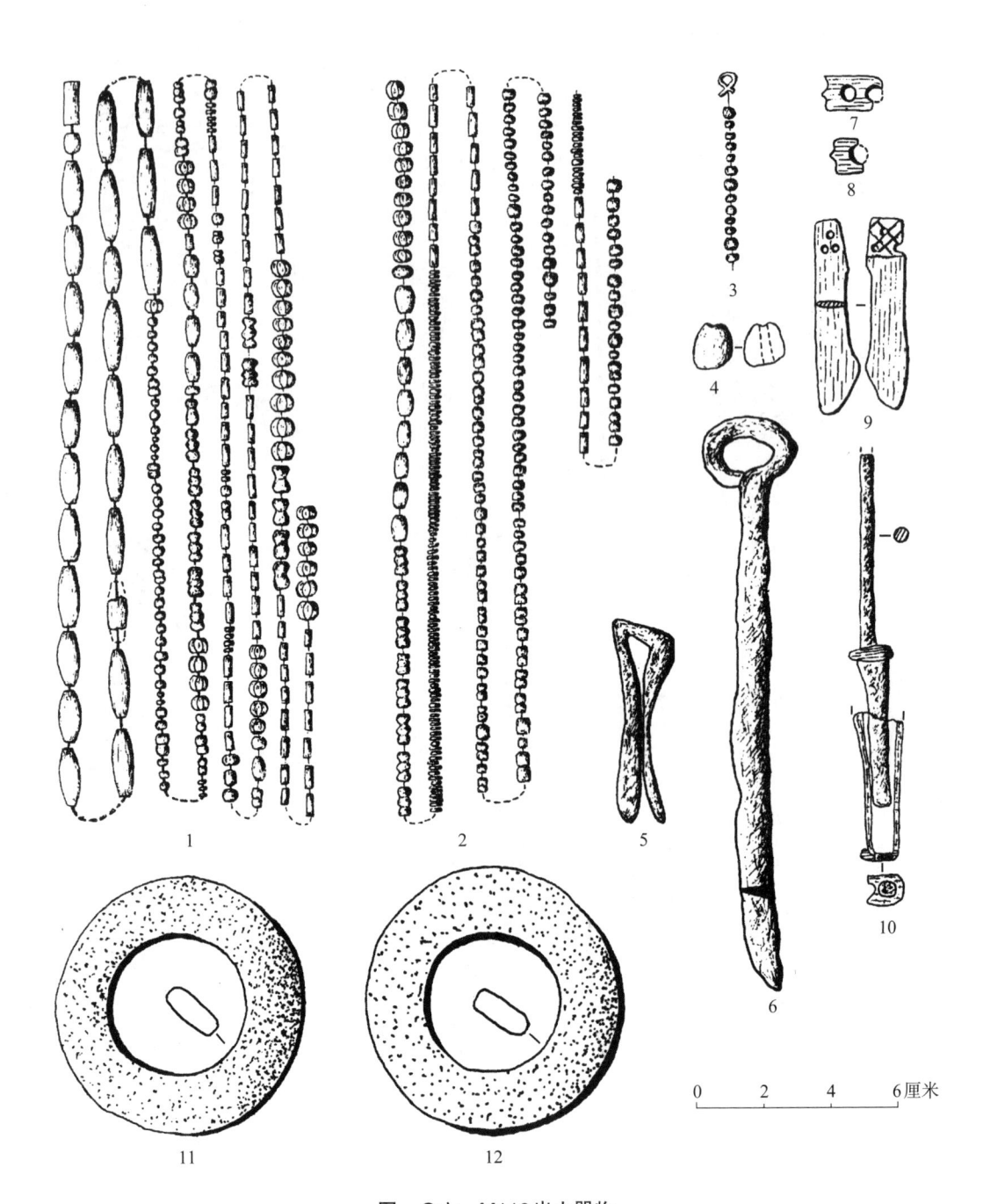

图一〇六 M119出土器物

1、2、4.珠子 3.耳环 5.带扣 6.刀 7、8.器物残段 9.顶部有雕刻图案的锥子柄部贴片
10.放在角质鞘内的残锥 11、12.环
（1、2.骨、光玉髓、玻璃 3.青铜、玻璃 4.绿松石 5、6.铁 7~9.角
10.角、铁 11、12.泥质石灰岩）

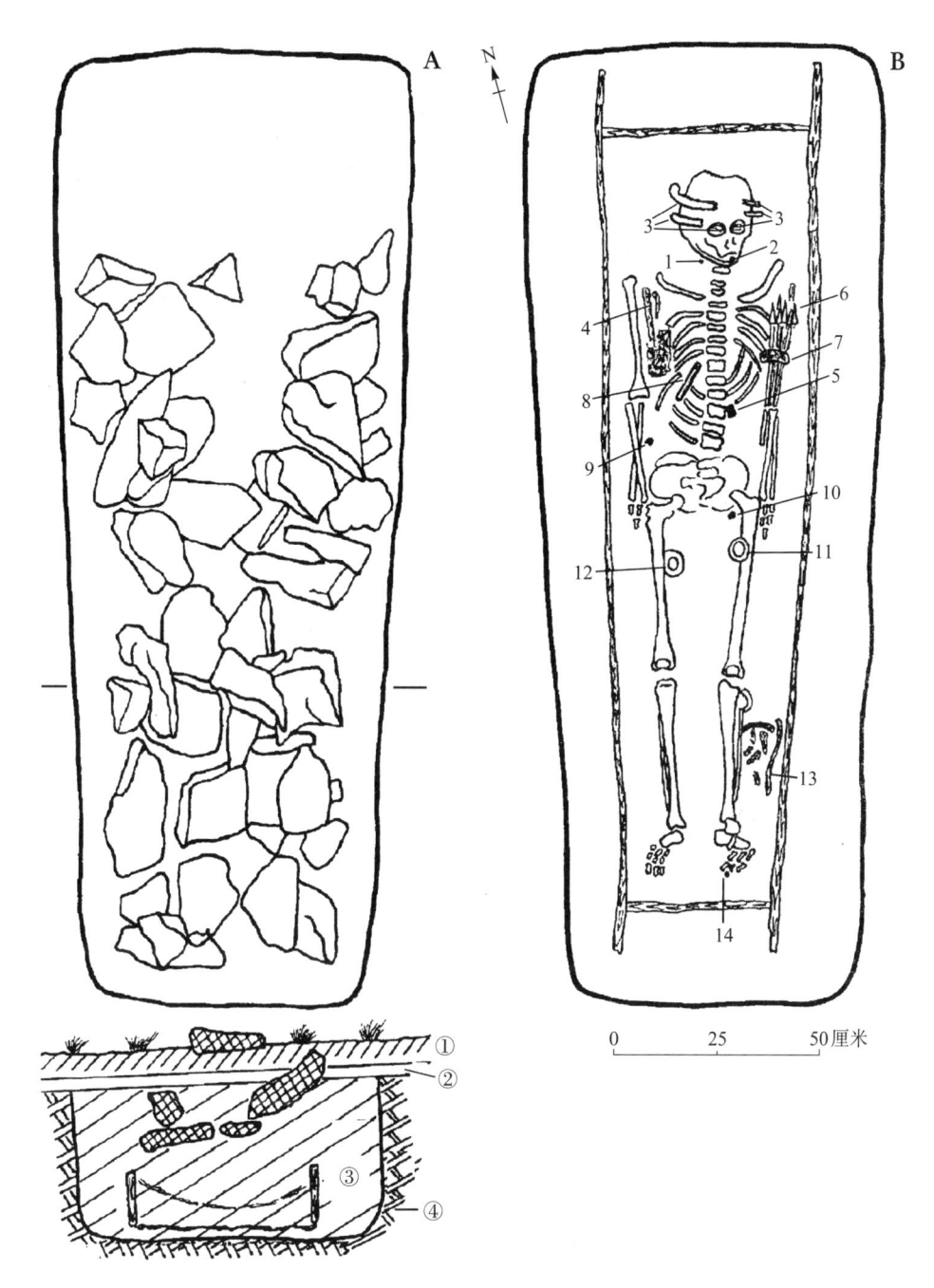

图一〇七　M120平、剖面图

A.填石的平面图和墓葬剖面图：①覆盖草皮的表层沙土　②浅褐色砂壤土　③浅色砂壤土[1]　④生土
B.清理完的墓葬平面图：1.项链上的绿松石珠子　2.贝壳　3.角质弓弭残片　4.锈蚀铁器　5.铁带扣　6.带木箭杆的青铜镞　7、13.铁衔和铁环　8.骨管　9、10.仿制贝壳　11、12.环　14.项链上的光玉髓珠子

---

[1]　附录中墓内填土为"灰色砂壤土"。

德列斯图依墓地

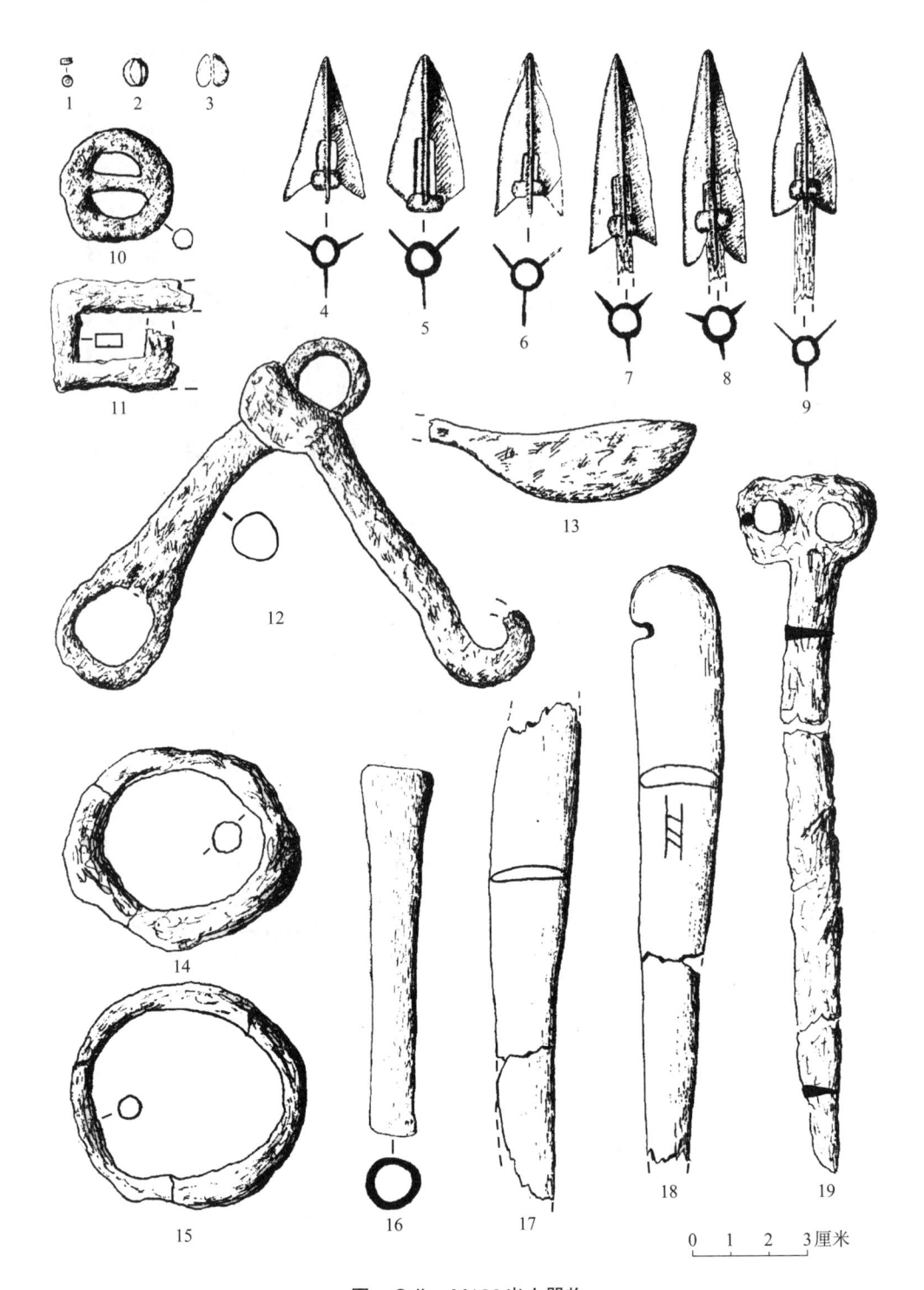

图一〇八　M120出土器物

1、2.珠子　3.仿制贝壳　4~9.镞　10.带扣　11.带扣残段　12.衔
13.镳残段　14、15.环　16.管　17、18.弓弭　19.刀
(1.绿松石　2.光玉髓　3.河蚌壳　4~9.青铜　10~15、19.铁　16.骨　17、18.角)

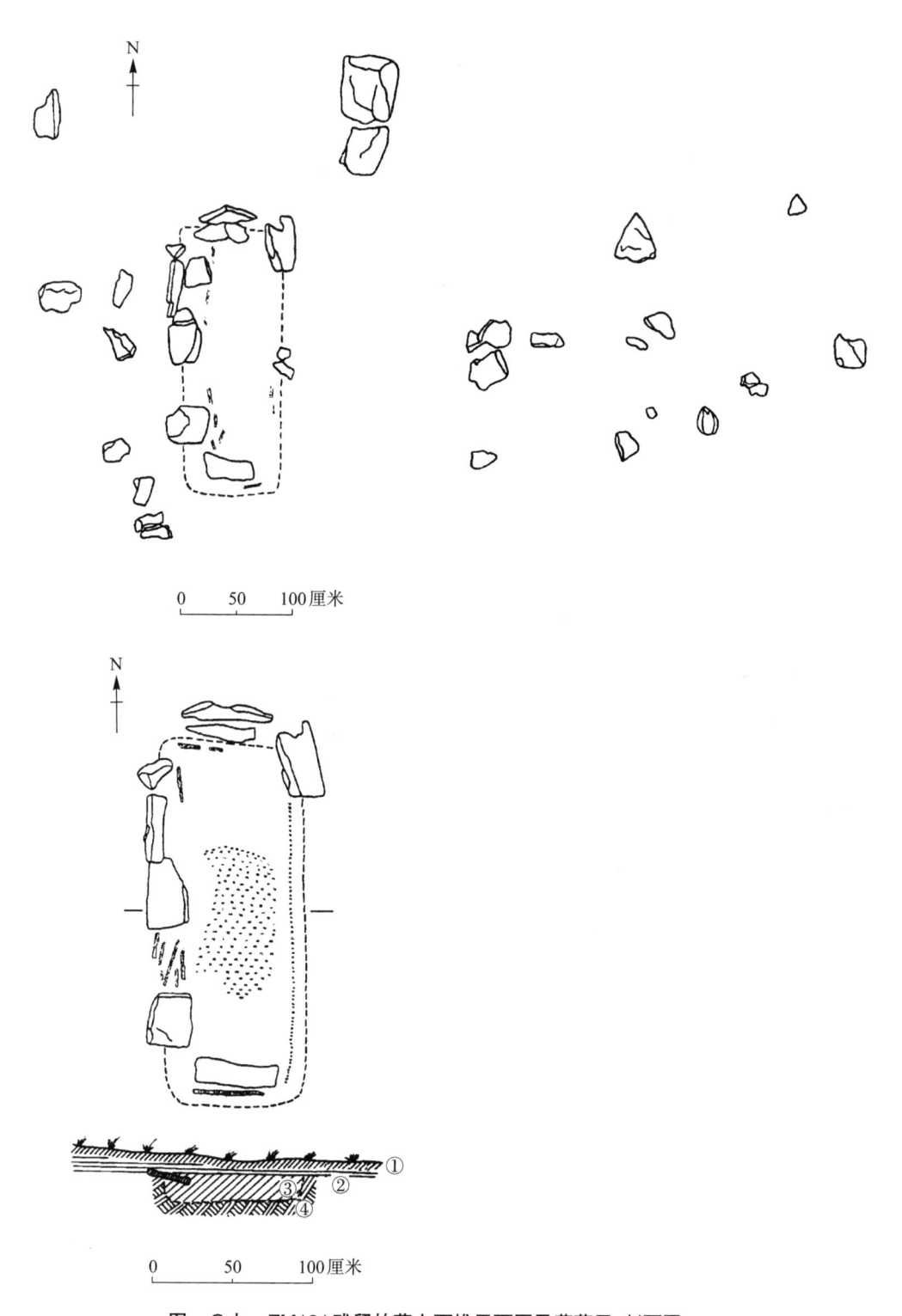

图一〇九　ZM121残留的墓上石堆平面图及墓葬平、剖面图
① 覆盖草皮的表层沙土　② 浅褐色砂壤土　③ 浅色砂壤土　④ 生土

德列斯图依墓地

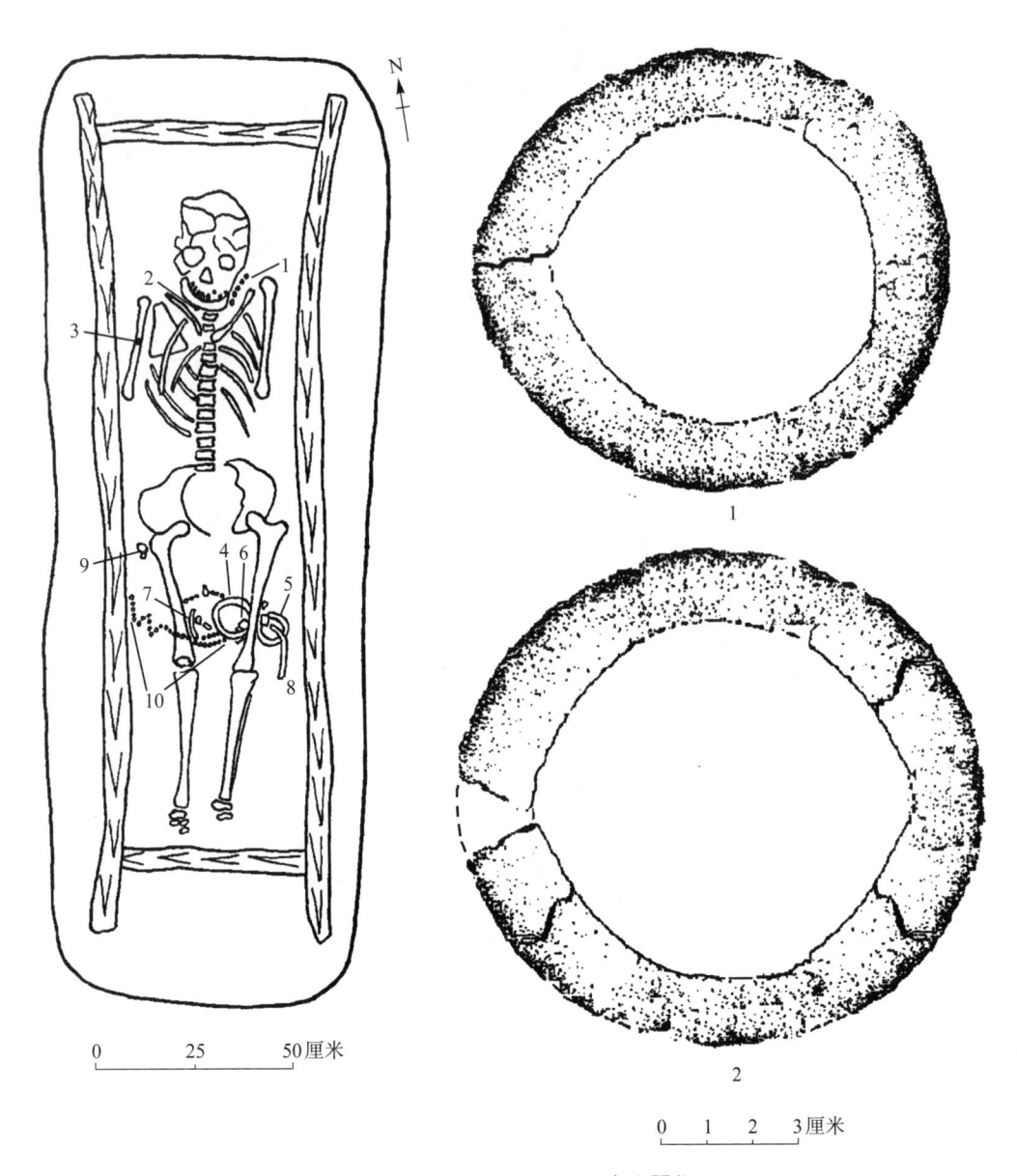

图一一〇 M122平面图及出土器物
墓葬平面图：1、2.珠子 3.绿松石坠饰 4、5.环 6、8.玉髓爪形坠饰 7.铁刀 9.铁带扣 10.串珠
出土器物：1、2.泥质石灰岩环

文后插图

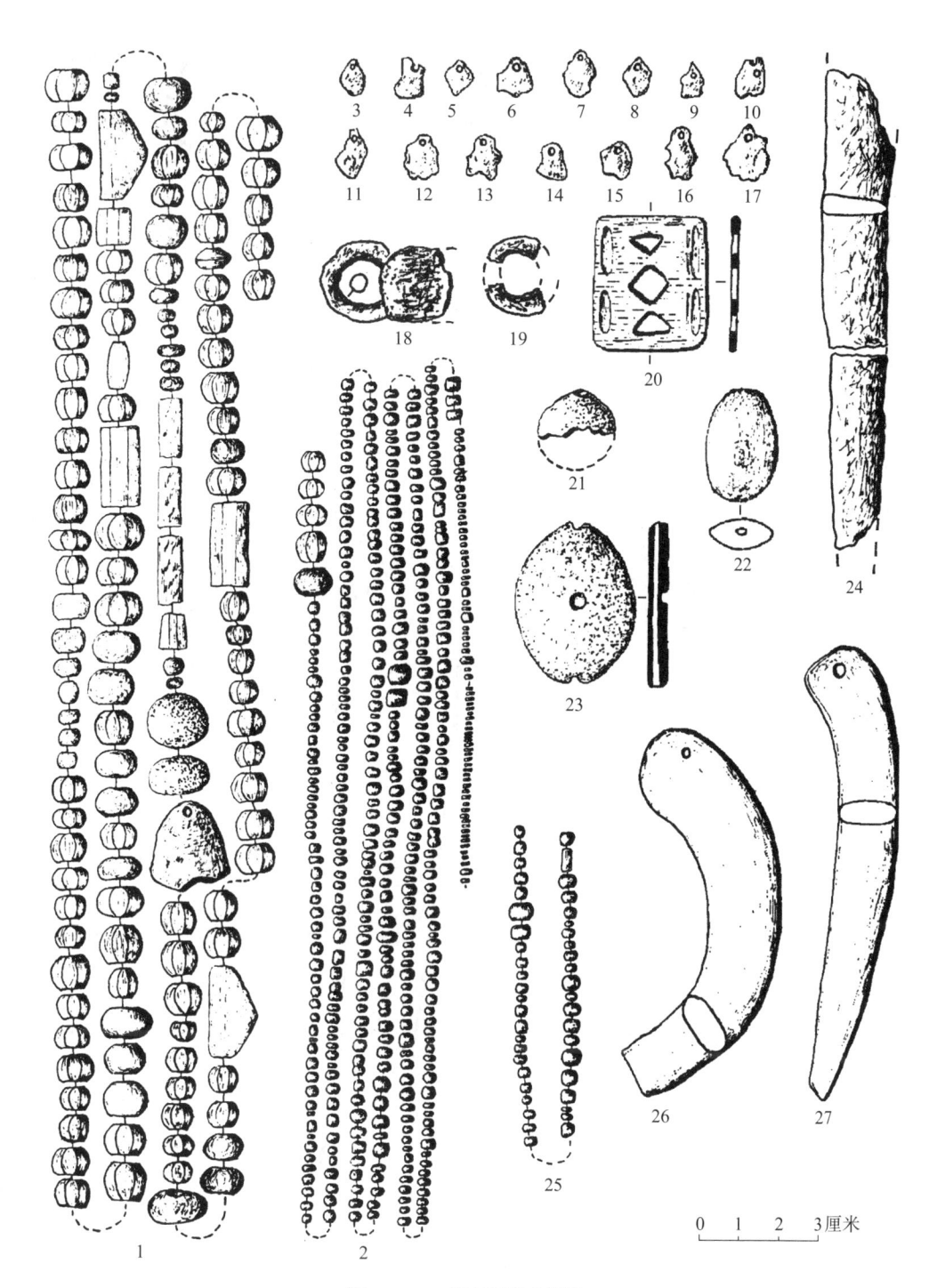

图一一一 M122出土器物

1、2. 腰带上的珠子 3~17. 坠饰 18. 带固定薄片的环 19. 环残段 20. 小牌饰
21~23. 珠子 24. 刀残段 25. 项链上的珠子 26、27. 爪形坠饰

（1. 光玉髓、玻璃、萤石、碧玉、绿松石 2. 玻璃、光玉髓、碧玉 3~17. 绿松石 18、19、24. 铁
20. 青铜 21、23. 泥质石灰岩 22. 萤石 25. 玻璃、光玉髓 26、27. 玉髓）

293

德列斯图依墓地

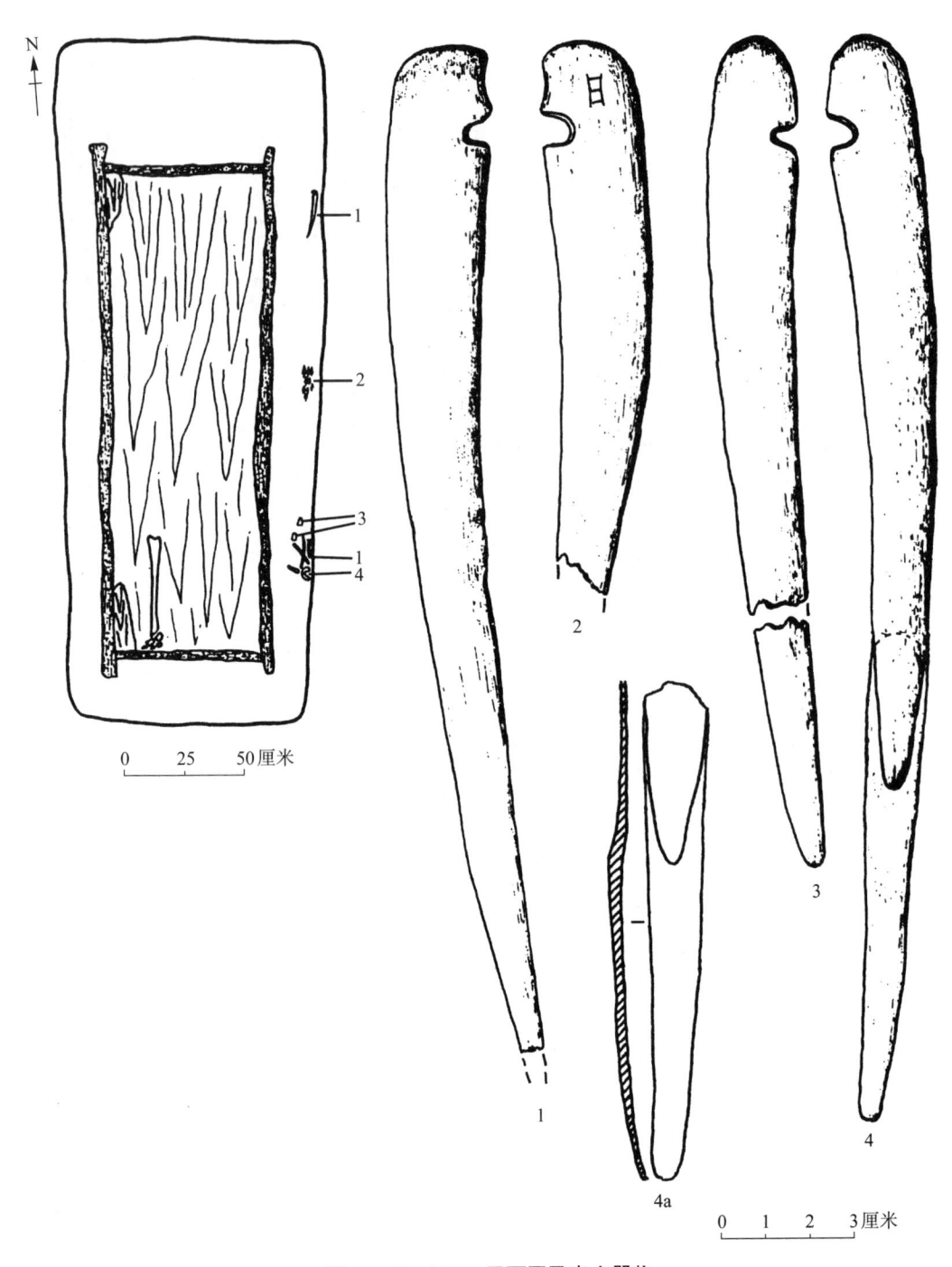

图一一二 M123平面图及出土器物

墓葬平面图：1.弓弭 2.一簇镞 3.青铜铃、铁器残片 4.青铜铃和铁器残段[1]
出土器物：1~4.角质弓弭 （4a.4号弓弭接长的贴片）

---

[1] 原著未标注墓葬平面图上数字4所代表的器物。中译本根据附录添加了其对应的器物名。

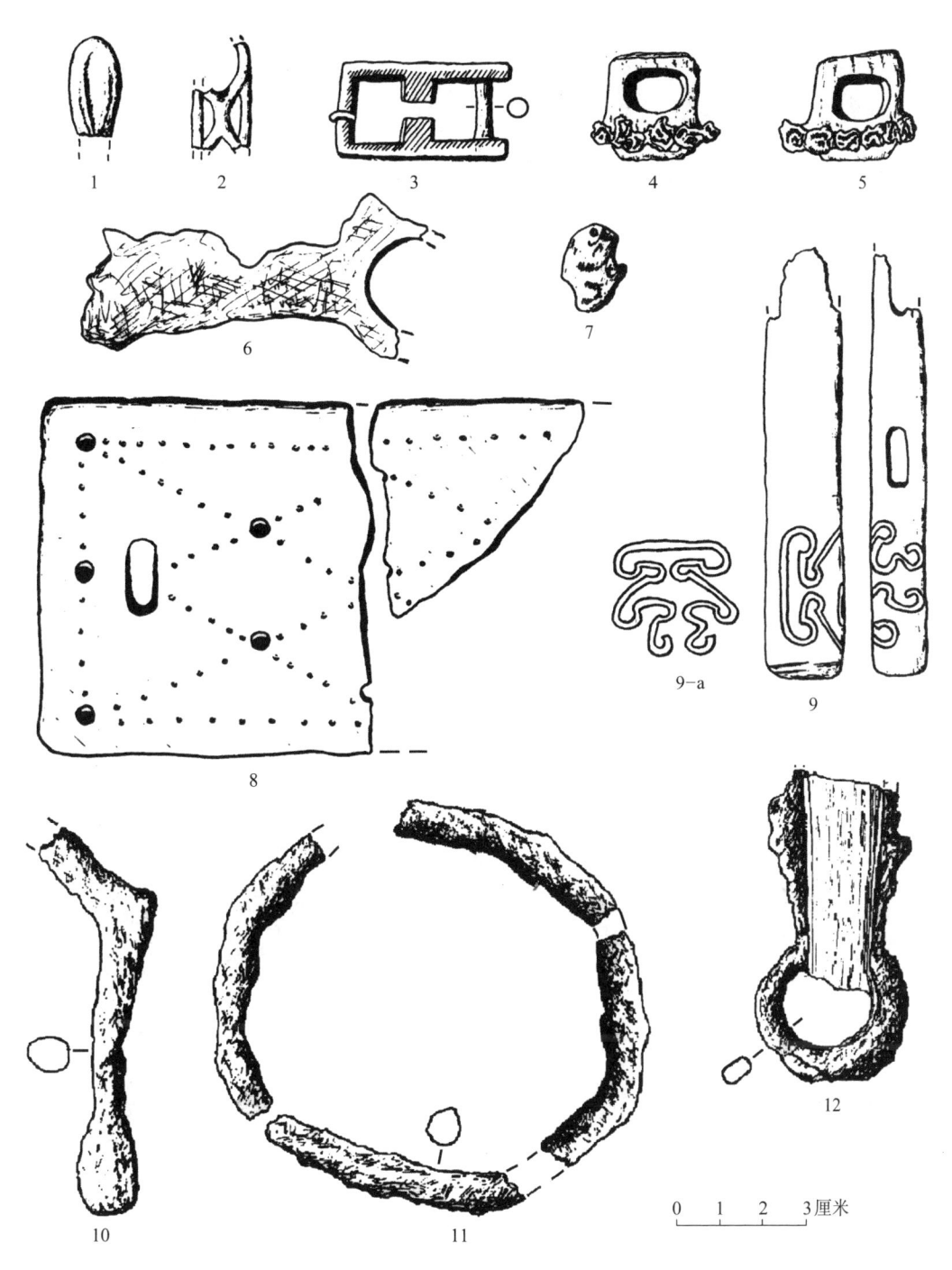

图一一三　M123墓内填土中出土器物

1. 勺形带饰残段　2. 镂空环残段　3. 带扣　4、5. 皮带上的节约　6、10. 衔残段　7. 坠饰
8. 片状带扣残段　9. 表面刻有花纹的镳残段（9-a. 镳上刻的花纹）
11. 环残段　12. 残留有角质镳的衔残段
（1～3. 青铜　4、5、9. 角　6、10、11. 铁　7. 绿松石　8. 泥质页岩　12. 铁、角）

德列斯图侬墓地

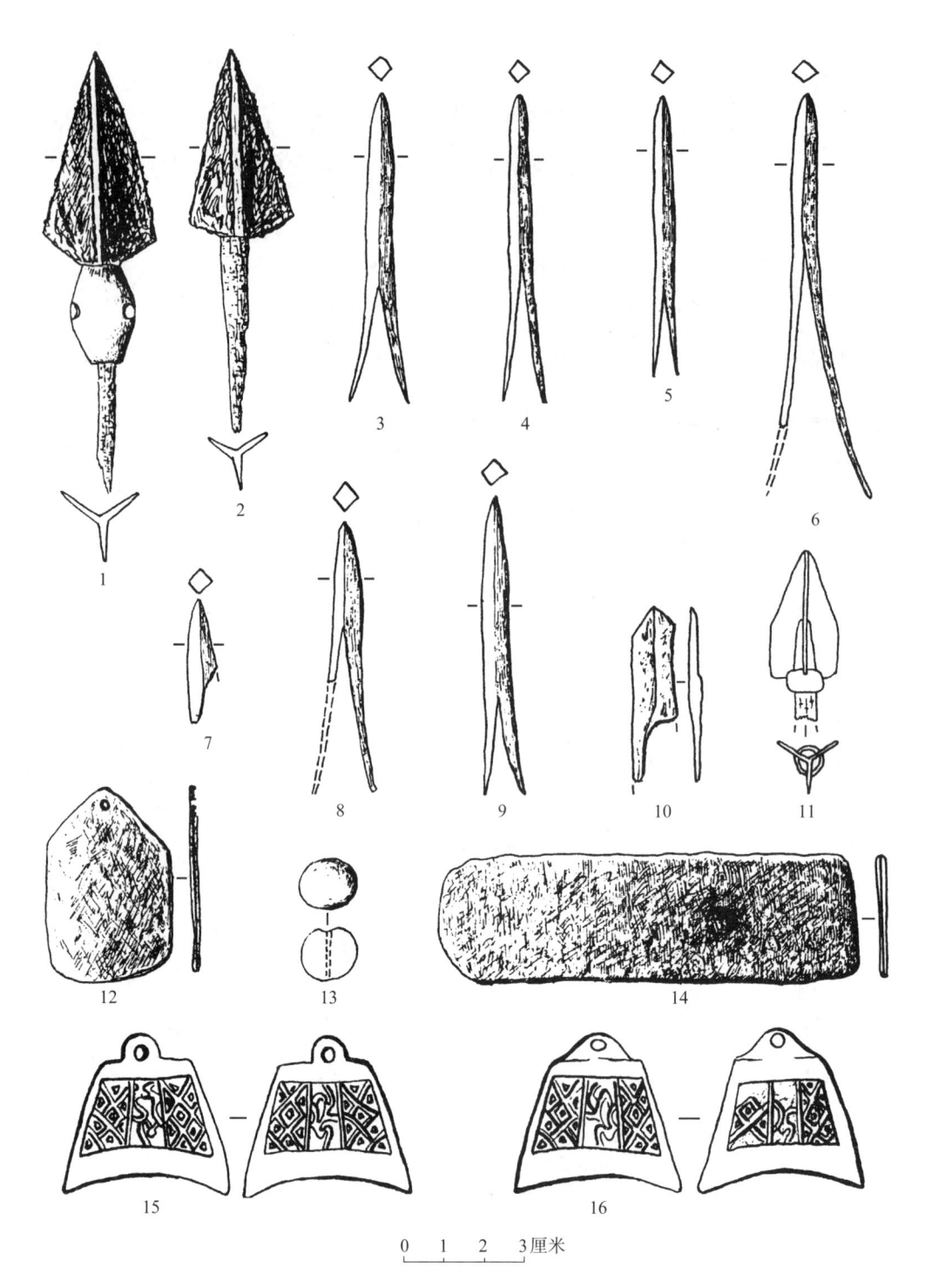

图一一四　M123棺东壁以外出土器物

1~11. 镞　12. 甲片　13. 项链上的珠子　14. 板　15、16. 铃
（1. 铁、角、木　2. 铁、木　3~10. 角　11. 青铜、木　12. 铁　13. 光玉髓
14. 铁，中间残留青铜衬垫　15、16. 青铜）

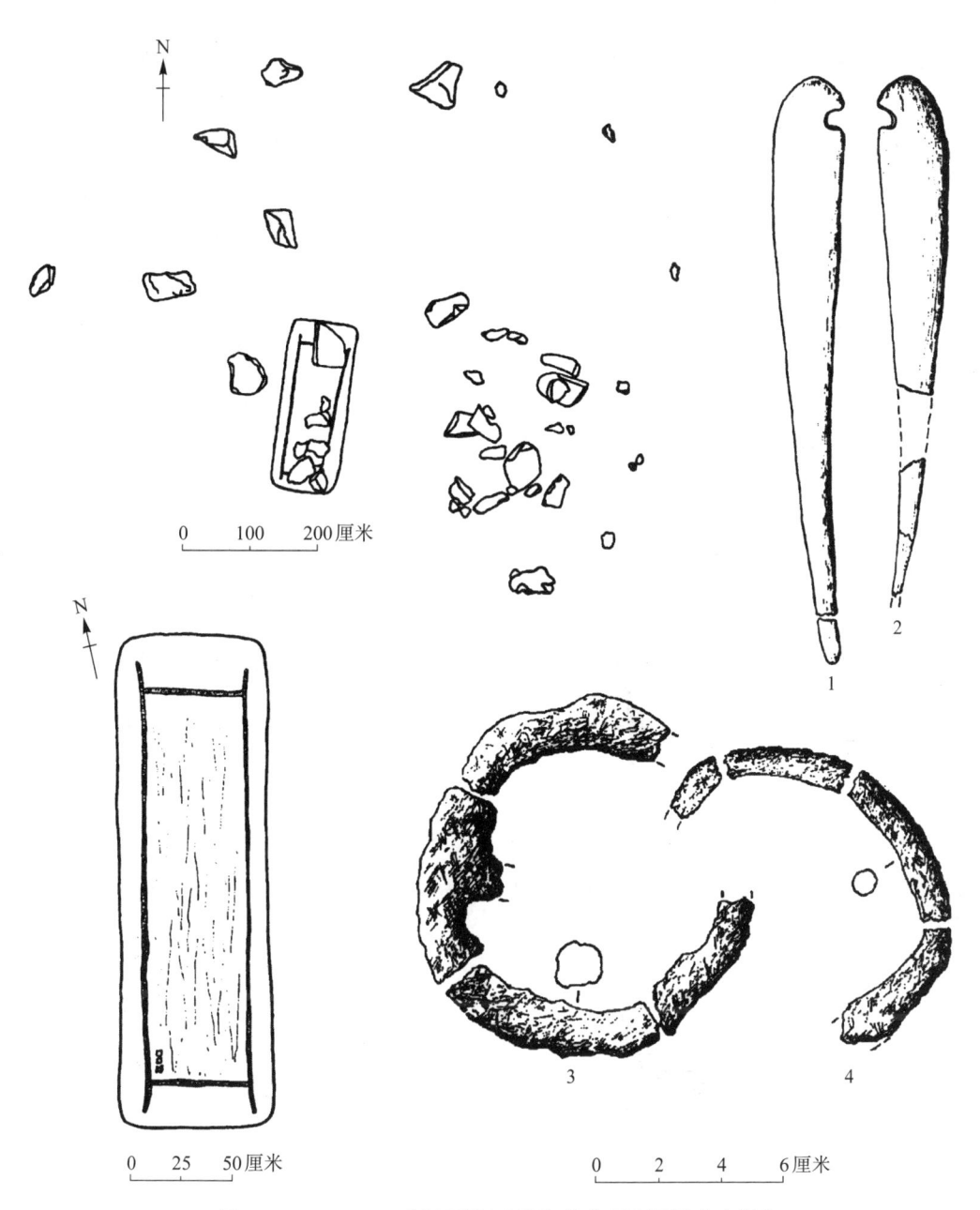

图一一五 ZM124残留石堆平面图、墓葬平面图及出土器物

1、2. 弓弭　3. 带扣残段　4. 环残段
（1、2. 角　3、4. 铁）

德列斯图依墓地

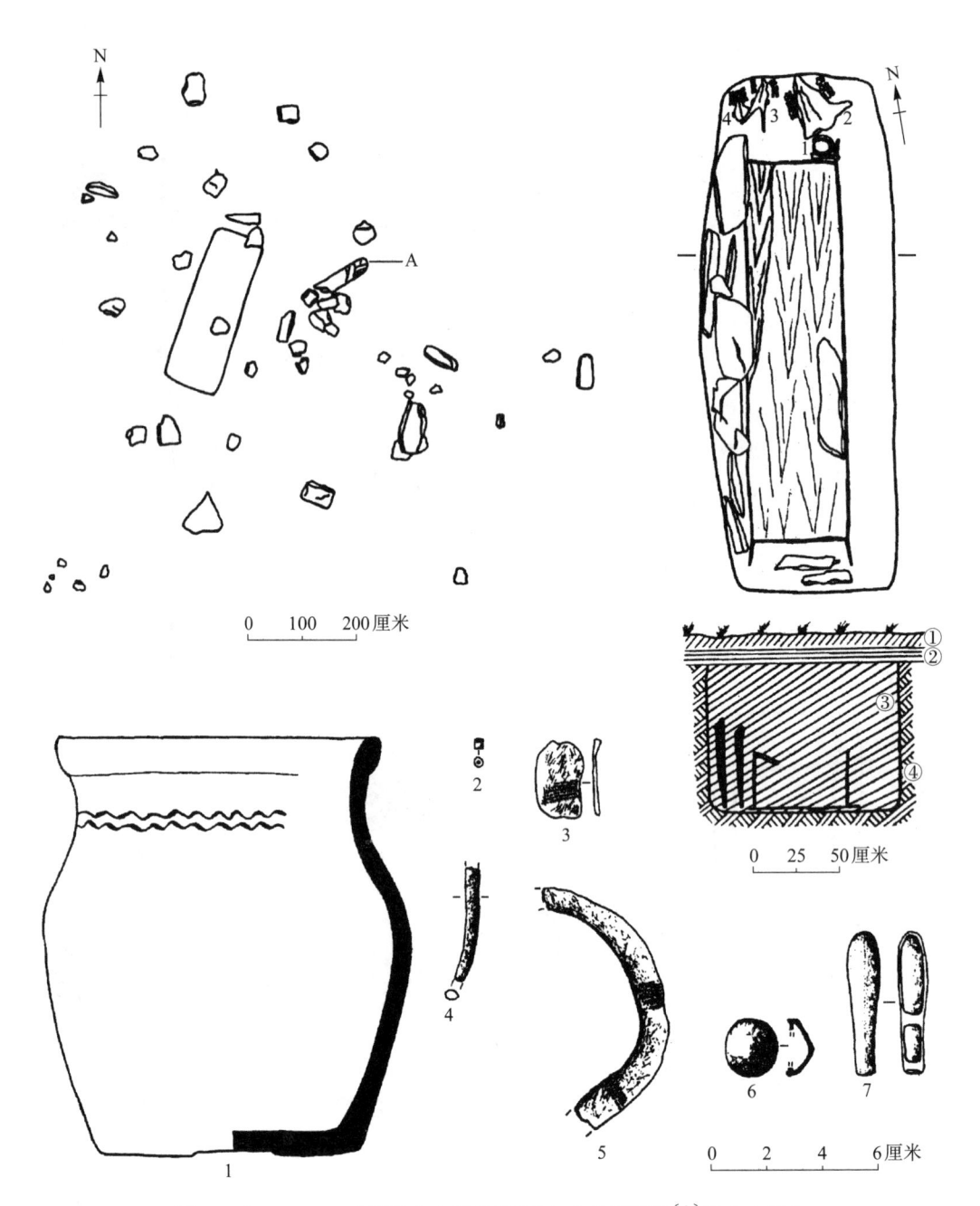

图一一六 ZM125残留的墓上石堆平面图、墓葬平面图[1]**及出土器物**

残留的墓上石堆平面图：A.推测为石柱
墓葬剖面图：①覆盖草皮的表层沙土 ②浅褐色砂壤土 ③浅色砂壤土 ④生土
出土器物：1.容器（罐） 2.项链上的珠子 3.甲片残片 4、5.环残段 6.纽扣 7.勺形带饰
（1.陶 2.玻璃 3、5.铁，表面残留织物 4.铁 6、7.青铜）

---

[1] 原著未标注墓葬平面图上数字所代表的器物或兽骨。

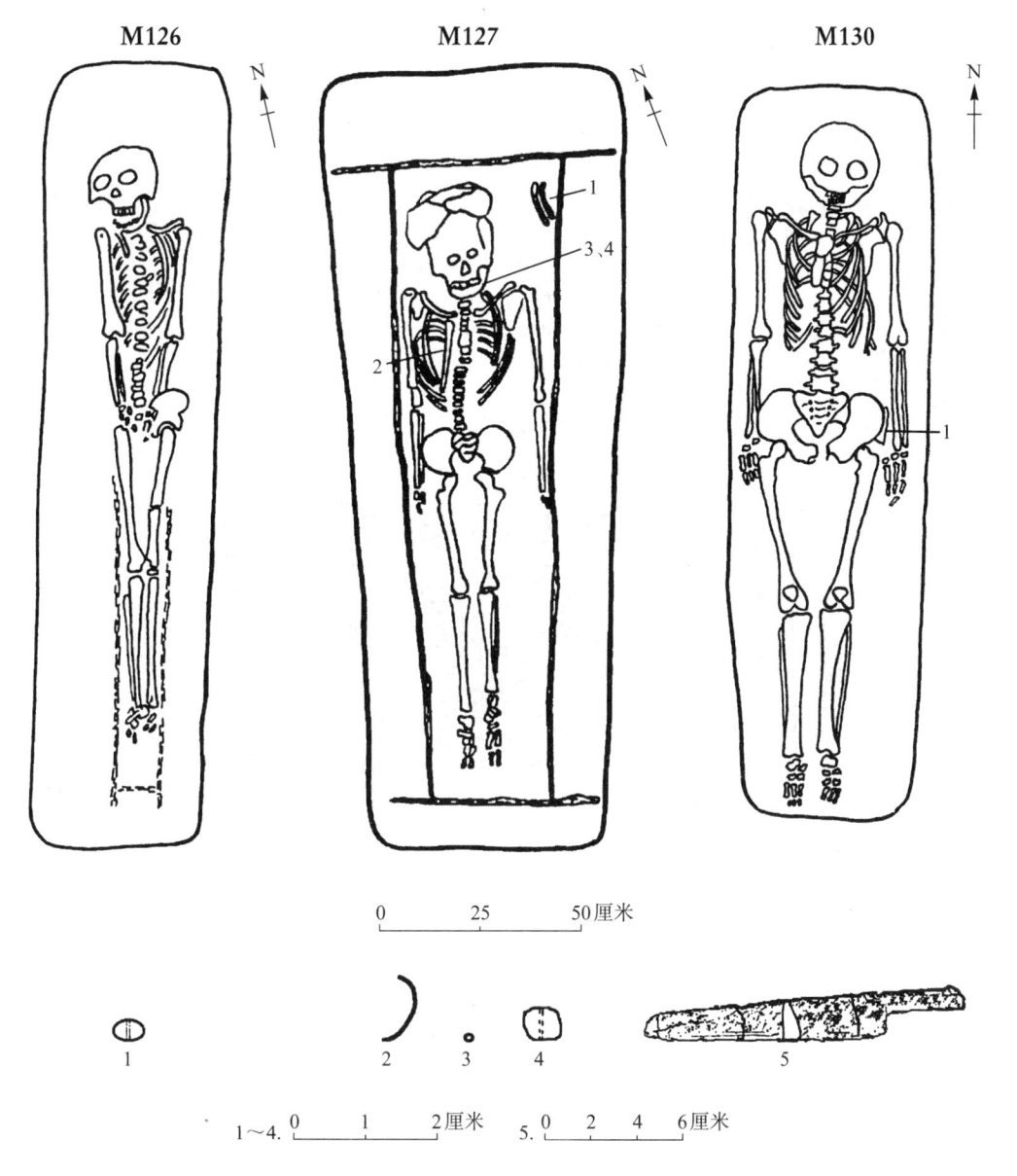

图一一七　M126、M127、M130平面图及出土器物

M127墓葬平面图：1. 小型有角家畜的肋骨　2. 完全腐烂的角质器物　3. 小花玻璃珠
　　4. 项链上的玻璃珠[1]

M130墓葬平面图：1. 铁刀

出土器物：1. 项链上的玻璃珠（M126）　2. 细铁丝（M127）[2]　3. 小花玻璃珠（M127）
　　4. 项链上的玻璃珠（M127）　5. 铁刀（M130）

---

[1] 原著未在M127墓葬平面图上标注出数字3和4，因为这两个数字所代表的玻璃珠位于墓主人下颌骨下面，图中未显示。中译本根据附录的描述，在平面图外侧标注了3、4号数字，并用直线指向下颌骨部位。

[2] "2. 细铁丝（M127）"为中译本根据正文添加。

德列斯图依墓地

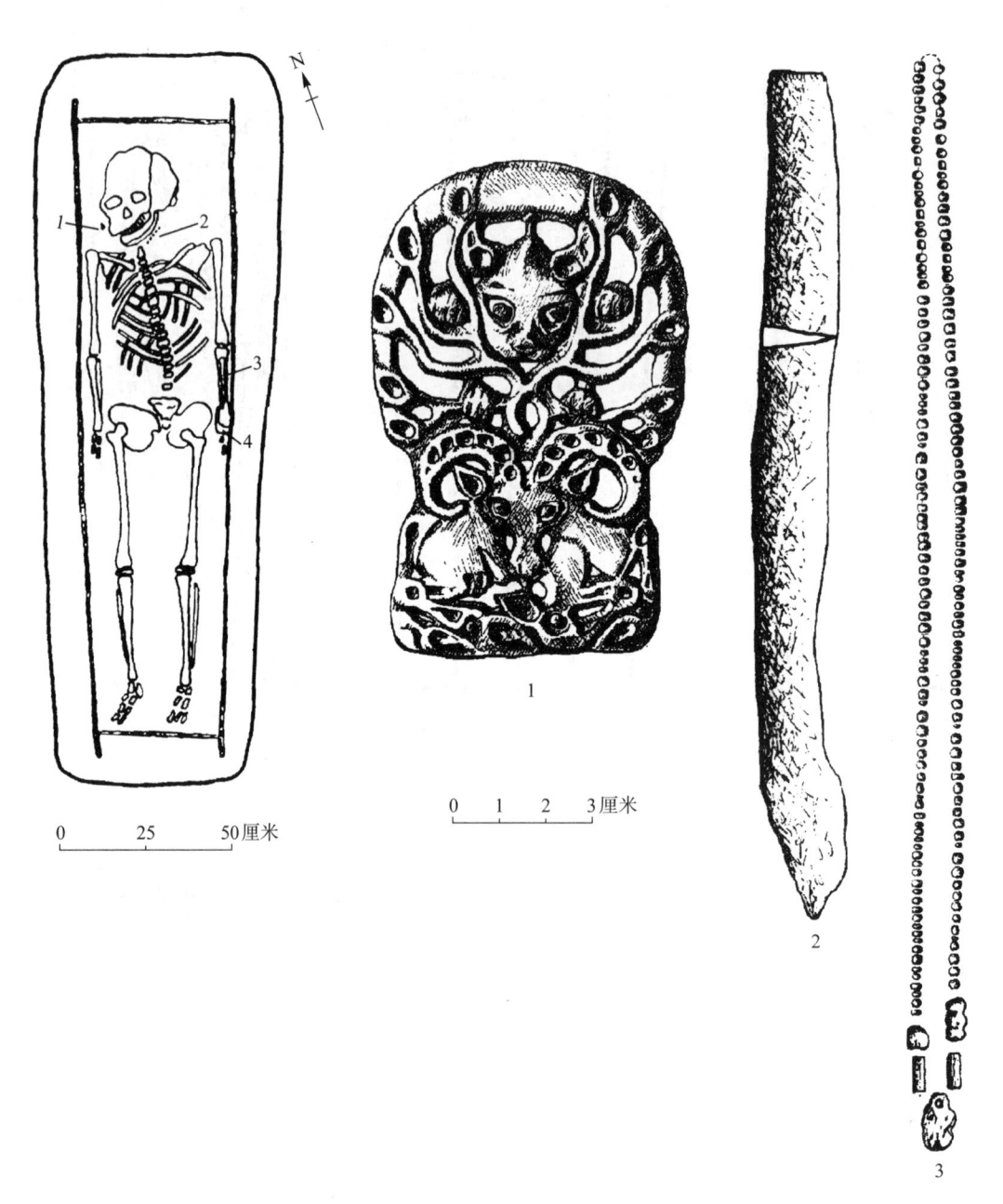

图一一八 M128平面图及出土器物

墓葬平面图：1.绿松石坠饰 2.项链上的珠子 3.铁刀 4.青铜片状带扣
出土器物：1.有猞猁攻击山羊纹饰的片状带扣 2.刀 3.项链（1.青铜 2.铁 3.玻璃、骨、绿松石）

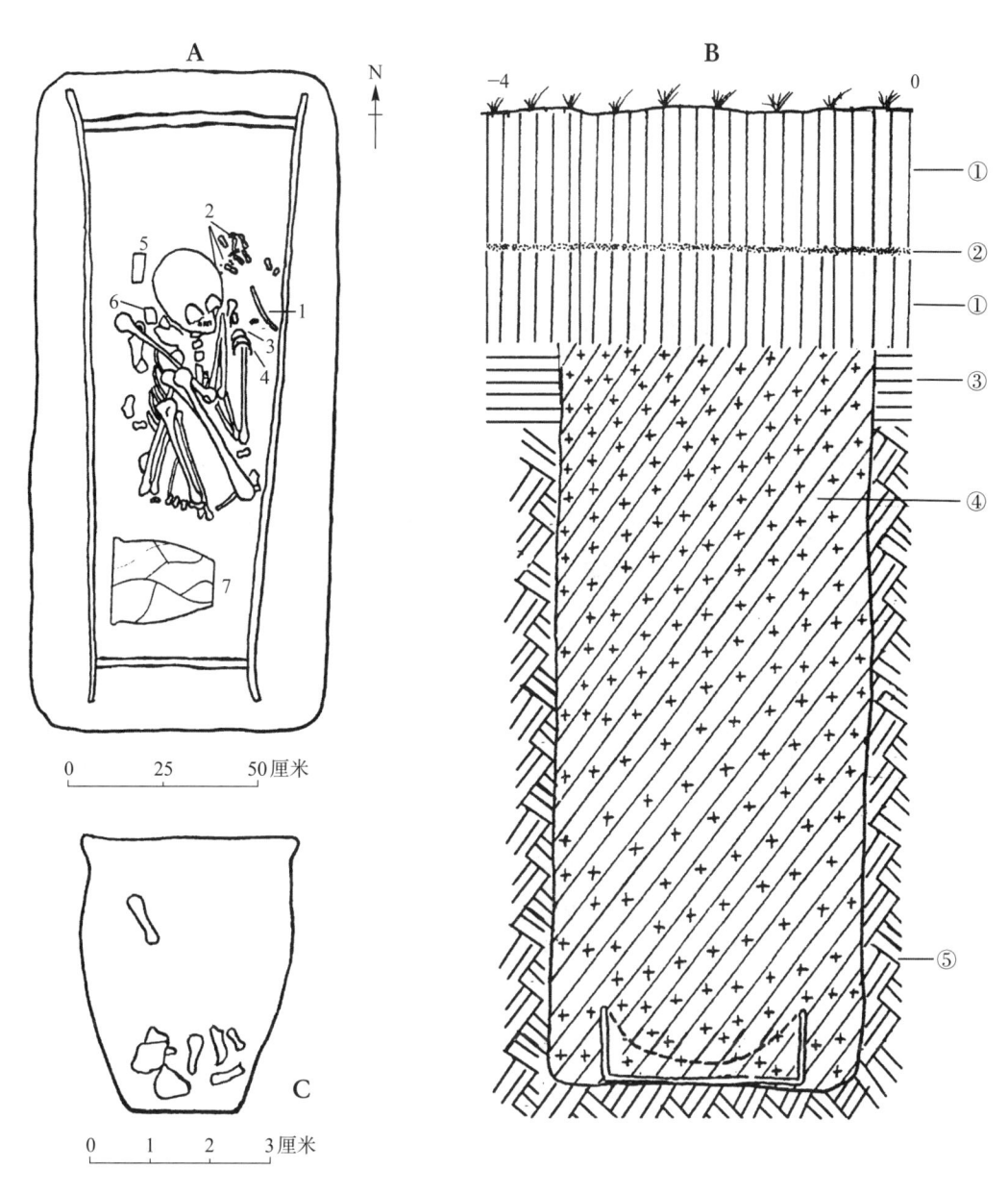

图一一九　M129平、剖面图及出土器物

A. 墓葬平面图：1.铁刀　2.玻璃珠和骨珠　3.青铜环　4.铁带扣　5.刀残段　6.煤精杯残片　7.陶容器（罐）
B. 墓葬剖面图：①表层的小颗粒沙土　②大颗粒砂壤土　③浅褐色砂壤土　④深灰色腐殖砂壤土　⑤生土
C. 陶容器（罐）的剖视图（详见A）：容器（罐）内的左脚掌骨骼和一些手部骨骼

德列斯图依墓地

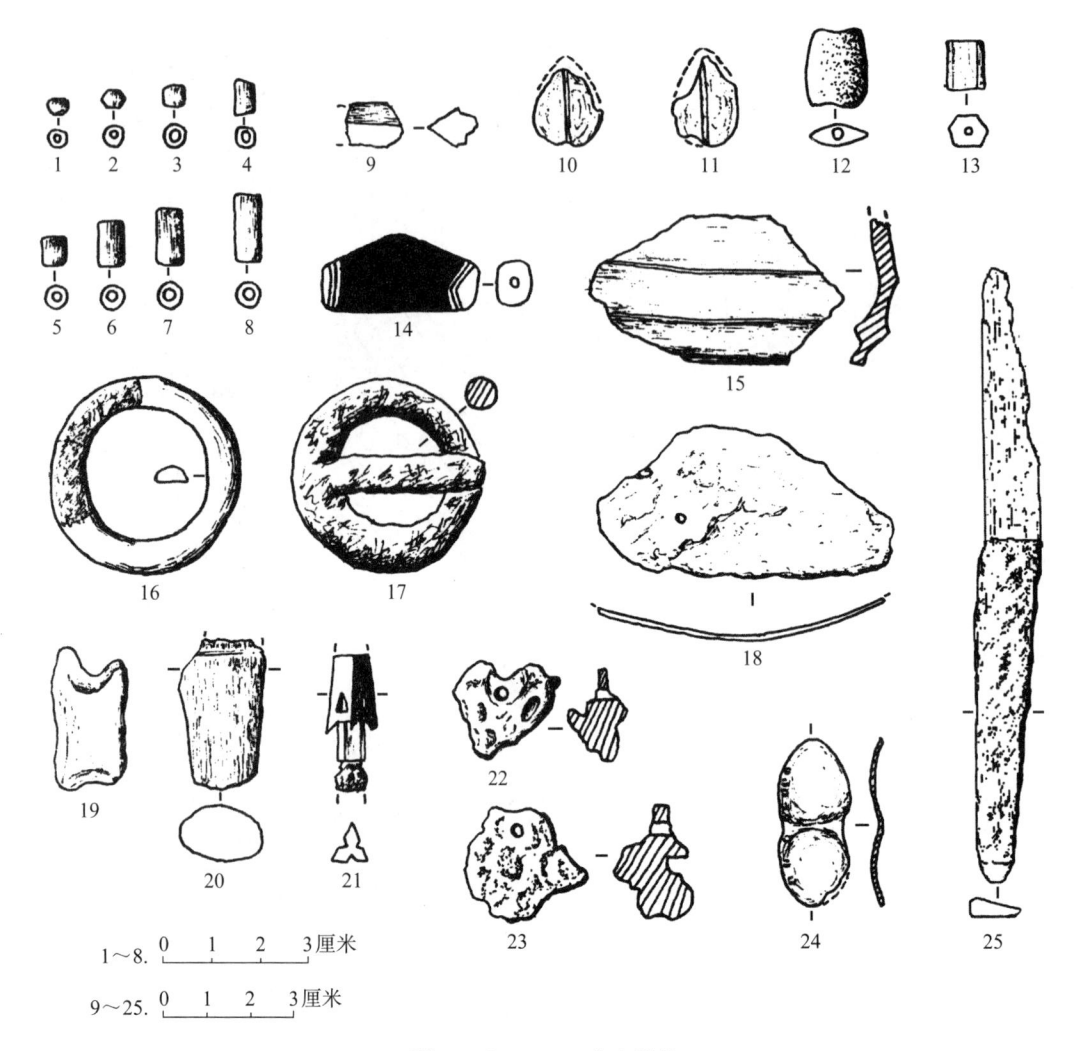

图一二〇　M129出土器物

1~8、12~14. 珠子　9. 小块赭石　10、11. 仿制贝壳　15. 杯残片　16. 环　17. 带扣
18. 薄片（鳃片？）　19. 距骨　20. 角的残段　21. 镞残段　22、23. 坠饰　24. 小牌饰　25. 残存柄部的刀
（20~24出自墓内填土）
〔1~4. 玻璃　5~8. 骨　9. 赭石　10、11. 河蚌壳　12. 蛇纹岩（？）　13. 萤石　14. 玛瑙　15. 煤精
16. 青铜上残留皮革　17. 铁　18. 变硬的有机物（？）　19. 骨　20. 角　21. 青铜、铁　22. 玉髓
23. 砂岩（？）　24. 青铜　25. 铁、木〕

专有名词对译表[1]

中 文 译 名	俄 文 名
V. P. 阿列克谢耶夫	В. П. Алексеев
阿尔泰	Алтай
哀帝	Ай-ди
P. Ya. 埃杰里曼	П. Я. Эйдельман
埃杜伊	Эдуй
敖包	обо
G. A. 奥布霍娃	Г. А. Обухова
巴彦温代尔城址	крепость Баян-Ундэр
白羊（部）	байян
贝加尔	Байкал
A. N. 别恩施塔姆	А. Н. Бернштам
波兰	Польша
布尔敦	Бурдун
布里亚特	бурят
D. 策温道尔吉	Д. Цэвендорж
查拉姆墓地	могильник Царам

---

[1] 表中西方学者的姓名，当只在注释和参考文献中出现时，大多是姓在最前面，名在最后面。在本表中，西方学者的中文译名均恢复为正常顺序，即名的简写字母放在首位，姓的全称放在最后面（俄文姓名中的父称的简写字母放在中间位置）。

德列斯图依墓地

续　表

中　文　译　名	俄　文　名
单于	шаньюй
朝那	Чжаона
朝鲜	Чаосянь
楚克（河）	Чикое
春秋战国	Чуньцю-Чжаньго
淳维	Шуньвэй
S. V. 达尼洛夫	С. В. Данилов
A. V. 达维多娃	А. В. Давыдова
代	Дай
Ts. 道尔吉苏荣	Ц. Доржсурзн
德列斯图依村	с. Дырестуй
德列斯图依墓地	Дырестуйский могильник
狄	ди
东胡	дунху
东南沟	Дунньаньгоу
A. P. 杜利宗	А. П. Дульзон
杜列尼村	с. Дурены
杜列尼遗址	памятник Дурены
鄂尔多斯	Ордос
房玄龄	Фан Сюаньлин
I. L. 菲里波夫	И. Л. Филиппов
肤施	Фнши
高勒毛都	Гол-мод
I. I. 戈赫曼	И. И. Гохман
戈雷-奥奇	Голы-Очи
O. L. 戈利茨曼	О. Л. Гольцман
公苏壕	Гунсухао

304

续　表

中　文　译　名	俄　文　名
古吉尔-梅格	Гуджир-Мыгэ
鬼方	гуйфан
郭素新	Го Сусинь
国立艾尔米塔什博物馆	Государственный Эрмитаж
哈拉乌苏	Хара усу
汉藏语	сино-тибетской язык
河北	Хэбэй
河南地	хэнаньди
呼尼郭勒	Хуни-Гол
胡	ху
Yu. S. 胡佳科夫	Ю. С. Худяков
葫芦沟	Хулугоу
黄河	Хуанхэ
秽貊	вэймоемек
荤粥	хуньюй
吉达河	р. Джида
吉达河上游	Верховья Джиды
V. A. 加利宾	В. А. Галибин
建平	Цзяньпин
G. 焦尔费尔	Г. Дёдфер
桀	Цзе
S. A. 捷普劳霍夫	С. А. Теплоухов
晋书	Цзиньшу
靳枫毅	Цзинь Фэнъи
军都山	Цзюньдушань
A. V. 卡斯帕罗夫	А. В. Каспаров
科莫雷山谷	Комолая падь

305

续表

中文译名	俄文名
P. K. 科兹洛夫	П. К. Козлов
克拉科夫大学	Краковский университет
P. B. 克诺瓦洛夫	П. Б. Коновалов
克特语	катский язык
L. R. 克兹拉索夫	Л. Р. Кызласов
库尔图克	Култукъ
G. A. 库兹涅措娃	Г. А. Кузнецова
昆夷	кунъи
李陵宫殿	Дом Ли Лина
李牧	Ли Му
辽东半岛	Ляодунский полуостров
辽宁	Ляонин
楼烦	лоуфань
E. I. 卢博-列斯尼琴科	Е. И. Лубо-Лесниченко
卢科维悬崖	Утес Луковый
毛庆沟	Маоцингоу
冒顿	Маодунь
M. N. 梅利赫耶夫	М. Н. Мельхеев
蒙古	Монголия
蒙恬	Мэн Тян
S. S. 米尼亚耶夫	С. С. Миняев
穆霍里胡普杜伊山和山谷	Горы и падь Мухорь Хьпдуй
纳依玛-陶勒盖	Наймаа-Толгой
南山根	Наньшаньгэнь
瑙什基	Наушки
内蒙古	Внутренняя Монголия
N. A. 佩图诺娃	Н. А. Петунова

续 表

中 文 译 名	俄 文 名
E. 普利布兰克	Э. Пуллиблэнк
恰克图	Кяхта
恰克图地方志博物馆	Кяхтинский краеведческий музей
E. A. 切霍娃	Е. А. Чехова
切列姆霍夫谷地	Черемуховая пать
秦本纪	Цинь бэньцзи
秦穆公	циньская Му-Гун
F. I. 日季希	Ф. И. Житихин
戎	жуны
L. M. 萨哈罗夫斯卡娅	Л. М. Сахаровская
萨彦-阿尔泰	Саян-Алтай
桑季纳-哈普察盖悬崖	Сангина-хапцагай
色楞格河	р. Селенга
色楞格斯克	Селенгинск
上谷	Шангу
上乌金斯克	Верхнеудинск
圣彼得堡	Санкт- Петербург
石板墓	плиточная могила
始皇（秦始皇）	Шихуан
史记	Шицзи
司马迁	Сыма Цян
斯基泰	скифы
Ya. S. 斯莫列夫	Я. С. Смолев
苏吉	суджи
苏珠克图山谷	падь Судзуктэ
G. P. 索斯诺夫斯基	Г. П. Сосновский
Yu. D. 塔里克-格林采维奇	Ю. Д. Талько-Гринцевич

307

续表

中 文 译 名	俄 文 名
E. V. 塔沙克	Е. В. Ташак
V. S. 塔斯金	В. С. Таскин
桃红巴拉	Таохунбала
特罗伊茨科-萨夫斯克	Троицко-савск
田广金	Тянь Гуанцзинь
头曼	Тоумань
突厥	тюрк
K. V. 瓦西里耶夫	К. В. Васильев
外贝加尔	Забайкал
王国维	Ван Говэй
王莽	Ван Ман
维杜维	Выдувы
乌尔贡-胡杜伊	Ургун-Хундуй
乌兰乌德	Улан-Удэ
S. 乌梅哈拉	С. Умехара
乌斯季-恰克图	Усть-Кяхта
乌珠留若鞮	Учжулю
五铢钱	монета «у-шу»
西沟畔	Сигоупань
西梁垙	Сиюйгуан
夏	Ся
夏家店	Сяцзядянь
新吉达邮驿站	Почтовая станция Новоджидинская
匈奴	сюнну
匈奴列传	Сюннулечжуань
獯粥	сяньюнь
燕	Янь

续　表

中　文　译　名	俄　文　名
N.M.叶尔莫洛娃	Н. М. Ермолова
伊里莫瓦谷地	Ильмовая падь
伊沃尔加城址	Иволгинское городище
伊沃尔加墓地	Иволгинский могильник
义渠戎	ицюйские жуны
印欧语	индо-европейский язык
玉皇庙	Юйхуанмяо
玉隆太	Юйлунтай
月氏	юечжи
云中	Юньчжун
战国	Чжаньго
战国策	Чжаньго цэ
赵	Чжао
中国东北	северо-восток КНР
中央亚洲	Центральная Азия
周家地	Чжоуцзяди

后　记

　　德列斯图依墓地是至今仅有的两处完整发掘的匈奴墓地之一,但是德列斯图依墓地与两汉时期漠北地区绝大多数匈奴墓地的墓上结构和墓地布局一脉相承,因此其学术价值明显高于另一处完整发掘的伊沃尔加墓地。在开展整体揭露发掘以前,德列斯图依墓地和蒙古、俄罗斯境内绝大多数匈奴墓地一样,经历过不止一次的局部发掘,但幸运的是1984年米尼亚耶夫先生带领的外贝加尔考察队开始发掘这处墓地后,在此连续发掘了12年,将墓地做了完整的揭露,因此能够发现大量以往很少发现的没有墓上石堆的墓葬,其中包括30座未被盗墓葬。通过这次全面发掘,首次发现匈奴墓葬原始状态的墓上石堆形状。通过发掘30座未被盗墓葬,理清了腰带具的结构和大多数随葬品的功能和布局,以及殉牲的构成和排列方式。因为德列斯图依墓地做了整体揭露,才能够明确地区分出7个墓群,每个墓群有若干南北向分布的冢墓和冢墓附近的陪葬墓;墓群内可进一步划分出由中心冢墓和分布在其东南部的陪葬墓组成的墓葬单元。这些都是匈奴考古非常重要的发现。德列斯图依墓地的发掘报告全面详细地介绍了墓地的考古发现,包括墓地、各墓群和各墓葬单元的平面图,大多数墓葬的平剖面图,每座墓葬几乎所有器物(除了少数形制重复的器物)的线图。所有的珠子都有器物图,每串珠子的结构都绘制得清清楚楚。有对各墓群、墓葬单元的结构和墓葬概况的文字描述。每座墓葬均有详述文字,包括结构、堆积、葬具、人骨、出土器物、兽骨等内容。文后的古人类和古动物鉴定表,有详细的与正文和附录对应的人骨和兽骨鉴定内容。由于现场对未被盗墓葬人骨做了详细的鉴定,发现了强迫死亡的证据。结合人骨鉴定和墓葬布局,报告用充分的依据证明德列斯图依墓地普遍存在主墓和陪葬墓的布局,其中墓葬单元中心位置埋葬的主要是成年男性,陪葬墓里埋葬的主要是年轻人和儿童;被强迫死亡的人均埋在陪葬墓里,应为与葬在中心冢墓的人同时埋葬的人殉。

　　德列斯图依墓地不仅考古发现重要,而且发掘报告翔实完备,为学界的进一步研究奠定了非常坚实的材料基础。发掘报告发表二十几年来,在蒙古和俄罗斯境内又发掘了大量匈奴墓葬,但是至今没有一处匈奴墓地像德列斯图依墓地这样做了完整的发掘,

后 记

并在发掘报告中作了全面细致的研究。俄罗斯考古界认为德列斯图依墓地发掘报告是匈奴考古的典范之作,这丝毫不为过。

德列斯图依墓地的发掘持续了12年之久,编写报告的工作量巨大,但发掘结束不到3年就出版了发掘报告,不得不叹服米尼亚耶夫先生超强的毅力和工作效率。德列斯图依墓地所在的外贝加尔地区人烟稀少,气候寒冷,从米尼亚耶夫先生工作单位所在地圣彼得堡到这里有约五千公里的距离,他在这一带的考古工作从20世纪80年代一直持续到21世纪初,其间经历了苏联社会转型时期,其中的艰辛可想而知。2015年米尼亚耶夫先生来中国参会考察遗址时已经行动迟缓,他说自己的腿有毛病了。先生去世时还不满七十二周岁,在高寒地区的长期田野考古工作对身体的伤害,应该是米尼亚耶夫先生过早离世的原因之一。出版《德列斯图依墓地》中译本,是我们对这位可敬长者最好的怀念。

本书正文和插图的翻译及部分后期修改工作由潘玲负责,林铃梅负责译稿初稿完成后的修改。附录、附表的翻译初稿,由吉林大学英语专业硕士生禄珠娜同学完成。

本书的翻译得到多方师友的帮助。吉林大学林沄先生最先鼓励潘玲翻译《德列斯图依墓地》,这本译著也是潘玲交给恩师迟到20年的作业。吉林大学考古学院的权乾坤老师帮助联系版权事宜,并校对译稿。张振腾同学参与了译著的编写工作,何雨濛、马博、谭文好同学在翻译和修改阶段也给予诸多帮助。

匹兹堡大学林嘉琳教授2002年夏天帮助复印并带了原著的第一版到吉林大学。

俄罗斯科学院物质文化史研究所的领导和同行对本书的翻译出版给了诸多帮助,前所长 Лапшин Владимир Анатольевич 先生、现任所长 Поляков Андрей Владимирович 先生对译者给予充分信任并高效率签署了翻译版权协议,Трубникова Варвара Борисовна 女士帮助查找原著中插图、解决俄文汉译中遇到的疑难问题,Николаев Николай Николаевич 先生帮助查找原著的电子版插图。俄罗斯国立艾尔米塔什博物馆东方部的 Сутягина Наталья Александровна 女士帮助扫描了原著高分辨率的插图。

西北大学丝绸之路考古合作研究中心将本译著列入"丝绸之路考古与文化遗产译丛"第一批资助出版计划,王建新老师、万翔老师对译著的翻译和出版给予诸多帮助,梅子霖老师参与校对译稿。

对以上各位师友的帮助,在此致以衷心的感谢!

感谢上海古籍出版社编辑王璐女士、贾利民先生、宋佳女士对译著的修改和出版给予诸多帮助。感谢王璐女士认真、高水平的编辑工作,为译著质量把好了最后一道关。

译 者

2023年10月10日